国家社科基金"程度副词的生成、演化及其当代功能扩展的新趋势研究（15BYY131）"和国家社科基金"汉语副词再演化的模式与功用、动因与机制的系统性研究（20BYY153）"的研究成果。

现代汉语
副词求证

张谊生 著

XIANDAI HANYU
FUCI QIUZHENG

上海三联书店

前　　言

　　尽管汉语副词的绝对数量并不很多,但其功能与用法纷繁多样、相当复杂;而且使用范围广、频率高,尤其是汉语本身缺乏严格意义上的形态变化,许多在印欧语言中分别由别的词类承担的语法任务,在汉语中往往要靠副词来完成。从类型学的角度看,汉语副词无疑是一类比较特殊的词类,尤其是各类副词的性质特征、形成动因乃至句法功能、表达功效都存在明显的不同。其中数量占据 80% 以上的描摹性副词都具有实词的语法特点,比如"蓦然、廉价、亲自"等,表达功用重在体现情状与方式,一般只能充当贴身状语或转向定语,句法功能反而与区别词接近。而最为常用并具有虚词语法特点的各种限制性副词,比如"忽然、马上、稍微"等,词汇意义相对空灵而语法意义比较突出,而且都是个性强于共性,句法功能基本上都是粘着、定位、虚化、封闭的。更为特殊的是评注性副词,比如"当然、也许、确实"等,几乎都可以独用并且后附语气词,还可以充当高谓语甚至单独成句。正因为汉语的副词在句法功能、表达方式、语用功效等多个方面,具有如此突出的特殊性与多样性,所以,要想全面而深刻地揭示汉语语法的规律,就必须下大力气对汉语副词展开多角度的深入探索与细致研究。

本人从 20 世纪 80 年代中期就开始研究汉语副词,迄今已快有 40 年了。这些年来,我已撰写并且发表了 80 多篇研究副词的论文,其中在 CSSCI 杂志与集刊上发表了 60 多篇。同时还承担并且完成了 4 个国家社科项目,其中后 2 个结项获评"优秀"。就出版副词研究的著作而言,从 2000 年起已陆续出版了四本研究汉语副词的专著。其中第四本《现代汉语副词阐释》是 2017 年出版的,至今也已有七年多了。这七年来,虽然人生已经步入了另一个阶段——2020 年底正式退休了,但是我还是坚持不断关注与调查各种特定的汉语副词发展趋势,并且尽可能地展开自己力所能及的研究。这些年来我又陆续发表了 20 篇研究汉语副词各种现象的学术论文,所以,在对汉语副词依次加以"研究""探索""分析"与"阐释"的基础上,我决定通过"求证",在上海三联书店出版自己最后一本副词专著《现代汉语副词求证》。就具体求证的内容而言,与前面出版的四本副词研究专著都是每本三编 15 章相比,本专著的内容略有增加,是三编 20 章。具体篇章的安排是:第一编副词及相关成分再演化论证,一共 7 章;第二编程度副词促转实词形化考证,一共 7 章;第三编副词表达特定否定功用查证,一共 6 章。

第一编的研究重心主要在于:基于认知功能语言学理论,进而根据共时分析与历时探索相结合、现象描写与成因探究相配合、个案分析与总体研究相印证的研究方法;先对汉语副词再演化的方式、特征与结果展开分析与探究,再对演化的过程与功效进行多方面的剖析与解释;进而揭示并阐释副词各种功用持续扩展的深层原因。在对副词再演化的搭配关系、表义方式、语用特征、篇章功能展开分析、统计与比较的基础上,对副词研究提供新的思路与方法,对当前困扰语言学界一系列与副词相关的现象提供相应说明与解释。很显然,这七篇论文的多维研究,借助于详尽的统计和比较,清晰地展示副词再演化的各种方式,尽可能描写副词再演化所导致的句法功能与表达方式的变化,揭示其发展趋势与演化规律及其对整个汉语语法表达系统的影响,从而将汉语副词的研究尤其是副词再演化导致的一系列句法、语义、语用后果的研究提高到一个全新的、系统的高度。而且,借助于这些个案的分析,清楚揭示并且总结出导致副词再演化的各种诱因与机制;从汉语这种非形态语言的角度,通过多角度的描写、分析以及全面的梳理与解释,对普通语言学有关的理论提供有益的补充和修正,也为研究汉语其他虚词再演化的发展与变化,在实践和理论方面作出力所能及的借鉴。

第二编的研究重心主要在于:经过三十多年的研究积累,本人发现,作为一种没有严格意义上形态特征的语言,汉语名词、动词和形容词基本上都是无标记的,词类的句法功能只能依靠句法分布与搭配方式来体现。正因为这一重要的类型特点,导致汉语词类的功能转化,不管是活用还是兼类,是转化还是分化,都是表层形式不变而句法功能改变。这一编七篇论文的基本观点是:由于没有句法与构词的形态变化,所以,汉语"常用程度副词+名/动词以及一些特定词语"这一组配压制手段,只要在表陈述性临界语境中得到高频类推,一旦功能转化经过质变的临界点并且加以重新分析,就相当于或者说接近于英语的词法形态构词手段。尤其是进入新世纪以来当代汉语各个层面都已发生了深刻的变化,语言交际与传播方式也已发生了重大的改变,特别是网络运用的大众化和普及化,生活节奏的快捷化与表达方式的简易化,使得大量临时的创新用法能够迅速在语言交际中被模仿、类推而广为接受,从而导致了相当一些词语的意义与功能都发生了各种的改变,经过一段时间的高频类推,细微的变化就会从量变转向质变,所以,汉语一系列常用的名词、动词、区别词乃至感叹词与外来词,都会趋向形容词化。

第三编的研究重心主要在于:与印欧语完全不同,汉语的否定现象与否定范畴处在多个不同的语言层面,存在多种不同的个性特征,涉及多个不同的相关因素,具有多种不同的表达功效,非常值得深入探讨。尤其是一系列不含否定词语的各种委婉式降格否定现象,在语体特征、表达功效、使用频率上,都具有特定类型学特征。正因为这些特殊的否定表达式,所以,在搭配的习语性、词汇化,表达的隐含性、委婉度方面,都有相当一些与汉语特殊否定现象有关的问题,仍然需要进一步探讨与辨析。本编的六篇论文,正式选择迄今还较少被关注的各种特殊否定现象作为进一步研究的切入口,以这些个案分析为样本,依次从六个不同的角度针对汉语一系列特殊否定现象的性质与类别、方式与功用、作用与效果,进行多方面的探讨,对相关的类别、方式与作用的分析,揭示汉语否定的某些特殊性质。而且,还力求通过剖析特征、举例比较和分析说明,对各类特定的否定现象作出力所能及的辨析与证明,以期通过这一系列专题性的研究,对汉语各种否定现象的功能与效果,提出一个互有关联的富有条理的多层面系统。

坦率而言,本书的各篇论文在杂志与集刊上发表之前,都曾经得到匿名评审专家和编辑部各种非常富有建设性的修改意见,各篇论文的修改建议,对于提高本书的质量,具有非常重要的作用。另一方面,本书各篇论文的撰写与完成,大都曾经直接、间接地受益于选修我课程的多位博士研究生,这些文章正式发表前后,都曾在博士生的课堂上演讲与讨论过;在讲授与讨论中,我陆续发现了一些有争议的问题与疏漏之处,趁这次出版的机会,做了多方面、进一步的修正或改进。当然,由于版面的限制,收入本书的20篇论文有相当一些在正式发表时作了一定程度的精简,尤其是同类例句的删略。既然收录专著没有这方面的限制,我就尽量恢复,采用了当时撰写的全稿。比如,《试论汉语副词再演化的模式、动因与功用》一文,正式发表时只保留了86句例句,收录本书时,就已经恢复到撰写时的140句例句。还有,需要加以说明的是,本著作的第三编的第3章,我是第一作者,该论文是我与当时在读的博士生赵或合作完成的。

总之,"求证"的主要功用在于通过搜集客观证据来证明或论证某事物的真实性与正确性,无疑是至关重要的理性思维与科学研究过程。也就是说,通过认真地"求证",肯定有助于消除猜测和疑问,确保特定结论的客观性与可信度。

目 录

第一编

副词及相关成分
再演化论证

第一章 试论汉语副词再演化的模式、动因与功用

摘　要：汉语副词再演化大致有五个方面：人际情态导致的主观化涉及认识、视角与态度，情态、立场与评注，附标、独用与述谓。语篇凸显导致的关联化涉及吸收、类推与兼表，融合、衔接与关联，推理、凸显与转类。构造定型导致的构式化涉及隐含、类推与定位，高频、竞争与吸收，固化、定型与构式。元语趋向导致的标记化涉及互动、和谐与标记，照应、配合与连贯，表态、评价与兼顾。性质转变导致的多样化涉及跨层、转移与融合，虚化、羡余与脱落，转移、附加与逆转。

关键词：主观化；关联化；构式化；元语化；多样化

0. 前　言

0.1　进入新时期以来，汉语副词一直是汉语语法研究的热点与重点，而且，针对汉语副词再演化的各种现象，学者们也已从不同的角度与层面，运用不同的理论与方法，展开了多方面的研究与分析；但是，系统性全方位的探究与总结，迄今还没相应

的研究成果①。有鉴于此,本章根据汉语副词演化的不同特点从多个层面切入,尽可能通过对各种副词变异的显著现象展开探究,对一系列具有典型意义的副词再演化现象加以调查与分析、统计与归纳,从宏观角度揭示汉语副词及相关成分再演化的模式与类别、性质与特征、动因与机制,在此基础上,作出全面的总结与阐释,预测发展的倾向与趋势。

0.2 本章基于认知功能语言学理论及其语法化、主观化、词汇化、构式化、元语化、标记化等语言学理论与研究方法,根据现象描写与动因解释相配合、共时分析与历时探索相结合、个案分析与总体研究相印证的研究方法,对副词再演化的方式与特征展开考察与探究,对再演化的动因与功用进行多方面的剖析与解释,进而揭示并阐释副词各种功用持续扩展的深层原因,对副词研究提供新的思路与方法,并且对当前困扰语言学界的一系列现象提供相应的说明与解释。

根据笔者 30 多年来研究汉语副词的经验积累与持续探索,我们认为,就汉语副词及相关成分再演化的模式、性质与结果来看,主要涉及五个方面:情态加强导致主观化、语篇凸显导致关联化、元语趋向导致标记化、构造定型导致构式化、性质转变导致多样化。当然,这些演化模式与功用之间会相互影响,甚至相互促进,尤其是副词的主观化与元语化、标记化之间,存在着多方面的同源与交叉现象;至于性质转变的多样化,主要指副词的语素化、词缀化、零形化与逆转化,与前面四个方面的演化都会存在一定的关系。

0.3 本章例句主要引自北大语料库及报刊、网络上的报

---

① 迄今只有雷冬平 罗华宜 2014 昭平(北陀)客家话"怕"的再语法化及其功能演化《钦州学院学报》1 期、袁海燕 2018 彭阳方言中"怕"的用法及其再语法化《宁夏师范学院学报》6 期,两篇个案研究。

道,例句全部注明出处(略有删节)。顺便告知,本章所引的部分例句转引自本人已发表的单篇论文中的例句①。

1. 人际情态导致主观化

1.0　人际功能的强化就会导致副词表达功用逐渐趋向情态化进而主观化。在副词的各种表达方式与过程中,经常会逐渐地、或多或少地带入体现说话人"自我"的表现成分。

1.1　认识、视角与态度。比如,由动词"生"虚化为副词"生"再由构形重叠转化而成重叠式副词的"生生",本来只表示"在有生命的状态下"。比如"生生把伤者扎死、生生地给糟蹋了"的"生生"还都是描摹性的实副词,但随着语义一再情态化,说话人主观视角不断渗入,"生生"就逐渐转化成为表示反预期情态的评注性(evaluative)副词了。在特定场合与语境中可以表示"不合事理地、不顾情理地""使人感到意外地"等各种情态。例如:

(1) 从周林公司分裂出来的一些人,也<u>生生</u>[≈居然就]造出了一系列假冒怪胎。(1994 年《报刊精选》)

(2) 北京万丰奥特队在铁定进保级区的形势下奋力一搏,以超出 2 分险胜辽宁盼盼队,<u>生生</u>[≈出人意料地]将陕西盖天力队提前送上岸。(新华社 2004 年《新闻稿》)

(3) 说到自己绘画的进步,说几乎像英国拜伦一觉醒来成了桂冠诗人一样,是逛了一次长城,才将笔法放开,心胸也跟着宽阔了的。那谈吐的神情,也简直令人疑惑他<u>生</u>

---

① 正因为本章研究的五个方面是根据语言演化理论选择的不同研究视角,而且再演化现象有所交叉与互相促进,所以,本章所引的部分例句具有多方面的演化特征与不同性质特征,可以适合论证的不同需求。

生[≈竟还可以]吞下了一座长城的关口。(吴伯箫《我还没有见过长城》)

(4)"这凌瑜你是怎么调教的?"我刚回到楼上房间里,高洋就迎着我笑着说,"任我花言巧语拳打脚踢生生[≈就是]岿然不动。你施了什么法冻住了她,这么刀枪不入?"(王朔《玩的就是心跳》)

显然,这类评注性用法的"生生"各种表达功用,已经由客观性描述彻底转化成主观情态评注了。

再比如,汉语中常用的否定词"没、不",作为表逻辑否定的概念词①,本来只与客观命题的真值有关,但是随着说话人主观倾向的介入与主观情态的增强,"没、不"就从真值判断转向了主观评判,"没、不"的否定义也就跟着转移了,变成了表示情态义的主观减量标记。"没、不"就成为说话人在表达一个客观命题的同时,用移情(empathy)方式表达出主观意向与态度。譬如,有些情况和现象从客观上讲似乎并没有什么不正常、不合理的,说话人根据自己的主观感受,认为某现象不合常理或出乎意料,就会加上减量标记词。例如:

(5)家缘渐渐地长,铺里用一个主管,两个当直,两个养娘。没两年,一个家计甚是次第,依先做了胡员外。(《三遂平妖传》3回)

(6)不两日,胡生死了。铁生吊罢归家,狄氏念着旧情,心中哀痛,不觉掉下泪来。(《拍案惊奇·乔兑换胡子宣淫　显报施卧师人定》)

这两例中的"没、不"虽然表达"还不到"的否定功用还存在,但

---

① 迄今为止,《现代汉语词典》(第7版)以及一般论著都认为:"没(有)N(P)"中的"没有、没"是动词,"没(有)V(P)"中的"没有、没"是副词,不过,张谊生(2006)已经论证"没说了几句"与"说了没几句"中的"没"都是副词。

已带有一定的主观情态了。再进一步发展,"没、不"的客观否定功用趋向更加弱化,发展为主要表达主观性减量功用了。例如:

（7）林黛玉道:"这算什么。惟有前年正月里接了他来,住了没两日就下起雪来,老太太和舅母那日想是才拜了影回来,……"(《红楼梦》31 回)

（8）却说安老爷才把亲家安顿的停妥,不两日便是何小姐新满月,因他没个娘家,没处住对月,这天便命他夫妻双双的到何公祠堂去行个礼。(《儿女英雄传》32 回)

"没两日、不两日"客观上时间都还是"两日",但更重要的表达功用是主观上强调时间还不长。由此可见,随着主观化的发展,汉语的一部分否定词就会演化为表述主观情态的减量标记词了。

1.2　情态、立场与评注。副词"就、才"本来主要表示时间限定、事件承接等各种功能:

（9）罗辑点点头,"用尘埃云遮挡太阳向星际发送信息并不是我的发明,早在 20 世纪就有天文学家提出过这个设想,其实你们有过多次识破我的机会"。(刘慈欣《三体》)

（10）汽车一进入位于云南省北部的元谋县境内,顿觉热浪扑面,才 4 月初,这里的气温就已经高达 35 摄氏度。(1995-05-09《人民日报》)

相关语义—语法功能在主观化作用下,通过高频类推(frequency analogy)与语境吸收(absorption of context)就会发展进而引申出表强调的特定评注功用与相应情态功用。例如:

（11）小生特来拜望母亲,就问这亲事。(郑光祖《倩女离魂》)

（12）我如今来到庄上,就在这芭棚下,放下这药箱。

（纪君祥《赵氏孤儿》）

　　（13）别提了,二妹子,这年头养女儿**才**麻烦呢!（老舍《离婚》）

　　（14）他老想:"写的信妈妈大约收到了吧? 哈,她**才**高兴哩!"（冯德英《苦菜花》）

显然,主观化的"就"表示确认性强调,"才"表示辨识性强调,所表示的都已是评注功用了。再比如由代词"然"转化为后缀构成的"X然"副词,其中一部分本来还是表描摹性词汇义的,随着主观情态强化,就会从表示性状特征转向表示主观情态、立场评注及其篇章衔接。例如:

　　（15）大连、鞍山、沈阳、辽阳,我**竟然**一跑就是50多天。（赵瑜《马家军调查》）

　　（16）一个黑影渐近,南琥珀估计是指导员。**果然**,来的就是他。（朱苏进《射天狼·第三只眼》）

　　（17）那些衣裳**显然**很破旧,而且打了补丁,同样**显然**,那件被大哥撕破又被姐姐连缀起来的花布衫,也在这些衣裳之中。（洪峰《瀚海》）

　　（18）在这迟疑之中,双喜可又看出底细来了,便又大声的说道,"我写包票! 船又大;迅哥儿向来不乱跑;我们又都是识水性的!"**诚然**! 这十多个少年委实没有一个不会凫水的,而且两三个还是弄潮的好手。（鲁迅《社戏》）

上面4例评注性副词,"竟然、果然"主要凸显"出乎预期"与"正合预期","显然、诚然"主要强调"显而易见"与"确实如此"。

　　1.3　附标、独用与述谓。再进一步发展,由于对命题与述题的主观评注,部分评注性副词的表达功用还会再转化,充当的已经不再是句子状语而是高谓语（high predicate）了。所以,后面还常需附带各种常用语气词"嘛、呢、啊、吧、吗、啦、呗、的、了"等。例如：

（19）瞧！大裤裆胡同又迅速一百八十度大转弯儿了。<u>本来嘛</u>！姓刘的为什么不请在座的诸位，却单请一个驴财神？（冯苓植《落凤枝》1987年中篇小说选）

（20）假若祥子想不起孔圣人是什么模样，那就应当像曹先生，不管孔圣人愿意不愿意。<u>其实呢</u>，曹先生并不怎么高明。（老舍《骆驼祥子》）

（21）是第一个星期六的下午，我躺在床上，怎么也睡不着，她说我命贱，<u>也许吧</u>，否则怎会这样呢？（1994年第3季度《人民日报》）

（22）举个例：学生考试时该允许看教科书。<u>毕竟嘛</u>，外科医生在给病人做手术时可以参考爱克斯光片；律师为被告辩护期……（《读者》合订本）

正因为在主观化功用的促进下，评注性副词要对各种现象加以主观评注，而且还要加上语气词凸显各种情态，所以，充当对命题表评述的高谓语，已经是副词的逆向语法化了。再比如：

（23）围在一起说个不停，不耐烦了，问："你们到底交不交费？谁来交？<u>赶紧啊</u>！"（电视《冬至》）

（24）送走客人后，总理对我说，礼宾司总是喜欢安排大项目给外宾看。<u>当然喽</u>，大项目不是不能给外宾看，而是要看来访客人的具体情况。（戴平《周总理是礼宾工作者的楷模》）

（25）也许有之，却又人言可畏，怕挨批判，不敢公然揭示，慨然晓喻，毅然倡导，也就无人知之，无人纪之了。<u>确实的</u>，芹媲真不假是位创教之人。（周汝昌《情教创者曹雪芹》）

（26）另一位教练从中国过来看我们的时候，对我说：

"你看上去皮包骨头。""当然了。"我说。（姚明《我的世界我的梦》）

而且,评注性副词独用充当高谓性表评价时,后面还可以加上动词转化的后附缀(enclitic)"说"。例如:

（27）而《挽歌》却历经四十余度春秋流转而保持蓬勃的生机。至1995年,已重印129次之多。不妨说,《挽歌》不仅是盛极一时的畅销书,而且成了不折不扣的长销书。（林少华《哀婉的少女歌声》2001-02-03《文汇报》）

（28）这艘"花心"号的船员们显然比"多利"号的船员们勇敢多了。或许说,他们比较笨,竟然无视于帝国军所发出的严厉警告,反而开始加速逃走。（田中方树《银河英雄传》）

（29）大概自然法应该看成比自然状态范围要广,因为前者管得着盗贼和凶杀犯,而在后者里面却没有那种罪犯。至少说,这看法指出了一条路子,解决洛克的一个显明的矛盾……（《西方哲学史》）

（30）有一天,他仔细地朝阳台那边端详,发现她在朝他微笑。不过他又发觉,她的手撑在栏杆上,那双脚仍然在朝上踮。这是怎么回事呢? 难道说,她还够不到可以怡然观赏的高度? 这使他又忧郁起来。（《读者》合订本）

总之,由于表达过程中主观性凸显与情态功用强化,部分常用副词的功能就会分化,在保留原功能的基础上衍生出表达主观评注的功用,描摹性或限制性副词就会转化成评注性副词。

2. 语篇凸显导致关联化

2.0　语篇功能的凸显是指部分副词在特定语篇中衔接

(cohesion)功用的强化,而且,一些常用单音节副词比如"就、才、又、还、再"的衔接功能,还会进一步发展出关联功能。

2.1　吸收、类推与兼表。由于语境吸收与高频类推,汉语的双音节评注性副词在表达人际的评注功能时,一般还会兼表各种衔接功能,尤其是那些独用的评注性副词。例如:

(31) 阿虎和向小米在考虑女儿的床;小秋在考虑爸爸妈妈的床。目的一致却是那么对立,根本无法协调。<u>至少</u>,小秋是不会同意拆这张床的。(江灏《纸床》)

(32) 台下一片掌声,好,这位新市长爽气,不说废话。<u>其实</u>,这几句也属废话之列,只不过比长篇废话节约点,节约总是好事体。(陆文夫《故事法》)

(33) 各组的组长都在办公室里。每个人手上都有一支自卷的烟卷,满屋子烟雾腾腾。<u>原来</u>,办公桌上有一笸箩烟叶,这是队部免费供给组长们开会时吸的自种烟叶。(张贤亮《绿化树》)

(34) 不错,今天中华民族的文化正在复兴崛起。但走向繁荣与高峰要假以时日。需要几代人的积累。<u>诚然</u>,今天和今人的很多缺憾并非我们的罪过,但历史的后效应毕竟仍作用于今天和今人,它未清的债务仍在向我们讨还。(郑也夫《上山下乡运动给我们什么》)

而且,大多数评注性副词都还可以用在各种语段中衔接相应的语篇,甚至可以互相配合对举衔接。例如:

(35) 他是别克。<u>不过</u>,不再是那个快快活活的大力士别克了。而我也不再是那个初恋中的汉族丫头了。<u>也许</u>,我改变得比他还厉害。(张蔓菱《唱着来唱着去》)

(36) 不过毕竟,他们的哲学体系无论在思想内容方面还是在其所具有的历史意义方面都还有着一些值得进一步考究的内在关联。<u>以至于</u>我更愿意说:苏格拉底是古代的康德,康德是近代的苏格拉底。(叶秀山《苏格拉底及其哲学思想》)

(37) 在困难年代,这种用具是很难买到的。<u>然而</u>,"营业部主任"有办法。我怀疑他连百货公司的儿童用品也偷到家里囤积了起来,或是他的余党还没有抓尽。<u>反正</u>,他让每月都来探望他一次的那个与他同样讨厌的老婆,替组里每人都代买了一个。(张贤亮《绿化树》)

(38) 突然,嵇康听到,前面有喧闹声,而且闹声越来越响。<u>原来</u>,有三千名太学生正拥挤在刑场边上请愿,要求朝廷赦免嵇康,让嵇康担任太学的导师。<u>显然</u>,太学生们想以这样一个请愿向朝廷提示嵇康的社会声誉和学术地位,但这些年轻人不知道,他们这种聚集三千人的行为已构成一种政治示威,司马昭怎么会退让呢?(余秋雨《遥远的绝响》)

2.2 融合、衔接与关联。如前所述,在频繁的使用中由于篇章功用的凸显,部分评注性副词就会体现出衔接功能,涉及表示推论、追加、解说、递进、让步、转折等多种类别的连接功用①。例如:

(39) 在这里,她留下了个心眼:<u>原本</u>,想买两辆车,一辆让祥子自己拉,一辆租赁出去;现在她改变了主意,只买一辆叫祥子去拉;其余钱还是在自己手中拿着。(老舍《骆驼祥子》)

(40) 很多人都忽视了,死其实是生活的一个重要内容;热爱生活的人最不怕死。<u>尤其</u>,对一个无神论者来说,对现在的我来说,死是最轻松的解脱。(张贤亮《绿化树》)

---

① 严格地讲,"连接功能"可以分为两大类,必须依靠特定语境,才能体现连接功能的,还是尚未语法化的衔接功能;如果通过语境吸收、高频类推完成语法化后形成的连接功能,就是关联功能。

（41）朱延年早就风闻到棉纺公会有位叫江菊霞的执行委员的大名，想不到真的是叫人见到以后一辈子也忘怀不了的人物。**怪不得**林宛芝在吃她的醋哩。（周而复《上海的早晨》）

（42）如果我们仅仅应付这些，倒也可以活得轻松些。**无奈乎**我们认真：当工人的粗活细活都干，还总想搞点革新；当领导的大事小事都管，还时常"一日三省吾身"；"读书郎"四十多岁了，还在攻读这个"士"，那个"生"……（尹家民《品一品"认真"》）

情态评注与语篇衔接一般都是兼顾的，比如，表达主观情态的同时，还可以兼表各种转折性的语篇衔接功用①。例如：

（43）1980年之后，这部小说俨然以"经典"之作出现在青年人之中，它的影响差不多可与《阿Q正传》比肩。**当然**，在一片赞扬声中，也有人提出非议，提出批评，如香港的霍汉姬认为此书题材远离现实，语言油滑，是一部"完全失败之作"。（孔庆茂《钱锺书传》）

（44）她跟我们的画家恋爱时，正在学雕塑，又崇拜底亚斯和罗丹，又崇拜台斯皮乌和玛郁。**其实**，她更崇拜她自己，青春美貌，无忧无虑，欢天喜地，聪明伶俐。（徐迟《祁连山下》）

甚至有些表示时间情状的副词，在特定语境中也可以表示出乎意料的转折性衔接功用。例如：

（45）像逃避瘟疫一样，他逃出病房，匆匆穿过走廊。

---

① 评注性副词所表示的各种衔接功用，从衔接的语言单位看可以分为两种：一种是位于小句之间，衔接复句，一种是位于句子之间，衔接语段（或者叫句群）。从衔接的方式看，也可以分为两种，一种位于主谓语之间，常常与相关连词配合，一种是位于句首，常常是独用甚至后面附加语气词与特定的附缀。

忽然，在走廊尽头，楼梯口上，出现了一个苗条的人形。（谌容《献上一束夜来香》）

（46）上面，是湛蓝湛蓝的天；下面，是墨绿墨绿的地，透明、深邃、美丽。**蓦地**，水田里爆发出一片欢呼声。原来是拉"口粮"的车辆在高高的斗坝上出现了。（张贤亮《男人的一半是女人》）

总之，汉语作为一种非形态的语言，副词在篇章中的衔接方式是相当多样、十分灵活的：可以附谓，也可以独用；可以兼表，也可以配合；需要不同，衔接方式就会不同。

2.3 推理、凸显与转类。在衔接功用的基础上，一部分副词的语用衔接功能会在高频类推的作用下，就会进一步向语法化，形成定型的关联功能。比如，副词"才"，本来主要表短时，引申为表示特定情况发生后的进一步的承接性行为，从而演变成为关联副词了。当然，关联副词"才"在表达各种连接功能时，还经常要与相应的关联连词相配合。例如：

（47）而多数朝代的更换，都是由于农民起义的力量，才能得到成功的。（毛泽东《中国革命和中国共产党》）

（48）因为没有地方去，才越觉得自己的窘迫。（老舍《骆驼祥子》）

（49）红军的打仗，不是单纯地为了打仗而打仗，而是为了宣传群众、组织群众、武装群众，并帮助群众建设革命政权才去打仗的。（毛泽东《关于纠正党内错误思想》）

（50）除非塌得无法再住人，才来一两个泥水匠，用些素泥碎砖稀松的堵砌上——预备着再塌。（老舍《骆驼祥子》）

随着表示必要条件的关联复句"只有 X，才 Y"的进一步构式化，还可以套用在主谓短语之间，凸显必要的特定的前提条件。例如：

（51）只有人们的社会实践，才是人们对于外界认识的真理性的标准。（毛泽东《实践论》）

（52）社论指出，只有社会主义才能救中国，只有中国特色社会主义才能发展中国。（《中共十七大 15 日将在北京开幕》2007-10-14 搜狐新闻）

再比如，随着不断类推和语境吸收，评注性副词"反而、好在"现在也已转为关联连词了；而且由表衔接到表关联后，除了用在分句之间也可以用在句子主谓语间连接各种篇章的语段。例如：

（53）民国以来，也还是谁也不作声。反而在外国倒常有说起中国的，但那都不是中国人自己的声音，是别人的声音。（鲁迅《三闲集·无声的中国》）

（54）我来是为看他们的一切，不能不逢场作戏，必须加入他们的团体，不管他们的行为是怎样的可笑。好在，有些小凤，不至十分热，况且我还叫大蝎给我送来个我自己编的盖饭食的草盖暂当草帽，我总不致被阳光给晒晕过去。（老舍《猫城记》）

总之，汉语评注性副词大多可以兼表衔接功能，部分限制性副词使用过程中由于语境吸收（absorption of context）与类推（analogy），表达功能还会逐渐转向衔接乃至关联功能。

3. 构造定型导致构式化

3.0　副词与相关成分一再共现，通过压缩固化、高频类推以及隐喻、转喻等各种机制，一些语法结构就会逐渐成为定型的构造，相应的构造、格式、框架就会逐渐发展成为各种构式（construction）。

3.1　隐含、类推与定位。譬如副词"也"与"真是"构成的

感叹句"也真是(够)[　]的/了",一开始是隐含了特定消极信息,随着隐含句式的不断使用,就逐渐构式化了。例如:

(55)打开柜门,发现好友躲在里面,他生气地说:"你也真是[　]的,我媳妇心脏病发作,而你却躲藏在这里吓小孩子。"(《dwh315博客》新浪博客)

(56)为了一个节目缝了二十二针,也真是够[　]了,还好你是男演员,我能说等你好了,咱们打一架吧!我保证不戳你的眉骨!(《范冰冰私照美哭网友》河北新闻网)

在此基础上,从进一步定位到不断转化定型,经过感染类推,现在还发展出了"(也)真是醉了/蛮拼的"类衍生构式。例如:

(57)舒淇还说生气时一定会发脾气,但发泄完就算了,坦言不担心被指耍大牌,笑说:"大牌就是拿来耍的,怎样,要不然怎么叫作耍大牌。"女神也真是醉了!(《盘点娱乐圈被指爱耍大牌的明星》河北新闻网)

(58)整个求婚仪式由汪峰亲自设计,亲力亲为关注了现场的每一个仪式,这个仪式造价不菲,花费100万;为了自己的女神,汪峰也真是蛮拼的。(《给章子怡戴哪颗钻戒:汪峰也是蛮拼的》环球网)

再比如,"程度副词+X"结构是汉语表示各种性状程度最典型的表达式,其中程度副词"很"修饰相关形容词的结构无疑是最常用的,而且,在使用中还会出现两次并用的模式。例如:

(59)上次我查资料,忽然蹦出一个网页,很黄很暴力,我马上把它给关了。(2007-12-27 CCTV新闻)

(60)阿娇曾经很傻很天真,不过现在很霉很郁闷。(2008-02-21深圳新闻网)

在不断类推下,两个副词"很"分别修饰单双音节词的流行构式"很A很AB"就成为凸显各种新兴程度的构式了。例如:

（61）《章子怡**很美很华丽** 王宝强**很真很朴实**》（2010-06-08 优酷视频）

（62）国务院新闻办网络新闻局副局长彭波致辞，期许明天的中国互联网一定会**很美很绿色**、**很棒很健康**、**很好很强大**。（2008-05《南方都市报》）

3.2 高频、竞争与吸收。再比如，副词"也"连贯紧缩型"X也Y"构式的原型是"就是/即使X也Y"紧缩式让步复句。由于文章标题更需要简洁，所以，五字构式大多先在标题中出现①。例如：

（63）没钱能潇洒得起来？特别是当今这个商品社会，没钱似乎是万万不能的。然而，对钱的理解无疑是仁者见仁，智者见智的。在我看来，就是**没钱也**可以**很潇洒**。（《没钱也潇洒》2006-05-30 搜狐博客）

（64）真正的幸福并不一定需要太过奢华的钻戒、极其隆重的婚礼、出国旅游的蜜月，只要有甜蜜的爱情，即使**裸婚也**会得到属于自己的幸福。（《裸婚也幸福 做个精打细算的裸婚族》2011-01-12 腾讯网）

显然，具体表述过程中，正文都还是让步关系紧缩复句，标题却被压缩成构式了。再进一步发展，就直接用构式标题概括了。例如：

（65）近来引起热评的《奋斗》，现在被称为"每个80后必看的电视剧"，青春励志题材再一次成为荧屏新宠。（《〈奋斗〉：**励志也时髦**》2007-10-31 搜狐新闻）

（66）有一种公交车站，试图把凉棚做成水果形，比如西瓜、哈密瓜、草莓等等。从情趣上来讲，可爱的水果造型，

---

① 出现在标题中的构式分为三种情况：一种是文中出现的是各种让步紧缩复句，标题中则压缩为相应的构式，一种则是正文与标题中都出现了相同的紧缩构式，再一种就是直接在标题中运用紧缩构式。

不但能吸引小朋友的目光,而且也能让成年人体味一把童真。水果造型的公交车站让人赏心悦目,使无聊的等车变得别有一番风味了。(《水果公交站 等车也有趣》2011-07-05 中国宁波网)

随着"X 也 Y"构式定型化,"X"可以由体词话题来充当,"X"在功用上接近于话题,"X"与"Y"也就形成了话题与述题结构关系的构式,这样主谓衍生构式就趋向定型化了。例如:

(67)女性在当今社会进入越来越多的领域,如今在橄榄球这种纯男性参与的舶来运动中,斯文的广州白领女孩也放下斯文,完全投入疯狂一把了。(《美女也疯狂》2007-01-06《广州日报》)

(68)前几天邻居家也从亲戚家抱养了一只狗,慢慢和我们家的"花花"熟悉了并且特亲热,经常彼此在身上嗅来嗅去的。被"黑黑"看到了气得冲着叫个不停,那眼神直冲着邻居家的狗好像要吃掉它似的。吃醋是人的专利,哈哈,原来狗狗也吃醋。(《狗狗也吃醋》2006-10-27 开心网)

而且,由于表达功效的简洁与时尚,这主谓衍生构式在当代汉语各种网络的标题中,特别流行。例如:

(69)落笔要写"男人也瑜伽"时,其实我的脑子里回想起在印度看到的一幕幕练习瑜伽的情景,放眼望去全是男人。(《男人也瑜伽》2005-10-20 精品购物指南)

(70)结婚是快乐的,结婚以后的生活是不是还快乐呢?有的人享受婚礼,有的人在婚礼上抱憾终生。我们一起欣赏一下这些有意思的瞬间吧。(《婚礼也搞笑 最佳跳进"坟墓"时刻》2010-07-23 国际在线)

(71)《美女也恐龙 范冰冰想要消灭的雷人照片》(2009-04-05 半岛网)

（72）《**男人也爱美**——如何修饰经典男人》（2002-07-11 新华网）

总之，由类同副词"也"构成的让步紧缩复句，在当代已经发展成为一种高频的流行构式了。

3.3　固化、定型与构式。隐性否定副词"看似"在主观化与关联化的发展过程中，由于"看似 X，实则 Y"对举表达式一再使用，在近代汉语中就开始形成了特定的互相配合的固化构式了。例如：

（73）且太宗遥望昭陵，征独以献陵为请，未尝劝太宗回忆后言，**看似**为主劝孝，**实则**父子之亲，不及夫妇，后德可忘，而武氏即进，乱端生矣。（《唐史演义》17 回）

（74）什么朵思大王，什么木鹿大王，什么祝融夫人，好像《封神传》《西游记》一般，**看似**五花八门，**实则**十虚九幻，不值识者一噱。（《后汉演义》92 回）

（75）前半回叙述缘起，为全书之楔子，已将一部明史，笼罩在内；入后举元季衰乱情状，数行了之，**看似**太简，**实则**元事备见元史。（《明史演义》1 回）

（76）是回叙事，**看似**拉杂写来，头绪纷繁，**实则**一线到底。（《明史演义》20 回）

随着这一构式的进一步定型化，现代已进一步发展成为一个正反对举的紧缩格式了。例如：

（77）一部市场经济史，就是名牌崛起和陨落的历史。初创名牌必须耐得寂寞。脚踏实地，**看似慢实则快**；急功近利，**看似快实则慢**。（1995 年 11 月《人民日报》）

（78）他将抽象寓于具象之中，**看似具象实乃抽象**，看似抽象又总有物象的蛛丝马迹可寻。（1993 年 11 月《人民日报》）

（79）而眼前的真实世界，倒像一幅<u>看似繁复庞杂实则单薄表浅</u>的《清明上河图》。（刘慈欣《三体》）

（80）他们走向反面原因很多，其中一条，就是他们不愿明言但又挥之不去的<u>看似有理实乃无理</u>的"理由"，我贡献不小，辛苦不少，但得到不多。假如不是国有企业领导而是私企的老板，以目前的经营业绩，也许可以发大财。（1996 年 4 月《人民日报》）

再比如，减量副词"少"在表示各种规劝义过程中，由于高频互动，现在已经形成了与副词、否定副词"别"各具特色的规劝、责备构式了。例如：

（81）婀娜怒道："<u>你少装蒜</u>！我当时就在现场亲眼目睹，当时你们杀了主持等人后，为了筹集私奔的盘缠，将我一个清清白白的佛门女尼卖入妓院，受尽屈辱。慧清，你修行多年，怎么丝毫不受佛祖感化，如此狠辣阴毒？"（《尘世烟华醉》2013-11-02 读览天下）

（82）她在看见他们拥抱的一刹那却出奇地平静。那女子将自己的衣服整理平坦，她抬起手，给了女子一巴掌。他拦在她的面前，他说，"<u>你少撒泼</u>，不许碰她。"她抬起头，眼前的这个男子让她陌生，那些熟悉的眉眼已渐渐模糊。（《百转千回 流年如歌》2008-02-09 网易博客）

（83）我妈当场就隔着电话啐了我一口："呸！<u>你少挤兑我</u>这个事情，就这么说定了，你快点儿给我滚回来，那个林贵生，<u>你少惦记</u>！"（《灼灼梓木 一度春风》2014-01-04 豆丁网）

（84）杜队长怒喝道："<u>你少张狂</u>，国有国法，政府所有的事都要有一套程序，你以为像你们这样就可以无法无天吗？第三个条件是什么？"（《等你说后悔》2006-11-13 起点小说网）

总之，由汉语副词参与而构成的各种结构与句式，只要经常不断使用，通过高频类推就会逐渐构式化。而且在构式化过程中肯定会经历从固化、定型发展成典型构式的演化过程。

4. 元语趋向导致标记化

4.0　高频使用副词的表达功用，会从表达语义-语法的基语言功能转向表达标记话题结构、组织会话话论、评价命题论点、沟通交际渠道的元语言，有些还转成了各种话语标记①。

4.1　互动、和谐与标记。元语言的主要功用是说明与评价基语言乃至衔接语言单位。比如评注性副词+附缀构成的附缀结构"尤其是、特别是"，其表达功用就是元语化的评注兼表衔接。例如：

（85）不是不知道，菏泽一带出的鲁西牛是好家伙，花700来元买一头牛犊，养二三年，可以卖到近3000元。这期间，要给你再下几条牛犊，那是啥成色！<u>尤其是</u>沂蒙山区养牛得天独厚，草场开阔，放养也长膘。（张伟群《一个硕士的村支书历程》）

（86）我才想起来谢队长手上的血是羊血，并且，他单单没有注意到去山根的那条羊群踏出来的小路。我浑身轻松下来。<u>尤其是</u>，他解开面口袋，又发给每人两个冻得瓷瓷实实的稗子面馍馍。"大家都辛苦点，这算是加班粮。"（张贤亮《绿化树》）

（87）我一向认为曹叔是条硬汉，经过一次又一次的突

---

① 元语化主要是从副词的表达功能由基语言转向元语言的角度着眼的，而标记化主要是从一部分双音节评注性副词，经常独用充当话语标记来表示评注与衔接的角度着眼的，所以，两种演化趋势是交叉的。

发性打击,特别是这一回可谓登峰造极的离奇灾难,我望过去,觉得曹叔依然没有被压垮压瘪。(刘心武《曹叔》)

(88)没钱能潇洒得起来?特别是,当今这个商品社会,没钱似乎是万万不能的。然而,对钱的理解无疑是仁者见仁,智者见智的。(《没钱也潇洒》2006-05-30 搜狐博客)

再比如,现代汉语表侥幸功用的评注性副词"所幸",本来典型分布是充当句首状语,主要是发话人对后续事件句的主观评判,其位置比较固定,只能出现在后分句的句首。例如:

(89)你应该更早一点回去,上星期五,你爸去给你哥拿药,还在路上摔了一跤,拍了片子,所幸没伤到骨头。(柳建伟《突出重围》)

随着一再独用于小句和句子之间,副词"所幸"就逐渐转向表达衔接的元语标记了。例如:

(90)她更加警觉了,把梦寒盯得死死的。所幸,梦寒自从跪祠堂以后,似乎深有所惧,每日都关在房间里,深居简出。(琼瑶《烟锁重楼》)

(91)整治过程中,多辆黑车主若无其事地将车辆停泊在南站附近的停车车位上,"伪装"在众多的私家车中。所幸,此次行动开展前,运管部门已经多次到现场检查并摄像留证,执法人员很快通过车号将其辨认出来,并拖离现场。(2010 年 6 月 28 日新华网)

(92)其实赵新明的反应并不算慢,实在是这辆国产小面包太不争气,等到赵新明把车发动起来时,那辆进口轿车早已溜得无影无踪,不在视线之内了。所幸,这一带是闹市区,一拐过弯就是一条车水马龙,人如潮涌的大街,再好的车也别想在这样的大街上有所作为。(张平《十面埋伏》)

上面后两例中的"所幸",主要是用来衔接与评注整个语段的,充当的成分都是位于句子之间的独用语。

4.2 照应、配合与连贯。元语言在言语中主要是说话人为了能够有效组织话语，表达特殊修辞效果，吸引受话人注意力所采取的言语表达策略和手段。比如否定副词"不"在元认知作用下，转化成说话人为了表达纠正强化与补充凸显等语用目的的元话语标记了。例如：

（93）乔致庸提醒了我们，以后我们和乔致庸之间，<u>不</u>，是和山西的商家之间，要争的已经不是一桩桩生意了。（电视剧《乔家大院》）

（94）我想，当你读了四位文坛老人的致辞、贺诗后，你的心会同我一样极不平静。你一定会感受到几位大师对于我国文学艺术事业、对于文艺界所寄予的期望，<u>不</u>，是厚望，何等感人至深！（1996年12月《人民日报》）

很显然，上面各例副词"不"原有的否定用法，正是在元认知调控下，形成了凸显特定的评注与衔接功用了。再比如：

（95）这一本小小的书还保留着我的一段美妙的梦景，<u>不</u>，它还保留着与我同时代的青年的梦景。我将永远珍爱它。（《读书杂志》20年合集）

（96）小蝎已不易见到，他忙得连迷也不顾得招呼了，我只好到街上去看看。城中依然很热闹，<u>不</u>，我应当说更热闹：有大鹰的头可以看，这总比大家争看地上的一粒石子更有趣了。（老舍《猫城记》）

显而易见，否定副词"不"之所以会从表示客观否定演变为表达主观强化与篇章衔接功用的话语标记，其演化的动因与表达过程中的元语化功用不断强化有着密切的联系。再如：

（97）在无垠的塔克拉玛干沙漠里，干涸的和田河沿上，一个人在慢慢地爬行，<u>不</u>，在蠕动。他的行动是那么

地迟缓,几乎使人觉察不出他在动弹。(《读者》1993 合订本)

(98)那是一幅时代画像,浓郁的又是闭塞的,混沌又是透露时代光明的,<u>不</u>,我真正想说的是那是一幅山东大汉闯关东的真正的"移民图"。(1994 年报刊精选 08)

(99)《醉乡》把湘西土家族当前的人生现实<u>不</u>,应该说是整个湘西当前的人生现实展现在人们面前。(朱墨《神酣意热话〈醉乡〉》)

(100)终于他(苏乐民)静静地揭开了白布一角,啊,一个年轻的清秀的中国女子!圆脸如雪一般洁白,<u>不</u>,比没有玷污的雪原还要清冷和凄美,她死了吗?<u>不</u>,她已化成了一座汉白玉雕像,白得无瑕、白得悲凉、白得令人心碎!(胡辛《蒋经国与章亚若之恋》)

可见,随着元语化趋势增强,句间分布中独用的"不",表衔接与评价的功用已基本成形。

4.3 表态、评价与兼顾。很显然,言语交际是语言知识和很多心理表征相互作用的过程,言语交际作为一个认知过程,这一复杂的认知过程通过特定的语言符号来实现表层化,对言语表达中的各种状况显示元语言功用。比如,元语化的"别是、别不是"现在都可以不再表示祈使否定了,而主要是表示主观性揣测,而且"别不是"中间语素"不"的有与无,表达效果也已基本一致了。例如:

(101)我接过核桃一掂量,嗬!分量够足,不自觉地赞叹:"好东西!真是好东西!您别(不)是中了彩票了吧?这可值大银子了。"(《文玩核桃惹来官司》2015-01-15 新闻网)

(102)连日来秋日明媚阳光为村民的秋晒提供了好天

气,村民们纷纷把丰收的果实在自家院里、屋顶、檐前进行秋晒,<u>别</u>是一番乡村风情,也吸引了四方游客前来赏秋。(《秀美乡村来助力　玉山四股桥山塘"游"出好风光》2019-11-14 人民网)

(103) 对于这起打人事件,因《宫》《笑傲江湖》等剧集走红而比明星还红的编剧于正,直指新人沈泰是借自己炒作,而网友的眼睛也是雪亮,于正的新戏也要陆续播出了,这出打人事件<u>别(不)</u>是一桩一个愿打一个愿挨的双赢?(《编剧于正深夜被男演员暴打　为戏? 为情? 为炒作?》2013-03-22《广州日报》)

(104) 拍摄地点:日本中禅寺湖　早秋的中禅寺湖,被大雾笼罩,游人在雾中的湖上泛舟钓鱼,如梦如画,<u>别[不]</u>是一番景致吧。(《中禅寺湖之晨》2019-11-14 人民网)

同样,由"恐怕是"缩略而成的"怕是"及其否定式"怕不是",作为特定的揣测性副词,现在也已基本元语化了。例如:

(105) 我最终还是去了那片林子里,不过我有点事耽误了,后来就睡在了桥底下。要不,<u>怕是</u>现在也正在和他们一起筛沙子呢!(《中国北漂艺人生存实录》)

(106) 800 多只股票哪都有庄? 有的股即使原来有庄,见股性不好,<u>怕是</u>也早卸胳膊卸腿地跑了。(鲁召辉《股市宝典》)

(107) "海客谈瀛洲,烟涛微茫信难求",那雪山<u>怕(不)</u>是世外瀛洲吧,那海静得简直让人无法相信在这里会掀起山一般的巨澜。(1996 年 3 月《人民日报》)

(108) 你的意思是你不知道你家住在哪里? 啊呀呀,那么你这位小姐<u>怕[不]</u>是迷路了吧?(《蒋氏家族全传》)

总之,从元认知的角度看,汉语大多数评注性副词的基本功能主要是用来评价客观命题,表示说话人的主观态度,或者用来组织话语结构,当然都具有特定的元语言功能。甚至汉语的一些限制性副词,包括少数否定副词及其短语词,在言语交际过程中也可以起到表达乃至标记主观情态、评品论题得失、沟通交际渠道、表达评价与衔接等各方面的元语言功用与特定的表达功效。

5. 性质转变导致多样化

5.0   部分副词及其相关成分的功能彻底改变之后成为词内成分,其中一部分会进而成为副词性词缀;部分副词语素化之后,由于功能羡余化会趋向脱落而零形化;还有少数副词由于对举构式化的相关成分的羡余、脱落,甚至发展出与原有功用完全相反的逆转效应。

5.1   跨层、转移与融合。譬如,"有、加"本来都是动词,经过不断发展,跨层结构"有加"逐渐转化为后附表程度的副词,而且,现在已经从后置程度副词转化为强化程度的后附缀了。例如:

（109）朱棣闻讯召戴,对他劝勉有加,要他臣事新朝。但戴却写了一段尖刻的文字,痛斥朱的无义无道,由此触怒朱棣,下令用锯子锯杀之。(《宁死不屈戴德彝》2014-03-07奉化新闻网)

（110）1905年末,秋瑾自日本回国从事反清活动,唐群英不时去函,勖勉有加。(刘作忠《挽联一束祭秋瑾》2003-06-09人民网)

（111）苏联解体后,格美关系不断升温,亲密有加;格俄关系磕磕碰碰,每况愈下,但美俄之间的角力像一条有形

的线,必然贯穿其中。(《解读美俄博弈格鲁吉亚地缘战略因素》2014-03-31 道里巴巴)

(112) 有人走进德明与莎莉的家,发现家里一团混乱、肮脏邋遢,令人觉得不舒服,外人不会认为德明<u>邋遢有加</u>,却会以为莎莉是个不擅打理家务的主妇。(《如何为你的妻子祷告?》2014-04-27 好酷网)

前面 1.3 业已提及评注性副词使用过程中后面经常后附"呢、啊、吧、吗、嘛、啦、呗、的、了"语气词与附缀"说";这些后附语气词与附缀的表达模式,经过高频共现大多已成为附缀结构(enclitic structure);少数甚至词汇化了,比如"也许吧、简直了"。例如:

(113) 陈鲁豫:冒昧的问一句,现在有人追你吗? 袁莉:<u>也许吧</u>。(鲁豫有约《袁莉:我现在会坐地铁　在路边吃牛肉面》)

(114) 哈哈,晚安各位! 这首歌<u>简直了</u>,通篇歌词无比绝妙! (bcc 微博语料)

而且,一些双音节副词在独用表示主观评注功用时,还会不断地后附加由判断动词虚化而成的附缀"是",进而组合而成的"副词+是"也会逐渐融合成特定的附缀结构与附缀单词了:

(115) 而今呢,一盏座灯,几乎是我最亲近的友人了。它立在我的案头,它分去我的凄凉与孤寂,它给我光,恰足照了我自己,<u>好像是</u>,它也知道我并不需要更多的。(靳以《灯》)

(116) 有些人的情商啊真是! 让人无语死,<u>简直是</u>,都大学生了,你脑子呢?! (《深海溺蓝晡晚》2018-03-21 新浪微博)

5.2　虚化、羡余与脱落。比如,表示推测性羡余否定的主要是由"保不定、保不住、保不齐、保不准"等构成的羡余否定式短语词,这类副词通常都用于对未然的推测,而且对举的"不、没"也已可有可无了。比如下面例句()里的"不"都是羡余的,可以脱落:

（117）到底不收,说赏我打酒吃,又说如今厨房在里头,保不住屋里的人（不）去叨登,一盐一酱,那不是钱买的?（《红楼梦》61 回）

（118）民国既经成立,辫子总算剪定了,即使保不定将来（不）要翻出怎样的花样来,但目下总不妨说是已经告一段落。（《鲁迅杂文·从胡须说到牙齿》）

（119）文学青年的稿子也许会被退回;走向生活的大学生也许会碰许多的钉子;……谁也保不齐在那等待着我们的终点上（不）会落伍、失败甚至被淘汰掉。（《愿你满怀热情,继续出发》）

（120）哪一天自己真的变成影帝时,嫉妒我的人指指点点,媒体越来越放肆,保不准哪一天就（不）上娱乐报的头版头条。（《中国北漂艺人生存实录》）

反过来,下面例句各[ ]中的否定词"没、不"本来并没有出现,大多是可以插入的。例如:

（121）因想这事非常,若说出来,奸盗相连,关系人命,还保不住[？不]带累了旁人。（《红楼梦》72 回）

（122）看样子不起眼,家里保不定[没]有几个漂亮的小老婆哩。（《儿女英雄传》14 回）

（123）放在家里吧,咱这代人没问题,保不准下一代就[？不]给它扔了;修个墓吧,我们能记着清明给上个坟,到了下一代就不一定了。（1994 年《报刊精选》）

（124）这楼又有南北两个出口,实在保不齐哪个坏家

伙[不]从我眼皮子底下溜走,还是恳请各位自己注意互相照应吧!（刘心武《一窗灯火》）

由此可见,随着这些"保不 X"的不断使用与主观情态化,与之配合、对举的否定词"不"和"没"也就变得可有可无,还会经常脱落,其中否定语素"不"的功用已从虚化走向羡余。

5.3　转移、附加与逆转。比如,"非"在上古还是否定性判断动词,到中古则逐渐虚化为否定性副词,作为一种主要表判断的否定副词,相关用法的"非",从近代一直沿用至现、当代。例如:

（125）发于南海而飞于北海,非梧桐不止,非练实不食,非醴泉不饮。（《庄子·惠子相梁》）

（126）崔进为言于文襄曰:"国史事重,公家父子霸王功业,皆须具载,非收不可。"（《魏书·魏收传》）

由于英语构词前缀"un-、im-、dis-"感染,副词"非"逐渐衍生出否定类前缀用法。例如:

（127）《婚姻法》第二十五条规定,非婚生子女享有与婚生子女同等的权利,任何人不得加以危害和歧视。（《非婚生子女与婚生子女是否一样享有继承权?》）

（128）非正规金融是我国农村金融体系的主要组成部分,也是我国农村金融改革的重点和难点之一,由于目前农村正规金融机构的严重缺位,许多新型农村金融机构的运行状况不尽人意。（《我国农村非正规金融机构发展的特点及其路径依赖》）

（129）借用一个外交场合中正式而庄重的概念,实质上是非正式的诙谐态度和调侃精神,谈的是普通百姓喜爱的各种话题。（《非正式会谈》）

（130）非处方药是指患者自己根据药品说明书,自选、

自购、自用的药物,一般主要用于病情较轻、稳定、诊断明确的疾病。(《多数人不懂的处方药与非处方药的区别?》)

另一角度看,由"非 X"与"不 Y"构成的双重否定的推导格式构式,"X"表示前提,"Y"显示推导的结果;当然,相应的前提与结果,还可以进一步压制进而紧缩。试比较:

（131）你呀,非锁在尿桶上,不会说好的。(老舍《茶馆》)

（132）你讲的话真好,真对! 非大家组织起来不能救国!(赵树理《李家庄的变迁》)

随着后项"Y"经常由"行、可"等动词、助动词承担,随着高频类推,后面的一些"不 Y"就会凝结逐渐固化成为配合双向否定用法的否定性后置语气词①。例如:

（133）我们非得冒风险,下绝法子治他们不可。(李存葆《高山下的花环》)

（134）你们表兄妹捣什么鬼! 说我的坏话? 非要你讨饶不行!(茅盾《子夜》)

再进一步发展,在一系列特定的语境中,语气词"不可、不行"可以使用也可以脱落。例如:

（135）人家嫌我那儿土气,非要我实行变法维新（不 Y）。(苏叔阳《加利福尼亚北京人》)

（136）她坚持要私下谈谈,是个什么意图? 而且还非约到许多年前曾经坐过的丁香花架前面见面[不 Y],又是什么打算呢?(李国文《花园街五号》)

随着后面否定性语气词的不断隐含、脱落,否定副词"非",就转

---

① 《现代汉语词典》(第7版)标注"不可"为助动词,"不行"为动词,当然没有问题。但是助动词"不可"与动词"不行"的性质与功用,与本章研究的表达配合后置的语气词"不可、不行"性质完全不同。

化为强调肯定的副词了：

> （137）人家不答应，<u>非</u>要我去看看。（王朔《看上去很美》）

> （138）要弄我去劳改也不一定<u>非</u>得大年三十。（冯骥才《一百个人的十年》）

再进一步发展，在一些强调肯定的"非 X"后面，还可以相应的"才 Y"与之配合。例如：

> （139）这人的眼泪太吝啬了，好似<u>非</u>要到这关口，到这种心中的酸甜苦辣压缩在一起而互相激化的时候，<u>才</u>会亮晃晃地出现。（冯骥才《爱至上》）

> （140）小李不说，表情挺神秘，好像<u>非</u>要我去见了大吃一惊，他<u>才</u>称心。（冯骥才《三十七度正常》）

发展至此，否定性判断副词"非"已发生了根本的逆转，转变成了强化肯定的评注性副词了。

6. 结语和余论

6.1　综上所述，汉语副词再演化的模式、动因与功用，可以大致归纳如下：一、人际情态导致主观化，涉及认识、视角与态度，情态、立场与评注，附标、独用与述谓等三个方面。二、语篇凸显导致关联化，涉及吸收、类推与兼表，融合、衔接与关联，推理、凸显与转类等三个方面。三、构造定型导致构式化，涉及隐含、类推与定位，高频、竞争与吸收，固化、定型与构式等三个方面。四、元语趋向导致标记化，涉及互动、和谐与标记，照应、配合与连贯，表态、评价与兼顾等三个方面。五、性质转变导致多样化，涉及跨层、转移与融合，虚化、羡余与脱落，转移、附加与逆转等三个方面。

6.2　通过对汉语副词再演化的多角度研究,可以深深地感到:要想全面而深刻地揭示副词再演化的规律,彻底阐释副词的变异与功用之间的联系,必须在充分认识汉语副词类型特点的基础上,既高屋建瓴又脚踏实地地对副词的再演化现象进行深入系统、科学、详尽的研究,也要对一些常用副词再演化进行多角度共时与历时的考察分析,还要深刻而仔细揭示导致副词再演化的动因与机制,尤其是副词化之后的各种演化趋势,进而预测汉语副词的未来发展方向。

参考文献

方　梅　2019　《汉语篇章语法研究》,社会科学文献出版社。

方　梅　2022　从副词独用现象看位置敏感与意义浮现,《中国语文》1 期。

李佐文　2001　论元语言对语境的构建和体现,《外国语》3 期。

李佐文　2003　元语言:元认知的言语体现,《外语研究》1 期。

李宗江　2014　连词"何况"和"岂况"是怎样形成的,《汉语学报》2 期。

刘　丞　2012　"好在"的演化过程与功能扩展,《世界汉语教学》4 期。

刘　丞　2015　从询问方式到感叹程度——"何其"的副词化与功能扩展,《汉语学习》3 期。

彭　睿　2011　框架、常项和层次——非结构语法化机制再探,《当代语言学》4 期。

沈家煊　1994　"语法化"研究综观,《外语教学与研究》4 期。

沈家煊　2001　语言的"主观性"和"主观化",《外语教学与研究》4 期。

沈家煊　2004　语用原则、语用推理和语义演变,《外语教学与研究》4 期。

施春宏　2021　构式三观:构式语法的基本理念,《东北师范大学学报》4 期。

吴福祥　2005　汉语语法化演变的几个类型学特征,《中国语文》6 期。

吴福祥　2014　结构重组与构式拷贝——语法结构复制的两种机制,《中国语文》2 期。

杨成凯　1995　高谓语"是"的语序及篇章功能研究,《语法研究和探索(七)》,商务印书馆。

张伯江　2012　以语法解释为目的的语体研究,《当代修辞学》6 期。

张伯江　2018　构式语法应用于汉语研究的若干思考,《语言教学与研究》4 期。

张谊生　2000　论与汉语副词相关的虚化机制——兼论现代汉语副词的性质、分类与范围,《中国语文》1 期。

张谊生　2000　评注性副词功能琐议,《语法研究和探索(十)》,商务印书馆。

张谊生　2004　副词"不"独用的语用功能和篇章功能,《乐山师院学报》8 卷。

张谊生　2005　羡余否定的类别、成因与功用,北京大学《语言学论丛》31 辑,商务印书馆。

张谊生　2006　试论主观量标记"没、不、好",《中国语文》2 期。

张谊生　2006　元语言理论与汉语副词的元语用法,《语法研究和探索(十三)》,商务印书馆。

张谊生　2011　当代流行构式"X 也 Y"研究,《当代修辞学》6 期。

张谊生　2015　从情状描摹到情态评注:副词"生生"再虚化研究,《语言研究》3 期。

张谊生　2017　试论"有加"的附缀化与"X 有加"的构式化,《中国语文》3 期。

张谊生　2019　汉语介词及介词短语再演化的模式、动因与功用,《语言教学与研究》5 期。

张谊生　2022　试论"看似"的主观否定倾向与逆转衔接功能——兼论"看似"与"貌似、像似、好似、疑似"的异同,《语言科学》2 期。

Heine, Bernd, Ulrike Claudi, and Fruederike Uünnemeyer. 1991 *Grammaticalization*：*A Conceptual Framework*, Chicago：The University of Chicago Press.

Hopper J. Paul & Elizabeth Closs Traugott 1993 *Grammaticalization*, Cambridge：Cambridge University Press.(《语法化学说》,外语教学与研究出版社,剑桥大学出版社 2001 年版)

Zwicky, Arnold & Geoffrey Pullum 1983. *Cliticization vs inflection*：*English n't Language* 59(3).

第二章　从相对到绝对：程度副词"最"
　　　　的主观化趋势及其转化方式

摘　要：从句法分布、优势用途与扩展功能看，绝对化"最"的典型分布是互动语境，优势用途是充当标题，扩展功能是充当句法状语。从语义功用、表达作用与效果看，绝对化"最"凸显的是主观程度义，拓展的是隐含程度义，激活的是隐性程度义。从演化动因、认知机制与转化后果看，绝对化"最"的演化动因是主观化，认知机制是范畴化，转化后果是绝对化。

关键词：最；扩展；绝对化；特定功用

0. 前　言

　　0.1　从王力(1943)起，依据不同语义性质和比较方式，将汉语程度副词分为绝对与相对两个大类，早已成为语法学界的共识。在传统语法体系中，副词"最"无疑是典型的顶级相对程度副词①。

---

① 迄今为止，几乎所有通行的语法书和各种常用的虚词词典和语文词典，都非常一致地明确指出"最"是现代汉语最高级或者极性相对程度副词。

然而,由于受到语言使用中日益增强的主观性驱动,长期以来,相对程度副词"最"的绝对化趋势一直没有中断过。邢福义(2000)、武荣强、赵军(2006)、匡艳(2007)、华艳雯(2013)、贾君芳(2014)都曾从不同角度对"最"的主观性表现作过研究。不过,由于受各种条件限制,与此相关的一系列语言现象还有待进一步探究与解释。尤其是进入新时期以来,"最"的主观化与绝对化趋势发展得相当迅速,绝对程度副词"最"已经基本分化成功。所以,有关这方面的现象和原因,亟待全面深入地探究与充分有效地揭示①。

0.2　本章着重关注绝对化的"最"在当代汉语中的新兴用法、特定功用与演化趋势。主要分为三个部分,首先描写与分析"最"的句法分布、优势用途与扩展功能;然后分辨与揭示"最"的语义功用、表达作用与表达效果;最后探讨与解释"最"转向绝对化的演化动因、认知机制与句法后果。

0.3　本章语料引自当代网络报道与博客以及北大语料库,全部标明出处(有删节)。需要说明的是,本章部分例句接受度还不高,但这种用法基本上代表着"最"的发展趋势。

1. 句法分布、优势用途与扩展功能

本节描写与分析绝对化"最"的句法分布、优势用途及其扩展功能。

1.1　句法分布:互动语境。相对而言,各种互动交际语境更适合带有主观感情色彩的"最X"的运用。调查发现,在对话语境中有相当一些"最"都已经是绝对程度副词了②。例如:

---

① 有关当代汉语"最X"与"最美XX"的新兴词汇化现象,张宏粱(2013)、贾君芳(2014)与刘丹、陈一(2014)、饶冬梅(2015),曾经分别作过比较简略的研究。

② 严格地讲,这种带有主观性的绝对化用法,在20世纪20—30年代的现代汉语中就已经出现了。例如:苏小姐脸一红,骂她:"<u>你这人最坏</u>!"(钱锺书《围城》)

（1）女友热恋期："呜呜，你讨厌，你烦人，你欺负我，你<u>最</u>坏了！"女友稳定期："呵呵，你没错，你哪里有错？你一点错也没有，都是我错了。"看来让她认错也算是我长期调教的一个进步。（《内涵段子》2015-10-09 搜狐公众平台）

（2）他："厉害吧？"我：（猛点头）"嗯嗯嗯！神奇哥哥！你简直是个天使！怎么会这么厉害啊！你<u>最</u>棒了！棒呆了！"（《你们什么时候觉得男朋友帅？昨天跟他讨论南海问题，觉得男朋友帅呆了！》2016-07-16 天涯论坛）

（3）机会自己来了，陈辛婷做了几次深呼吸，目不斜视，一鼓作气地将早就想好了的话说了出来，"总经理，我想说，你<u>最</u>帅了，所以别不高兴了"。（《傲娇男友太腹黑》2016-02-04 17K 小说网）

（4）"哼，就是！"听话的点点头，亚米一边配合着妈妈给她穿衣服，一边得意地冲连修肆做鬼脸，"你<u>最</u>讨厌！"（《亿万首席，请息怒！》2016-03-09 乐安宣书网）

即使不是相互间的对话，没有用引号，只要是发话人情感的直接流露，性质也基本一样。例如：

（5）天秤<u>最</u>无耻啊！动不动就脱衣啊！泥马这不是禁技吗？你死一个来看看啊！《LC 的冥斗士尼玛都伤不起啊！》2011-07-30 冥王神话吧）

（6）按楼主说法，老是 11 选 5，<u>最</u>变态了，总是极其不要脸，能一直不出，从概率上已经该出几十次了。（《变态啊》2014-01-04 易网彩票）

（7）我就没打算捐款，以前傻，不明白，捐了不少，现在明白了，让中石油捐吧！他们<u>最</u>不要脸！（《捐款！为什么我们总是要捐款》2010-04-17 天涯社区）

（8）正在按第一方法破解，没有想到思路被打断，也许第一感觉最有灵感！第一想模仿您的思路,第二想看文字寓意与作者的思想之间的联系。(《笔迹大竞猜!》2010-01-10 中国警察网)

上面几例都是说话人在赞叹或责备、抱怨或发泄,"最 X"的主观性自然会很强。再进一步,发话人在特定语境中的自我表述,其实也是一种与受话人的互动,也会带有主观色彩。例如:

(9)什么军官教官警官的,最变态了,训练新兵时站在人家背上叫人做俯卧撑,看到不顺眼的就踹屁股踩脑袋还解开裤带鞭打,甚至还喊新兵舔皮靴!(《什么军官教官警官的最变态了》2011-08-25 百度知道)

(10)嘿,好男儿何患无妻?别忘了,咱们电力男儿沉鱼落雁,最会放电,迷倒国内外一大片,我一定会等来一支射向我的丘比特之箭。(《为您服务》2013-10-22 中国国际剧本网)

(11)刘诗诗,脸上表情多一点的时候显得好可爱,诗诗很适合微笑,嘴角微微上扬的表情是最漂亮的!典型的微笑气质美女。(《杨幂、刘诗诗、宋茜笑与不笑天上人间》2016-07-07 人民网)

(12)劳动最美丽,劳动最充实!只有勤奋工作的人,才懂得耕耘的愉悦,才知晓果实的甘甜,才会领悟生活的踏实和美好。劳动,让海港充溢诗情;工作,让码头染满画意。(《唱响劳动赞歌——集团装卸生产大会战"五一"特别报道》2012-05-30 百度快照)

1.2 优势用途:充当标题。"最 X"这种充满情感、言简意赅的表达方式,极易引起共鸣与联想,自然十分吸引受众,符合媒体传播的功用,所以,非常适合充当标题。例如:

(13)《怎样生活,最充实!》(2010-01-21 百度快照)/

《黄晓明 Baby 公开恋情,最浪漫!》(2014-03-27 爱奇艺)

(14)《大妈、大爷的广场舞,最给力!》(2016-06-11 爱微帮)/《做真实的自己,最漂亮!》(2016-04-22 光明网)

(15)《甜品行业,茶载甜品最得意!》(2014-07-30 招商帮)/《爱在双龙潭,活力青春最耀眼!》(2015-10-04 鹿城网)

(16)《煮一锅卤味最浪漫! 吃货不看可别后悔》(2016-06-20 下厨房网)/《看了宋佳的穿着才知道,女人穿这些衣服最漂亮!》(2016-06-06 作文网)

无论是网络还是平面传媒,标题的作用极为重要,对受众具有吸引眼球的关键作用,决定了受众究竟是否有兴趣进一步关注。即使"最 X"充当定语的标题,效果也是一样。例如:

(17)《留学生最出现的三大误区》(2015-05-09 新浪博客)/《花心女人最典型的特征》(2015-04-03 中国新闻网)

(18)《最牛逼、最机密的群聊》(2015-09-08 微口网)/《中国战场:最顽强的抵抗,最惨痛的牺牲》(2015-08-17 共识网)

(19)《一个最典型、最真实的儿童读经案例》(2014-04-25 百度快照)/《这个女孩和君一样,有颗最美丽的心灵!》(2012-11-24 百度贴吧)

在搜集到的网络语料中,充当标题的"最 X"占到 30% 以上,其中有些还是"最 N"。例如:

(20)《哈尔滨电影节闭幕 甄子丹、张静初获封"最商业"》(2011-01-17 腾讯娱乐网)/《上海热线新闻中心带您了解上海,发现生活! ——最上海的热线!》(2016-07-18 上海热线)

(21)《最男子汉的战斗机! 情系中华 绝顶雄风!》(2015-07-09 新浪博客)/《最女神、最学霸、最文艺 盘点那

些年走红的高颜值双胞胎姐妹花》(2015-08-17 中国经济网)

(22)《潮人大起底之:<u>最农民</u> VS <u>最商人</u>》(2010-08-13 新浪博客)/《2014〈申〉报<u>最上海</u>,<u>最地标</u>盛大颁奖典礼》(2014-05-06 优酷网)

比较而言,"最 N"短语充当的标题,简洁的语境几乎都无法或者无需显示相应的比较范围,所以,这一分布中表达特定极性限定功能的"最",更容易向绝对化的方向发展。

1.3　扩展功能:句法状语。所谓句法状语,就是指"最 X"充当定、状语或主、宾语,其中的"最",充当的是句法成分内的状语。当代汉语中,有相当一些"最 X"已经从表主观陈述的句子谓语,进一步扩展到表主观情态的各种句法成分。在这一类表述结构中,"最"所表示的程度义,基本上也都没有明确的比较范围,有些甚至连隐含的范围也没有。例如:

(23)司法腐败是市民<u>最痛恨</u>的社会疾患,也是建设一流法治城市的最大阻碍。(《建设法治城市深圳如何率先探索》2012-02-28 搜狐网)

(24)周杰伦:我想买跑车,但妈妈不愿意。大家都觉得我无所不能,其实我现在还受到妈妈控制。我<u>最害怕</u>场面 hold 不住,非常讨厌被控制的感觉。(《周杰伦谈择偶:女友必须喜欢我的歌　创作未遇瓶颈》2011-12-13 新华网)

(25)<u>最难过</u>的时候,<u>最需要</u>的人都不在身边,日复一日,最终也学会孤独和坚强。剩下的人越来越少,也就越来越显重要。(《最难过的时候》2015-07-30 内涵图吧)

(26)被节目组誉为"<u>最会放电</u>"的"多情才子"郑恺无愧于观众的期待——先是与 baby 搭档,帅哥美女太过养眼,被粉丝封为"周一情侣";继而又主动揭出与陈赫 11 年的同窗情谊,并因陪陈赫去割过阑尾而被捧为"阑尾 CP"。

（《奔跑吧兄弟发布会》2014-12-05 经济论坛）

这一类用法，发话人强调的是感觉或认识，是一种带有主观性倾向的表述，而不是实际情况的比较，所以大多是心理动词。当然，通过各种性状的"A"，也可以表达主观认识。例如：

（27）这是《桃花源记》中的桃园，而又重现在《麻辣江湖》之中。不止如此，我们更赋予了更加优美古典的特质。桃花落如粉雪，预示着春天的生机，带着如同少女般的清纯粉色降临人间，带给你最浪漫的回忆。（《引人入胜〈麻辣江湖〉绝美场景邀您共赏》2012-10-27 人民网）

（28）既然是常态，无论是政治人物还是社会似乎一直处于麻木状态。每次发生这样的悲剧，政治人物就会像往常那样，对受害者加以最深情的慰问，对恐怖主义加以最严厉的谴责，同时信誓旦旦地宣誓要和恐怖主义斗争到底。（《法国恐怖袭击——是西方的失败还是恐怖主义的成功》2016-07-15 博客中国）

（29）高岭土（Kaolin）能实时吸走面上多余的油脂，达至净化、调节油脂分泌及修护的功效，令你的肌肤享受最天然的呵护。（《北美省钱快报》2016-06-20 百度快照）

（30）天寒地冻神马的还是吃喝最给力！现下最给力的吃喝，非团购莫属。同事团来的汉拿山双人烤肉套餐，其实吃完有一些日子了，懒人现在才来清理库存图片。（《团吃神马最给力！》2011-01-14 女人志网）

进一步观察，由绝对化"最X"构成"的"字短语作判断句主语，现在也已很常见了。例如：

（31）沪宁高铁最变态的是花桥、阳澄湖、宝华等几个小站，每天只有一两趟班车，完全是在胡闹！（《最变态的几个小站》2014-11-22 东林书院）

（32）我最后悔的是愧对家人,女儿还小,她们能不能长大成人,她们将面对怎样的生活,我不敢想象。(《男子杀人逃亡6年 研究心理学防追捕》2011-12-07《华西都市报》)

（33）从4岁起关天朗就在父亲的影响下迷上高尔夫。不过10年关天朗拥有的冠军数已超百个,其中最响当当的便是世青赛冠军。(《参赛权成中国高尔夫敏感词与公平竞争背道而驰?》2012-04-20《文汇报》)

（34）"牛羊粪便泡水喝治癌"背后最值得关注的其实是底层民众的医疗无助之痛,对那些底层民众尤其是一些贫困农村地区的农民而言,"小病拖、大病扛、病危等着见阎王"依然还是痛苦的现实。(《最值得关注的其实是底层民众的医疗无助之痛》2014-10-31《江南时报》)

总之,无论在互动语境中,充当标题,还是作定语或者主语,只要是凸显发话人强烈的主观意识和主观感觉,只要没有明确的比较范围,那么,这种用法的"最"都趋向绝对化了。

2. 语义功用、表达作用与表达效果

本节分辨与揭示绝对化"最"的语义功能、表达作用及其相应的表达效果。

2.1 语义功用:凸显主观程度。前一节描写了"最X"在互动语境中、充当标题、作定语等的特定分布,其实,实际语言中"最X"表达主观情态功能常见的分布,还是充当谓语。例如:

（35）购买力帆X60的用户主要是看中他的空间和性价比,所以黑色这种大众色最讨好。(《办齐只要10万元四款实惠自主SUV推荐》2012-11-12 易车网)

（36）转了一圈,还是感觉"中国化学"走势最漂亮!

在未来的日子,我所要做的就是"持续加仓"!(《"中国化学"走势最漂亮!》2016-06-30 东方财富网)

（37）这个帮派最无耻啊！每天都是趁后半夜人最少的时候来我们帮派做刺探情报的任务,来就来吧,还都是组团来的!(《网游之江湖夜语》2013-12-09 书包网)

（38）刚回到家,看到两位艺术家 BUFF 加成,感觉尿已失禁,本来感觉两个翻白眼的就已经很变态了,真心是没有最变态,只有最无耻啊。(《英雄组合与隐藏 BUFF 列表》2015-01-02 百度贴吧)

在某些强化程度的谓语中,"最"的表达功能已接近于主观性程度副词"太"。试比较:

（39）一听说谁要出国就叫谁带东西的那些人最讨厌了！每次回国或者出国就会有一堆人叫我帮他们带东西!简直烦死个人了!(《谁要出国就叫谁带东西的那些人最讨厌》2010-09-09 百度快照)

（40）发广告的人太讨厌了,每天楼道里、门缝里到处都是,走在街上也往手里塞,就应该治一下,连警察都敢打也太猖狂了。(《兰州围殴城管民警事件续:城管执法人员没打人》2015-11-18《兰州晚报》)

（41）大家还是别买基金了,把钱存银行最划算了！大家仔细算算是不是这样,买个银行的理财产品比买基金都挣得多!奶奶的!我的基金都亏了 1 万多了。(《大家还是别买基金了》2007-07-16 东方财富网)

（42）藏家李先生调侃道:"这一次的价格太划算了,相当于前任藏家免费替唐炬保存了 8 年,而保利拍卖赚取了两次佣金。"(《吴冠中〈木槿〉6900 万拍夜场头筹》2016-06-05《京华时报》)

有些情况下具有较强主观情态的"最",甚至与评注性副词"真"也可以互换。试比较：

（43）永辉那家也是要自取,不送上门。文化街那家最不像话,自取还要交钱。(《快递收三块不送上门,每次都被代签!》2015-08-16 百度贴吧)

（44）现在衡山路真不像话,汽车越来越多没有专门的停车场,却把自己门口的慢车道变为马路停车场了,逼得我们这些骑电动车的人往快车道上走。(《汽车越来越多,交通乱象谁来管》2014-06-22 化龙巷)

（45）简文奚最接受不了这个表情,嫌恶地冷着脸,顾倾眨巴眨巴眼睛,道："然雅,我派人去找的药找到了。"(《帝受也风流》2014-07-12 鲤鱼乡)

（46）除了林青霞、张曼玉、刘嘉玲、李嘉欣,成龙 17 任绯闻女友竟然有她,真接受不了这个事实。(《成龙 17 任绯闻女友竟然有她》2016-03-28《楚天都市报》)

由此可见,在主观化表达的作用下,"最"的情态化与绝对化,显然是互相促进的。

2.2　表达作用:拓展隐含程度。绝对化的"最"作为焦点敏感算子,不但可以用在含有程度的心理动词和性质形容词前,而且可以拓展用到本来不含程度的行为动词前面。例如：

（47）最瞎眼的裁判在法国对韩国的比赛中露脸了。(《兰帕德女友打出手　英格兰太太团与德国球迷起冲突》2006-06-20《楚天都市报》)

（48）2014 最喝彩的事,打造城市中心的万达集团终于空降九江啦! 引领九江迈向国际化的开端,全民造城建设一颗长江边上起立璀璨夺目的新星城——国际九江城。(《民生·大千世界杯》2014-07-05《九江日报》)

（49）在国家广电总局和中影新农村的大力支持下，井冈山市在春节期间举行红色电影公映活动，总共将放映200场电影，少年儿童成为<u>最捧场</u>的观众。（《井冈山：红色电影大公映最捧场是小观众》2011-02-06 新华网）

（50）我自己心里<u>最知道</u>怎么回事，社会科学，本就不似自然科学，就那些公式，没有歧义，标准唯一，社会这个复杂的有机体，包罗万象，纷繁嘈杂，哪里来的一成之规，本来就是见仁见智的东西。（《从学术界与实务界的相互不恣说开去》2015-08-09 人人网）

同样，绝对化的"最"还可以修饰各种本身带有程度或者没有程度的各种谓词性短语。例如：

（51）《中国人的另一面》是一部容易让人误读的书。因为我们都喜欢听好听的和顺耳的话，<u>最接受不了别人指出自己的毛病</u>。（《一部让人误读的书》2012-09-03《工人日报》）

（52）当年谁是班里的"楚留香"，<u>最讨女生喜欢</u>？当年谁<u>最拥有一颗外冷内热的"闷骚的心灵"</u>？（《中学同学会"试卷"走红：当年谁最受欢迎谁闷骚》2016-04-25 中国新闻网）

（53）但是他没有考虑时代环境，在秦末时期，是<u>最不拿人命当回事</u>的时代，秦始皇焚书坑儒大修长城死伤数十万，项羽埋了二十万秦军，白起将数万战俘沉入江中……（《为什么选马谡守街亭　马谡用计为何失败》，2016-05-30 百度文库）

（54）自创业以来，经历了这辈子身心最累的三年，遭遇了批评、讽刺和诋毁……<u>思考最多</u>、<u>感觉最高贵</u>、行为也<u>最正当</u>的人，生活也过得最充实！（《创业三年真的好累，

头发掉了一半!》2016-01-29 凤凰网)

而且,当代汉语的"最",甚至还可以用在具有固化程度的状态形容词前面。例如:

（55）村干部生活在群众中,是不是真心为群众办实事、谋福利,群众的眼睛<u>最雪亮</u>。（《清原县选拔"事业村官"促村干部干劲倍增》2012-09-03 中国共产党新闻网）

（56）所以有人说,那是香港电影最光辉的时期,也是<u>最漆黑</u>的时期,由于很多明星演员,都或多或少地受制于黑道,包含像刘嘉玲等,当年也因不肯配合而遭黑道绑架。（《曾操控整个香港娱圈　最终因护梅艳芳被枪杀》2016-04-03 美国中文网）

（57）10 年前,他还是一个整日与键盘、快餐、棒球帽为伍的录音室怪人;10 年后,他摇身一变,成了华语乐坛<u>最锃亮</u>的门牌。（《周杰伦杭州将开个唱当主持自称玩得不亦乐乎》2010-11-11 凤凰网）

（58）红纹石是菱锰矿的宝石级结晶,是所有中档宝石中<u>最通红</u>之宝石,顶级品价值排名中档宝石前列,非常漂亮,深受众多宝石爱好者的喜欢。（《什么是红纹石　红纹石多少钱》2012-02-08 新浪爱问）

2.3　表达效果:激活隐性程度。具有主观化倾向的"最N",现在也已经很常见了,这种用法的"最",主要就是激活"N"内涵义的隐性程度。从表达功能看,"最 N"充当的句法功能主要有:定语、谓语和主宾语。其中充当定语表示修饰义的"最N"最常见。例如:

（59）对选择"<u>最情侣</u>"路线的年轻人来说,中央广场上有最般配情侣评选等互动节目,挑战彼此的默契,大胆的年轻人更可以借助大屏幕表达自己的感情。（《七夕促销

今年火了:商场有情侣地图网站售定制情书》2009-08-25人民网)

（60）感谢您选择天津<u>最天使</u>幼儿园口碑信息平台,在打造优质分类信息平台的同时,欢迎对我们的平台提出宝贵的意见。（《天津<u>最天使</u>幼儿园口碑友情提示》2015-07-17列表网）

（61）<u>最漫画</u>的电视剧:我的野蛮王妃,不知道大家看过这部韩国偶像剧没有? 电视剧根据漫画改编,中文名称"宫",剧情是虚设的,讲述了一位韩国君主制度下,一位皇子和平民女孩恋爱的现代故事。（《<u>最漫画</u>的电视剧:我的野蛮王妃》2014-01-23爱尚生活网）

（62）<u>最男人</u>的城市,爷们儿魅力的地方,到处透露出儒雅、绅士、阳刚气息,到底是哪些城市呢? 郑州在不在?一起看看吧。（《<u>最男人</u>的城市　爷们儿魅力的地方》2011-08-03河南一百度）

充当定语的"最N",其中的"N"已不再表示某种事物或人物的指称义,而是通过"最"的限定,激活了该名词的内涵义。即使专有名词,也可以激活相应的内涵义。例如:

（63）<u>最琼瑶</u>的告白,作者竣菘:春节激情已退,生活回到原位……亲爱的,祝你情人节快乐,今天的碗我刷了!（《远征OL　浪漫情人节千万金币奖励赠送》2011-02-15人民网）

（64）目前,"可佳"正在面向中科大的全体在校女生、女性校友征集美照,其中三至五张"<u>最中国</u>""<u>最民族</u>"的美丽面孔,将用来制作成"可佳"的面部形象。（《科大世界著名机器人海选面孔将有天使般微笑》2012-07-04《安徽商报》）

当然,充当谓语表示陈述的"最 N",更能凸显"N"的特定陈述性内涵义。例如:

(65)《〈圣魔之血〉"最妖精" 征集活动即将开启》(2010-11-17 云南信息港网)/《最英雄!〈刀塔联盟〉安卓版今日内测火爆开启》2014-05-08 腾讯游戏)

(66)《琅琊榜》获评金口碑电视剧,《花千骨》或拍续集,杨颖、周杰伦、井柏然、鹿晗、张歆艺最人气,《大圣》最受欢迎。(《〈琅琊榜〉获评金口碑电视剧 〈花千骨〉或拍续集》2016-01-17 人民网)

而充当主宾语表示指称义的"最 N",是程度副词"最"的一项独特的功能①,因为表指称的"最 N",其中的"N"并没有被激活其内在固有的内涵义,而是通过"最"的绝对化限定,凸显了一种"最佳"或"最美"、"最典型"或"最合适"的指称性语义。例如:

(67)今天是高考首日,人民网记者奔赴全国各地考点,用镜头捕捉到考场内外各种丰富多彩的表情和感人故事,让我们不妨来看看这些今日"最风景"。(《高考首日"最风景"盘点:86 岁高龄老人坚持高考 15 年》2015-06-07 人民网)

(68)在派对上,凡妮莎始终面带笑容,德普的打扮依旧延续独特风格,礼帽、复古眼镜、胡茬加复杂配饰,只是不再叛逆跩扈,一脸满足,令人感叹这位好莱坞浪子终于安守幸福,因此这对情侣荣登"最情侣"。(《盘点夏纳三宗"最"》2010-05-25《春城晚报》)

----

① 　现代汉语的"N"或"NP",一旦前加"很、挺、怪、太"或"非常、相当、极其、极为"等程度副词,都只能充当谓语或定语表示陈述义或性状义,只有前加"最",才可以充当主、宾语表示指称义。

（69）托尔斯泰有一句名言，叫最伟大的友情，也会产生微弱的爱情，他们俩成为<u>最朋友</u>以后，就慢慢喜欢对方了，有一天他们就决定在一起了，我这里有一张图片是他们婚礼时候拍的照片，大家可以看一下。（《2013 大宥城产品新闻发布会暨新春答谢酒会》2013-01-12 云南房网）

（70）古镇如一颗颗明珠，天女散花般点缀在山水之间，或碧野之角。在飞速发展的今天，默默地守护着千百年来固有的生活方式，吸引着人们踏着古石板，或划一叶扁舟去体验古老的遗韵。在这里，向您推荐华中 6 省 6 大冷门古镇<u>最景点</u>。（《6 大冷门古镇<u>最景点</u>：安徽查济江西铅山》2012-09-30《武汉晚报》）

总之，与相对程度副词"最"构成的"最 X"有所不同，绝对化的"最 X"所表达的都是一系列带有情感色彩，具有一定主观性和模糊性的状况、情形，甚至某种特定的事物。

3. 演化动因、认知机制与转化后果

本节探讨与解释绝对化"最"的演化动因、认知机制及其相应的转化后果。

3.1　演化动因：主观化。主观化发展总是伴随着语法化的过程展开的，相对程度副词"最"也一样；随着主观化的促发，说话人在陈述客观事实时都会带上主观情感倾向，从而导致"最"可以忽略比较范围，最终虚化为绝对极性程度副词。例（43）—（46）已指出"最"与"真"具有相似性，其实，在主观性极高的感叹句中，两者的功能更接近。试比较：

（71）下雨就拍得更不好了，回来一看，雨水附着在莲叶上就像没有拍清楚产生的锯齿啊！哈哈，今天你<u>最给力</u>

啊！（《睡莲随拍》2013-09-05 易车网）

（72）今天涨势这么好，小科你<u>真</u>给力啊！万多红中一片绿，小科你太对得起我们散户了！不过要找你还真好找，现在只有你是绿的，绿油油的，太好找了！（《今天涨势这么好》2015-06-05 东方财富）

（73）此美照曝光后，惹得众网友纷纷围观并留言，称："文艺美女黄多多！""美美哒学霸黄。""认真的女孩<u>最</u>漂亮！"（《黄多多看书做笔记变老师　戴眼镜气质文艺》2016-07-07 人民网）

（74）我今天遇到了好多鞍山的女孩，鞍山女孩真<u>漂亮</u>！有一个给我留下印象最深，那是因为她穿着很耀眼的黄色底袜，那小腿老好看，女生还是穿丝袜最漂亮。（《鞍山女孩真漂亮！》2011-05-06 百度贴吧）

值得注意的是，"最"由相对程度副词转向绝对程度副词的用法是一个连续统，在演化的过程中曾经出现由相对到绝对的过渡阶段，那就是"最V/A"的主观选择性用法，在这一表达中，具有主观的对比性和排他性，而且一般都会出现选择性副词"还是"。例如：

（75）《<u>还是</u>钞票<u>最</u>给力——俄罗斯获得 2018 年世界杯主办权　卡塔尔获得 2022 年世界杯主办权》2010-12-03《宁波日报》）

（76）天天在贴吧看小说，什么番茄啊，土豆啊，皇甫啊等人的书。看来看去，<u>还是</u>辰东大大<u>最</u>稳定，<u>最</u>给力啊！（《看来看去，还是辰东大大最给力》2011-10-25 百度贴吧）

（77）走在路上，迎面走来一个美女。女朋友会问："你觉得那个女的怎么样？"男友回答："不错，不过在我眼里<u>还是你最漂亮</u>！"（《聪明女人一定要读懂男人话中潜台词》

2014-09-24 人民网）

（78）周末陪老婆看《中国最强音》，老婆突然问：你觉得到底是章子怡最漂亮还是范冰冰最漂亮？我很沉着地说：还是你最漂亮。（《〈中国好声音〉爆红引发冰淇淋现象盘点选秀怪现状》2013-06-18 人民网）

发展到当代，绝对化的"最"不但常用，而且还经常与相对化的"最"并存、配合。例如：

（79）《新华社：围棋混双预赛　台北最惊艳　朝鲜最黑马》（2010-11-22 央视网）

（80）曲筱绡在五个女人中最矮，最作，最妖精，骂不骂？（《蒋欣、杨紫都想演"曲筱绡"，为什么抢不过王子文？》2016-05-13 搜狐大众平台）

（81）罗丹，你是英雄！昨晚的你，最美，最靓，最帅，最英雄！永远挺你！（《罗丹你是英雄》2006-08-19 百度贴吧）

（82）本次评选由已荣获"2013 主题酒店试睡榜"之"最悠然独享""最家庭合欢"和"最情侣蜜月"的 30 家酒店组成候选酒店。（《去哪儿网"2013 主题酒店试睡榜"年度榜单出炉》2014-03-21 中国新闻网）

3.2　认知机制：范畴化。人类认识、命名任何新事物，都有一个确定其范畴的认知过程，在这一系列过程中，发话人必然会依据已有认知的各种经验将其与新现象加以联系，从而来认识新事物，确定其范畴。而各种表达绝对功能"最"的新用法，虽然突破了相对副词"最"的比较限制，但对一般受话人而言，应该都不会产生理解性的障碍，因为这是对已有概念经验性累积的相应迁移，是感性认知逐渐范畴化的结果。那就是：由范畴中心成员扩展到范畴边缘成员，经过投射的激发，从而形成了绝对化"最"的范畴结构过程。试比较：

（83）我的一举一动早在她们的视线之中了，这是显而易见的事嘛，<u>全班女生中</u>我是长得<u>最漂亮</u>、最有气质的，语文成绩又好，特别是作文水平，在全校是早已出了名的。（卞庆奎《中国北漂艺人生存实录》）

（84）我一直觉得吴亦凡的眼睛<u>最漂亮</u>，因为他的眼神折射着孩子的纯真、善良和男人的坚韧、担当，再加上一些执着的小倔强，认定的东西不会轻易妥协退让，他的爱心，责任心，上进心都满满地写在那温柔而坚定的眼神里。（《我一直觉得吴亦凡的眼睛最漂亮》2014-07-03 百度快照）

（85）"老师你<u>最漂亮</u>，我最喜欢你了！"今天上午做早操的时候又有两个大班的小女孩跑过来跟我说，"谢谢宝贝儿，你们也很漂亮啊，老师也喜欢乖乖的你们"。（《小美女老师》2011-10-28 新浪博客）

（86）《〈爱的追踪〉张国立赞闫妮：你<u>最漂亮</u>！》（2016-04-22 土豆网）

同样是"最漂亮"：例（83）比较范围"全班女生中"表达得很清楚，当然是相对程度；例（84）是"我觉得"，比较范围"当前青年男演员中"是隐含的，相对性已弱化；例（85）比较范围并不是"在所有老师里"，只是两个女孩自己的感觉而已；已趋向绝对转化；例（86）发话人其实已经没有明确的比较范围，完全是一种自己主观态度的表示，已基本绝对化了。从（83）到（86）主观性的程度越来越高，绝对化认知的范畴化作用，也就越来越清楚了。

在"最"绝对化的过程中，隐喻机制无疑起到了相当重要的作用。隐喻由两个认知域构成：清晰的始源域与模糊的目标域。将始源域的图式结构映射到目标域之上，通过始源域的结构来构建和理解目标域。隐喻产生的基础就是日常生活中积累起来的经验,通过概念的获得产生意象图式。就"最"的演化而言,相对的"最 X"表达方式都是人们熟知的始源域,而各种绝对用法一开始是比较陌生的目标域。通过思考联想,促发了两种结构的联系和相似之处,形成了极性表达上的联系,再加上发话人的主观化促发,绝对副词"最"终于成熟了。比如含有程度义的形容词"豪华、妖艳"被"最"限定强调早已被广为接受,而为了强调"豪宅、妖精"这两个不含程度义名词的某种极性状态,发话人突破常规,在名词前也附加了"最",一旦搭配后,由于都含有形素"豪"跟"妖",人们就会将"最豪华、最妖艳"这类符合基本语法的搭配作为认知始源域与其目标域"最豪宅、最妖精"联系起来;在隐喻机制的作用下,将前者的程度性映射到后者,主观的联想激活了后者的形象化程度义,为人们感受这类本来陌生化的用法提供了相应理据,从而接受了绝对程度副词"最"的用法。试比较:

(87)婚礼在重庆最豪华的饭店举行。虽然他跟琴珠一千块钱一夜,一直睡到结婚前夕,可他还是坚持要正式举行仪式。钱算得了什么,婚礼才值得纪念。(老舍《鼓书艺人》)

(88)对于徐州的高端居住群体来说,选择金域华庭,也是选择了一种与众不同的生活方式,选择金域华庭,就是在城市中心享受生活的最豪宅。(《城市最豪宅 再圆徐州人城市顶级豪宅之梦》2012-08-08 腾讯房产)

(89)这里有最华丽的饭馆与绸缎庄,有最妖艳的妇女,有五彩的电灯。后来,新世界与游艺园全都关了门,那些议员与妓女们也都离开北平,这最繁闹的地带忽然的连车马都没有了。(老舍《四世同堂》)

(90)她不哑,她是装哑,她有她的雄才大略,她有她的宏远目标,她是世上最妖精的王妃,她是世上最精明的王

妃,她是世上武术医术、毒术最高明的王妃。(《凤囚凰之哑巴王妃》2015-05-16 书包网)

当然,"最豪宅""最妖精"这类组合所表示的极性程度意义,并没有覆盖"最"原先的相对程度义,只是将不含程度义名词的原有的功能进一步扩展,使"最"覆盖的辖域与表达功能进一步扩大了。这种隐喻投射一旦在言语中建立,为大众理解和接受,就会在语言层面上固定下来,成为约定俗成的表达方式,于是,绝对程度副词"最"也就逐渐定型了。

3.3　转化后果:绝对化。发展到当代汉语,绝对化已基本成熟,绝对程度副词"最"已经基本从相对副词"最"当中分化出来了,各种典型的"最 X"也都已相对普及。例如:

(91) 几句鼓励话语,不仅能每天给你加油,还给你的楼梯加入了无限创意。轻轻地在你的楼梯上写上"你最棒!""你最漂亮!""你最重要!"或许这些就是你成功的秘诀。(《简单又有创意的楼梯装修效果图》2013-04-17 七丽女性网)

(92) 在国外婚前新郎是不允许看新娘穿婚纱的,所以当新郎看到新娘穿着婚纱的一瞬间! 幸福全都写在了脸上,此时的男人最女人,此时的女人最女神!(《一瞬间幸福全都写在了脸上》2013-06-17 花瓣网)

绝对化用法的日益成熟,发展到同一个"最 N"既可以指称化,也可以陈述化。试比较:

(93) 最真的八颗心送给最在乎的你! 一键制作音乐照片集,晒出你的最生活!(《最生活　微转化》,2016-02-15 第一推)

(94) 剧中赵老汉、王二婶和喜儿一家相濡以沫地抱团取暖,喜儿和父亲年三十晚上相依为命的短暂欢乐,尤其是喜儿伏在父亲膝上的细节,最质朴、最生活,也最充满了人性的温暖和感人的力量。(《朴素的力量是永恒的——评新版歌剧〈白毛女〉》2016-01-19 人民网)

随着"最"的绝对化功能进一步发展,这种用法的接受度越来越高,出现的频率越来越高,各种绝对同类连用和绝对相对异类合用的排比句式,在网上也越来越多了。例如:

(95)《什么歌最崩溃,最给力,最个性,最牛逼,最受不了!》(2011-07-27 百度快照)

(96)三月八日妇女节,我把妈妈拿来夸:我的妈妈最美丽! 我的妈妈最善良! 我的妈妈最温柔! 我的妈妈最大方! 我的妈妈最勇敢! 我的妈妈最坚强! (《幼儿园三八节儿歌大全》2013-04-22 百度文库)

(97)岁月如风,每过一年岁月便在我们生命的雕版上刻上一道印痕,转眼间十九道印痕已跃然纸上,第二十道痕迹终究被划上。那是一道与众不同的印记,它最深,最长,最显眼,最耀眼! 那是代表一个新时代的来临,代表一个新生活的开始,代表一个新道路的启程。(《我的青春岁月》2015-05-09 百度文库)

(98)这里有最宜人的气候、最清新的空气、最和煦的阳光、最湛蓝的海水、最柔和的沙滩、最风情万种的少数民族、最美味的海鲜……在三亚,你可以尽情舒展身心,与神奇的海洋世界零距离接触。(《中国要火了! 世界级海岛国内竟有 5 处》2016-06-30 新华网)

进入新时期,在绝对化"最"成熟的过程中,还出现了"最美"的词汇化趋势,而且"最美 X"已趋向于构式化了①。随着主

---

① 贾君芳(2014)与刘丹、陈一(2014)、饶冬梅(2015),曾经作了研究。

观化的增强,其中"美"所具有[+女性][+貌美]的语义特征趋向淡化,而[+优秀品质][+高尚品格]的语义特征正逐渐形成。例如:

(99)一年多来,通过在城市以"五好文明家庭"创建活动为载体,在农村以"十星级文明户"创建活动为载体,评选一批"最美家庭"和好媳妇、好孝子、好婆婆。(《西安市长安区举办家风家训入乡村活动》2016-07-27人民网)

(100)依靠这些党员身边、手中的学教平台,惠州开展选树身边"最美党员"活动,邀请各级党组织和党员群众通过视频、照片、文字等形式,推荐身边爱岗敬业、无私奉献的优秀党员,以身边事教育身边人,最大范围发挥"最美党员"示范引领作用。(《"互联网+"助力"两学一做"》2016-07-10人民网)

(101)近两年,衢州不仅涌现出了一批"最美教师""最美学子",更多平凡的学生都通过各式各样的渠道绽放出了自己的光彩,越来越多的学校成为衢州市、浙江省甚至全国的典型。(《用心育人　让每一个学生都出彩》2016-07-26人民网)

(102)活动中,对辖区"最美母亲""最美儿媳""最美创业女性""最美时尚女性""最美传承人""文艺之星""巧手之星""社区劳动之星""尊老爱幼之星""团结互助之星"10位"最美之星"进行评选表彰。(《新疆博湖社区举办"三八"妇女节文艺汇演　10个"最美之星"获表彰》2016-03-08人民网)

总之,发展到当下,无论从句法功能和表达功效看,还是从演化动因和转化后果来看,当代汉语的绝对程度"最",完全已经从相对的"最"分化出来了,而且基本成熟了①。

4. 结语和余论

4.1　综上所述,对于绝对化的"最",可以归纳为以下三个方面:首先,就句法分布看,"最"的典型分布是互动语境,优势用途是充当标题,扩展功能是充当句法状语。其次,就表达功效看,"最"凸显的是主观程度义,拓展的是隐含程度义,激活的是隐性程度义。最后,就演化发展看,"最"的演化动因是主观化,认知机制是范畴化,转化后果是绝对化。

4.2　从程度副词"最"的绝对化可以进一步证明:语言的主观性主要表现为在话语中总会多多少少含有说话人"自我"的表现成分。也就是说,说话人在说出一段话的同时,总是会多少表明自己对这段话的立场、态度和感情,从而在话语中留下自我的印记(沈家煊2001)。而且,主观化可以说无处不在,既可能是导致语言表达方式发展的诱因,也在某些方面奠定了语言变化的基本结局;既可以是突破语言既定程式的动力,也在一定程度上规定了语言发展的前进方向(张谊生2007)。所以说,现、当代汉语中的各种演化倾向和发展趋势,都可以通过深入、细致的主观化研究,以发现端倪,揭示本质,加以论证,获得解释。

参考文献

华艳雯　2013　《当代汉语"最"的功能扩展研究》,上海师范大学硕士学位论文。
贾君芳　2014　试论极性程度构式"最XX",《海南师范大学学报》3 期。
刘丹、陈一　2014　关于极度评价构式"最美+X"的考察与解析,《北方论丛》5 期。

---

①　也就是说,当代汉语中已经有了两个"最":"最^1"和"最^2",而不是"最"有两个相关的义项。

匡　艳　2007　《"最"的极量表达分析》,广西师范大学硕士学位论文。

饶冬梅　2015　强势模因"最美 XXX"的生成及衍生动因探析,《绵阳师范学院学报》10 期。

戚国辉　2010　"最好"的词义演变与主观化,《宁波大学学报》2 期。

沈家煊　2001　语言的"主观性"和"主观化",《外语教学与研究》4 期。

孙媛媛　2013　睢县方言程度副词的主观性与主观化,《商丘职业技术学院学报》6 期。

王　晖　2008　《"最"的多角度比较研究》,华中师范大学硕士学位论文。

王　力　1985　《中国现代语法》,北京:商务印书馆(初版:上册 1943 年、下册 1944 年)。

武荣强、赵军　2006　"最"的语法化和主观化,《湖南科技学院学报》6 期。

邢福义　2000　"最"义级层的多个体涵量,《中国语文》1 期。

张宏梁　2013　也说"最 XX",《语文建设》16 期。

张谊生　2007　程度副词对状态形容词的二次记量与主观赋量,《现代中国语研究》,日本:朋友书店。

赵　军　2004　试论程度副词"最+X"与"顶+X"的差异,《云南师范大学学报》4 期。

Heine,B,U. Claudi,& F. Hünnemeyer. *Metaphorical and cultural aspects of semantic structure*,Cambridge:Cambridge University Press,1991.

Lyons,J. *Semantics*. 2vols[M],Cambridge:Cambridge University Press,1977.

Eve Sweetser. *From etymology to pragmatics*:*Metaphorical and cultural aspects of semantic structure*,Cambridge:Cambridge University Press,1990.

Traugott,E.C. & B.Heine. *Approaches to Grammaticalization* 2vols,Amsterdam:John Benjamins,1991.

第三章 试析现代汉语摹状副词"可劲"与"死劲"的异同

——兼论习语化"可劲儿造"的特征与功用

摘　要："可劲"与"死劲"的表义侧重与特色包括情态化与摹状化的表义倾向、方言体与口语体的语体色彩、强调式与凸显式的表义倾重；语义重心与倾向包括理性度高低的语义内涵、特配型多少的搭配选择、主观性强弱的语用倾向等；演化趋势与特点涉及拓展的摹状功用、特定的习惯用语、存留的兼类功用。

关键词：可劲；死劲；可劲儿造；表义侧重；语义重心；发展趋势

0. 前　言

0.1　《现代汉语词典》(第7版)、《现代汉语规范词典》(第3版)都只收录"死劲"，没收录"可劲"①；《汉语大词典》收录了

---

① 《现代汉语词典》(第7版)《现代汉语规范词典》(第3版)都收录了"死劲"一词，均标为名词和副词，但是没有收录副词"可劲"。

"可劲",解释为"犹言'死劲'"。列举周立波《暴风骤雨》第二部十五:"老初也暴跳起来,大嗓门<u>可劲地</u>叫道:'把她捆起来,这老反动派!'"另外,"百度百科"对"可劲"的解释也是"犹言死劲",都认为二者是同义副词①。例如:

(1)现在的男人都下贱,只要多少给一点便宜,他都<u>死劲儿</u>帮人家小姑娘。(刘震云《官人》)

(2)野梅心疼陈晶玲,难得有机会帮一下忙,自然就<u>可劲儿</u>帮她管娃了。(陌陌依兰《婚不将就》)

0.2　那么,作为一对同义描摹性副词,"可劲"和"死劲"在性质特征、句法功能、表达功效各个方面,到底具有哪些内在相似性、哪些细微差异点呢? 问题是,迄今为止有关"可劲、死劲"的摹状用法、发展趋势以及功用差异等研究成果,居然一项也没有出现过。本章感兴趣的是:主要表示"努力地、拼命地、竭尽全力地"的"可劲、死劲"在句法功能、搭配方式、表达功效、语用倾向、发展趋势等方面,究竟有哪些细微而又重要的异同呢?

0.3　据此,本章将从三个方面对"可劲"和"死劲"的性质与特征、功能与用法、演化与发展以及兼类情况等,进行多角度的考察与分析。首先描写与辨析"可劲"和"死劲"在摹状功用方面的用法特点。然后分析与比较"可劲"和"死劲"的表达功效、语用特色。最后分析与揭示"可劲"的搭配选择、演化趋势,并且揭示"可劲儿造"的习语化倾向及其特定的表达功用,进而探讨与分析"死劲"的名、副兼类情况。

0.4　本章例句主要引自北大语料库与人民网,全部注明出处(长句略有删节)。为了便于行文,对于儿化与非儿化的"可

---

① 值得注意的是,现代汉语中的各个"X劲",在口语中发音基本上都是儿化的,但书面上有些写成"X劲儿",有些写成"X劲"。为了便于行文,本章一律写作"X劲",但例句按照原文的写法。

劲、死劲",文中统一用"可劲、死劲"来表述①。

1. 表义的侧重与特色

1.0 作为两个同义的摹状副词,"可劲"与"死劲"的基本语义相当接近,但是在表义倾向、语体特色与语用倾向三个方面都存在一系列细微而重要的差异。

1.1 表义倾向:情态化与摹状化。虽然都是表示"竭力地",但"可劲"还可以表示"尽情地、大胆地、随意地"乃至"在情绪激动或兴奋的状态下不受拘束与限制地"。例如:

(3)不作死就不会死,某些演艺名人<u>可劲</u>作,一个很重要的原因是德行少,钱太多。(《明星"嫖娼吸毒作死"因"缺德钱多"?》2014-09-16 人民网)

(4)根本不懂鹅蛋脸、圆脸、瓜子脸各自的美,一味追求脸小,结果是不适合自己,又一堆后遗症,于是,其实是<u>可劲把自己往残了整去了</u>。(《中韩女星痴迷整容 术后容貌难以辨识》2015-08-31 人民网)

副词"死劲"一般都表示"竭尽全力地、非常努力地、拼了命地"摹状表达功用。例如:

(5)"当时我只看到河里有一抹红,知道那是个孩子,一旦沉下去,孩子就没了!"陈冬宝一下河,就<u>拼命地</u>游到落水者身边,将她<u>死劲地向上托起</u>。(《"昆山好人"又现美好一瞬》2013-01-14 人民网)

(6)敲了半天门也无人应答,推门觉得里面有阻力,他觉得不对劲,<u>死劲地将门推开</u>后,发现门是被胶带封住了。

（《青年男女出租屋内烧炭自尽　附近曾有类似案件》2015-01-03 人民网）

虽然同样都是充当各种描摹性状语,但细究起来可以发现,"可劲VP"主要强调各种行为的特定状况,而"死劲 VP"更侧重描摹各种行为的具体方式。试比较:

（7）如今,中生代电视剧导演的"自救"终于可以在自家地盘上可劲撒野,如能重夺行业话语权,重树行业标杆,乐见其成。（杨文杰《延长艺术生命从不当"皇帝"开始》2015-04-27 人民网）

（8）民间操办的各种活动热度不减,踩高跷、锣鼓队、德州跑驴到处耍,在人声鼎沸的庙会上,成千上万的男女老少可劲地吃,可劲地造,大把花钱,尽情赏灯,对大多数人来说,过元宵节要的就是这个气氛和心情。（《闹元宵千万要绷紧安全弦》2014-02-14 人民网）

（9）司机突然跳下车,死劲抓着我男朋友的衣领,还要我们赶紧付车费、当场给五星好评,不给不准走,我当然是拒绝了。（《司机边开车边玩手机　听说不给五星拿砖头砸人》2006-01-01 人民网）

（10）作为市民投资者,希望有一个理想的投资渠道,有稳定的网络理财监管环境,获得较高的投资回报,都是正常的,但当政策和监管还不能如愿时,须增强自我控制力,死劲捂住自己的口袋,走好投资理财的每一步,是非常必要的。（《网络理财须抬头看天低头看地》2016-11-30《燕赵晚报》）

由此可见,"可劲"与"死劲"在表达语义方面,确实存在着一些各自不同的侧重点。

1.2　语体色彩:方言体与口语体。虽然都是表示词汇意义

的描摹性副词,但是由于"可劲"是一个典型的东北方言口语词,其北方言特色无疑是相当明显的。试比较:

(11)乘客东北口音,你就<u>可劲儿</u>忽悠吧,我没吃过猪肉还没见过猪跑,没吃过鱼翅泡饭还没吃过猪肉炖粉条,我中学地理那可是杠杠的100分,那十万大山不是有十万座大山,名儿叫十万大山,而且那是在广西,飞机现在在云南,你能把十万大山搬过来。(李承鹏《寻人启事》)

(12)可怎么也是在国内的学校啊,该遵守的纪律还是要遵守的,而且家里再有钱也不会让你这么<u>可劲造</u>吧!(《〈小时代〉也敢称时装剧? 大牌堆砌不是真奢华》2015-07-17 人民网)

而"死劲"有时虽然也带有一定的口语特色,但一般不会带任何明显的方言色彩。例如:

(13)面对减收,怎么办? 一个基层干部谈今年工作体会时对记者说,"搞,<u>死劲搞</u>,只要不发疯。"(《多地突击征税愈演愈烈 江苏主动推出税收优惠》2012-09-10 人民网)

(14)陈先生为了不错过这班电梯,还是<u>死劲往里挤</u>,最终陈先生电梯坐上了,但从电梯里出来后,却发现自己钱包没了。(《常州医院俩月被盗45次 江苏省公安厅发布就医防盗警示》2015-01-04 人民网)

当然,"可劲"的方言色彩也只是相对的,毕竟现在已是一个普通话摹状副词了,而"死劲"虽然是个较正规的摹状副词,但在一定的语境中也还是具有一定口语色彩的。试比较:

(15)很快,她听不进去公诉人的提问,也不容许公诉人打断,只是反复说丈夫家暴的事:"他小二也打,见小三也<u>可劲打</u>,三个孩子都打,往死里打。"(《患精神病女子勒死家暴丈夫受审 称"保护孩子没错"》2013-11-17 人民网)

（16）还是因为总能搞到科研经费、可劲使唤学生而"老板味"十足？抑或是像"泰斗"般接受众人的"顶礼膜拜"？（《兰州石化与地方政府"互喷"的弦外之音》2015-01-12 人民网）

（17）众人从车底拉起了一位大妈，大妈却突然挣脱，像泥鳅样往车底死劲钻，边钻边骂。（《碰瓷大妈演技浮夸：离车七八米慢条斯理趴下》2015-12-11 人民网）

（18）张教导员拿着钱追了出去，老大娘见状死劲推脱："你们给我们打井都不收一分钱，吃我们几块雪糕总可以吧！吃！吃！没关系。"（《点点滴滴总关情》2011-08 人民网）

总体而言"可劲"在方言色彩、口语特色方面的倾向性，肯定都比"死劲"强得多。

1.3　表义侧重：强调式与凸显式。从搭配"VP"的语用选择倾向看，"可劲"更强调"不管不顾、一个劲儿地"，而"死劲"则更凸显"竭尽全力、简直拼了命地"。试比较：

（19）阿里在O2O上的布局一直在小心摸索，这也符合阿里的鸡血风格，开始干了就高呼战号，可劲折腾，阵地上插满小红旗。（《O2O：BAT 的第二次移动互联大战》2014-01-22 人民网）

（20）为拼选举，台当局近来不断炒作两岸议题，一边阻挠两岸交流，一边还要往自己脸上贴金扮正义装高大，可劲自嗨。（《民进党"歹戏拖棚" 难挡两岸交流》2019-07-09《人民日报》）

（21）3 岁小孩被母亲抱出，小孩死劲搂着母亲的脖子，朱家银立即上前抱出小孩，随后他又从这条通道中成功救出 5 人。（《宜宾公交燃烧嫌疑人女友称其曾患有精神

分裂》2014-05-14 人民网）

（22）"太可怕了,他**死劲**咬着我的大拇指,还扯着我的头发往墙上撞。"她趁机高声呼救,两分钟后邻居开门查看,她便马上躲入邻居客厅内。（《男子尾随取款女子楼道抢劫被人擒获》2013-02-05 人民网）

很显然,"折腾""自嗨"都是缺乏理性、不管不顾的行为与状态,而"搂""咬"则都是需要竭尽全力或者认真努力地做才能达到或完成的行为与做法。再比如：

（23）形式、题材、内容,都不重要,重要的是,得**可劲折腾**,用力捣鼓,总之,一定要生活得尽可能地"多"。就像他在《老炮儿》中的那个角色,明知道时代已经变了,规则也变了,却还是要披挂上阵,总之,一定要生活得尽可能地"多"。（《冯小刚封金马影帝：生活才是最大的电影》2015-11-23《西宁晚报》）

（24）《盲探》中,华仔和郑秀文**可劲耍宝**,影片虽然有黑暗的情节,但总体上轻松搞笑；而《太极侠》则是一部武侠电影,不仅有激烈的打斗,里维斯扮演的"超帅反派"更成为全片最大亮点。（《"小时代"后劲不足排片被超 单日票房不到 2 500 万》2013-07-05 人民网）

（25）我再也睡不着了,我听到表姐在下铺**死劲地磨牙**,好像对谁恨得咬牙切齿似的。我想,人真是会伪装自己啊,即使是在一起生活了几十年,不也仍然像陌生人一样么？（残雪《残雪自选集》）

（26）江女士经过匿名电话所指小区某家店时,恰遇胡女士在店内,江女士觉得胡女士与匿名电话中描述的"小三"各方面都很吻合,遂冲上前去,朝胡女士脸部**死劲抓挠**。（《南昌一女子将路人当"小三"教训 道歉赔偿近万

元》2014-11-13《南昌晚报》)

总之,由于构词理据与形成条件的不同,"可劲"与"死劲"具有各自的语义侧重与特色。

2. 语义的重心与倾向

2.0　就两词的语义重心来看,"可劲"与"死劲"在语义内涵的理性度高低、搭配选择的特配型多少、语用倾向的主观性强弱三个方面,都存在显著的区别。

2.1　语义内涵:理性度的高低。比较而言,"可劲"的语义内涵相对比较模糊,"死劲"则相对比较清楚,所以,有些"可劲VP"的行为、状况,具有相对的非理性特征。例如:

(27) 从项目上的酒局与饭桌,到差旅中的行程与住宿;从前期承揽时的察言观色与可劲忽悠,到中期执行时的咬文嚼字与反复打磨,直至后期销售时的周密筹划与反复路演。(《中国投行的传言与真相》2013-11-06 人民网)

(28) 有研究称,小行星对地球的这一击,使地球表面又是大火,又是海啸,又是降温,同时天降酸雨,大地一片昏暗。不用说,由撞击而引发的火山爆发和地震,肯定也会跟着一同出来可劲地闹腾。(《民间人士找小行星也有收获》2013-06-20 人民网)

而绝大多数"死劲VP"表示的行为、状况,都要"竭力地"去做,都是比较理性的。例如:

(29) 记者正在走访时,正好看到一名中年妇女在张贴小广告,她麻利地将已张贴在公话亭上的其他收驾照分小广告撕掉,从自己手中拿着的一叠广告纸中,抽出一张贴上,死劲按压好。(《收驾照分小广告频现高校校园》2013-

10-03 人民网）

（30）但因为有了去伦敦的"想法"，想赢怕输。扣球凶狠的陈平、仲为君都不敢<u>死劲扣球</u>了，而是一味地吊球、轻拍。（《中国男排突然崩溃事出有因 赛前已出现输球征兆》2012-06-06 人民网）

而且，即使都是修饰一般性的行为、动作、状态，"可劲"的理性度也相对低一些。例如[①]：

（31）近日，央视知名男主播微博晒出一张与林妙可的自拍照，留言称"碰到了小可爱林妙可，小时候录像见着我<u>可劲聊天</u>"！（《林妙可淡妆与央视男主播自拍 被赞"小可爱"》2015-03-04 人民网）

（32）五一劳动节，回家之后自然也不能闲着。到了春暖花开的时节，农家小院里的杂草在菜园里<u>可劲儿地疯长</u>，有的开出名不见经传的小花，或黄或粉，竟也媚态百般。（杨百林《农活》）

而"死劲 VP"所表示的具体现象，大多是各种具体的具有相对理性的行为与动作。例如：

（33）情况三：被困车中时应对，爬到司机位<u>死劲按喇叭</u>。据了解，有的车子在熄火后，按喇叭也会响，只要有一丝希望，都不要错过。（《校车事故接连上演 家长必须告诉孩子的自救常识》2011-12-16 人民网）

（34）我离开办公室那天，<u>死劲攥着他的手</u>与他握手道别，我一定会记得他给我的教训，只要还在这个公司里，我还是有机会再翻身的。（北库 当代网络语料 网页 C000022）

---

① 关于汉语副词状语后加助词"的"现象，可以参看张谊生（2012）的相关研究。

由此可见,"可劲"与"死劲"的语义积淀导致两词在使用中呈现出各自不同的语义内涵。

2.2 搭配选择:特配型的多少。由于"可劲"经常在口语中频繁使用,所以,"可劲VP"连用的频率也比"死劲VP"高得多,包括与其他"X劲VP"的连用、配合。例如:

（35）但民间操办的各种活动热度不减,踩高跷、锣鼓队,德州跑驴到处耍,在人声鼎沸的庙会上,成千上万的男女老少<u>可劲地吃</u>,<u>可劲地造</u>,大把花钱,尽情赏灯,对大多数人来说,过元宵节要的就是这个气氛和心情。（《闹元宵千万要绷紧安全弦》2014-02-14 人民网）

（36）在玩的时候,解开了束缚,如倦鸟出笼、困兽归山,<u>可劲儿疯</u>、<u>使劲儿闹吧</u>,容易"放飞自我",放松和放纵,有时候就差一线,不可不慎啊。（《旅游放松别放纵》2018-07-25《人民日报》）

而与"死劲VP"配合连用的,常常是一些具有[+竭力][+努力]义素的副词、谓词。例如:

（37）回忆起当时的紧张场景,他激动地说:"当时我只看到河里有一抹红,知道那是个孩子,一旦沉下去,孩子就没了!"陈冬宝一下河,就拼命地游到落水者身边,<u>死劲地将她向上托起</u>。（《"昆山好人"又现美好一瞬》2013-01-14 人民网）

（38）他定了定神,伸出蒲扇般的大手,一抹脸,猛地吐出几口海水,<u>死劲踩了几脚</u>,他觉着脚下的钢板结结实实,他又用力掐了一下大腿根,生疼。（《海子的梦》2014-02-24 人民网）

此外,"可劲儿+单音节谓词"的特定用法远比"死劲儿+单音节谓词"的搭配组合多得多,比如"可劲儿骚、可劲儿浪、可劲儿

作、可劲儿闹、可劲儿造"等,都很常见①。例如:

(39) 小岳岳唱歌唱得正来劲,郭德纲和于谦<u>可劲儿</u><u>骚</u>:哈哈,忘词了吧?(《一款能赚流量的视频 客户端快来围观》2018-06-08 凤凰网)

(40) 昨天发工资,<u>可劲儿浪</u>啊,和朋友去买买买之后就是胡吃海喝,话说现在的龙虾真是很嫩呢,正是开吃的大好时候,我有吃海鲜不过敏的体质,哈哈。(《完了,熬夜黑眼圈都出来了》2019-07-28 百度快照)

(41) 小蒋随想:不作死就不会死,但有些款爷,就是要<u>可劲儿作</u>,在自己作死的时候,还以炫富而沾沾自喜;在旁人对轰鸣噪音与巨大安全隐患嗤之以鼻时,却觉得这是"速度与激情"。(《京城豪车狂飙案,有钱就作死》2015-04-13 人民网)

(42) "走走走,你们别在我家!"说着她就推我们走。老公噌地一下就站起来了,拉着我和我妈说:"老婆,咱们走,让她一个人在家里<u>可劲儿闹</u>吧!"(《一只孤独的灵魂》2017-12-29 百度快照)

当然,"可劲儿+单音节谓词"用频最高的自然是"可劲儿造",现在已基本凝固成了惯用语(第三节有专门论述),而"死劲"迄今为止很少修饰单音节谓词,更谈不上高频共现。

2.3 语用倾向:主观性的强弱。"可劲"和"死劲"都具有一定的主观倾向,但是"可劲"的主观性要比"死劲"强得多,即使修饰同一个"VP",差异性也相当明显。例如:

(43) 这年头,不把手机的存储空间填得严严实实,都

---

① 值得注意的是,凡是修饰单音节词的"可劲儿",不管在口语中还是书面上,都必须显示儿化的。

不好意思说自己是智能手机,你就<u>可劲</u>装吧! (《手机助手又出大招:"你就装吧"话题走红网络》2014-04-21 人民网)

(44) 所以我们有了第一版品牌口号:"个性主题,<u>死劲</u>装!"但随后我们发现这句极具煽动性的流行语并没有凸显个性主题的核心特点——明星! (《音乐业界首创大咖装 最时尚的 IT 设计师养成记》2015-08-14 中华网)

很显然,正是由于语体特色等原因,"可劲"的主观性比"死劲"要明显强一些。试比较:

(45) 真情、实干迸发出了足够的能量,老百姓坦言,"冷书记从早忙到晚,看她这样,我们也都很振奋,跟着她<u>可劲儿干</u>!"(《用心扶贫贵在"真"》2019-04-08《人民日报》)

(46) 有了切入点,布好了兵将,粮草充足,接下来就是撸起袖子,<u>死劲干</u>!认真且真诚地对待项目,绝不苟同的创想,加之精良团队的加持。(《恒茂,开启南昌未来生活 3.0 时代》2017-12-13 骄阳科技)

(47) 车晓透露,孙红雷非常好脾气,拍之前还特别嘱咐车晓"别有顾忌,别收着,<u>可劲儿打</u>,扛得住"。(《〈好先生〉画面质感被赞大片 首播零差评横扫台网》2016-06-01 中国青年网)

(48) 我是做保安上班时间被客人打了,就是为了停车位发生了争执,然后客人四五个围着我<u>死劲打</u>,我现在怎么办啊,是打官司还是私了比较好?(《为了停车位发生了争执》2017-11-29 百度快照)

而且,下面这类表述中"可劲",如果换"死劲"就显得很不自然,接受度不高。例如:

(49) 月薪三万元的人<u>可劲</u>(? 死劲)花钱后哭穷,难道不是另一种嘚瑟?它难以引发社会同情,招致口水是自

找。(《民间救援成绩斐然,政府该做点啥?》2017-07-28 人民网)

(50) 用不了几天就要到五一假期,盼星星盼月亮,终于到了我们可劲儿(? 死劲)浪起来的好日子。(《五一假期来袭 拿着这些潮物一起闯天下》2018-04-25 新浪网)

总之,正因为语义内涵、搭配选择和语用倾向三个方面都存在一定的差异,所以,"可劲"和"死劲"在理性度的高低、特配型的多少、主观性的强弱等方面,都有比较明显的区别。

3. 演化的趋势与特点

3.0 从这两个副词的演化趋势看,在功用拓展、习惯用法、功能兼类三方面都各有特点。

3.1 拓展的摹状功用。"可劲"搭配功能不断拓展主要有两个方面:首先,在一定语境中,"可劲"还可以修饰发话人自己不认可的消极性"VP","死劲"这类用例很少。例如:

(51) 心态失衡带来的问题是,要么令一些人在工作中消极懈怠,要么使一些人转向跑官、要官、买官,甚至还有一些人升官无望、可劲捞钱。(《官员"三年不升之痒"会产生哪些躁动折腾》2012-03-14 人民网)

(52) 不要迷信自己开的是好车就可劲超速,看看各种事故报告吧,无论是宝马还是保时捷甚至是号称最安全的沃尔沃都有因为高速超速导致严重事故的案例。(《为更安全的出行 "十一"用车开车技巧汇总》2012-09-24 人民网)

(53) 去年11月,"海燕"台风吹断了海底电缆,岛上连续停电数月,天气异常闷热、蚊虫也可劲地叮咬,更有时

连续三四天停水。(《海南三亚西岛边防派出所:玳瑁岛上的守岛兵》2014-05-23 人民网)

(54) 对于这场口水战,宋丹丹身边工作人员"艳子姐姐"昨日在微博上回应说:"我们家丹丹姐今天估计闲家里,没拍戏吧,这可劲给别人做嫁衣了。"(《宋丹丹获封"微博女侠"》2011-09-03 人民网)

其次,现在"可劲"已经可以直接修饰一些基本上都是[-可控][-自主]语义特征的"VP",而"死劲"通常不能这样用,在所调查的语料中,一例也没出现过。试比较:

(55) 看着人家大狗和孩子们在草地上打滚,自己可劲(？死劲)地流口水。我被狗害过,可以去找那个狗主质问责任,但我不能恨所有的狗,那会让我的仇恨莫名,让我自己无法得到宽恕。我们不能妥善处理与动物与自然的关系,我们会遭报应的。(《乐嘉的美好生活》2013-01-16 人民网)

(56) 我觉得好笑,本是一夜情的节目,竟不想衍生出了爱情,可终究没有笑得出来,泪水可劲(？死劲)地淌。(《女人口述:伪装处女　多少男人被女人蒙过》2011-08-06 人民网)

(57) "你看,火就这么可劲(？死劲)烧,还到不了20度,等天好点我还得再拉半车煤。"国强师傅披上厚厚的大衣对记者说,电视上都说全球变暖,怎么越来越冷了,要真暖了也不错,省煤就是省钱啊。(《中国聚焦:"极寒"天气笼罩中国》2012-02-07 人民网)

(58) 小鹅儿这阵子正托陈老师的福在可劲儿(？死劲)蹿红,电影电视剧的片约不断,每次幽会,能给陈老师带来一些影视快讯。(徐坤《热狗》2007-08-03 新浪博客)

很显然,这两方面的搭配对象的扩展性功用,都是副词"死劲"还不完全具备的①。

3.2 特定的习惯用语。当代口语里,"可劲儿造"在不断频繁地使用过程中,尤其东北口语中已具有明显的习语化趋势;可以表示"不加限制地吃、用、花"等各种语义。例如:

(59)从大年三十开始就放开肚皮可劲儿"造",平时填满玉米面的肚子撑得溜圆,结果消化不良直跑厕所。(《过年,真好》1994年第1季度《人民日报》)

(60)现在生活好了,节假日多了,年味似乎淡了,不再像过去那样攒一年的劲就等过年时狠劲造:好吃的,大鱼大肉地可劲儿造;带响的,鞭炮可劲放;宣泄着一年的辛劳,传达着生活的富足。(《赶回家吃团圆饭越来越重要了》2013-02-04人民网)

(61)过度指的是与平时相比过度饱餐或高脂饮食、大量吸烟、大量饮酒、夜间过度娱乐等。相当于大家说的胡吃海喝可劲儿造;通宵搓麻将玩得嗨。(《5种坏习惯最伤血管 7个症状说明你的血管堵了》2017-08-30人民网)

(62)早一会儿不干,非得等到上冻了挖沟,村里的道路去年刚修完,这又得挖了,反正国家有的是钱,可劲儿造呗!(《大冬天的改造下水道》2018-12-19顺义在线)

"可劲儿造"还可以表示略带调侃的"浪费、损坏,随便捣乱、随意糟蹋"等意思。例如:

---

① 上面例(58)中"这可劲给别人做嫁衣了"的"可劲",也可以分析为两个副词"可+劲"。《现代汉语词典》(第7版)对"可"义项(6)的解释是:〈方〉可着,可儿吃,疼得他可劲儿打滚儿。"百度百科"对"劲"的解释是:尽,满:可劲儿干,表示"情绪高、劲头大、效果好"。不过有关"劲jin"和"劲jing"的副词化现象,迄今还没有任何研究成果,当然也没有得到学界的普遍认可。

（63）a.俺们东北这疙瘩的没啥好吃的,猪肉炖粉条<u>可劲儿造</u>。b.这鞋你就穿吧,<u>可劲儿造</u>都能穿上个十年八年的。c.刚换的衣服,你别<u>可劲儿造</u>。d.这帮孩子到了我家,一点也不客气,<u>可劲儿造</u>,快把我家给造翻天了。(《"<u>可劲儿造</u>"什么意思?》2018-03-25 百度知道)

（64）"哎,你们说,"南希转睛一想,笑了,"如果我不管你们那么许多,唱歌的<u>可劲儿造</u>,弹钢琴的爱谁谁——你们也没办法吧?"(王朔《谁比谁傻多少》)

（65）公用的东西,就<u>可劲儿造</u>? 网友发布的微博上,曝光了9张在科技馆内的不文明行为,包括被小朋友踢坏的时空隧道、贴着强力胶仍被扣下来的鼠标、标注着只有孩子才能体验却有"壮汉叔叔"在玩的仪器、孩子直接坐在展品上。(《公共科技馆载不动许多"修"》2013-11-08 人民网)

（66）据《新民晚报》报道,由于今夏气候炎热,有个别居民竟用水浇屋顶来达到降温的目的……问及那些<u>可劲儿"造"</u>水者,他们的回答令人啼笑皆非:我们没感到水危机呀,即使危机爆发,反正倒霉又不是我们一两个人! (北库1998 年《人民日报》)

很显然,"可劲儿造"现在已经基本凝固、定型了,完全具备了口头性习惯用语的特点了。

3.3　存留的兼类功用。就两词的基本句法功能而言,"可劲"从成词开始,就是个只能充当状语的摹状副词,而"死劲"成词之初到现在都还保留着充当宾语的名词功能。例如:

（67）当地村民表示,前段时间由于持续干旱,到化工厂排队买水的拖拉机都排起了长队,多的时候,那车百八十辆在那排着队,引出这苗上都浇上了,真费<u>死劲</u>了。(《村

民靠拖拉机拉水》2015-07-31 人民网）

（68）他也是人，不是神，人就有自己的脾气。他对我也开骂：你想跟我较死劲是不是？你非常了解他，他也不一定有恶意。（《如果大导控制不住情绪，就让他骂吧》2014-01-28 人民网）

（69）她告诉记者，张文君当年是班长，把班级工作打理得井井有条。张文君不是"小聪明"，而是"大智慧"。"她从不花死劲，而是有的放矢，抓住问题的要害。"（《斯隆奖得主张文君：当年昆山中学有名的才女》2016-03-04 人民网）

（70）姚明是第一节双方战成 4 平时，在球迷的欢呼声中现身场上的，他由于脚趾伤还没有彻底恢复，无论在起跳还是跑动的时候，明显有所顾忌，不大敢"发死劲"。（北库新华社 2004 年 7 月份《新闻报道》）

其中的"费死劲、较死劲"现在大都充当谓语，也已有搭配习语化的趋势。当然，相当一些"V 死劲"既可以充当谓语，也可以直接充当状语。例如：

（71）吉子用死劲几下才将郑绍畋推下来，郑绍畋指着芳子笑道："全是这小妮子。"（不肖生《留东外史续集》67 章）

（72）万里见他濒临疯狂状态，不得不拼死劲把他按住，大声喝道："柯起轩，你给我冷静下来！你也不想想，人家对女儿都不惜死谏，若是见到你，那还有不拼命的吗？"（琼瑶《鬼丈夫》）

尤其是"下死劲"，现在也已趋向习语化了，经常整个短语一起作状语，用频颇高。例如：

（73）凤姐听了，下死劲啐了一口，骂道："你们这一起没良心的混账忘八崽子！都是一条藤儿，打量我不知道呢。

先去给我把兴儿那个忘八崽子叫了来,你也不许走。"(《红楼梦》76回)

(74) 杨金龙成为杭州技师学院学生,他选择了汽车钣金与涂装专业,这个默默无闻的杨金龙,从不多话,但又很倔,有什么技能掌握不了,就<u>下死劲钻研</u>。(《金牌技工如何炼成》2015-09-07人民网)

总之,"可劲"和"死劲"这两个词,成词的理据与条件不同,发展趋势与方向也各有特点。

4. 结语与余论

4.1 综上所述,"可劲"与"死劲"的区别与差异可以归纳如下:首先,就表义的侧重与特色而言,主要包括情态化与摹状化的表义倾向、方言体与口语体的语体色彩、强调式与凸显式的表义侧重等三个方面。其次,就语义的重心与倾向而言,主要包括理性度高低的语义内涵、特配型多少的搭配选择、主观性强弱的语用倾向等三个方面。最后,就演化的趋势与特点而言,主要涉及拓展的摹状功用、特定的习惯用语、存留的兼类功用等三个方面。

4.2 如果进一步拓展视野,可以发现,虽然《现代汉语词典》(第7版)、《现代汉语规范词典》(第3版)都还分别收录了"使劲、加劲、下劲、用劲"与"铆劲",但都只标为动词。其实,"使劲、加劲、下劲、用劲"都已基本副词化了,都成了动词兼摹状副词了[1]。例如:

(75) 而在玩的时候,解开了束缚,如倦鸟出笼、困兽归

---

① 关于动词"使劲"副词化现象,可以参看李宗江(2014)。

山,可劲儿疯、使劲儿闹吧,容易"放飞自我",放松和放纵,有时候就差一线,不可不慎啊。(原韬雄《迪士尼人偶演员被打头:警惕恶作剧心态》)

(76)"冯桂珍!上次你差点害死人,政府宽大了你,要你好好劳动,老实守法;这次你又加劲捣乱,算是罪该应得!"指导员做了决定。(冯德英《迎春花》)

(77)哪怕一天喝一顿稀糊涂,没有糊涂喝挖草根充饥,我姓袁的也要跟着你下劲儿练兵,整饬军纪!(姚雪垠《李自成》)

(78)据说有一天,他看到一个老奶奶把一根胳膊般粗的铁杵在磨石上用劲地磨,说是要把它磨成针。李白大吃一惊:"这么粗的铁棍,何年何月才能磨成针呢?"(《中国儿童百科全书》)

不过,作为一个离合动词,当代汉语中"铆劲"的副词化,迄今还没完成。

进一步调查可以发现,现代汉语中偏正式"X劲"类词,除了"死劲"外,可以充当宾语,也可以直接作状语的,还有"狠劲、巧劲"。例如:

(79)今年以来,江口县横下一条心下狠劲,纠作风,更加注重作风问题的查处,始终保持严查高压态势,不断巩固作风建设成果。(《江口下狠劲重拳抓作风》2015-03-18 铜仁监察网)

(80)从立案执行到交付欠款,高区法院执行干警下巧劲、出硬招,仅仅用两个月就啃下了这块"硬骨头",这一仗打得可谓是既精彩又圆满。(《高等法院:下巧劲 出硬招 执行和解促和谐》2017-03-03 山东法院网)

(81)为攻破这一难题,吉阳区狠劲抓落实、巧劲提速

度,合力攻坚,推进坟墓搬迁工作。(《东岸湿地公园项目内 234 座坟墓全部迁移》2016-08-26 三亚新闻网)

(82)巧劲干活保进度。4 月 14 日,组装车间接到在 C70H 敞车中侧门手把支座上增加捆绑孔工厂第 225 号工艺通知,有分散在工厂的各股道上的 104 辆车需要补钻捆绑孔。(《周喜明巧劲干活保进度》2012-11-23 新浪博客)

可见,"狠劲、巧劲"除了可以充当宾语外,现在也可以直接充当状语了。

至于"来劲、起劲"两词,两本词典均标为形容词,其实"起劲"现在也已经副词化,而"来劲"则是形容词兼动词。例如:

(83)俺统一了建州女真,你们起劲地反对,拼命地要扼杀俺。可你们自己,却去跪倒在异族统治者脚下,并勾结他们来杀害自己本民族的同胞。(李文澄《努尔哈赤》)

(84)"你说干吗呀你说,瞧你那操行逼着我把你扔猴山里是不是? 哥们儿这儿有一人跟咱们来劲,打不打丫的。""算了算了,别把人打坏了还得咱掏钱再把他修好。"(王朔《玩的就是心跳》)

问题是:表示"用力、着力"的"使劲、加劲、用劲、下劲"现在都已副词化了,那为什么"铆劲"还是离合动词呢? 而前四个副词之间又存在哪些细微的区别呢? 还有,与"死劲"相近的"狠劲",其副词化的历程为什么也还在发展中而没能完成? 此外,表示"获力、得力"的"来劲、起劲"都已转化为形容词了,那为什么"来劲"还兼着动词,而"起劲"却副词化了呢? 看来,这一系列问题,都还有待进一步展开深入、细致的研究①。

---

① 毫无疑问,相关的语言现象,完全可以写成系列论文,或者特定的硕士、博士论文(杨一飞,2007)(刘琉,2011)(李铁范,2015)。

参考文献

陈 一 1989 试论专职的动词前加词,《中国语文》1 期。

董秀芳 2007 词汇化与话语标记的形成,《世界汉语教学》1 期。

李铁范 2015 方式词修饰动词的语义关系类型,《淮北师范大学学报》年 1 期。

李铁范 2015 《现代汉语方式词的认知功能研究》,上海师范大学博士学位论文。

李宗江 2014 "使劲":由动词向副词的语法化,《通化师范学院学报》3 期。

刘 琉 2011 《现代汉语情状副词研究》,上海师范大学博士学位论文。

杨一飞 2007 《现代汉语实义副词研究》,上海师范大学硕士学位论文。

杨一飞 2010 浅论实义副词的形成,《语言科学》1 期。

张谊生 2008 当代汉语摹状格式探微,《语言科学》2 期。

张谊生 2011 表迅捷义的"X 速"词族的功能、用法与发展,《语言教学与研究》4 期。

张谊生 2012 现代汉语副词状语的标记选择,《汉语学报》4 期。

张谊生 2014 《现代汉语副词研究·描摹性副词与限制性副词的区别》(修订本)商务印书馆。

张谊生 2015 从情状描摹到情态评注: 副词"生生"再虚化研究,《语言研究》3 期。

F. Ungerer, H. J. Schmid. *An Introduction to Cognitive Linguistics*, Beijing: Foreign Language and Research Press, 2005.(当代国外语言学与应用语言学文库《认知语言学入门》外语教学与研究出版社 2005 年版).

Hopper J. Paul & Elizabeth Closs Traugott. *Grammaticalization*, Cambridge: Cambridge University Press, 1993.(《语法化学说》,外语教学与研究出版社,剑桥大学出版社 2001 年版)

Halliday, Michael A. K.. *An Introduction to Functional Grammar*. 2nd edn. London: Edward Arnold, 1994.(《功能语法导论》,彭宣维等译,外语教学与研究出版社 2010 年版).

Smith, C.S.. *Modes of Discourse*: *The Local Structure of Texts*, Cambridge: Cambridge University Press, 2003.

第四章　当代汉语"X得慌"的演化趋势与性质转化

摘　要：当代汉语"得慌"表义功用的变化体现在表达方式、表义侧重、语义色彩三个方面；"X得慌"句法功能的转化表现在结构特点、音节模式、句法分布三个方面；"得慌"的附缀化特征与"X得慌"的构式化的趋势，可以通过构造特征、类推格式、附加功能三个方面加以揭示与证明。

关键词：得慌；发展；转化；附缀；构式

0. 前　言

0.1　一般都认为，"X得慌"是程度副词"慌"附在助词"得"后构成的组合式程度补语①，所以，迄今为止还从没有任何一本词典将"得慌"作为词条立目。聂志平（1993）、关键

---

① 可以参看吕叔湘主编《现代汉语八百词》（1998年增订本）、张斌主编《现代汉语虚词词典》，以及当前出版的一些经典语法书和当前通行的大学《现代汉语》教材中有关程度补语部分的相关说明。

（2010）、李泽慧（2014）、亓金凤（2015）等，曾经从不同角度对"得+慌"展开过多方面的研究，取得了各自的收获①。不过，由于受各种条件的限制，与"得慌"相关的语言现象还没能得到全面清晰的揭示与充分有效的解释。尤其是进入新时期以来，"X 得慌"功用与性质已经发生了全面深刻的变化，这方面的现象更是从未有人关注过，亟待深入探究。

0.2 本章的基本观点是：当代汉语中，除少数"得慌"还是助词"得"+状态/程度补语外，随着表达方式的定型化，绝大部分表程度的"X 得慌"都已固化成了专用的强调程度的类推构式，其中的"得慌"已经并且正在向后附缀（enclitic）转化。本章着重关注"得慌"在当代汉语中的发展趋势与性质特征：首先分析表义方式与表达功用的变化；然后探讨结构特征与构造模式的改变；最后揭示"得慌"的附缀化性质与"X 得慌"的构式化倾向。

0.3 本章语料引自北大语料库以及网络报道与博客，全部标明出处②。需要说明的是，本章所引的当代例句有些接受度还不够高，但这种用法很可能代表着"得慌"的发展趋势。

1. 表义功用的变化

1.0 本节从表达方式、表义侧重、语义色彩三个方面分析"得慌"表义功用的变化。

1.1 心理状态到性状程度。在近代汉语中，"得慌"之

---

① 此外，还有李丹（2006）、唐健雄（2008）两项研究，分析北方方言"X 得慌"的研究成果。

② 由于结构助词的使用曾存在随意性，所以，本章的调查对象，除了"得慌"外，还涉及"的慌"。

"慌"的语义尚未虚化,"X 得慌"主要表示特定情况下行为人的某种"惊慌、恐慌"或"慌忙、慌乱"的心理状态。例如:

（1）焦头烂额者扶策而行,中箭着枪者勉强而走。衣甲湿透,个个不全;军器旗幡,纷纷不整。大半皆是彝陵道上被赶得慌,只骑得秃马,鞍辔衣服,尽皆抛弃。(《三国演义》50 回)

（2）众人笑道:"你莫不见鬼? 背后那得人。"轿夫方才敢回头,看了道:"哎也! 是我走的慌了,脚后跟直打着脑勺子。"众人都笑。(《水浒全传》32 回)

一直到现代汉语,这种附加状态补语的"X 得慌"仍然保留着,而且时有所见。例如:

（3）"王姑娘,日后你对你孙子说……"王语嫣见那两条毒蛇浑身青黄相间,斑条鲜明,蛇头奇扁,作三角之形,显具剧毒,一时之间吓得慌了,没了主意。(金庸《天龙八部》)

（4）那女儿就骂哑巴,哑巴还不了口,将身子一晃一晃做下流动作,惹得韩家的人出来撑打,哑巴逃得慌,将手扶拖拉机碰到了丁霸槽万宝酒楼的墙角上,油箱都碰进去一个坑。(贾平凹《秦腔》)

受"慌"的语义积淀影响,所以,近、现代汉语"X 得慌"主要表示各种感受的程度。例如:

（5）又在大江中,没处去请。秀娥却也不要,只叫肚里饿得慌。(《醒世恒言·吴衙内邻舟赴约》)

（6）每次只许用二厘,不可多用。若是胀的慌,用手捏着,两边腿上只顾摔打,百十下方得通。(《金瓶梅(崇祯本)》49 回)

（7）看着自己的这一盘儿鸽子,大姐夫不能不暗笑那些阔人们——他们一放就放起一百多只,什么颜色的都有,

杂乱无章,叫人看着心里闹得慌!(老舍《正红旗下》)

(8)"你又提起黄二的事么?提起来我可憋死了,说实话,我真闷得慌!走!去吃点东西,就马上离开还不行么?"(刘知侠《铁道游击队》)

然而,当代汉语"得慌",除了强调感受的程度外,已经可以强化性状的程度了。例如:

(9)靖哥哥上课的时候讲到高富帅,他说是高于意境、富有智慧、帅于行动,可悲催的7班孩子只是肤浅地知道那是长得高、富二代、帅得慌啊!(《再见2013,你好2014》2014-01-01新浪博客)

(10)都到了登记的时候又想重走青春,这个不登记的理由对女方是否不负责任呢。真是没见过穷人过日子的,生活好了,好得慌了,还不开心了呢。(《又要卖命干活我都不知道为什》2013-01-27新浪博客)

(11)瞧着十七妹那张稚嫩俊俏的脸儿摆出一副谄媚模样,也不晓得是从哪儿学来的,着实逗得慌,却要撑着副哥哥的威仪不好笑出声来,轻敲了一下她晃荡晃荡的脑门儿。(《十七小姐闺阁》2014-10-27紫禁悠悠贴吧)

(12)只听得山路上一阵哗啦哗啦的响,赶紧就顺声音追,追着追着没声音了,四下一片黑乎乎,静得慌,哪里还找得到,无奈只好忍痛返回。(《老辈人流传下来的故事》2016-06-30百度贴吧)

在搜集到的所有新世纪"X得慌"语料中,典型的表状态的"X得慌"例句,一句也没找到。

1.2 感受程度到强调程度。同样,由于受源义的制约,近、现代汉语"得慌"所强调的程度,基本上都是各种感觉的程度,"得慌"附着对象绝大多数都是感受类动词。例如:

（13）日京捂着肚子道："小弟听着和尚无法无天的作恶,气得慌了!"素臣笑道:"原来是这个缘故。却干这茶甚事,把来摔破了?"（夏敬渠《野叟曝言》12回）

（14）我因为舱里闷得慌,便终日在舱面散步闲眺;同船的人也多有出来的,那庄作人也同了出来。（吴趼人《二十年目睹之怪现状》67回）

（15）我也没脸去拣,看了这张褥子好几年,上阳台眼神都不敢集中,什么时候瞟见它什么时候心里堵得慌。（王朔《看上去很美》）

（16）多次让父母去美国玩玩,可丁聪不愿去,他想,到那里,儿子不能总陪着我,自己不会开车,多憋得慌。（1994年《报刊精选》06）

在搜集到的680条CCL语料中,表达各种感受的单音节动词"X"占到了90%以上。值得注意的是,这些年来"得慌"前的"X",正逐渐由感受程度向描述程度转化。试比较:

（17）高洪波:是啊,两年前他是班里的大队委。现在他正在读7年级(相当于初一),在前不久的期中考试中,他考了全年级第8,班级第2。我夺了冠军,儿子拿了亚军,孩子让我心里美得慌。（《侠骨柔情高洪波》2008-08-01人民网）

（18）站在博文楼下望,这座高楼格外靓,亭亭玉立映斜阳,美得慌!咱们学院风气好,法律精神记得牢,思想政治学得好,真是好!（《三句半文稿》2015-07-22百度文库）

（19）某天老妈做了南瓜汤,老爸说:"你下次放姜别切那么碎,这玩意谁吃啊,还挑不出来。"老妈说:"嘿,这才香了。"老爸:"那你怎么不整块的,蒸红薯一样地蒸着吃啊?嘿,我都替你香得慌。"（《一家子都黑嘴》2012-09-23人人网）

（20）戚喜喜想了一会后，又突兀想起白天在市"香得慌"餐馆碰到马小妃的情景——"唉？妃子你也在这里吃？"（《女生绝色：土豪真坏！》2015-08-13飞卢小说网）

同样都是"美得慌""香得慌"，表义性质完全不同，前句都是强调特定情况下心理感受的程度，"X"是动词；而后句则是强化特定客观性状的程度，"X"是形容词。再比如：

（21）问："怀孕三个半月，最近两天吃了凉拌猪蹄心里有点觕得慌。"答："你好，没有太大影响的，但是含有防腐剂的食物孕期要少吃。"（《吃了凉拌猪蹄心里有点觕得慌》2015-04-23百度拇指医生）

（22）《亲爱的翻译官》剧情进行到现在，加菲夫妇发糖发到觕得慌，程主任恋爱以后好像变了一个人，仿佛智商被掏空。（《你们以为〈亲爱的翻译官〉只是一部职场爱情剧吗？》2016-06-07北青网）

（23）南刘常村村民告诉记者：他们家的自来水被污染了，不能吃了，而且吃完水以后都觉得肚子特别胀，胸前总是觉得有气似的，胀得慌、满得慌，吃了肚子疼。（《衡水枣强：守着水管挑水吃》2011-01-05燕赵环保）

（24）我刚才把硬盘里拷来的东西都删掉了，正好硬盘最近也满得慌，要腾空间出来。（《回应：出柜也好，帮掰直也罢》2013-01-23豆瓣小组）

前例的"觕得慌""满得慌"，都是一种心理感受的程度；后例的"觕得慌"通过隐喻表达对剧情评价的程度；后例的"满得慌"则已经是用来说明硬盘内存状况的程度了。

需要指出的是，新兴表达方式形成后，原来的表义方式并没有萎缩。实际语言中，虽然强化性状用法的"X得慌"已经逐渐形成，但强调感受的用法近年来仍然很常见。例如：

（25）首先，从颜色来说，那叫一个<u>炫得慌</u>啊，马路上回头率老高滴。另外，这发动机低转速时低沉的声音超有感觉，还有，这次新造型的日行灯以及后灯也是我超爱的。（《向 S5 更加靠拢　奥迪 A5 改装排气、刹车分享》2013-6-23 汽车江湖）

（26）下午内环，一辆没上牌的别克，估计是刚买的，车主心里<u>炫得慌</u>，在哥边上左晃右晃的，哥终于不淡定了，一个大脚，在车流中开始蛇形，它屁颠屁颠地在后面跟着，俺就始终给他希望，让他上来了再蛇形，20 分钟后这家伙歇菜了。（《为么偶也要飙车呢，太不淡定了》2012-5-2 汽车之家论坛）

（27）有了这个"特权"，公交车无须过多地减速和变道，行进速度比平时快多了，甚至让一旁<u>"塞"得慌</u>的出租车看着"眼红"。（新华社 2001 年 4 月份《新闻报道》）

（28）司机停车，从车厢里拿出帆布和铁杆，给车厢支起顶棚。元首很不习惯，说影响视野，心里<u>塞得慌</u>，却也无可奈何。（《奋斗之粉妆玉石的世界》2015-09-19 新浪博客）

两个"炫得慌"表义方式不同，都是当代用例；而表状况的"塞得慌"，反而是较早的用例。

1.3　消极贬义到积极褒义。同样是受原表达式的影响，现代汉语"得慌"基本上只能附在消极义动词后面表示各种难以忍受的感觉，常见的搭配几乎都是消极义感觉动词。例如：

（29）"当然，您想象不出您在我们普通观众心目中的分量。"丁小鲁感觉屁股底下<u>硌得慌</u>，抽出一副墨镜，放到一边。（王朔《你不是一个俗人》）

（30）女儿冷笑一下，"这个并不要紧。要紧的是你同美国人打交道比较畅快，不像在中国人面前<u>憋得慌</u>。真的，

中国人太能揉搓人了。"(莫怀戚《陪都旧事》)

(31) 常少乐狡黠地说:"我知道,你当我的参谋长也当不长了,不抓紧时间把你的油多榨一点,<u>亏得慌</u>。"(柳建伟《突出重围》)

(32) 他慢慢发现成了干部的女人实际上不是女人,把她当个女人疼爱,她会<u>屈得慌</u>;把她当个女人使唤,那是想都不要想的事。(严歌苓《第九个寡妇》)

发展到 20 世纪末,这种语义色彩的限制已逐渐开放,近年来更有进一步拓展的倾向。例如:

(33) 那老板本以为玲珑是要那三款,心里本就<u>乐得慌</u>,没承想这家伙出手竟这等大方,更是欣喜过望。忙哈着腰点头,笑道,"好的,我这就给您包好。"(琼华《夜朦胧月玲珑》)

(34) 继续提醒楼主一句,你去把第一场第二场看了再来行么?看着的你,现在我<u>欢得慌</u>。什么都不知道还来一副高深状,你看看猴子队第二场是怎么嘲讽的,本来想不告诉楼主看你被继续打脸的,想想还是算了,不和你 SHOW 智商了。(《GG 不退是对问号的反抗》2012-6-10 超级玩家)

(35)"当初儿子出生时我天天上班,真没多少时间看他,现在有了外孙,每天抱着他,看他一天天长大,心里<u>美得慌</u>,晚上一家团聚,这种快乐谁都给不了,哪怕就是孩子尿了、拉了,那也亲得慌。"郭建国说。(《老年漂引关注:成子女带薪保姆 年过半百分居》2012-10-30 人民网)

(36) 但是因为是新出炉的,所以脆脆的很讨喜,儿子吃了两块就吃不动了。后面的服务员来演示了如何卷饼,怎么搭配,介绍了 3 种吃法,挺实用。整体来说味道不错,

吃到最后有点<u>香得慌</u>,但是前面还是很惊艳。(《四季民福烤鸭店点评》2016-06-30 大众点评网)

显然,"乐、欢"与"美、香"虽然都还是心理感受,但都已经从难受转向了享受。在当代网络、博客上,一些双音节的积极义心理动词、形容词,也都可以后附"得慌"了。例如:

(37)林清微取下左腕上的缠丝红玛瑙手镯,招迎春上前来,塞在她手里:"瞧见这些娇娇嫩嫩的花骨朵儿似的小姑娘,我心里就<u>喜欢得慌</u>,这小东西便拿去戴着玩吧!"(《红楼之林姑姑在此》2014-05-06;13 小说网)

(38)耀文一听,简直<u>开心得慌</u>了!"从现在起!你就是我女朋友了!""嘘!小声点!这里说不定有熟人的!"(《在武之巅首发》2016-01-28 起点小说网)

(39)如果哪个男人<u>快活得慌</u>,我建议他去娶个漂亮老婆。这就如一个人做梦都想着发财,可真要把一袋子钞票摞在他床头,我看他从此还能睡得着不?(《额的天呀》2009-03-04 新浪博客)

(40)几人正说笑着,外头婆子谄笑着进来通报,"大奶奶,大爷今朝竟回来用午饭了,估摸着也是知道大少爷和四少爷回府来,<u>高兴得慌</u>呢。"(《穿越之我为正室》2015-09-05 杭州十九楼网)

需要指出的是,"得慌"的搭配虽然已有了拓展,但这一过程毕竟还处在发展之中,所以,并不是所有褒义的心理动词、形容词都可以后附"得慌"的,尤其是书面语色彩的①。

---

① 至少到目前为止,凡是带有书面色彩的词,都没有找到有效的"X得慌"用例。比如,有"快活得慌"但没有"快乐得慌",有"高兴得慌"但没有"愉快得慌",有"舒服得慌"但没有"舒坦得慌"。

2. 构造模式的转化

2.0 本节从结构特点、音节模式、句法分布三个方面描写"X 得慌"句法功能的转化。

2.1 跨层连用到固化粘合。就结构关系而言,即使发展到早期现代汉语,不管是表状态还是程度,"得"与"慌"之间还是助词与补语的连用形式,在句法上并没有关系。例如:

(41)我说"老五,对大哥说,我<u>闷得+慌</u>,想到园里走走。"老五不答应,走了;停一会,可就来开了门。(鲁迅《狂人日记》)

(42)"刘伯伯,"姑娘觉得爸招待客人方法太<u>僵得+慌</u>,在屋里叫:"吃点什么呀? 我会作,说吧。"(老舍《老年的浪漫》)

(43)一溜一行的士兵,背着笨重的行囊,扛着步枪、弓起腰低垂着头走,像是<u>累得+慌</u>。(杜鹏程《保卫延安》)

(44)真怪,男孩、女孩长大了,心就不自然起来,有什么话也不能痛痛快快地都说出来,动不动就脸红,不说呢,又觉着<u>憋得+慌</u>。(冯德英《苦菜花》)

随着"X 得慌"使用日益高频化,"得慌"后补强调程度的功能也进一步趋向定型。例如:

(45)一会儿要留发,一会儿要剃发,留不留发是忠于某个政权的标志,真叫人<u>烦得慌</u>!(宗璞《胡子的喜剧》)

(46)人坐上去背脊够不着椅背,扶手低,坐垫高,胳膊搁上去别说不舒服,还怪<u>累得慌</u>。都是她看人家有了沙发眼馋,没钱买死活要自个儿做,小家子气!(谌容《减去十岁》)

（47）第三条新闻没登报，是关于金一趟要"下传"再造金丹秘方儿的事，也挺<u>难得慌</u>，而且是几方面都作难。（陈建功《皇城根》）

（48）我没干过这工作，怕不行吧。小组的人说谁天生就会干的，还不是上边让干啥就干啥，再说你能写还不能说几句，把本事窝在肚里<u>不可惜得慌</u>？（何玉茹《一个叫李文娟的人》）

由于"得+慌"一再共现，"慌"就会转向后附，"得慌"就逐渐向连用结构体转化了。例如：

（49）我这么年轻，刚到北京还没等实现自己的抱负，就这样不明不白地死去了，那真是<u>冤·得慌</u>。（卞庆奎《中国北漂艺人生存实录》）

（50）在中国空军某研究所，那些为航空救生设备和物品操碎了心的专家们，每当说起装备部队的那些已经落后的救生装备时，总觉得<u>愧·得慌</u>。（1994年《报刊精选》09）

（51）她使劲吸了口气，惊喜地叹道："你家的花开得正艳吧？好香好香！""今天不知怎么忽然开的，真<u>艳·得慌</u>，不过，大概开不了多久。"（《聆听花开》2010-03-01新浪博客）

（52）这晚的月亮大得像车轮子，<u>亮·得慌</u>，把山路给照得一清二楚的，可由于鲜有人迹，杂草丛生，路也没那么好走。（《这小说的简介和开头如何？》2016-04-07起点吧）

发展到当代汉语，"得"与"慌"的凝固度越来越高，"得慌"之间的分界已彻底消失，终于演化成了一个跨层式单词；"X+得慌"也就逐渐从组合补语转化为粘合补语了。例如：

（53）虽然耽误了农作时间，但刘海燕心里却<u>乐/得慌</u>，他也希望能把自己知道的刘洋告诉给大家。（《刘洋家乡

将推新名片：中国首位女宇航员故里》2012-06-15 人民网）

（54）在《画梅》中牛博士引用了王十朋的诗："桃李莫相妒，天资元不同，犹余雪霜态，不肯十分红"，批评马大师所画的"梅花倒像牡丹，艳/得慌"。（《愤愤不平的戴逸如》2008-09-02 天涯博客）

（55）"你蛮帅的。"司徒清歌忘了该有的反应，只呆呆地看着他，天啊，这是她穿越过来看到的第三个帅哥了，而且是一个比一个帅/得慌。（《错惹采花贼》2014-09-15 看书网）

（56）她睡得正熟，一张小脸因为喝过安眠汤后散发出红晕，好似成熟的苹果。莫诩蹲在床头，认认真真地端详她的睡颜，越看心里越痒，越爱/得慌。（《莫诩的危机意识》2015-03-16 巴巴中文）

至此，"得慌"已经由一个跨层连用的非句法形式，渐渐转化成了一个强调程度的黏着词了。

2.2　单音特征到多音选择。现代汉语"得慌"的附着对象，通常都是单音节谓词。例如：

（57）"南希啊，"刘书友说，"你要真一个人无聊，找个人结婚算了，哪怕找个情人，也别一天三换看着闹得慌。"（王朔《谁比谁傻多少》）

（58）现在可好，我的刘海直得像挂面，她的刘海都在脑瓜子门前飞起来了，在我跟前晃来晃去也不觉着愧得慌。（张欣《梧桐，梧桐》）

（59）小草的脸红了："去去去，要人家女孩子的荷包，也不嫌臊得慌。"可虽然是这么说，还是把荷包拿出来，只是不立即给我，好像有点舍不得。（宋学武《干草》）

（60）"是的，礼拜一我就去。我终于可以把那个金

佛堂堂正正送回去了,放在家里我心里<u>堵得慌</u>!"(六六《蜗居》)

即使当代以来陆续出现的各种积极义色彩的动词、形容词,也仍然是单音节为主。例如:

(61)再说这个地铁,提起这事来,全中国都替北京人<u>美得慌</u>!打去年这地铁线一条接一条地通车呀,到现在连我都闹不清楚已经是多少条线了,就知道你想去哪,找着个地铁站一上车,嘿!这就算齐了!(《北京一日:小妞们最有个性　为奥运拼了》2008-08-01 人民网)

(62)不过经过你的描述,应该是你自己不肯低头,他觉得即便说要和你和好你也不会回头!实在<u>爱得慌</u>,低头试试?反正人生在世总要有一场轰轰烈烈的爱情嘛!(《终于是分手了,很难过,我该怎么办》2014-06-26 天涯社区)

(63)收人家的东西,心里<u>喜得慌</u>,嘴里还一个劲儿地念叨——"不要、不要",就像《儒林外史》里的胡屠户,明明非常想要范进给他的银两,还要表现出拒绝的神态。(《确实很好用》2016-07-02 远景论坛)

(64)爸爸是个钓鱼高手,他是水边长大的,钓鱼、下网、捉虾、乘船样样都行。妈妈总会说:"打鱼郎,打鱼郎,不愁吃不愁房,打上鱼儿来<u>乐得慌</u>!"说完就笑着把水桶里的鱼麻利地倒进鱼缸。(《三清校长》2015-01-25 人民网)

不过,现代汉语中已经开始出现了少量的双音节成分后附"得慌"的用法了。例如:

(65)自由拿着钱要走,又被主人叫住:"叫博爱放好了洗澡水;回来你开这屋子的窗户。什么都得我现告诉,真<u>劳人得慌</u>!大少爷呢?"(老舍《善人》)

（66）日子长了，这些人也不再问。实在**倾慕得慌**了，便托伙计塞给扶桑一朵绢花或一瓶好粉，有人会给一副金耳坠或一个金戒指。（严歌苓《扶桑》）

近年来，这种音节与节律方面的搭配限制，双音节"X"正在逐渐增多、日趋开放。例如：

（67）不要玩得太晚，影响人家休息。你说说有人报案了，我们肯定要来。来了吧，就几个老头消遣。这个大冷天的，一大晚的，**快活得慌**啊。（《往事悠悠》2011-11-18 天长风情吧）

（68）听说政府每年也给点资助金，但根本无以生存，就只好以捡破烂为生。近来正好他住处旁边修路，这就自己跑来找活干，施工队老板正愁找不到人，面对这送上门来的劳力，自是**欢喜得慌**。（《英雄，不该就这样被遗忘》2008-06-25 网易博客）

（69）出差去外地，哪都不认识，买份地图，想到哪都不费劲儿。真替那地界儿的老百姓**幸福得慌**，图不大，线条松散，字特大，倍儿清晰。（《地名里的事儿 "道听图说"城市变迁》2007-06-11 北方网）

（70）一夜能成富翁，一夜能成穷光蛋，靠的是啥？运气。运气在哪里？祖坟里。别看他**得意得慌**，穷起来，连鼻涕都吸不住哩。（《嘿，你看这是个啥人》2015-08-02 凤凰网博客）

当代汉语中甚至还出现了少量三音节词和三音节短语附带"得慌"搭配的现象。例如：

（71）不一会儿，他挪了挪屁股，把右脚放下了，微抬起左脚，又盘到了右脚后面，右脚向右一撇，独留个脚尖着地，看着像练过功的，头离桌面很近，几乎磕上了，不知是又在

奋笔疾书呢,还是在<u>美滋滋得慌</u>。(《几家欢喜几家愁》2012-03-10 豆芽文学社网)

(72)短暂的休息后,又准备回学校了……真是一刻也不停歇……如果伤了,就不爱了,淡了,停了就这么简单撒……哈哈哈哈,<u>想睡觉得慌</u>!(北语 BCC 语料库)

2.3　句子成分到句法成分。在现代汉语中,"X 得慌"基本上都只能充当句子谓语,也就是句子成分,在发展过程中"X 得慌"可以扩展到充当句法成分了,比如充当定语。例如:

(73)当然还有酒,菜这么好都可以适当喝些白酒,酒后吐真言嘛,借着酒盖脸,很多平常说不出口说出来<u>臊得慌的话</u>讲出来也不脸红了。(王朔《我是你爸爸》)

(74)正当他们俩<u>欢得慌</u>的时候,董宁就蹑手蹑脚地从房间里走出来了,他怒火中烧。他一把抓住牡丹的头发,从姜叶身上拽起扔向茶几,牡丹的头一下子撞到茶几的角上,鲜血直流,立马晕过去了。(《毒牡丹》2014-08-28 新浪博客)

(75)一个男人,连自己都愿意让女人管,他对女人的信任、爱戴和拥护,还须多说吗?多见一些"妻管严",不仅不回避他人提及,不惧怕他人嘲讽,且乐意自己挑起话题,惹人说,诱人逗,因为那种"<u>幸福得慌</u>"的感觉,非得让人勾引与抓挠才能过瘾。(《关于"妻管严"的另类研究文本》2006-06-21 新浪博客)

(76)人生第二次吃甜到<u>齁得慌有奶油味道的桑葚</u>,也都是因为某一个人的原因。(《奔跑的乌龙茶》2016-06-05 百度快照)

而且,当代汉语的"X 得慌",还可以充当宾语、补语、兼语等各种句法成分。例如:

(77)他是典型的那种讨人喜欢的憨厚性格,聚会的时候,他的小孩也来了,觉得幸福得慌,我觉得所有的同学聚会中一定要有一个憨厚性格的,振华正好是那种让大家都觉得舒服的憨厚性格。(《沙岭的故事》2016-2-22 中国网)

(78)昨晚这个小妮子不是得意得慌吗?那么今天早上他恢复体力了,她也有体力了,轮到他报仇了!(《前夫滚远点,二婚老婆太抢手》2014-08-17 凤凰小说网)

(79)她舒口气,想继续拾起那首中断的曲子,却怎么样都想不起来了,可是突然所有那个夏天晚上的感觉都潮水一样地涌向她来,涌得她兴奋得慌,想抓住它们,抓住了再说,唯恐它们跑掉了,跑掉了。(《昨日当我年轻时》2009-12-14 新浪博客)

(80)他对着马路上溜过的一辆空的士招了招手,迫不及待地挤上了后座位,现在一箱书的重量都能让他喘得慌,车内空调的冷气拂过汗湿的皮肤,缓解了夏日的暑气,发出了一声满意的叹息。(《信仰》2015-08-06 百度贴吧)

总之,作为定型化的构造,当代汉语"X 得慌"已经可以比较自如地充当句法成分了。

3. 性质特征的改变

3.0 本节从构造特征、类推格式、附加功能三个方面揭示"得慌"性质特征的改变。

3.1 附缀的强调功能。由于"得慌"内部分界已经消失,这一跨层组合也就逐渐走上了词汇化的发展道路,很显然,当代汉语绝大多数"得慌",都已是定型的单词了。例如:

(81)厂长沈志浩一看,吊料工每天工作时间只有三四个小时,正闲得慌,不如两岗都由他顶了,奖金福利则按多

劳多得计。(1994年《报刊精选》07)

(82)当地人告诉记者,吃他们这里加工的槟榔的确上瘾,一天不吃就<u>想得慌</u>。湘潭一位吃了七八年槟榔的学生告诉记者,如果自己一旦不吃槟榔,就会觉得不舒服。(《麻黄石灰煮出"上瘾"槟榔》2004-03-29湘潭赶集网)

(83)本来胃口<u>好得慌</u>,没想到被牙药整的饭都变味,恶心!愤怒!(《望星空》2012-01-03腾讯微博)

(84)龙湾的叶阿婆近日被天上掉下的"馅饼"砸晕了,她不顾儿子的阻拦,把获奖所需的相关费用汇给对方,结果呢?结果你懂的。这正是:阿婆收到宣传单,刮出大奖<u>喜得慌</u>;儿子劝阻她不听,执意汇款上了当。(《一张宣传单刮出百万大奖》2015-05-24温都网)

很显然,上面诸例的"得慌",都已经是一个构造定型的强调成分了。比较而言,由于节奏韵律等方面的原因,双音节谓词后的"得慌",词汇化程度更高。试比较:

(85)他觉得像是被刚刚3个月大、指甲还软软的小猫挠了挠心尖,痒得慌,也<u>舒服·得慌(? 舒服得·慌)</u>。(《记录生活　发现同好》2014-04-15网易LOFTER)

(86)她(指"水仙草")的主人青睐于她的纯净,易养,将她捧回家。在那个家里,她理所应当地得到了主人的精心照顾——每天给她一次洁净的"水沐浴"。之后呢,天气较好的话,便还有一段直到夕阳西下的阳台上的"日光浴",<u>滋润·得慌(? 滋润得·慌)</u>呢。(《花垣》2012-07-10新浪博客)

(87)只要是女人,谁都能把他当狗使,让他挑个水,打个煤油,他<u>喜欢·得慌(? 喜欢得·慌)</u>,得了奖章般跑得快。(《那个并不遥远的时代》2013-01-04新浪博客)

（88）我恍惚了两三秒，反应过来之后傻乎乎地问了一句是不是阿占宋杰，那边说是啊，一下子<u>开心·得慌</u>(？<u>开心得·慌</u>)，诸如我是谁你在哪里这么简单的话都说得语无伦次，忽然觉得自己泰语水平又回到了出国前的水平，无论老师说什么就只会回一句"嗯，好的"，真是汗颜。（《苏海歌》2014-03-21 人人网）

那么，已经词汇化的"得慌"还是程度副词吗？我们认为，分析为"强调性状的后附缀（enclitic）"应该更加合适①。因为"得慌"虽然强调程度，但是毕竟与"非常、透顶"等程度副词不同，语义虚化、功能黏着。其实，当代补语标记"得""到"，都可以跟原来的状态或程度补语逐渐凝固演化成为表强调的后附缀②。比较接近的，就是"得很"。试比较：

（89）"去工地看了，品质让人<u>喜/得慌</u>。"准业主们分享着自己的心得："说到心坎里去了。"（《幸福城再造楼市惊人热潮》2014-10-30 石家庄新闻网）

（90）也许曾经没有感受到，但当回到了自己真正的故乡，才终于觉得那是一个可爱的好地方。先不说人吧，就那树，那粗粗壮壮的大榕树，着实让人<u>喜/得很</u>。（《回忆我的小岛》2011-04-18 新浪博客）

（91）我没再听，只是为他<u>高兴/得慌</u>。棋迷老王总算没人扰他下棋了。可是，如果我们人人下好自己的棋，再合

---

① 赵元任在《汉语口语语法》(吕叔湘翻译自 *A Grammar of Spoken Chinese*) 第四章的 4.4.7 中，已经明确提到"得慌"（译文翻译为"的慌"）是"后缀"，所举例子有：累的慌、晕的慌、麻的慌、瘆的慌、闹的慌、急的慌、挤的慌、闷的慌、冤的慌、冷静的慌、痒痒的慌。

② 关于附缀的性质与功用，请参看刘丹青（2008）、张斌（2013）以及张谊生（2010）、张谊生（2017）。

力把整盘大棋下好,老王下棋时会不会更畅快,更舒心些呢?(棋迷老王 2013-07-09 百度快照)

(92)苏静怡看着莫一心竟然变得这么好学起来,心里也为他高兴/得很,平常他一上英语课都是直接趴在桌上睡觉的,更别说问问题了。(《护花邪圣》2012-11-06　17K 小说网)

而"到爆、到哭、到死、到爽"等,则是当代汉语中正在演化中的另一组后附缀。例如:

(93)现场气笛喇叭、冻蒜声不断,场面火热到爆。(《杨秋兴力挺国民党:高雄输赢缩小到 5 万票以内》2011-10-24 人民网)

(94)女王脸没洗牙没刷,在你眼里还是美到爆,可爱到死,盯着她看,表示对自己的眼光很满意,你又开始花痴了好么,醒醒啊,大哥。(《言情剧就是女生的 A 片》2011-10-15 大众点评)

(95)这是小编觉得最酷的大剑之一,动画效果超级酷炫,从剑里头看进去就是另外一个世界的样子,然后有点朝阳升起的颜色,挥舞起来全是那个颜色简直美丽到哭!(《玩的就是这范儿》2014-03-19 游戏网)

(96)2010 年 11 月 23 日,十三陵水库的护理员朱伯躺在树下叹世界。酒气上来,长长地打个饱嗝,微醉的双眼望着周围的山水,惬意到爽。(《南海的愤怒》2011-09-03 17K 小说网)

"得"是典型的补语标记,"到"是新兴的补语标记①,由于汉语没有形态变化,短语、跨层结构间的界限本来就相对模糊,所

———————

① 　关于补语标记"到"的相关研究,请参看张谊生(2014)。

以,只要高频共现用于强调,就会逐渐凝固而附缀化。

3.2 类推的构式倾向。既然当代汉语的"得慌"已经是一个用于强调程度的后附缀,那么,就整个"X得慌"来看,由于强调格式的一再类推,开始已经趋向构式化了。例如:

(97) 呵呵呵,扑哧两声,两姐弟很少看见自家老爸这么诙谐的一面,这一天正逗得慌,笑抽在被窝里,抖啊抖!(《重生团圆》2015-09-08 棉花糖小说网)

(98) 佳佳哼着小调回家,心里得意得慌,手机响了,是男友。她还没来得及开腔,男友在电话那头冷冰冰地说我们分手吧,今天你在迪吧的一切我都看在眼里了,看样子你和那男人好了很久了吧,真没想到你是这样的人。(《女警佳佳》2007-01-06 新浪博客)

(99) 对广场舞大妈们,宽容一点,就是宽容老了的我们自己,我们都会慢慢变成她们,只要心底不嫌弃,不觉得她们嘚瑟得慌,就不觉得她们的凤凰传奇小苹果太刺耳。(《广场舞大妈讨人嫌,街舞小妹受追捧》2016-06-27 今日头条)

(100) 短信息又到了:够意思吧,这是我的定金,十天以后说不定全市人都能看到更劲爆的艳照了,我一想起来就兴奋得慌,我就是一小市民,您别见怪,哈哈哈。(《离婚是门技术活》2015-07-04 书包网)

正因为"X得慌"在结构上趋向定型成了一个强调构式,所以,还可以多项叠加连用。例如:

(101) 前年闲得慌,去年吓得慌,今年忙得慌,希望明年是乐得慌!(《张帆的博客》2013-5-25 腾讯博客)

(102) 问:烦得慌,燥得慌,气得慌,累得慌,憋死我了。答:找个高点的地方,看看旁边有没有人,没人大声喊出来,深呼吸10次,应该会好点!(《医疗健康·网友回答》2012-

12-22 百度拇指医生)

（103）潘总咧嘴吐舌直摇头,捂着咕噜直响的肚皮埋怨道,我不是<u>冻得慌</u>、<u>热得慌</u>、<u>闷得慌</u>、<u>闲得慌</u>、<u>浪得慌</u>、<u>气得慌</u>、<u>高兴得慌</u>、<u>上瘾得慌</u>,我只是没钱吃饭<u>饿得慌</u>。(《发条闹钟——爆笑悬疑喜剧来袭! ——麻利儿逗》2015-12-10 天涯社区)

（104）手里缺钱<u>憋得慌</u>,见人有钱<u>馋得慌</u>,向人借钱<u>羞得慌</u>,借钱给人<u>疼得慌</u>,四处挣钱<u>跑得慌</u>,赚了大钱<u>烧得慌</u>,钱放家里<u>惦得慌</u>,钱花不掉<u>急得慌</u>,钱太多了<u>怕得慌</u>,钱被骗了<u>亏得慌</u>,钱被偷了<u>恨得慌</u>,钱被罚了<u>冤得慌</u>,活着没钱<u>苦得慌</u>! (北语 BCC 语料库)

3.3　构式的转类功能。"X 得慌"构式化趋势,还可以从构式导致"X"动词的形容词化进一步观察到。那就是:构式的功用还在于:通过类推所形成的程度强调功能,即使典型的行为动词后面附加了"得慌",该动词就会在语用上转向程度化。这种特定的类推专类功能在现代汉语中就已初露端倪,尽管这些"X"还是应该分析为动词的形容词化。例如:

（105）而且又信佛教、道教和孔教,据他想,这也就很够了,为什么还得去信洋教呢? 越想,他心里越<u>绕得慌</u>! (老舍《正红旗下》)

（106）他两口子好好的十几年脸都没红过,去年年初还怀了孕打过胎。就是那狗杂种有了钱<u>烧得慌</u>,想再做一次如意新郎。(池莉《你以为你是谁》)

（107）只有我知道你的理想,你的实力,我知道你最大的遗憾是一直没有钱买一个听声辨位耳机,你老对我说,那耳机套在头上<u>捂得慌</u>,不爱用。(石康《奋斗》)

（108）阿英已是很久没见到光光了,见光光这副模样,

阿英心里就揪得慌,阿英正想说什么,见办公室里有人,就轻声说,你出去,我有事找你。(曾明了《宽容生活》)

显然,"绕、烧、捂、揪"都是行为动词,但由于"得慌"的促发,已经程度化;这种用法发展到当代汉语,构式功能就更趋成熟,动词附上了"得慌"就转向了形容词。例如:

(109)"有钱的挠攘,烧得慌,没钱的'晕头'着把眼都急红了,连何老师都'晕头'了,您想赚钱也不至于卖报哇!"(魏润身《挠攘》)

(110)荣德生已经预感到,这是不祥之兆,这些人吃饱了撑得慌,一定还会习难作梗的。(《作家文摘》1994A)

(111)当然这是必须的,把蓑衣铺在高粱上省得扎得慌。不过就是这样必须的动作为读者提供了过程的开始感,令读者仿佛身临其境,同时开始了一种带有天人合一精神的性旅程。(《对比:莫言与村上春树性描写中的仪式感和过程感》2012-08-16搜狐文化频道)

(112)我把手放在小毛驴长鬃上,胳膊还有些架得慌,但是小毛驴十分友好善良,十分尊重我的地位,我们配合默契,共同怀着创造奇迹的心情参与这项神奇的活动。(《等待麦子发芽》2010-11-09新浪博客)

"烧、撑、扎、架"都是典型的动词,附上"得慌"都具有了特定的语用性状义,转向了形容词。同样,现在即使一些双音节行为动词,也可以这样转化,以凸显一种性状。例如:

(113)比如,你内急得慌,见到一个老太太,你就说:"这位老同志,请问厕所在哪儿?"实质上,你与别人既不同心,也不同德,很多时候是话不投机半句多。(《35 生存智慧》2015-03-21百度快照)

(114)那个哭啊,想都想的到,火车坐着会舒服啊,别说卧铺了,那些硬座,坐的劳资下车了 3 天 3 夜拉不出来,<u>便秘得慌</u>!(《伤痕之舞》2008-01-27 天涯杂谈)

(115)御姐老师扁嘴,其实她最近正在考虑把这东西教给李岩呢,没想到一时犹豫,就被赵鹤抢了先,搞得自己的学生还要别的老师来教,<u>坑爹得慌</u>。(《两个御姐老师》2013-10-05 百度贴吧)

(116)赤子,与你纠缠嫌<u>掉价得慌</u>。你的问题让大吧来处理吧,不再理会你了。(《雪曼如歌是谁?》2016-07-01 百度贴吧)

甚至一些可以表示陈述义名词,也可以加上"得慌"以强调某种特定的程度义。例如:

(117)长期走势,坚定不移地看好中国大国崛起和 A 股指数;别看现在大指数<u>熊得慌</u>,真涨起来到 3000 点不会需要多少时间。(《牛气冲地》2013-08-27 金融界论坛)

(118)一场斗牛的戏,在银幕上三分钟,拍了 12 个小时,终于把斗牛最累的一场戏拍完了。突然我说导演等一会儿,脚不行了。我就觉得这里面<u>沙得慌</u>,感觉到盐水往肉里灌。(《潘长江做客〈艺术人生〉 别拿豆包不当干粮》2007-03-19 新浪娱乐)

(119)好像有点印象,不过时间太久真是想不起来了,说实话,舞厅里待久了,看谁都<u>面得慌</u>,毕竟跳舞的就那边那帮人各家舞厅来回串。(《舞厅二十年》2010-06-19 天涯社区)

(120)现如今交通发达,信息多渠道畅通,但也不要太浪费资源,凭着几分脸蛋演了几次影视,有钱了,这无可非议,因为这钱是老百姓愿意施舍的,大款们闲得慌,给的,贪官们<u>色得慌</u>,送的,你去花吧。(《有人下仔了记者闲得慌》2010-05-04 新浪博客)

当然,"熊、沙、面、色"的形容词化现在还在发展中,还有待于重新分析得到确认。

据此可见,发展到21世纪的今天,由于使用频率的提高和网络用语的开放,"X得慌"的表达方式,既呈现出多样性与复杂性,又具有习用性与类推性。至此由表心理状态发展为强调感受程度的"得慌"演化成为表强调后附缀,而"X得慌"构式化也已趋向逐渐定型。

4. 结语与余论

4.1　综上所述,可以归纳如下:首先,当代汉语"得慌"的表义功用体现为:表达方式由心理状态到性状程度、表义侧重由感受程度到强调程度、语义色彩由消极贬义到积极褒义。其次,"X得慌"的句法功能表现为:结构特点由跨层连用到固化粘合、音节模式由单音特征到多音选择、句法分布由充当句子成分扩展到可以充当句法成分。最后,发展演化至今:"得慌"都表达附缀化的程度强调功能,"X得慌"构式已具有类推倾向与转类功能。

4.2　语言学界以往的研究,拘泥于补语标记"得"的虚词性质与粘着特征,还从来没能将"得慌"作为一个特定的强调成分加以考察与研究。通过"X得慌"的研究,似乎可以得到启示:既然"得慌"通过后附、强调会成为附缀,那么,将"得很"及"到爆、到哭、到死、到爽"等归入一类加以研究,显然不失为一种有效的研究方法①。因为这些成分都是通过后附"X"强调程度逐渐固化的;虽然强调的重点、方式不同,但演化的轨迹、动因却是

---

① 　请参看蔡丽(2010)、姜天送(2013)和张谊生(2017)等相关研究。

相似的:"得慌、得很"是跨层组合发展为后附缀的,而"到 X"也不是由动宾短语演化而成的,是动词"到"先虚化为助词,助词"到"再与结果或程度补语融合,进而附缀化的。

参考文献

亓金凤 2015 "X 得慌"的语法化与词汇化,《滨州学院学报》5 期。

蔡 丽 2010 《程度范畴及其在补语系统中的句法实现》,暨南大学博士学位论文。

冯丽莉 2013 《"得"字补语类型的习得难度研究》,上海师范大学硕士学位论文。

关 键 2010 "V/A 得慌"的语法化和词汇化,《南开语言学刊》1 期。

姜天送 2013 说新兴述补构式"X 爆(了)/X 到爆",《语文教学通讯》11 期。

李 丹 2006 《"P 得慌"小三角验察》,吉林大学硕士学位论文。

李泽慧 2014 "X 得慌"的构式分析,《武汉工程职业技术学院学报》1 期。

刘丹青 2008 《语法调查研究手册》上海教育出版社。

聂志平 1993 说"X 得慌",《齐齐哈尔师范学院学报》1 期。

宋作艳 2010 类词缀与事件强迫,《世界汉语教学》4 期。

唐健雄 2008 河北方言里的"X 得慌",《河北师范大学学报》2 期。

唐朝辉 2011 《"准补词"初探》,扬州大学硕士学位论文。

邢福义、谢晓明 2013 现代汉语语法研究中理论与事实的互动,《汉语学报》3 期。

张 斌 2013 《现代汉语附缀研究》,上海师范大学博士学位论文。

张谊生 2010 从错配到脱落:附缀"于"的零形化后果与形容词、动词的及物化,《中国语文》2 期。

张谊生 2013 程度副词"到顶"与"极顶"的功能、配合与成因——兼论从述宾短语到程度副词的结构与语义制约,《世界汉语教学》1 期。

张谊生 2014 试论当代汉语新兴的补语标记"到"——兼论"A 到 X"从连谓到述补的演化方式,《当代语言学》1 期。

张谊生 2017 试论"有加"的附缀化与"X 有加"的构式化,《中国语文》3 期。

赵元任 1979 《汉语口语语法》,吕叔湘译,商务印书馆。

Hopper J. Paul & Elizabeth Closs Traugott., *Grammaticalization*, Cambridge:Cambridge University Press, 1993.(《语法化学说》,外语教学与研究出版社,剑桥大学出版社 2001 年版)

Zwicky, Arnold & Geoffrey Pullum. *Clicticization vs inflection*:*English n't Language*, 1983. 59(3).

第五章　述宾还是状中：试论情态特征与句法功能之关系

——兼论"X 于、X 以"类动词的副词化趋势

摘　要：现代汉语助动词根据情态特征，可以将其分为：动力情态类、道义情态类、认知情态类，说话人在表达各种不同情态时，"助动词+动词"的句法功能也会有所不同。"单/多义助动词+动词"的结构关系，通常情况下可以通过助动词的情态性质以及对助动词用"X 不 X"提问式来鉴定。现代汉语"X 于/以"类单词，大多数还处在粘宾动词的阶段，其副词化历程正处在起步阶段，大部分还没有完成，表明从述宾到状中的演化也是个连续统。

关键词：述宾；状中；情态特征；句法功能

0. 前　言

0.1　迄今为止，现行的教科书，比如黄伯荣与廖序东、胡裕树、张静、张斌、张谊生等主编的《现代汉语》以及其他大多数新编的教科书，都认为汉语的"助动词+谓词"的句法结构是状中

关系,助动词是用来修饰动词、形容词的,助动词与副词在句法功能上基本上是一样的,都是充当状语的。而且在一些对外汉语教材①,甚至中学语文教科书中,基本上也是这样说明的,甚至规定的。也就是说,下面两类短语应该都是状中短语:

（1）a 会去、能去、敢去、要去、可以去、能够去、应该去

　　　b 就去、也去、还去、都去、马上去、一起去、一再去

然而,赵元任《汉语口语语法》、朱德熙《语法讲义》、陈光磊《汉语词法论》以及张志公、邵敬敏及北京大学中文系现代汉语教研室编的《现代汉语》和《现代汉语通论》,却认为助动词后的谓词性成分是助动词的宾语,即"助动词+谓词"的句法结构都是述宾关系。

0.2　那么,应该如何看待这一重要却经常被忽视的分歧呢？我们认为,上面两种观点都只在一定程度上是正确的,但都不够全面。之所以存在以上分歧,主要在于助动词是动词一个非典型小类（严格地讲,其实是动词的附类）,与汉语动词、副词之间的界限有时很难划清。而且,如果将共时的语法现象放到历时演化过程中来看,汉语的"助动词+谓词"其实正处在由述宾向状中演进的语法化过程中,内部存在着不平衡、不匀称情况,相应的句法结构可以一分为二:一部分还是述宾结构,一部分已是状中结构了。

0.3　关于助动词,学界也有称之为"能愿动词"或"情态动词"的,自然各有理据。至于助动词的范围,目前还存在一些不同认识:当前对于"能、会、可、敢、应、该、肯、要、得、可以、可能、能够、应该、应当"等,学界已基本没有异议;但对于"愿、准、情

---

① 譬如齐沪扬主编的《现代汉语》（商务印书馆 2007 年版）、徐青主编的《现代汉语》（华东师范大学出版社 2008 年版）、张凯主编的《新实用汉语课本》（北京大学出版社 2012 年版）等。

愿、愿意、乐意、必须"等词还存在不同看法。本章认为,这20个词都属于广义助动词。

根据西方语言学家以及国内学者(彭利贞 2007)的研究,助动词所表示的这三种情态,基本特征存在着相对明确的分工。大致情况是:

(2) A."动力情态"主要表示"能力、意愿与勇气"等;

B."道义情态"主要表示"责任、义务与承诺"等;

C."认知情态"主要表示"判断、推测与假定"等。

这就导致行为人在表达不同的情态时,行为主体的能动性、使动性,对行为对象的支配性、影响性存在着程度高低的不同。试比较:

(3) a. 穿成这个样是否<u>可以</u>进入会场很难讲。——许可

b. 测试的成绩大概<u>可以</u>进入全校前五名。——推测

(4) a. 经过这段时间的康复,他<u>能走路</u>了吗? ——能力

b. 两面都被拦上了,中间这条道<u>能走</u>吗? ——许可

c. 今天这天气,你估计,下午<u>能放晴</u>吗? ——推测

据此,本章对汉语助动词功能功用分类,也是按照"动力、道义、认知"三分法进行的。

0.4 本章用例分别引自北大语料库、人民网以及当代报刊、网络上的报道,例句全部注明出处,少数长句略有删节。

1. 情态性质与句法功能

1.0 对于情态的分类,中外语言学家依据不同的语言理论和研究视角,作出了多种不同的分类。迄今为止,比较通行的分类方法就是将情态分为"动力情态、道义情态、认知情态"(彭利贞 2007)。助动词所表示的这三种情态,基本特征存在着相对

明确的分工。大致情况是：A. 动力情态主要表示"能力、意愿与勇气"等；B. 道义情态主要表示"责任、义务与承诺"等；C. 认知情态主要表示"判断、推测与假定"等。使用并表达这三种情态功能的助动词，行为人在表达各种不同情态时，其行为的能动性、使动性，对相关对象的支配性、影响性存在着一定的差异，所以，"助动词+动词"的句法功能也会有所不同。

1.1　动力情态类。汉语中的助动词"能、会、能够、可以"表示主体能力做得到做不到，在句中它们主要表示一种动力情态，同样，"敢"表示有勇气、有胆量这么办，也是表达动力情态助动词，"助动词+动词"的句法结构一般以述宾为主。例如：

（5）这种"官员生产力"的大小好坏，不仅仅是一个人的事，它不同于个别个体，生产力大小，只是个人的事，您<u>能挑</u>一千斤还是只能挑一百斤，只是一堆石头和一堆柴禾的区别，无关大局，无关别人，无关宗旨。（1994 年《报刊精选》03）

（6）在美国麻省理工学院基因研究中心，一个机器手一天<u>能够挑取</u> 10 万个人类基因记录，模板自动化测序生产线一天所做的碱基对分析达到数千万个。从工作量上看，今天一天也许相当于过去一年，技术的突飞猛进，往往是常人难以想象的。（新华社 2001 年 9 月份新闻报道）

（7）金竹庵有一片竹林和菜地，王采玉自己掘笋养竹、种菜植瓜。劳作之余，还时常<u>可以回</u>家去照顾母亲，庵里生产的竹笋菜蔬等物也可以分一些孝敬母亲姚氏。（陈廷一《蒋氏家族全传》）

（8）那简直是一台音乐会，除了二胡，他还<u>会拉</u>板胡、京胡、高胡，会<u>吹</u>笛子，而他还带来了小提琴、口琴和吉他，这么多的乐器不知道她一个人是怎么背来的！她放下这样拾那

样,让他点了一支又一支曲子,她都能演奏。(《当代文学》)

(9)因此,处于决断中心的各级领导班子的班长,应善于认识机遇和把握机遇,以高度的责任感和事业心,**敢担风险,敢负责任**,果断作出决策,以便有效地推进改革开放和社会主义建设的进程。(1996《人民日报》)

助动词"肯、要、愿意、乐意"主要表示意愿,都可以表示动力情态意义,在句中此类助动词后面动词,其句法结构为述宾关系。例如:

(10)女儿认为,和助教一起讨论课堂上和书本上还没有搞透彻的问题,可以作为向教授请教的前站。如果遇到水平高又热心的助教,可以学到许多的东西。同时,主动向助教求教,会使助教认为你学习认真,**肯下功夫**,判作业时的印象分也就会相对提高。(土一族《从普通女孩到银行家》)

(11)杨勃:没有。创业不是一个可以数十年如一日做下去的事情。我曾想过这个问题,有一天如果退休了,我最想做什么东西呢? **我要做一个网站**,这个网站是如此这般、这样那样的,可我想完了一看,这不就是豆瓣吗? OK,如果是这样的话还着什么急呢,就这样继续做吧。(张向东《创业者对话创业者》)

(12)我国的水污染有过之而无不及,泥沙淤积在河道、水库、蓄滞洪区内,持续削减调洪能力,给河道行洪和防洪工程管理运用带来一系列的困难。人要**喝水**,农业要喝水,工业要喝水,城市要喝水,面对紧缺的水资源,我们怎么办——节水。(1996《人民日报》)

(13)不过毕竟,他们的哲学体系无论在思想内容方面还是在其所具有的历史意义方面都还有着一些值得进一步

考究的内在关联,以至于我愿意说:苏格拉底是古代的康德,康德是近代的苏格拉底。(叶秀山《苏格拉底及其哲学思想》)

(14)先进的经营理念是普伦姆吉获得成功的重要原因之一。他工作严谨,乐意听取下属的意见,每年至少要拿出30到40天的时间与他们一起探讨公司的发展问题,这不但使他能集思广益,同时还逐步在公司内部形成了一个强大的领导阶层。(张剑《世界100位富豪发迹史》)

1.2　道义情态类。助动词"应、该、应该、应当"都表示事实上或义务上的需要,此类助动词主要用于表示道义情态,与其后动词的句法结构主要是述宾关系。例如:

(15)因此,我们在研究教育问题时,常常提出把它放到一定的文化背景中去研究。总之,我们在承认政治经济对教育的最终作用和"硬约束"作用的同时,还应看到文化对教育的直接作用和"软约束"作用。(当代\CWAC)

(16)捷克教育家夸美纽斯认为人总是首先通过观察事物本身、从事物来源去获得知识,所以教学应该从实际事物开始。如果没有实际事物,可利用代替物。(当代\CWAC)

(17)因此,在考察一定形态的教育时,不仅应当了解对教育起决定作用的政治经济制度和生产力状况,而且还应了解与教育直接发生联系的各种社会意识形态,只有这样,才能对教育这一社会现象有全面的了解。(当代\CWAC)

(18)"先生,听他那样粗重模糊的口音,我就知道了。他弹了几下窗户——那时大概是三点钟——说道:'伙计,快起来,咱们该走了!'我老伴把吉姆——我的大儿子也叫

醒了,没有跟我说一个字,他们爷俩就走了。"(阿瑟·柯南·道尔《福尔摩斯探案集》)

(19)我不能骗您,我不能说没有,希望没和您的道德观冲突。其实这不重要不碍事很流行,她不会在乎这点的,她是个好姑娘,只知奉献不知索取。(王朔《顽主》)

(20)博宁吉总是鼓励萨瑟兰与那些能够挑战她的歌唱家合作,而她也乐于这样做。其中能与萨瑟兰匹配的合作者之一就是美国次女高音玛里琳·霍恩,她们在一起演出了很多年。(1997《作家文摘》)

1.3 认知情态类。助动词"准、会、可能"主要是对情境的推测和判断,表达认知情态义,"助动词+动词"的句法结构一般为状中关系。例如:

(21)张骞向汉武帝详细报告了西域各国的情况。他说:"我在大夏看见邛山(在今四川省,邛音 qióng)出产的竹杖和蜀地(今四川成都)出产的细布。当地的人说这些东西是商人从天竺(就是现在的印度)贩来的。"他认为既然天竺可以买到蜀地的东西,一定离蜀地不远。(《中华上下五千年》)

(22)不一会儿,邹老板、赵本英带着永芳来到了,李成梁上去拉着永芳的小手,把他搂在自己的怀里,那些妻子也都围过来看着,这个说:"永芳长得眉清目秀,长大了准是个美男子!"那个说:"永芳长得聪明伶俐,将来一定能有出息。"都是夸奖的话儿。(李文澄《努尔哈赤》)

(23)莎拉似乎说不出话来。她摇摇头。"不,我只是太忙了。我等下再慢慢跟你聊。史钢,你全身都湿透了。去暖暖身子。你会感冒的。"(玛格丽特·魏丝/崔西·西克曼《龙枪传承》)

（24）如果教育者将惩罚带入到这些个人领域,按照教育者个人的好恶和价值判断对学生进行惩罚,那么其所实施的惩罚不仅丧失了正义性,而且<u>可能极大地损害学生个性</u>、才能、自主选择能力和创造力的发展。（当代\CWAC\AEJ0007）

此外,"要、应该"也可以表示认知情态义,是对事件或命题的真值性推断。例如:

（25）我自己是力气越来越小,家珍的病看样子<u>要全好是不可能</u>了,我们这辈子也算经历了不少事,人也该熟了,就跟梨那样熟透了该从树上掉下来。可我们放心不下凤霞,她和别人不一样,她老了谁会管她?（余华《活着》）

（26）鸿渐想不出话来回答,对她傻笑。她倒愿意他有时对答不来,问他道:"我昨天有点奇怪,你怎会不知道那首诗是表姐做的。你<u>应该看过她的诗</u>。"（钱锺书《围城》）

上述例句中的"要"是对未来事件发生的必然性推断,"应该"用于推断事件有较大的可能性。例（25）中"要"是对"家珍的病全好是不可能"的必然性推断;例（26）"应该"是"唐小姐推测方鸿渐看过表姐的诗"的可能性较大。

总之,"助动词+动词"总体的对应关系是:动力情态以述宾为主,认知情态以状中为主,而道义情态处于两者之间。不过,不同的助动词之间存在着差异;有时甚至表达相同的情态功能,结构关系也不完全都一样,尤其是"要、能、会"存在着一系列例外。

2. 结构关系与鉴定格式

2.0　本节讨论"单/多义助动词+动词"的结构关系,它们之间的结构关系可以通过助动词的情态性质以及对助动词用

"X 不 X"提问式来鉴定。众所周知,动词主要表示动作、行为的实施,副词主要表示对概念、状态的限制,而助动词主要表达各种不同的情态。动词都可以用"X 不 X"提问式,副词都不可以用"X 不 X"提问式,助动词则是两可的,表认知的助动词大多不能。

2.1　单义助动词。现代汉语的助动词只有一部分是多义的,其他部分则是单义的,单义的助动词出现在任何句法环境中都只表达一种情态特征,比如"敢、肯"等。下面我们从单义助动词表达不同类型的情态特征,来看看现代汉语单义的助动词。例如:

（27）我家桔园里那只老虎因无法睡觉而发起脾气来了,看见过路人就大张着嘴怒吼,那吼声把树木震得直晃,把全村的鸡狗吓得整日整日缩在窝里<u>不敢出来</u>。(《作家文摘》)

（28）项羽派使者跟汉王说:"现在天下闹得乱纷纷的,无非是你我两个人相持不下,你<u>敢不敢</u>出来跟我比个上下高低?"汉王要使者回话说:"我可以跟你斗智,不跟你比力气。"(《中华上下五千年》)

例（27）（28）中"敢"都只表达动力情态意义,例（27）说明"全村的鸡狗整日不敢出来",例（28）表示"项羽的使者问汉王有没有勇气比高低"。从而证明单义助动词"敢"可以用"X 不 X"提问式鉴定,这些"助动词+动词"都是述宾关系。例如:

（29）赛义德见褚英歪着脑袋,一脸正经地问他,心里特别高兴,觉得孺子可教。便说道:"行! 只要你能吃苦,<u>肯学</u>,俺一定认真教你。不过,有句话你听说过没有:'师傅领进门,修行在个人!'关键在你勤学苦练!"(李文澄《努尔哈赤》)

（30）他虽未受过什么正规的高等教育,但他能够长期坚持自学,古今中外,知识面相当宽广。古人说:"人非生而知之者,孰能无惑?"问题是,<u>肯</u>不<u>肯</u>学,或者谁有学问就向谁学习这样一种正确态度。(1994《市场报》)

例(29)和(30)中"肯"都表示动力情态意义,两例句中都表达说话人"肯学"的意愿。助动词"肯"符合"X 不 X"提问式,其句法结构为述宾关系。再比如:

（31）"这是你自己选择的道路,你<u>必须</u>坚持下去,"父母对她说。由于在省队的表现出色,薛兰梅在 1993 年被调入国家队。(2004 年 9 月新华社新闻报道)

（32）在短期内,这种做法的确会对销量有所影响,但贝佐斯表示,只要能让客户满意,销量最终也会得到提高。他说:"你<u>必须</u>相信自己的判断力。遇到这种情况时,我们会说'还是想简单点吧'。我们知道这有利于客户。"(张剑《世界 100 位富豪发迹史》)

助动词"必须"表示道义情态意义,例句中说话人用"必须"表达对听话人强加责任、义务。通过搜索 CCL 语料库,关于"必须"的"X 不 X"提问式,并不存在实例,也就是说,"必须"不能用"X 不 X"提问,所以,都是状中关系。值得注意的现象是,方言中特殊用法的助动词,通常不能改变与影响本章对普通话助动词的认识与鉴定。例如:

（33）改革开放以后,我<u>想</u>出国留学。但国内工资低,家里拿不出钱来。我曾一度想过,当时如果我少扔掉一件财宝,哪怕是一本古书、一幅古画、一个小鼻烟壶、一块宫廷怀表,现在用它换学费也够了。(土一族《从普通女孩到银行家》)

（34）a.这几天我<u>可能想生病</u>了,因为鼻子老酸酸的,是累了吗？说不清楚！/b.生活习惯乱了,也可能想生病,要发烧了,好担心啊！/c.我浑身又酸又痛,恐怕又想生病了。(张谊生《语法化现象在不同层面中的句法表现》转引自《语文研究》2010 年 4 期)

"想"在普通话中还是心理动词,但是在江淮官话中又是助动词了。例(33)的"想"是普通话的实义心理动词,表示说话人"想出国"的意愿,与"出国"的结构为述宾关系,当然可以通过提问式"X 不 X"来鉴定。而例(34)的三个"想"都是表示可能性认知情态的助动词,不能用"X 不 X"来提问,但这三句都是特定的方言用法,不在讨论之列①。

2.2 多义助动词。我们认为,助动词的多义现象是语言中存在的一个事实,助动词有多个情态意义,而这些意义之间又存在内在的联系,如逻辑、历时发展的联系。诚然,这些多义助动词不同的情态性质,必须是出现在不同的语境中才能确定,如"应该"和"要、会、能"等,它们是现代汉语典型的多义助动词。下面将以这四个多义的助动词作为观察对象,来分析不同类型的情态性质与句法结构的互动关系以及演化的过渡状态。例如:

(35) 这时正有一个小孩等着做阑尾手术。小孩的母亲对李永茂说:"李大夫,您还是先回家去看看吧。"李永茂却说:"不管是你的孩子还是我的孩子,有病的时候都是我的患者,我应该一视同仁!"(1995《人民日报》)

(36) 做母亲的应该不应该有宠儿? 她待子女应该不

---

① 值得注意的是,虽然江淮方言中早已有表"可能要"的助动词"想",但在普通话中还只是在网上初露端倪。当前一般的语法书和语文词典,都认为普通话"想"还是心理动词,不认为"想"已有助动词的用法。至于方言中的"想"的各种用法,不在本章讨论之列。

应该一视同仁,不厚此薄彼?尽管说起来可能使人感到厌烦,但我还是认为有必要再唠叨一下(查德·道金斯《自私的基因》)

（37）没办法,我只好去问我的博士生导师。他是加拿大人,有两个孩子。我想他应该能够给我一个满意的解释。(土一族《从普通女孩到银行家》)

例(35)(36)中"应该"表道义情态都是述宾关系,可以用"X 不 X"方式提问,例(37)中"应该"表认知情态,不能用"X 不X"方式提问,所以是状中关系。问题是,助动词"要、能、会"表动力、道义情态都是述宾关系,可以用"X 不 X"方式提问,但表认知情态时,虽然是状中关系,却勉强也可以用"X 不 X"方式提问。例如:

（38）明成倒了一杯水,一口气喝了个尽,他抹了抹嘴正色道"明天上午我要回去。"(孙志保《枪手》)

（39）楚无情笑道:"我如捣蛋泄密,他们也许不相信,但我要帮忙,倒是颇有作用。如果我去追索三绝先生,向他们要人,不是更能加重三绝先生的分量吗?"(金庸《情侠》)

（40）我被淋成了落汤鸡,却只是一言不发地奔跑。啊,这样下去要感冒的——这样想着,梦中的我仍停不下脚步。(黄培锦《情书》)

例(38)"要"表达动力情态意义,即说话人有回去的意愿;例(39)"要"表示道义情态意义,说话人认为自己有义务帮忙;例(40)"要"表示认知情态意义,是表达说话人对"一直淋雨会感冒"的必然性推断。例(38)(39)表示动力与道义情态,当然可以用"X 不 X"提问,例(40)表示认知情态,如用"X 不 X"提问,接受度就非常低。再比如:

（41）我就跟我奶奶说,我要上北京,学表演! 我是我妈妈的女儿,我妈妈那么了不起,会唱歌、会朗诵诗词、会演话剧演小品,舞又跳得那么好,可我呢,我什么也不会!(司马《美女班的男助教》)

(42)我可以向你保证。只要你说出你知道的一切,如果有用的话。我会保护你不受到任何的伤害。也会给你一笔足够你今后花费的钱,从此脱离义兴堂的控制。(风天啸《叱咤》)

(43)她接着又把陈清讲的王能的事情重说一遍"没有用,他不会在家里,他一定会当心的,他也许到城外给云帮忙去了。"(巴金《雾·雨·电》)

例(41)中"会"表达动力情态意义,即表达的都是主语的技能;例(42)"会"表示道义情态,表达的是说话人对事件成真的承诺,即自己主动承担"保护你"的义务;例(43)中的"会"表示认知情态意义,说话人推测"他不在家里,他当心的"的可能性很高。从以上例句可以看出,表示动力和道义的助动词"会",都可以用"X不X"提问式,但表认知情态的助动词"会"也可以用"X不X"提问式,只是接受度相对较低。比如"你觉得,今天晚上徐汇地区会不会下雨?"而且,表认知情态的"能不能"也是如此。比如:

(44)孙玉厚老两口没有想到,他们的这个弟弟能给他们帮这么大的忙。看来,家里有个人在大队负责,还顶事哩!少安也为自己的弟弟能教书感到高兴。(路遥《平凡的世界》)

(45)范进苦着脸说:"大哥我能走了吗,那人我真不认识。"我知道他说的应该是真的,看来这次换酒事件跟扣押刘邦事件是同一个人干的,目的就是给我添堵。(张小花《史上第一混乱》)

　　（46）一杯也是喝二杯也是喝，<u>能喝第一杯</u>，就<u>不能再拒</u>
<u>绝第二杯</u>，青衣侍女敬过宋晓峰，又<u>怎能不再</u>敬笑面天王曹
晋，左一敬，右一敬，三杯酒下了肚。（云中岳《紫彩玉箫》）

　　例（44）中"能"表示动力情态意义，表达的是主语有做某事
的能力，说明孙少平有"教书"的能力。例（45）"能"表达道义情
态意义，表示环境或情理上许可，句中说话人请求听话人许可。
例（46）前两个"能"分别表动力与道义情态，第三个"能"表达认
知情态意义，表示客观可能性，说话人对命题为真的可能性作出
推测，对"必须敬笑面天王曹晋"这一事件成真必然性的推
测。前两个例句中的"能"与第三例前两个"能"，自然都可
以用"X 不 X"提问，问题是例（46）第三个"能"，也可以"X 不
X"提问，只是接受度不高。令人困惑的是"会不会"与"能不
能"为什么还可以表认知，至今没法解释。

　　那么，为什么会存在上述句法功能的差异呢？关于这一点，
将动词、助动词、副词乃至同形单词"要"一起加以比较，就可以
得到进一步验证。例如：

　　（47）爱不爱去、　想不想去、　喜欢不喜欢去　你要[1]
不要我回避？

　　　　　　　能不能去、　敢不敢去、　应该不应该去　你要[2]
不要再看看？

　　　　　　　　＊刚不刚去、＊都不都去、＊马上不马上去　＊天要[3]
不要下大雨？

"要[1]"和"爱、想、喜欢"都是谓宾动词，"要[2]"是助动词，"要[3]"是
时间副词。"能、敢、应该"和"要[2]"都是表动力或道义情态的，
当然都可以用"X 不 X"提问，但"要[3]"是表"即将"的时间副词，
与副词"刚、都、马上"一样，都不能用"X 不 X"提问，这就表明
"要[3]"已发生了质变。可见，"X 不 X"正反提问格式的接受度高

低,在大多数情况下可以用来证明助动词的能动性、使动性、影响性的高低,尽管"要、能、会"表示认知情态构成状中结构时,也勉强可以用"X 不 X"正反格式提问,只是接受度相对不高而已。

3. 粘宾动词与摹状副词

3.0 除了助动词,现代汉语"X 于/以"类单词,也存在着类似的现象。

3.1 "X 于"类词。张谊生《现代汉语副词研究》(2000)曾经提出:"敢于、善于、擅于、勇于、急于、疲于、乐于、长于、倦于、苦于"跟"擅自、大肆、大力、全力"一样,都是描摹性副词,所以,进而指出由这些"X 于"单词构成的"X 于 VP"都是状中短语。然而,现在运用"X 不 X"方式验证就可以发现:当时这一观点是不准确的。因为"擅于、乐于、急于"等词与描摹性副词"擅自、全力、黯然"的变换适应度,是完全不一样的。例如:

(48) 擅于不擅于理财　　乐于不乐于助人
　　*擅自不擅自决定　　*全力不全力相助

也就是说,由原介词前附谓词而导致分界转移、逐渐与谓词凝固为双音节的这类"X 于"单词,目前总体上还是处在粘宾动词的阶段,其副词化历程正处在起步阶段,绝大多数还没有完成①。所以,《现代汉语副词研究》(2014 修订版)已作了调整,将大多数"X 于"从描摹性副词中删除了。实际上,语言是在不断发展的,纠正先前的失误之后,我们发现,其实问题并没有这么简单,

---

① 其实,其中的"苦于"已经并且正在副词化,因为一般情况下现在已经不能说"苦于不苦于"。

除了粘宾动词以外,当代汉语已存在着少量"X 于、X 以"类副词。现代汉语中"动/形+于"跨层结构化形成的"X 于"类双音节词主要是动词,另外还有副词,如"敢于、便于、难于、过于"等。

"敢于"在《现代汉语词典》(第 7 版)中的释义是:动词,有决心,有勇气去做或去争取。句法上,"敢于"是个形式动词,后面必须要跟宾语。从检索到的语料看,"敢于"可以用肯定否定相加的形式表示疑问,即能进入"X 于不 X 于"结构。例如:

(49)大家一致认为,六项措施既符合四中全会精神,又适合国企实际情况,充分体现了尖草坪区检察院为国企改革和发展服务的自觉性,表明了全院上下"<u>敢于</u>打击、<u>敢于保护</u>、<u>敢于服务</u>"的坚强信心和决心。(《科技文献》)

(50)衡量包容与否的标志是"你<u>敢于不敢于</u>、能够不能够包容所谓'异类'? 关键是包容不同思想,包容奇特的东西"。"从一定意义上说,包容异端才是包容的真谛"。(《常修泽:中国新战略:包容性的"五环改革"》2014 年 1 月 9 日人民网)

(51)谈起成本,不仅是一笔经济账,同时也是一笔政治账。公职人员在办理公务时,<u>敢于不敢于</u>向享乐主义开刀,这是衡量公职人员素质高低的一杆重要标尺。(《衡量车改成败的"秤"应交给公众》2013 年 3 月 18 日红网)

"便于"在《现代汉语词典》(第 7 版)中的释义是:动词,比较容易做某事。句法上,后面必须要跟谓词宾语。从检索到的语料看,"便于"可以用肯定否定相加的形式表示疑问,即能进入"X 于不 X 于"结构。例如:

(52)汕头海关还设立了"<u>便于知情、便于办事、便于监督</u>"的"阳光窗口"。在繁忙的通关现场,记者看到报关员随时可以通过触摸电脑屏,了解最新政策法规及报关单证的处理情况等动态信息,为企业打开了一个透明的电子窗口。(2003 年《人民日报》)

(53)翁超讪讪地笑道:"这次只有叫他们空等了。"李中元忽然道:"我想会会他们二帮的大爷,你便不便于安排?"(东方英《霸海心香》)

(54)至于一些设施建设该如何建设,是不是科学、便于不便于管理以及该怎么管理,相反研究得不深,考虑得不细,甚至一些还沦为形式上的"政绩工程"。(《评论:便民设施不能总是"一建了之"》2015 年 1 月 12 日人民网)

"难于"在《现代汉语词典》(第 7 版)中的释义是:动词,不容易;不易于。句法上,后面必须要跟谓词。目前,检索全部语料,"难于"还没有可以用肯定否定相加的形式表示疑问①。例如:

(55)中国人历来、凡事都讲究含蓄,崇尚典雅。尤其是对这种事情,不论在什么人面前,都是难于、羞于启齿的。因此即使是在科学昌明的今天,传统仍然使许许多多从事青春期教育的教师、应该更多承担这方面教育责任的父母都不能把这方面的知识讲明白、说到位。(《科技文献》)

(56)他(她)们同时也存在着诸多障碍,主要是社交沟通障碍,导致社会适应困难。严重的会导致无法独立生活学习和工作,难于自食其力。(《"自闭症=天才"? 真相并不是你想的那样》2017 年 9 月 6 日人民网)

(57)绝大多数人都有善的天性,每个社会都有大量的

---

① 根据研究,跟"过于、终于"一样,现代汉语"难于、羞于",其实也已经并且正在副词化。

善人善行,但是如果没有精神构建,这一切就会像荒山中的香花,污淖中的嘉禾,不成气候,<u>难于收获</u>,连它们自己也无法确认自己的价值。(余秋雨《关于善良》)

"过于"在现代汉语中是程度副词,用在形容词或表示心理状态的动词前面,在句中作状语,表示程度深或数量过多。"过于"位于谓词性成分的前面,这是副词出现的典型位置。例如:

(58) 良嗣作为本朝的全权大使,是整个宋金交涉的见证人,最清楚其中的过节与甘苦。但他的这个估计也<u>过于乐观</u>了。(赵益《宋:西风凋碧树》)

(59) 不过,这些特点中的第一个特点相当迅速地消失了,因为据报上说,戈达尔不久便"面对敌人"而死,虽说他没有离开过巴黎,实际上是因年老<u>过于劳累</u>,不久以后维尔迪兰先生也随之而去。(普鲁斯特《追忆似水年华》)

(60) 宫廷诗人和说故事者们把这些传说加进了他们的圣杯故事情节里。不过,这些更古老的传说却通过一代代人的口耳相传,流传了下来,并且实在<u>过于有名</u>,<u>过于</u>"经受了种种考验而不衰"。总之,它们<u>过于为众人所熟知</u>,因此使 12 世纪末克雷蒂昂所属的那个传奇文学圈子里的作家产生了创作冲动。(葛瑞姆·汉卡克《失落的约柜》)

3.2 "X 以"类词。现代汉语中活跃着许多"X 以"类双音词,因此,对"X 以"中具有代表性的几个词语加以探讨,如"加以、予以、足以、难以",它们不能单独作谓语,后面一般接谓词性成分。

"加以"既具有形式动词的特征,又有连词功能。在句法结构中,充当形式动词时,必须接谓词性宾语;作连词时,连接句子成分,表示进一步的原因或条件。例如:

(61) 为了强化执法监督,汕头海关坚持走出去请进来相结合,通过征询关风关纪监督员和社会各界对海关工作效率和廉政状况的意见和建议,有针对性地<u>加以改进</u>。(2003 年《人民日报》)

(62)知识经济时代是"顾客选择企业"的时代,要做到不流失顾客,就必须把顾客服务作为一种特殊的"情绪式劳动"<u>加以重视</u>。(《科技文献》)

(63)但是春节后,由于旅客返程时间过于集中,<u>加以东进南下的民工流猛烈冲击</u>,近几天客流量以每天 30 万人次的幅度增长,2 月 16 日全路发送旅客已高达 392 万人次,南方许多车站旅客爆满,拥挤不堪。(1994 年《人民日报》)

(64)当时所造的房子都是方形,左右都留出很大的空地,种植各种花树。上海的泥土本来很肥沃,因此一种下去便十分繁盛,<u>加以上海的天气很好</u>,一年之中,晴明的日子为多,所以环境非常舒服。(霍塞《出卖上海滩》)

"加以"不能用肯定否定相加形式表示疑问,不能进入"X 以不 X 以"结构,但还是动词。

"予以"在《现代汉语词典》(第 7 版)中的释义是:动词,给以。其后加谓词性成分,通过检索语料,但是"予以"也不能用肯定否定相加的形式表示疑问。例如:

(65)从 2007 年 1 月 1 日开始,普查员将深入您的家庭或您的单位进行访问调查,了解您一年来的生产经营情况,我们的普查员将佩戴证件到您家里或您的单位进行现场调查。请您务必<u>予以支持</u>,抽出时间接受普查员的访问,并如实提供相关信息。(2006 年《福建日报》)

(66)面对胡适等人的"挑战",国民党方面立即行动起来,上海、北平、天津、青岛、江苏、南京等省市的党部一哄而上,群情激愤地要求"严惩竖儒胡适""查办丧行文人胡适""缉办无聊文人胡适",后由教育部发出"训令",对胡适<u>予以警告</u>。(王彬彬《往事何堪哀》)

(67)我们要大力倡导优良作风,对一切不符合党的事业发展要求、不符合人民根本利益的不良风气,都应<u>予以批评</u>。对于以权谋私、贪赃枉法等典型的腐败行为和腐败分子,要通过公开报道或内部参考报道坚决<u>予以揭露</u>。(《科技文献》)

"足以"在《现代汉语词典》(第7版)中的释义是:动词,完全可以;够得上。"足以"表示目的条件充分达到。从检索到的语料看,"足以"可以用肯定否定相加的形式表示疑问,即能进入"X以不X以"结构。例如:

(68)虽然丁立人遗憾地与冠军擦肩,但他本届世界杯的表现已经<u>足以</u>载入中国国象的史册,而他获得的棋王候选人赛入场券,分量也丝毫不亚于世界杯的冠军。(《国象世界杯丁立人遗憾得亚》2017年9月28日人民网)

(69)人可能更加关注它对于前代的提升,这些提升<u>足以不足以</u>打动消费者,用户为这些提升点支付值不值得,如果没有达到用户需求,用户可能掉头去选择上一代产品。(《热门升级换代手机推荐》2013年9月17日人民网)

(70)理想很丰满,现实很骨感,社会的信任基础,<u>足以不足以</u>支撑大众对潜规则的怀疑?中国式高考日渐丰富的改革内涵,又能否回归和重塑教育的理想本源?(《高考已经改变的和将要改变的》2013年6月3日人民网)

"难以"在《现代汉语词典》(第7版)中的释义是:动词,难于。句法上,后面必须要跟谓词宾语。不过,检索全部语料,

"难以"还没有可以用肯定否定相加的形式表示疑问。例如：

（71）皮罗斯人把他们国王的儿子安提罗科斯的尸体抬回战船，将他安葬在赫勒持滂海湾的海岸上，年迈的涅斯托耳强忍着悲痛，但阿喀琉斯的心情却难以平静，他对朋友的死感到悲愤。（施瓦布《希腊神话故事》）

（72）那时我是一个普通人，再过三年，走在大街上都不会有人认出来。这您可能觉得难以置信，现在的人民对于历史上的个人是很健忘的。（刘慈欣《中国 2185》）

（73）我单位自新《条例》颁布施行以来仍沿用以前的产假办法，联社仅给予女职工 90 天产假，连国家规定的基本产假天数都不够，此时孩子还正处于哺乳期，难以离开母亲的照看，加之地处农村，交通不便，既要上班又要照顾尚处哺乳期的孩子的话实在身心疲惫，难于应对。（《网友给甘肃省委书记、省长留言获回复　共计 27 条》2017 年 9 月 7 日人民网）

所以，可以肯定"难以"现已转化为否定副词了[1]，"难以 VP"显然已经是状中短语而不再是述宾短语，一项重要的鉴别标准就是："难以不难以"在现代汉语中已经绝迹[2]。

总之，由原介词"于/以"前附而导致分界转移、逐渐与谓词凝固为双音节单词"X 于、X 以"，虽然目前大多还处在粘宾动词、形式动词阶段，但其副词化历程已经开始，有一小部分正在甚至已经副词化了，表明从述宾到状中关系的演化，也是个不断演化的连续统。

---

① 参看张谊生（2015）对"难以"的相关研究。
② 现代汉语中还有其他一些副词性的"X 于"，比如"过于""苦于"等，也不合乎"X 于不 X 于"。

4. 结语与余论

4.1　综上所述，归纳如下。首先，根据汉语助动词表示的三种情态，可以将其分为：动力情态类、道义情态类、认知情态类；说话人在表达各种不同情态时，"助动词+动词"的句法功能也会有所不同。其次，讨论"单/多义助动词+动词"的结构关系，通常情况下可以通过助动词的情态性质以及对助动词用"X不X"提问式来鉴定。最后，考察了现代汉语"X于/以"类单词，大体上还是处在粘宾动词的阶段，其副词化历程正处在开始阶段，大部分还没有完成，说明从述宾到状中的演化是个连续统。

4.2　由于汉语基本上没有形态变化，汉语句法结构的语法化，虽然都会不断地从一种结构关系朝另一种更虚化的结构关系演化，但由于形式滞后效应的存在，经常会出现表层形式不变、深层关系已经转变的情况。由于新用法形成后，旧用法一般不会消亡，句法功能与结构关系会呈现出阶梯式分布。所以，"助动词+谓词"是表层形式不变、深层结构的改变，都是重新分析的结果。换句话说，认为语义重心在前就是述宾，语义重心在后就是状中。这就导致"助动词+谓词"的句法功能，一直存在不同的认识。而且，从历时演变的语法化角度来看，与粘宾动词不同，助动词比较特殊，正处在述宾向状中演化的过渡阶段，有些情况下助动词不同的表达功能，虽然会影响其句法功能，导致结构关系不同，主要是用"X不X"格式鉴定，却并没有明显的差异，只是接受度的高低有所不同。例如：

　　(74) a. 他这次伤得这么严重，现在还<u>能走</u>吗？——动力→还<u>能不能</u>走？

    b. 这条道上次被拦上了,现在还<u>能</u>走吗?——道义→还<u>能</u>不<u>能</u>走?

    (75) a. 你估计,今天晚上这几个孩子<u>会不会</u>表演?(问有没有这个能力)——动力

    b. 你估计,今天晚上这几个孩子<u>会不会</u>表演?(问有没有这个可能)——认知

两个"能走"和两个"会不会",情态功能并不相同,按理说,句法上应该分别属于述宾与状中,但是都可以用"X 不 X"来提问。这很可能是由于句法结构关系演化的渐进性,各个助动词在具体表达中的情态功能与能动性特征,并非总是完全对应的。这就表明:正反提问格式的鉴定功用,也只能是相对有效,尤其是对于正在演化过程中的单音节助动词"要、能、会"而言。所以,相关的现象与鉴别方式,还值得进一步深入研究。

    总而言之,关于汉语"助动词+谓词"以及粘宾动词历时演化的研究应该重视共时和历时相结合,应当树立起联系的、发展的、动态的研究观点。我们对此种现象必须细致观察,深入分析,不但要借助切实可行的理论为指导,而且要注重具体语言事实的调查。在自然语言里,从述宾到状中是一个连续渐变的过程[1],而"助动词+谓词"及"X 于、X 以"类动词又恰恰处在这一过程的边缘地区。

参考文献

董秀芳　2006　古汉语中动名之间"于/於"的功能再认识,《古汉语研究》2 期。
刘红妮　2011　"加以"的多元词汇化与语法化,《语言科学》6 期。

---

[1] 举个例子"在 V"在古代和近代汉语中,基本上都是述宾结构,而发展到现代汉语,几乎都是状中结构。问题是有些"在 V",譬如"在逃、在押"在述宾结构时就词汇化了,所以必须分析为述宾式单词。

刘　坚　1960　论助动词,《中国语文》1 期。

彭利贞　2007　《现代汉语情态研究》,中国社会科学出版社。

熊　文　1992　助动词研究述略,《汉语学习》4 期。

徐　杰　2006　句子的中心与助动词占据的谓头语法位置,《汉语学报》3 期。

沈家煊　1994　"语法化"研究综观,《外语教学与研究》4 期。

周有斌　2010　《现代汉语助动词研究》,安徽大学出版社。

朱冠明　2005　情态与汉语情态动词,《山东外语教学》2 期。

张谊生　2000　《现代汉语副词研究》,学林出版社;2014《现代汉语副词研究》(修订版),商务印书馆。

张谊生　2010　语法化现象在不同层面中的句法表现,《语文研究》4 期。

张谊生　2015　从介词悬空到否定副词——兼论"无以"与"难以"的共现与趋同,《语言教学与研究》4 期。

第六章 试论不同句法分布对副词状语性质、功用的制约与影响

——兼论汉语主宾语内状语的特征与异同

摘　要：本章全面描写了现代汉语状语的分布状况，分析了不同分布状语的性质与功用。根据状语的分布与性质，本章初步建立了现代汉语状语的分类系统，将状语分为句子状语和句法状语两个大类，每类又向下分出两个层级，最后得到四类十种状语。其中的说明性状语分布在主宾语内，这种特殊分布影响了说明性状语的性质与功用，各类状语的个性特征都与这一分布有某种联系。

关键词：状语；副词；主语；宾语；句子成分；句法成分

0. 前　言

由于汉语各种结构成分的组合不仅表现在抽象的句法结构上，而且也体现在具体的句子层面上，所以，研究汉语构造性质不应限制于抽象的结构关系与句法成分，而应该从更为广泛的领域去调查与观察。尤其是因为汉语的词类没有特定的形态变

化,相同的搭配方式与分布位置,由于各种成分的差异和分布位置的细微差异,构造性质就会各不相同;而且,有时还会出现一系列相似分布的异质构造。

众所周知,状语是六大语法结构成分——主谓宾、定状补中的一种成分,主要用于限制、描摹与评注。然而,与印欧语相比,汉语的状语在分布与搭配、性质与功用,都有着一系列值得关注的句法-语义特征。我们认为,汉语单词和短语充当的成分可以分为两个大类:句子成分和句法成分,句子成分用于构成各类句子,一般不能随意进入短语;句法成分主要用于构成各种短语,可以自由进入句子;部分句子成分语法化之后可以转化为句法成分①。

据此,本章将从全面分析副词状语的角度出发,探索汉语状语的各种分布及其性质与功用,辨析时也涉及在特定分布中的形容词、区别词状语。

1. 句子状语与句法状语

1.1　构成与单位。状中组合中的状语既可以是句子成分,也可以是句法成分,所以在看似相同的结构关系下,其内在性质很可能完全不同②。先看评注性副词充当状语的情况。例如:

(1)反正,他让每月都来探望他一次的老婆大人,替每人都代买了一个。(张贤亮《绿化树》)

(2)也许,一个童年如此不愉快的女孩,成年后有权任性一点。(亦舒《绮色佳》)

---

① 关于句子成分语句法成分的区别,请参看张谊生(2013)、张谊生(2014)的相关论述。

② 即使相同的分布,由于充当状语的语言成分性质不同,也可以分别是句子成分和句法成分。

（3）这到底是怎么回事？周强着急地想，又一想：不关自己的事，<u>反正</u>。（淡漠的紫色《一夜恩宠》）

（4）"没看见，在纸底下，<u>也许</u>。"他们不约而同的说。老马先生把纸一张一张的都掀开，没有荷包。（老舍《二马》）

（5）也不管自己视野是否狭隘，他<u>反正</u>都是为了大家，所以自信心很强。（詹博仁《就这样决定了》）

（6）他们<u>也许</u>可以接受国民党在中国失败的现实，却不能接受一个红色中国在东方崛起的前景。（科技文献，转引自 BCC 语料库）

上面例（1）—（4）的"反正""也许"都在句外修饰全句，无法转换成短语，充当的自然是句子成分。例（5）（6）中，评注性副词"反正、也许"虽然在句内，但与其所修饰成分的偏正组合也难以转化为进入句子内部的句法短语。这是因为评注性副词充当的几乎都是句子成分状语，一般不能说"这是一件<u>反正为了大家</u>的事情""大家不会关注那些<u>也许发生</u>的事情"。

据此，根据所处的位置，可以将上面这些由评注性副词充当的句子成分状语分为前置状语、后置状语、内置状语等三种特定的状语小类。上面例（1）（2）为前置状语，例（3）（4）为后置状语，例（5）（6）为内置状语。总之，一般情况下，评注性副词由于主观化程度都比较高，即使进入句子修饰谓语动词，充当的成分仍然都是句子成分状语。

1.2　特征与性质。除以上由副词的性质而导致的状语类型外，其他限制性、描摹性副词，只要在谓语和补语位置上充当状语，从其内在性质看，也都属于句子成分状语。例如：

（7）成绩不好，母亲<u>常常</u>唠叨不休，我都不想上学了，更不想参加高考。（《这些中高考考生的心理问题，你也有吗？》2015-04-03 人民网）

（8）局会议室的灯光**经常**亮到深夜,甚至通宵达旦。（《自治区保密工作史上的里程碑　内蒙古自治区积极贯彻落实中央关于保密工作的决策部署》2017-09-30 人民网）

（9）不知从何时起,他们变得**常常**唠叨,嘘寒问暖也显得过于琐碎。（《留给父母的别总是背影》2017-01-10 人民网）

（10）孩子才两岁,留给我们照看,没日没夜地看着他,我跟老伴累得**经常**生病。（《父母在外打工孩子失踪　收买者联系民警主动送回》2015-02-06 人民网）

与此相反的是:定语、状语、主语、宾语内部的副词状语,都是句法成分状语①。例如:

（11）中央十大军工企业**频频**传出的一批批科研成果捷报,极大地鼓舞了全国人民战胜非典的信心。（2003 年《人民日报》转引自 BCC 语料库）

（12）我们**经常**使用的 APN 有三个,分别是 NET 网络设置、WAP 网络设置和彩信网络设置。（微博,转引自 BCC 语料库）

（13）老人一边听着,一边**频频**点头地说,国家充满希望,国家充满希望。（《"两会"使港人对国家和香港前途充满信心》2003-03-20 搜狐网）

（14）俄罗斯一家化学公司,**十分**满意地从中国设备制造厂家订购到了膜式压缩机。（《"洋劳模"老西(人民眼·中外交流合作)》2017-07-20 人民网）

（15）组织生活的**经常**开展,不仅凝聚着每位党员教师

---

①　一般情况下,被评注性副词修饰的谓词性短语,是不能直接充当定语的。比如"这个老家伙居然不同意",就不能转化为"这个居然不同意的老家伙太不像话了"。

的力量,还促进了老师专业水平的提升。(《成为孩子们"守护者" 争做党员示范"先锋队"》2017-03-15人民网)

（16）航班的*频频*延误已是亟须解决的问题,《措施》的出台,正是民航局给出的"解题思路"。(《民航局发力提升航班正点率,服务也得跟上!》2017-09-23人民网)

（17）宁波市流动人员人事档案管理系统刚上线,就获得群众的*频频*点赞。(《市场体系成型 人才配置更优》2017-09-05人民网)

（18）共产主义的远大理想,来源于马克思列宁主义的理论武装,来源于党的*经常*教育和强有力的思想政治工作。(《长征英雄史诗的当代启示》2016-10-12人民网)

上面例(11)—(14)诸句中的"频频""十分""经常"分别分布在定、状语之中,例(15)—(18)的"经常""频频"则分别分布在主语、宾语之中。虽然各个副词的分布位置有所不同,但"频频传出、频频点头、频频延误、十分满意、频频点赞、经常开展、经常使用、经常教育"等,都可以构成充当各种句法成分的偏正短语,自然都是句法成分状语。

总之,不同成分内的副词状语,性质、功用各异。就以限制性副词"非常"为例,同样是作"努力"的状语,不同的分布位置,对"非常"的功用产生了一定影响。试比较:

（19）a.崇祯虽然*非常*努力,但是明朝还是灭亡了。——句子状语、谓语内状语

　　　b.崇祯干得*非常*努力,可明朝很快就灭亡了。——句子状语、补语内状语

　　　c.崇祯*非常*努力的结果,最终还是自缢煤山。——句法状语、定语内状语

　　　d.崇祯*非常*努力地操劳,形势依然没有好转。——

句法状语、状语内状语

　　　　e.崇祯的<u>非常努力</u>，根本没有起到任何作用。——
句法状语、主语内状语

　　　　f.明朝的最终覆灭，亏负了崇祯的<u>非常努力</u>。——
句法状语、宾语内状语

a、b 的"非常努力"虽然也是对"努力"的程度加以限制、制约，
"非常努力"都是用于构成整个命题的，在句中是不能省略的和
替换的；c、d 中的"非常努力"都是特定附加性句法成分，分别
对"结果"和"操劳"加以修饰和限制，大都可以省略；e、f 中的
"非常努力"也是句法成分，分别充当主、宾语，其中的"努力"都
是指称性的句法成分。由此可见，不同的句法位置会影响副词
状语的特定的表达功用，从而使"非常"的表达出现细微差别。

2. 状语性质与分类系统

　　2.1　分类与系统。根据前一节的描写与分析，我们看到，
不同分布的状语表现出了性质和功用的差异，句法成分状语和
句子成分状语特征差别明显。句子成分状语与中心语的组合是
临时的、动态的，所以，一般不能实现为静态的短语。句法成分
状语与中心语的组合是固定的、静态的，可以实现为短语，可以
进一步参与组合。句子成分状语内部，主观性较强的评注副词
一般都充当的句子状语，所以，位置比较灵活，可以在句首，也可
以在句末，也可以内置于句子中，这类状语主要表示的是说话者
对事件、命题的主观评价和态度。谓语和补语内的状语，主观性
相对较弱，主要用来区别和限制相关的动作、行为、性质、状态，
与评注类的状语作用不同。句法成分状语内部，虽然各个位置
的句法成分状语都是静态的成分，但表达上有确定、说明的细微

差别。依据状语分布和表义倾向,我们可以将汉语各种句法分布的状语,设计出一个句子状语与句法状语两分的系统①:

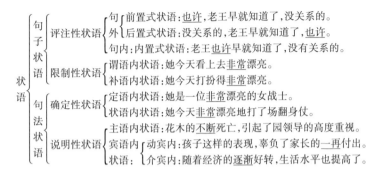

据此,根据汉语状语的分布与性质,可以将汉语的两种状语分为四个大类、十个小类。

需要指出的是,内置式状语与谓语内状语表面上看,分布位置相似,但它们有本质不同,内置式状语相对前置式状语和后置式状语而言,它所在的位置是句子内部,一般情况下,与谓语动词关系松散,大多可以较自由地移到句子的前面或后面。而谓语内状语与谓语动词结合紧密,一般不能离开谓语动词②。

2.2 副词与状语。另一方面,就副词而言,并不是所有的副词都能进入状语的各个分布位置。从副词内部分类系统看,描摹类和限制类副词一般不能充当评注性状语,但可以充当限制性状语、确定性状语、说明性状语。首先看描摹性副词充当状

---

① 在本章的状语系统中,描摹性副词直接充当句中谓语的说明性状语也归入句子状语,比如"这家超市经常廉价出售过期食品"中的"经常"与"廉价"虽然性质不同,但在修饰谓语中心时性质还是相同的。

② 比如"她今天看上去非常漂亮"一句中的限制性副词状语"非常",很难从谓语内移出,绝对不说"非常,她今天看上去漂亮",一般也不能说"她今天看上去漂亮,非常"。

语的情况。例如：

（20）这条博文的配图以暗黑色为主调，<u>暗中</u>为此次"开车活动"增添了几分神秘感。（《真开车！野蛮人大作战放出 JEEP 照片疑似预告新合作》2017-09-30 人民网）

（21）法官正准备上前时，陈某吓得<u>拔腿</u>就跑了。（《女大三抱金砖？丈夫屡次出轨妻子打断老公腿》2014-10-21 人民网）

（22）"你越过'三八线'吗？""你扯过前座女同学的辫子吗？"私下，"同学们"<u>互相</u>打趣地问，有的笑而不答，有的脸红地点头。（《红色圣地　丹青赤水系列报道之十八》2017-09-27 人民网）

（23）帕莱政权<u>蓄意</u>制造的混乱和暴力不会得到宽容，必要时身处前线的多国稳定部队指挥官有权下令动用武力自卫。（1997 年《人民日报》，转引自 BCC 语料库）

（24）改革不仅仅是群团部门自己的改革，相关部门的<u>大力</u>支持也是改革工作得以顺利进行的必要条件。（《镇街妇联主席编制明确"专职专用"》2017-09-28 人民网）

（25）村党组织书记"无人可选"这一难题，影响了全市农村经济社会的<u>稳步</u>发展。（《玉林市加强村党组织书记队伍建设成效初显》2017-09-25 人民网）

（26）在政策的<u>大力</u>支持下，越来越多的企业开始加入到旅游产业。（《依托"旅游+"战略　文旅地产的路子越走越广》2017-09-29 人民网）

众所周知，限制性状语还有多个小类①。下面再来看限制

---

① 限制性副词总共有八类，除了位序比较特殊的否定副词和关联副词外，还有时间副词、频率副词、程度副词、范围副词、协调副词、重复副词。

性副词充当状语的情况。例如：

（27）很快，课堂直播活动被校方紧急叫停，所有上传视频也<u>一并</u>下架。（《兰州一小学教师直播课堂教学引争议》2017-09-25 人民网）

（28）现在的问题不是没有制度，而是制度落实得<u>不</u>到位。（《把全面从严治党落实到每个党支部》2017-09-30 人民网）

（29）遇难者在罹难前都是清醒的，都是在有意识的状态下却<u>极度</u>痛苦。（《包头空难家属索赔亿元开庭　原告要求公布详细调查报告》2012-10-10 人民网）

（30）种下摇钱树迎来美满生活　2014 年，镇里把经济薄弱的恒丰村并入恒北，<u>刚刚</u>"缓过劲"的恒北多了个"拖油瓶"。（《让幸福像梨花一样绽放　记盐城市大丰区恒北村党委书记李晓霞》2017-09-30 人民网）

（31）截至今年 6 月末之前，央行降息的五次利率的<u>重新</u>定价已经基本完成，这成为了呈现多家银行净息差企稳的客观原因。（《五大行"中考"成绩单：日赚 29.98 亿元房贷增速放缓》，人民网 2017-08-31）

（32）事实上，只有彰显社会效益的掌声常常响起，才有文化市场的<u>久久</u>繁荣。（《文化企业要善于"站着挣钱"：如何兼顾经济效益与社会效益》2015-07-06 人民网）

（33）随着正风肃纪和反腐败斗争的<u>久久</u>发力，风清气正的政治生态正日益形成。（《重温，凝聚在从严治党的征程上》2016-02-26 人民网）

评注性副词一般都能充当评注性状语，前面例（1）—（6）都是限制性副词充当状语的例子。可见，各类副词内部成员用法差别较大，虽然整体上，各类副词都能对应充当相应类型的状语,但就个体而言,具体的某个副词能充当哪些类型的状语,尚需进一步地考察。

3. 主宾状语与说明指称

3.1　主宾与状语。前面谈到,关于主语和宾语内的"状语"的性质,目前还存在一定争议。一般情况下,说明主语和宾语中心语的附加成分,经常被分析为"定语"。例如:

（34）然而,往往事与愿违,家长的<u>百般努力</u>和付出,换来的并不是所期待的成果,而有时真的有点"蓦然回首,那人却在灯火阑珊处"的感受。(《中学生常见心理问题》2011-12-02 新浪博客)

（35）培养一个大学生不容易,从家庭、学校到社会都付出很多心血与金钱,然而,给孩子吃、穿、喝、学,各方面都付出了<u>百般努力</u>,只要学生有一个心理障碍,一个精神疾病,那所有的努力都化为了零。(《全日制学生心理障碍因素分析》2013-07-03 学习网)

（36）让我们暂时抛开1909年在湍急的江水中行驶的蜀通轮,来回忆一下那些年四川办新政的人们。正是他们费尽心机的<u>百般努力</u>,才有了那艘具有符号意义的蜀通轮。(《关于蒲兰田的记忆拼图》2014-12-18 燃领网)

按一般的观点,上面诸例中的"<u>百般努力</u>",应该分析为定中短语,"百般"充当的是"定语",因为"努力"已经指称化了。虽然上文中的"百般努力"具有体词性,但我们认为,这种"体词性"不是仅仅因为"努力"指称化产生的,而是"百般努力"所处的整个上位结构带来的,所以,"努力"还是典型的形容词。既然"努力"还是典型的形容词,那么,把前加描摹性副词"百般"

的"百般努力"分析为定中短语合适呢，还是分析成说明指称的状中短语更恰当呢？我们认为还是应该分析为状中短语。我们再看下面的例子：

（37）"代沟"不可避免地存在于生活背景完全不同的两代人之间，它造成了长辈与晚辈之间的<u>不和谐</u>与不理解，也因此在社会上引发了各种代际冲突。（《中青报：大妈地铁怼女孩竟是炒作　谁激化了代际冲突》2017-08-15 人民网）

（38）在所有的<u>不和谐</u>声音中，乐视对电商平台的控诉颇为引人关注，其对电商巨头的不满，揭开了品牌商与电商平台间微妙关系的冰山一角。（《618 功与罚：电商与品牌商间的爱恨纠葛》2017-06-23 人民网）

（39）有评论表示，正是因为抢奶粉、炒房价、孕妇赴港产子等事件的积累，才会在这小事上出现<u>不和谐</u>。（微博，转引自 BCC 语料库）

（40）而人与人之间，即便是亲人之间，恋人之间也总是存在着种种的不和谐因素。"那种人与人之间的<u>不和谐</u>，无论如何描述，都有言之不尽的感觉。"（《我的男友》2016-06-27 人民网）

众所周知，"不"是典型的否定副词，当然不能充当定语，如果将上例中的"不和谐"分析为定中结构，那么我们就得说"不"可以充当定语，进而我们就得承认这种情况下的副词都可以充当定语，这样一来，我们不仅就等于承认汉语副词几乎都可以作定语，而且还会导致汉语分布与成分的关系混乱。但从另一方面来看，这一分布位置上，状中结构的指称性质更为突出，如"那种人与人之间的不和谐"中，指示成分"那种"与"人与人之间的不和谐"的指称性质相契合，所以这种修饰比较自然。

3.2　转指与回指。从篇章功能看,回指、转指用法的指称性谓词内的前加语,不管是形容词、区别词还是限制性副词,几乎都是说明性状语。例如:

（41）用最近的流行词来形容她,那就是白富美:她的<u>非常漂亮</u>,可能<u>比不上</u>什么沉鱼落雁之流,却也相差无几。（《飞车屌丝男玩家分享与白富美的邂逅》2013-12-20 职业博客）

（42）池莉说,"再后来,我听说非常走红的女作家张欣<u>还非常漂亮</u>,我就很想见到她,因为<u>她的非常漂亮使我非常解恨</u>。"（张欣《改革开放的风采》）

（43）我以前有个学生,一个女孩,给人印象不好,虽然<u>非常漂亮</u>,但是脾气暴躁,感觉很任性。有一次我监考的时候,<u>看到了</u>她写的卷子,<u>她的非常漂亮</u>,当时我就对她印象改观了,一个字写得这么好的人,人也不会差到哪里去,心正字才正。后来慢慢接触多了,果然是这样,她就是个正直而又漂亮的女孩。（煲汤圣手《大院里的那些事》）

上面例(41)的"非常漂亮"充当主语,内在的状语"非常"是说明性的,而"非常漂亮"是指称性的,只是指称方式是直接的。而例(42)(43)中后面的两个"非常漂亮"是分别回指和转指两句前面两个"非常漂亮"的。毫无疑问,在这三句中,不管是两个充当限制状语的"非常",还是三个充当说明性状语的"非常",都是程度副词;而且,五个"非常漂亮"的结构关系也完全相同,都是状中结构。区别只在于:两个限制性的"非常"都是充当谓语内的句子状语的,三个说明性的"非常"则是分别充当主、宾语内的句法状语的。

4. 内在差异与同形异构

4.1　类别与搭配。汉语说明性状语的分布,具有一定的特殊性,这种分布不仅直接影响了说明性状语的性质与组成,也进一步影响了其所在的状中结构的性质与构成方式。关于说明性状语,还存在两种类别、两种搭配、两种方式、两种性质。据调查,汉语说明性状语与中心语形成的状中结构,可以分为两个类别,一种是"副词+谓词"短语,说明性状语是由副词充当的,前面所举的例子都是这种情况。另一种类别是"非副词+谓词",说明性状语大多是由形容词或区别词充当。其中"形容词+谓词"的情况较为常见。例如:

（44）两人的<u>轻松</u>谈笑令人愉快,是一种从未体验过的亲密无间。（丹妮丝·理查兹《生死缘》,转引自 BCC 语料库）

（45）为了实现用户的<u>轻松</u>拥有,惠普以完善的渠道服务网络、本地化的高级技术支持,保证了中小企业用户的长远利益（《惠普推出"灵动商务"策略》2003-10-28《文汇报》）

（46）相对于李娜的<u>轻松</u>获胜,郑洁赢得较为艰苦。（《李娜速胜对手晋级法网第二轮》2012-05-29 人民网）

下面再来看区别词充当说明性状语的情况。例如:

（47）高辰宇表示,即使人民币贬值不会直接影响到市场价格,其他各项成本和费用的<u>单边</u>上涨也可能发生作用。（《2015 家居市场波动　价格涨与降不会"太任性"》2015-01-08 人民网）

（48）"美国侦察机近日多次非法侵入朝鲜经济水域上

空,对朝鲜的战略目标实施间谍活动,"朝鲜中央通讯社 22 日报道说,"这种无止境的<u>非法</u>入侵大大增加了这一地区上空爆发军事冲突的危险"。(《美日加强侦察　朝鲜发出警告》2006-06-23 人民网)

(49)烟草中含有多种有害物质,会造成牙周组织的<u>慢性</u>损害。(《缺牙越来越年轻化　仔细保住我们的牙》2016-10-19 人民网)

(50)贪腐会导致资金的不正常流动,影响资源的最优化配置,破坏经济的<u>良性</u>运转。(《法国记者:中国反腐行动"超速前进"让世界惊叹》2017-09-30 人民网)

区别词充当说明性状语的情况较为少见,已有的一些用法中,某些区别词的性质,需要进一步讨论。

据此,说明性状语分布在主宾语位置内有两种方式,一种是说明性状语分布在充当主宾语的"N 的 VP"的"VP"之内,上面的"家长的<u>百般</u>努力""小张的<u>非常</u>漂亮"均是。另一种情况是,"VP"直接充当主语或宾语,说明性状语分布在"VP"前面,相对于前一种情况,似乎这种搭配不够普遍。我们先看"VP"在主语位置时的说明性状语情况。例如:

(51)家丑问题的存在是个客观事实,并非不承认就不存在,也非<u>百般</u>抵赖就能掩盖过去。(2008-3-10《福建日报》,转引自 BCC 语料库)

(52)<u>百般</u>哀求、千般解释竟抵不过神的一句指示,讽刺,实在讽刺。(微博,转引自 BCC 语料库)

(53)还有不少人认为,微信朋友圈里流传的某些养生方法都和人们的日常生活息息相关,且简单易操作,<u>经常</u>看看对健康很有帮助。(《微信科普不容忽视　微信科普须靠谱》2016-05-26 人民网)

（54）"<u>经常</u>看看蛮好的,告诉我骗子都是怎么骗人的,以后遇上就不会上当了啊!"孙阿姨很开心地说。(《每天一条防范飞信和居民互动博士民警的这个点子很温暖》2012-11-12人民网)

（55）一项教育研究统计结果显示:90%以上的学习成绩差的学生,有上课走神的现象,<u>认真</u>听讲非常重要,一定要保证课堂的高效率。(《孩子出现六种现象　家长需伸出援手》2016-11-03人民网)

再看"VP"在宾语位置时的说明性状语情况。例如:

（56）提案取得实效关键在于<u>认真</u>办理。(2003年《人民日报》,转引自BCC语料库)

（57）中国队对这次比赛做了<u>认真</u>准备,小组赛对手不是很强,全队没有因此而松懈,大家蓄势待发,准备迎接第二、第三阶段苦战。(1995年《人民日报》,转引自BCC语料库)

（58）现在的小学生大多是独生子女,很多人在家庭中得到<u>百般</u>呵护,养成以自我为核心的性格特点。(《科技文献》,转引自BCC语料库)

（59）他们除了有点担忧受怕的,还有<u>百般</u>不解。(《科技文献》,转引自BCC语料库)

（60）波利亚的《怎样解题》,我曾经长时间放在包包里阅读,最近要为《数学之美》做案头准备,又要拿出来重读了,这样的书需要<u>经常</u>重读。(微博,转引自BCC语料库)

相比较宾语,主语位置上的"VP"与说明性状语搭配更为常见,宾语位置上的"VP"与说明性状语搭配似乎不常见,在搜集语料中,这种搭配方式实例较少,一些用法中状中短语是否充当的是宾语还需讨论。

4.2　方式与性质。说明性状语与中心语的组合存在两种方式,一种是状中之间没有标记,前面诸例均是,这是一般的常态。再一种是状中之间有标记,状语带上结构助词"地"与中心语组合。例如:

（61）古言"人穷则返本",这是一种被动的回头,往往是在付出代价之后。<u>主动地、经常地</u>回头看看,才能行稳致远。(《人民日报人民论坛:常回头看看》2016-05-10人民网)

（62）<u>苦苦地</u>等待终于换来了美好的结局。(微众圈News-1757281.html)

（63）刘伟说,机器学习,就是<u>不断地</u>重复、强化和迭代,它掌握的是基于规则和基于概率的存储,输出之后,变成所谓的"语言"。(《小心,聊天机器人也会被"教坏"》2017-02-20人民网)

（64）在<u>苦苦地</u>劝诫和等待中,陈金文度过了两年。(央视网100501-2shtml)

（65）加之多数人在入秋后更喜欢<u>安静地</u>休息而不愿意参加有体力消耗的活动,使身体在同等条件下,能量更易在体内蓄积成脂肪,形成秋膘。(《深秋养生拒绝"秋乏""秋燥""秋膘"》2015-10-26《钱江晚报》)

具体语言实际中,无标的直接说明的"常态"使用更为普遍,有标的说明性状语使用范围不广,使用频率也较低,一般情况下,在突出或强调中心语的某些方面的时候,说话人才使用有标的说明性状语。需要说明的是,直接充当主语的"非副词+谓词"的"VP"短语,存在一定歧义,有两种分析的可能:一是可以分析为状中短语,"非副词"充当的是说明性状语,也可以分析为定中短语，"非副词"充当的是修饰性定语。如"苦苦等待却换来了这样的结局"，"苦苦等待"既可以分析为状中短语，也可以分析为定中短语；前者重在怎么样地"等待"，后者重在什么样的"等待"。对于这种歧义短语，插入标记可以消除歧义，比如"苦苦的等待却换来这结局"与"苦苦地等待却换来这结局"具体的语言实例①。例如：

（66）苦苦的等待换来了满满的惊喜。（微博 www.weibo.com3936609211）

（67）苦苦地等待终于换来了美好的结局。（今日头条www.toutiao.com/386215938）

宾语位置上的"非副词+谓词"的"VP"短语不同于主语位置上的情况，一是包含说明性状语的"VP"较少直接充当宾语，即使有些能够充当宾语，我们也尚未发现其中包含有标记的说明性状语，也就是说"非副词+地+谓词"一般不直接在宾语位置出现，所以宾语位置上的"非副词+谓词"一般不会出现歧义。

5. 结语与余论

5.1　从抽象的句法结构和具体的各种句子两个不同层面考察，汉语状语展现出了较为复杂的性质与功用。结合这两个层面考察汉语分布情况，我们发现，根据副词的标题性质，汉语状语可以分为句子成分状语与句法成分状语两个大类，以及更为细化的八个小类。这些句法分布的状语具有不同的功用，前置式状语、后置式状语、内置式状语是评注性的；谓语内状语、补

---

① 需要指出的是，在现代汉语的实际使用过程中，"地"与"的"并不是严格意义上的定语与状语的标记。我们发现，当代汉语"的"充当状语标记的现象相当常见。详细情况，可以参看张谊生（2012b）。

语内状语是限制性的;定语内状语、状语内状语是确定性的;主语内状语、宾语内状语是说明性的。说明性状语所在的状中结构,在主宾位置上,表达功能由陈述转向指称。这一转变加之主宾句法位置的影响,从而使得说明性状语的情况变得较为复杂,同形异构、不同组合搭配等问题随之出现,在语言实际中我们要具体分析辨别。

5.2　当然,关于说明性状语的性质,目前还存在争议,我们认为,从维护汉语词类系统的稳定性与系统性的角度出发,依据其具体性质,应该将其确定为"状语",而不是"定语"。由此可见,对于句法分布,我们不应该仅仅局限在句法结构层面,我们应该站在句子等广阔的层面考察相应成分的分布情况。不同分布的句法成分或句子成分,往往具有不同的性质与功用,这就要求我们在研究中扩大视野,从不同层次研究相关语言现象①。

参考文献

罗仁地、潘露莉　2005　焦点结构的类型及其对汉语词序的影响,徐烈炯、潘海华主编《焦点结构与意义的研究》,外语教学与研究出版社。

陆丙甫　1988　定语的外延性、内涵性和称谓性及其顺序,《语法研究和探索(四)》,北京大学出版社。

陆丙甫　2005　语序优势的认知解释(上)(下):论可别度对语序的普遍影响,《当代语言学》2期、3期。

潘海华、韩景泉　2008　汉语保留宾语结构的句法生成机制,《中国语文》6期。

吴福祥　2012　语序选择与语序创新——汉语语序演变的观察与断想,《中国语文》4期。

---

①　必须承认,既然描摹性副词表示的都是词汇意义,在句中位置基本固定,只能充当谓语的贴身状语,那么,为什么描摹性副词直接充当句子谓语和补语时,本章还是将其归入句子成分状语,而没有归入句子状语,确实存在一定的矛盾。所以,这一特殊的状语分布现象,看来还有待今后进一步深入的研究。

吴海波 2007 《构式：论元结构的构式语法研究》，北京大学出版社（译自 Adele E. Goldberg 1995 *CONSTRUCTIONS*：*A Construction Grammar Approach to Argument Structure*）。

原苏荣、陆建飞 2011 汉英副词性关联词语篇章衔接功能比较，《上海师范大学学报》2 期。

袁毓林 1999 定语顺序的认知解释及其理论蕴涵，《中国社会科学》2 期。

袁毓林 2002 多项副词共现的语序原则及其认知解释，《语言学论丛（第二十六辑）》，商务印书馆。

张谊生、张爱民 1996 汉语语序研究要略，《江苏社会科学》3 期。

张谊生 2012a 试析一价动词和形容词在事件存现句中的构式分，《语法研究与探索（十六）》，商务印书馆。

张谊生 2012b 现代汉语副词状语的标记选择，《汉语学报》4 期。

张谊生 2013 句法层面的语序与句子层面的语序——兼论一价谓词带宾语与副词状语表程度，《语言研究》3 期。

张谊生 2014 限定到强调："副+A"程度式中的主观量差异及其功能体现，《语法研究与探索（十七）》，商务印书馆。

Hopper J. Paul & Elizabeth Closs Traugott 1993 *Grammaticalization*, Cambridge：Cambridge University Press.(《语法化学说》，外语教学与研究出版社，剑桥大学出版社 2001 年版）。

Heine, Bernd, Ulrike Claudi, and Fruederike Uünnemeyer. 1991 *Grammaticalization*：*A Conceptual Framework*, Chicago：The University of Chicago Press.

Li，Charles, N. 2000 *Beyond borrowing and interface*：*Contacted-induced morpho-syntactic change in Chinese*, Presented at the 9th international Chinese Linguistic Conference, Singapore.

第七章　副词的多功能性及其可变后附模式与特定表达功效

摘　要：副词各种分布及其多功能性,涉及句子状语与句法状语、充当补语与定语、插入独用与后加追补;副词各种可变后附模式,涉及可以附带两种结构助词、添加各种语气词等、附加成分转化为后附缀与后词缀;副词特定的表达功效,涉及特别的限定与修饰、兼表评注与衔接功用、构式压制与促转功效。

关键词：副词;功能;模式;附缀;词缀;功效

0. 前　言

0.1　现代汉语副词不仅使用频率很高,而且用法丰富多样,尤其是作为个性强于共性的词类,其内部不同类别与各种成员在分布功能、组配方式、语法意义、语义指向、语用特点、篇章特征多个方面都存在着特定的差异特征与不同的表达功效。因此,长期以来,副词一直是汉语词类研究中存在问题与引起争议最多的一类。即使到了2023年的今天,许多与汉语副词有关的各种问题、争议与误解,仍然没有取得明显的改观与突破,就连一些最为基本的问题——副词的虚实归属、范围与分类以及分布功能,还是没能取得相对一致的基本共识。

0.2　20 世纪 50 年代以来,结构主义根据词语分布(distribution)确定词性的理论在国内语法学界日益流行,学界开始普遍认为:凡是只能充当状语的前加词就是副词。这些年来,国内绝大多数语法书、教科书以及语文词典、虚词词典,几乎都认为副词是只能充当状语的单功能词。比如,语法学界的前辈学者朱德熙先生就明确地表示"只能充当状语的词才是副词"(朱德熙 1982)。问题是由于汉语没有明确的构词形态这一特殊的类型学特点,汉语的名词、动词、形容词乃至代词、数词、量词,几乎都是多功能词。根据笔者 30 多年来研究汉语副词的持续探索与认识积累,我们认为:其实,汉语副词也是多功能词;而且,根据主要表达词汇意义、语法意义、情态意义之区别,副词必须先分为描摹性、限制性、评注性三个大类,限制性副词再区分表时间与频率、程度与范围、否定与关联等小类。有鉴于此,本章依据不同类别副词的相应特点,通过对各类副词的显著性质与独特功用展开探究,从不同角度切入,对具有典型意义的副词多功能分布特征、可变后附模式、特定表达功效加以调查与统计、辨析与归纳,尽可能从宏观角度对副词的功能、特征与功效作出新颖的总结与阐释①。

0.3　依据认知与功能语言学理论与研究方法,划分与认定功能与词性,必须区分基本功能与特殊功能、高频分布与偶现分布、定型组配与临时搭配、传统用法与新兴用法。本章正是基于

---

① 与汉语副词多功能性、后附模式与表达功效有关的演化历程、形成动因与机制,请参看张谊生(2023)。

当前语法研究这些共识,力求揭示与分析副词的分布、用法与功用之客观现实,进而对副词研究提供新的思路与方法,对当前困扰学界的一系列现象提供相应的解释与启发。

0.4　本章例句主要引自北大语料库及报刊、网络上的报道(部分略有删减),例句全部注明出处。顺便告知,本章所引的部分例句,转引自本人已发表的单篇论文中的例句。

1. 多样的分布功能

1.0　毫无疑问,充当状语自然是现代汉语副词最基本的分布功能,但通过调查已经发现,除了充当状语之外,副词还可以充当补语、定语以及句首状语、插入语乃至独立成句。

1.1　句子与句法状语。迄今为止,学界基本上都没有区分句子状语与句法状语,其实句子状语是谓语核心前面的状语,句法状语则是定语、状语、补语内的状语,虽然副词都可以充当,但两者的功能性质与表达功用存在明显的不同。举例而言,同样是程度副词充当状语强化形容词"漂亮",由于主观性的强弱,充当句子与句法状语就存在明显差异。例如:

(1)首先她大我几岁,跟我不是同一批,而且我想人家肯定有男朋友,我只是单纯地觉得,这女孩子不错啊,<u>很漂亮</u>,仅此而已。(《林丹对谢杏芳一见钟情》2012-09-07 人民网)

(2)照片中王韵壹有一种忧郁、淡雅的感觉,网友惊呼迷死人了,<u>挺漂亮</u>的,美爆炸了。(《美爆了!〈中国好声音〉光头女孩王韵壹长发照曝光》2012-09-06人民网)

(3)她说,因自己<u>太漂亮</u>,老板娘妒忌而拧了她的腿,并当众露出雪白的大腿,果然有一块乌青。(《宋代戏班的

"裸模":瞬间便让观众疯狂颠倒》2012-09-06人民网)

（4）"你好年轻,好漂亮啊!"望着摘下口罩的刘延东,张丽莉满脸兴奋。"那以后啊,你叫我姐姐也可以。"（《记者对话最美女教师张丽莉:大爱感动中国》2012-09-04人民网)

上面"很、挺、太、好"都是句子谓语核心的状语,充当的都是句子成分,而下面的"很、挺、太、好"虽然也是充当状语,却是句子定语内谓词的状语,只是句法成分。例如:

（5）那天有位长得很漂亮的年轻女孩,坐在老弱病残孕专座上他劝了两次,女孩也不愿给孕妇让个座。（《南京司机为孕妇喊座:没人让座我把驾驶座让给你》2012-09-07人民网)

（6）牢记周部长的要求,谢绝基层单位的午饭,大中午地往单位赶,挺漂亮的大姑娘,顶着大太阳在马路上啃面包。（《燃一团火,可以温暖许多人》2012-08-06人民网)

（7）现代社会男人最大的压力来自金钱,因为没钱就不好娶老婆或者娶不到太漂亮的老婆。（《10项标尺看热恋中男女适不适合结婚》2012-09-05人民网)

（8）第三缕阳光,是个好漂亮的女孩,她的歌声让我陶醉,她的字也写得好漂亮,像云朵,飘逸秀气。（《她是缕灿烂的阳光》2019-09-19百度快照)

上面各句"副+漂亮"的区别在于:副词主观情态的强弱与可以充当谓语核心前句子状语的频率成正比,与充当定语内的句法状语频率成反比。主观功用越是强的程度副词越是大多用于陈述性谓语,而不适宜进入修饰性定语;客观功用越稳定的程度副词充当定语表达的限定频率就越高,尽管也可以限定谓语。还有,感叹句中充当定语的"好+漂亮",由于句子本身没有谓语,而且同样具有很强的感情色彩,因此感叹句中定语也是独特的句子成分①。所以主观情态依次增强的"很、挺、太、好"这四个副词,在定语内充当句法状语的频率正好是依次降低的。下面是人民网"很、挺、太、好"修饰"漂亮"前面各200句用例的抽样调查,分布数据统计如下:

性质＼分布	很漂亮	挺漂亮	太漂亮	好漂亮
句子成分-陈述性谓语	172；86%	192；96%	196；98%	186；93%
句子成分-感叹性定语	0；0%	0；0%	0；0%	12；6%
句法成分-修饰性定语	28；14%	8；4%	4；2%	2；1%

由此可见,虽然都是程度副词充当状语,其实句子状语与句法状语的性质有所不同。副词状语的分布差异主要在于:主观情态功用越高的程度副词,越不适合充当句法状语。这就表明,要想深入研究说明汉语副词的状语功用,非常有必要区分句子状语与句法状语。

1.2　充当补语与定语。在现、当代汉语中有相当一些程度副词可以用在助词"得"后或者直接使用,充当组合或黏合补语(张谊生2000)。大致分为两种类别:可以兼职充当补语的可补程度副词与只能专职充当补语的唯补程度副词②。可补程度副词主要有"很、极、死、甚、尽、煞、多、远、死死、非常、异常、万分、绝顶、极顶、无比、过分"等。例如:

---

① 例如,她突然盯着封底上一个身着婚纱的女子说:"好漂亮的婚纱啊!"(《天堂门前的新娘》)。关于句子成分、句法成分的性质、特征与区别以及副词充当两种状语的用法与区别,可以参看张谊生(2013b)。
② 除了张谊生(2000)的研究之外,张谊生(2013a)、张谊生(2015)、张谊生(2018)研究,发现"极顶"现已是可补程度副词了,而"到顶"与"之极、至极、之至、之致"以及"得慌",也都转化为唯补程度副词了。

(9) 农民的举动，完全是对的，他们的举动好得**很**！（毛泽东《湖南农民运动考察报告》）

(10) 都这么说，都约得**死死**的，可到头来该来的总是不来，又有几个是等到的？（王朔《给我顶住》）

(11) 别的一张"老鼠成亲"却可爱，自新郎、新妇以至傧相、宾客、执事，没有一个不是尖腮细腿，像**煞**读书人的，但穿的都是红衫绿裤。（鲁迅《朝花夕拾·狗·猫·鼠》）

(12) 不但不能剿灭"流贼"，就是保全自己，也困难**万分**。（姚雪垠《李自成》3卷）

唯补程度副词有"透、慌、坏、绝伦、透顶、要命、要死、不行、不成、邪乎、邪行、吓人、够呛、可以、不得了、了不得"以及"之极、至极、之至、之致、到顶、得慌"等①。例如：

(13) 我糊涂的**要死**，怎么不早来请姑奶奶的安。（《红楼梦》113回）

(14) 弄个抚台，难为情的**了不得**。（李宝嘉《官场现形记》48回）

(15) 章伯看得亲切，不禁狂叫道："这些该死的奴才！你看，这船眼睁睁就要沉覆，他们不知想法敷衍着早点泊岸，反在那里蹂躏好人，气**死**我了！"（刘鹗《老残游记》1回）

(16) 晚上回来，寂寞**透顶**，心里不知怎么的总觉得不快。（郁达夫《病闲日记》）

副词充当定语主要是大多数描摹性副词充当状语之外还具有两种特定的分布功用，可以分别在虚化动词的谓词性宾语之前与

---

① 由于近代汉语结构助词的使用，"的、地、得"没有明确分工，所以，下面两例补语前用的是"的"。

介词框架内的指称化谓词之前充当修饰性定语。例如：

（17）21 日下午，一艘满载玉米的货轮在福州市闽江航道搁浅遇险，目前，福州市有关部门正组织人力进行<u>全力</u>抢救。（北库，新华社 2004 年 9 月《新闻报道》）

（18）我感到她简直是在把我当成了一个瞎子、一个聋子，一再加以<u>公然</u>的愚弄。（梁晓声《这是一片神奇的土地》）

（19）在骑兵战士的<u>悉心</u>辅导下，我们不但学会了骑马，还能掌握指挥马"直立""卧倒"以及"马上射击"等技巧。（《我们民兵也要学技巧》1987-08-12《文汇报》）

（20）形形色色的宣传，铺天盖地的广告，在众商家<u>大肆</u>的推波助澜下，情人节变得有些不伦不类。（北库，新华社 2004 年《新闻稿》）

充当定语的"全力、公然"与"悉心、大肆"，在《现代汉语词典》（第 7 版）都明确标注为"副词"，可见无论是否带"的"，描摹性副词在特定分布中都还可以充当定语。而且由于总体数量比较多①，充当定语的频率还是比较高的，尤其在当代网络与微信中更是如此。例如：

（21）文中老人固执地认为，塔楼上的小鸟"就是 30 年前的那只小鸟"而加以<u>悉心</u>照料的。（《西安长安区一中高一试题分析》2021-09-04 百度网）

（22）在社会主义建设事业的<u>飞速</u>发展中，人民生活水平有了很大的提高。（《建设发展与人民生活》2022-09-23 百度网）

---

① 描摹性副词的功用与数量，可以参看张谊生 2014《现代汉语副词研究》（修订本）第二章及其附录。

1.3　独用与追补用法。副词独用现象,主要是评注性副词充当句首状语与插入语。例如:

(23) 阿虎和向小米在考虑女儿的床;小秋在考虑爸爸妈妈的床。目的一致却是那么对立,根本无法协调。<u>至少</u>,小秋是不会同意拆这张床的。(江灏《纸床》)

(24) 这倒是很新鲜的事,<u>难道</u>,谢小玉还有什么见不得人的事需要掩饰,不能让丁鹏看见吗?(古龙《圆月弯刀》)

(25) 一个黑影渐近,南琥珀估计是指导员。<u>果然</u>,来的就是他。(朱苏进《第三只眼》)

(26) 所以,只有六经与六纬的结合,才构成孔子的全部教义。<u>当然</u>,这些纬书实际上都是汉朝人伪造的。(冯友兰《中国哲学简史》)

评注性副词还有各种追补用法,有相当一些用在句子末尾还加上了句号或者感叹号。例如:

(27) 这是怎么回事? 周华想。又想:不关自己的事,<u>反正</u>。(王朔《爱你没商量》)

(28) 刚开动,她的呼机响了;我估计是赵科长的,<u>果然</u>。(莫怀戚《透支时代》)

(29)“唔——会,真的,汉密尔顿先生。每晚祈祷三轮念珠,<u>至少</u>!”查尔斯迅速看了看周围,憋着肚子,屏住气。(玛格丽特·米切尔《飘》译文)

(30) 老范,我认为你就应该评二级——<u>至少</u>!(王朔《爱你没商量》)

相对而言,单音节副词的句末追补用法频率还比较低,少数也可以用在破折号后面。例如:

(31) 这房子也是我们单位刚分的我,过去没家<u>都</u>。(《王朔文集·矫情卷·刘慧芳》)

（32）两个小时了，饿死我了，<u>都</u>。（《很嗨的把答案抄好了》2020-01-09 百度快照）

（33）哈哈哈，开个会开了就是别那么吹，太吹了，<u>也</u>。（《王朔文集·矫情卷·刘慧芳》）

（34）往往多数婚姻都没爱情呢——<u>还</u>！（《王朔文集·谐谑卷》）

总之，汉语副词的分布具有多功能的特点，尽管非状语分布的频率并不高，但是副词绝对不是只能充当状语的唯状前加词；作为表示各种限定、修饰、评注、衔接等多功能的准虚词，副词主要充当两种状语，也可以充当补语、定语以及句首状语、插入语甚至单独成句。

2. 可变的后附模式

2.0　迄今为止，几乎所有教科书都清一色认定"的"是定语的标记，"地"是状语的标记。实际上相当一些副词状语后面可以乃至应当后附"的"。此外，一些双音节评注性副词独用时可以后加语气词，这类用法还会进一步附缀化（cliticization）甚至词汇化（lexicalization）。

2.1　附带结构助词。迄今有关"的、地"分别是定、状语标记的硬性规定，是缺乏事实依据的，至少与当前汉语的实际严重不符（张谊生，2012）。其实，部分副词修饰充当动词宾语或句子主语的谓词语时，这些句法状语副词可以通过带"的"的方式增加其修饰性和描述性，从而能使该副词修饰的谓词语，能够更协调地充当指称性的宾语或主语。例如：

（35）芳林嫂从这简短的话里，听出恳切的谢意，直到现在她逃鬼子趴在这田野的荒墓堆里，一想到这句话，心里

还感到<u>分外的</u>温暖。（刘知侠《铁道游击队》）

（36）中国是全球经济增长最快的地区,康明斯在中国的业务已得到了<u>飞速的</u>发展。（北库,新华社 2004 年《新闻稿》）

（37）可每次碰壁以后,在她筋疲力尽之余,这个大商业区显得<u>越发的</u>高不可攀、冷漠无情了。（德莱塞《嘉莉妹妹》译文）

（38）<u>偶尔的</u>犯迷糊,是小可爱,天天犯迷糊丢三落四和这类女人在一起,男人不知道自己是找了个女儿,还是找了个老婆。（《男人遇到这些女人一定要逃走》2011-02-17 人民网）

"温暖、发展、高不可攀+冷漠无情"分别是"感到、得到、显得"的谓词性宾语,而"犯迷糊"则是"是"的谓词性主语,前面都附加了句法状语副词。可见,这些限定指称性谓词语的副词,都可以选择带"的"。再进一步,一些句子状语也可以直接带"的"。例如:

（39）内心的紧张使他一下出了一身汗。他十分沮丧,<u>万分的</u>沮丧,甚至有些轻视自己,接着他心头掠过一阵狂怒。（王朔《我是你爸爸》）

（40）笔者是希望朋友们正确使用,届时再出问题去投诉时我们也能够<u>更加的</u>理直气壮,叫那些奸商无话可说。（《家用冰箱安全使用全攻略》2011-02-22 人民网）

当然,程度副词状语"万分、更加"大多是带"地"的,但现在带"的"的用法也可以接受。至于一些描摹性副词充当状语,出于表达方式与凸显效果的需要,人们有时就会有意识地选用"的";随着带"的"的用法趋向常态化,修饰性状语带"的"的频率要高于带"地"。例如:

（41）她读过我的许多作品，写来的信也挺长，信中谈到《恐惧》，她<u>着实的</u>愤怒了一通。作家拥有这样的读者是幸运的。（梁晓声《尽管我们不相识》）

（42）看来我有必要提醒你，大陆来的女人对一个陌生的男人，初次见面就<u>公然的</u>称赞她，是很反感的。（电视剧《北京人在纽约》台词）

尤其是情态化的程度副词大多带有较强的主观性，在强调程度时往往兼表评注功效，充当句子状语时人们大多会倾向于带"的"，因为带"地"的副词状语更强调摹状式限定。例如：

（43）虽然今年的冬天<u>格外的</u>冷，但乘坐火车的旅客却丝毫没有减少。（《民警马莉和她的"宝儿"》2011-01-31 人民网）

（44）你们应该不难想象，我对他们撒谎时，是<u>多么的</u>难堪，<u>多么的</u>尴尬。（梁晓声《钳工王》）

（45）她想：如果遽然醒来，发现自己依然在北京寓所，睡在母亲身边，那是<u>何等的</u>侥幸，<u>何等的</u>喜悦！（苏雪林《棘心》）

（46）舍弃家庭温暖，牺牲个人幸福，决不是我的本意。但是既当一名好教练，又当一名好丈夫、好父亲，这是<u>何其的</u>难啊。（北库 1996 年 8 月《人民日报》）

尽管主观性较强的程度副词"格外、多么、何等、何其"充当状语也还可以带"地"，但在当代汉语中后附"的"方式已经是优势选择了。正因为带"的"作状语这类模式已经普及，所以，即使是叠用式主观性程度副词状语，也可以选用甚至应当用带"的"形式了。例如：

（47）一个不琐碎，不张扬，不会老是刻意去显示自己有<u>多么多么的</u>能，<u>多么多么的</u>了不起的男人，却是一个让人

心悦诚服的男人,一个大气的男人。(潘虹《潘虹独语》)

(48)今天的天空<u>格外格外</u>的蓝,来来往往的人们也好像<u>特别特别</u>的高兴。(《我家的"严爱"和"慈爱"》2009-11-23 久久网)

总之,半个多世纪以来,一些学者以不同的语言理论为依据,从不同的研究与教学目的出发,发表了大量的有关"的""地"区分用法的文章,对于副词状语究竟是依据前加语、中心语还是整个结构来确定使用标记词"地"与"的"展开了多方面的讨论,提出了一些解决方案。然而,现实情况是:副词状语后"地""的"的区别与分工,显然不像大多数学者所认定的那样是各司其职、界限分明的,相反,只要有特定需要,副词状语就可以选用"的"。

2.2　添加语气词。调查可知,双音节评注性副词在句中及语篇中充当句首状语与插入语,或者独用,后面经常附加常用语气词"啊、呀、呢、哇"和"了、的"等。例如:

(49)<u>确实的</u>,对于一个共产党员,他们能和人家辩驳么?他们不能。(欧阳山《苦斗》)

(50)<u>其实吧</u>,听听也无妨的,听得有趣便听,听得无趣便不听,随你的便。我讲这些还有另一层意思,叫你知道我是一个什么样的男人……(尤凤伟《石门夜话》)

(51)哦,不用瞒我,你们的脸奇怪地扭曲着哩。你们的眼睛瞪着我,像望着一头凶残的野兽,<u>难怪啊</u>,我当时只是一头一心要复仇的野兽。(江户川乱步《白发鬼》译文)

(52)……就连公司内部的会议,她也能改就改,要不就是派其他主管代为主持。<u>反正呢</u>,她是能推就推,存心好好放松一下自己。(张小曼《他们都说"你爱我"》)

而且,评注性副词后附语气词后再独用后补的用法,单独成句的

频率,也还不低。例如:

(53)瞧!大裤裆胡同又迅速一百八十度大转弯儿了。**本来嘛**!姓刘的为什么不请在座的诸位,却单请一个驴财神?(冯苓植《落凤枝》)

(54)围在一起说个不停,不耐烦了,问:"你们到底交不交费?谁来交?**赶紧啊**!"(电视《冬至》台词)

少数限定性副词,虽然主观评注性相对较弱,但也可以带上语气词"的"单独位于句首或句中,在复句或语篇中凸显各种限制性表述,同时还能起到一定的衔接性作用。例如:

(55)**常常的**,我站在暴雨滂沱或大雪纷飞的窗前,不无安慰地想,即使被困上十天半个月的,我也一定不会饿死了。(舒婷《柏林饮食》)

(56)我们的生活像搁浅的船只,充满了彷徨的挣扎,**慢慢的**,水涨、船高、风来,船儿便一帆风顺地驶进了人生的安全港湾里。(尤今《炊烟袅袅岁月长》)

(57)富豪们的扭捏作态、看客们的既羡且妒、记者们的添油加醋,**统统的**,一切都映照出一个孕育着巨大潜力但又持续苦闷中的躁动的国度和时代。(《富人榜喧闹凸现巴金的孤寂》2005-10-23人民网)

(58)她们俩不再说什么,默默地吃各自的早餐,**偶尔的**,瞟一眼对方。幸好没过多一会儿,电话铃响起来,她们不约而同地抬起头交换了一下目光,似乎都在庆幸它的到来。(陈建功、赵大年《皇城根》)

由此可见,现、当代汉语一部分双音节副词,尤其是一些双音节的评注性副词,在句子与语篇中,后加语气词配合的各种插入、独用、成句的用法,已经相当普遍了。

2.3　后加附缀或词缀。副词独用后面附加语气词,由于一再高频共现,部分语气词就会转向后附缀(enclitic)乃至后词缀(suffixes)。比如,下例后附的"的、呢、啦"都已经从原来的语气词转化为后附缀了。例如:

(59)许戈辉:<u>本来嘛</u>,我觉得爱情就是一门艺术,而艺术的主题永远是爱情的,对不对。(《黄豆豆:永远活在压力中 只能往上走》2013-02-18凤凰卫视)

(60)"唉!"韩太太这才放下了悬着的心,气却又上来了,"这个疯丫头,在外国还没疯够哇?来到家门口儿了,还不赶紧地奔家,逛什么上海?<u>真是的</u>!"(霍达《穆斯林的葬礼》)

(61)他们可能有那么一点儿魅力,或者很有魅力,可以让你上当受骗。<u>可其实呢</u>,他们都是不快乐的小男生,陷在自己的愤怒里不能自拔。(卡勒德·胡赛尼《群山回唱》)

(62)我能一辈子就当她的外室?我要另外结了婚还能这样同她好吗?<u>当然啦</u>,关于这个她从不说起;她非常聪明;而我也从不说破。(莫怀戚《透支时代》)

另外,一些评注性副词独用时,还可以加上由动词虚化的后附缀"说"与"是"。例如:

(63)而《挽歌》却历经四十余度春秋流转而保持蓬勃的生机。至1995年,已重印129次之多。<u>不妨说</u>,《挽歌》不仅是盛极一时的畅销书,而且成了不折不扣的长销书。(林少华《哀婉的少女歌声》2001-02-03《文汇报》)

(64)"这艘"花心号的船员们显然比"多利"号的船员们勇敢多了。<u>或许说</u>,他们比较笨,竟然无视于帝国军所发出的严厉警告,反而开始加速逃走。(田中方树《银河英雄传》)

（65）在这个时代里，<u>的确是</u>，所有的情景，宛如许久落着霉雨而忽然看见了灿烂阳光的晴天。（胡也频《坟》）

（66）媳妇就笑了，看爹你说到哪去了，买电视还欠这几个苹果钱？<u>也真是</u>，你那么大年纪，还和我们一般见识，一点小事印在心上磨不掉，买不买电视还不是爹你说了算，咱家谁还能不听你的话？（阎连科《家诗》）

再进一步，经过调查与鉴定，学界发现现代汉语中的"简直了、当然了、也许吧、何必呢"等已经词汇化了，其中"了、吧、呢"都已进化为后词缀了（吴春相、曹春静，2018）。例如：

（67）你有没有体会过岔气儿的感觉？那滋味儿，<u>简直了</u>！（《有一种疼痛叫岔气儿！快来试试这几招》2020-12-28雄安中文官网）

（68）另一位教练从中国过来看我们的时候，对我说："你看上去皮包骨头。""<u>当然了</u>。"我说。（姚明《我的世界我的梦》）

（69）记者特别提到了在湖人壮志难酬的德怀特·霍华德，哈登笑着回应道："有可能，<u>也许吧</u>。"（《休斯敦引援哈登愿出力》2013-05-06《京华时报》）

（70）舒尔哈齐又把他的得不偿失论调重新摆出来，努尔哈赤有个远房叔叔名叫青延的站起来说："既然难攻，又得不偿失，打的又是同族的人，<u>何必呢</u>！"（李文澄《努尔哈赤》）

而且有些"说、是"也成了构词的后词缀，"难道说、真的是"现在也趋向词汇化了。例如：

（71）从来也没有想到过失败！<u>难道说</u>，今天要死在这个猪头鬼子的枪下？这不太窝囊了吗？不能！绝不能够！（刘流《烈火金钢》）

（72）我们大概在一起三年多,……将来我们结婚以后就会生三个孩子,后面坐一排。**真的是**,那个时候是非常天真的,但是事情已经都过去了。(《鲁豫有约·红伶》)

总之,副词状语在一定组配中可以选用甚至当用结构助词"的"。副词独用充当句首状语、插入语、独立成句时可以后附语气词以及"说、是",随着后附用法的高频类推,后附成分就会逐渐附缀化甚至词缀化。这就表明:副词后附模式的"可变"应该分为两种:结构助词的可变是助词用法的选择,语气词等到后附缀、后词缀的可变是功用与性质的转化。

3. 特定的表达功效

3.0　毫无疑问,副词的基本功能是充当句子状语与句法状语,但是有些限制性、描摹性副词还可以表达一系列特别的限定与修饰功用,而双音节评注性副词大都可以兼表主观评注与语篇衔接,此外,一些常用程度副词还具有构式压制的词性促转功效(施春宏,2015)。

3.1　特别的限定与修饰。限制性副词充当状语当然是最基本的分布功能,但是也可以表现一些特别的限制方式。比如,同样是时间副词作状语,可以重叠也可以重复、叠加。例如:

（73）天青背地里捉住她的手,想着他对她的磨难,想着生死与共却非人非鬼的未来岁月,就想抱了她的身子,<u>永永远远地去保卫她</u>,不惜以命相殉。(刘恒《伏羲伏羲》)

（74）A.三爷,你帮了我的大忙! 我,只要不死,<u>永远永远忘不了你的恩</u>! ……B.你出去! <u>永远永远不要再来</u>,我没有你这么个亲戚! (老舍《四世同堂》34 节、41 节)

一些常用的时间副词,不但可以后补重复,而且,在会话中还可以省略谓词而独用。例如：

（75）他望着她那熟悉的却是永不可能再亲近的背影，想起了当年她奉献给他的最初的那个轻如羽毛的吻。他突然很想立刻返回北京，立刻。（铁凝《大浴女》）

（76）李斯特说："拉拉，这封邮件很不对头，要惹麻烦的。我刚才去找 Tony，但他今天不在上海，你赶紧打电话给他解释一下，说我给他道歉。我现在马上有个会，如果有必要，我也可以会后打电话给他。"拉拉说："知道了，马上。"（李可《杜拉拉升职记》）

表达特别的修饰性功用，前面已经论证，部分描摹性副词除了充当状语还可以充当定语。比如，"肆意、火速"都是典型的副词，在特定句法分布中都可以后加"的"作定语。例如：

（77）他们就是要让我们答应他们的所有条件，就是要让我们满足他们的一切愿望，否则就会把我们的人民作为他们的人质，对我们进行肆意的讹诈和要挟！（张平《十面埋伏》）

（78）原本就已"乌云密布"的市场氛围再次加上强大压力，对如此火速的动作，分析师纷纷表示"始料未及"，称国家的反应远比想象的快。（《研究报告 10 天"变脸"大券商 3 年来首降医药板块评级》2010-07-05 全景网）

正因为描摹性副词都是表示词汇义的，所以，即使直接充当状语也可以表达独特的修饰性功用。比如，有相当一些"X 然"副词表示的不是限定式时间义，而是摹状式时间义①。例如：

（79）天地间，蓦然爆出了一个"寂静"的声音——父

---

① 在《现代汉语词典》（第 7 版）中，"肆意、火速"与"蓦然、骤然"，均已明确标为副词了。

子两人,戏剧性地放出了一个"休止符"——鼓声、钹声、动作、舞步,全都戛然而止。(尤金《父与子》)

(80)她的一颗心像是**骤然**冰冻似的停止了,但立刻又几乎作痛地剧跳起来;可是再一秒钟,听得了曹志方的十分轻蔑的纵笑声时,她的心虽然还是那样剧跳,却已不是恐怖而是愤怒。(茅盾《蚀》)

3.2 兼表评注与衔接。评注性副词表示主观情态,从功效讲这类表达方式就是对整个命题加以评述的高谓语(high predicate),当然表评注同时往往还能兼表语篇衔接功用。例如:

(81)于是从人生责任说到批评家态度,写成一篇篇的露天传道式的文字,<u>反正</u>文章虽不值钱,纸墨也并不费钱。(钱锺书《写在人生边上》)

(82)很多人都忽视了,死,其实是生活的一个重要内容;热爱生活的人最不怕死。<u>尤其</u>,对一个无神论者来说,对现在的我来说,死是最轻松的解脱。(张贤亮《绿化树》)

"反正,尤其"除了表述主观情态外,还能兼表"无条件"与"递进"的衔接功效。同样,一些限制性副词在语篇中充当句首状语与插入语时,也可以表达各种衔接功用。例如:

(83)像逃避瘟疫一样,他逃出病房,匆匆穿过走廊。<u>忽然</u>,在走廊尽头,楼梯口上,出现了一个苗条的人形。(谌容《献上一束夜来香》)

(84)奇蒂拉现在了解了她的对手,明白了他的能力。<u>通常</u>,她不会浪费时间忏悔自己的过错。刚刚是她自己放松心防,因此才会受伤。(马格丽特·韦斯等《龙枪传奇》译文)

而且,一些评注性副词后附语气词"啊、呀、哇、呢""的、了"以及附缀化的"说、是"后,更能凸显各种评注性功用,同时,也都还可以兼表各种衔接功用。例如：

（85）因为小姑娘但从表面看我是这样一个老婆子，是个毫无能为，毫无价值的老婆子。<u>其实啊</u>，小姑娘唉，可惜我今天实在不能详说。总言一句，我可以说，我这老太婆，却和普通老太婆有些不同。（无垢道人《八仙得道传》）

（86）胜爷一听金头虎说得有理，不觉笑道："<u>真是的</u>，我这大年纪，还不如傻小子呢。"（张杰鑫《三侠剑》）

（87）我目睹了很多感人的瞬间。很多救援人员付出了很多，没有睡觉，没有洗脸，没有洗脚，但是他们没有一点怨言。<u>甚至说</u>，我在采访中问他累不累，他会告诉你说，他已经不知道什么叫累了。（上海广播电视台《东广早新闻》2010-04-06）

词汇化的"也许吧、真的是、当然了"，副词性词根与词缀一起也是兼表评注衔接的。例如：

（88）她表情强烈地反过来问我："真的能达到明白这种程度吗？""<u>也许吧</u>，你不比谁聪明！"（李国文《涅槃》）

（89）窦文涛：我跟你说，它在很大程度上让我相信这届奥运对中国是有深远影响。梁文道：<u>真的是</u>，光看你就知道了。（铿锵三人行《日本"强种"出怪招　体育大国怎么炼成》）

（90）她吃惊地挑起眉毛来："怎么啦？教导员有什么了不起？我看他不能把咱们怎么办。<u>当然了</u>，也不能和他顶僵了，这个检查还是要写。可我还真不会写这玩意呢，你写的检查让我参考参考好不好？"（王小波《黑铁时代》）

不过，调查发现，这类后加词缀的用法，相比附加后缀用法的使用频率还是相对较低的。

3.3　构式压制与促转。所谓压制与促转，就是指"常用程度副词+非形容词"这一构式（construction）只要在表陈述与表修饰的特定临界语境（adjacent context）中得到高频类推（frequency analogy），经过量变到质变的临界点，就可以促使一些被压制的单词形容词化[①]。根据被修饰语压制词语的词性与功能，可以促转的有三大类：名词、动词、特殊词类。

第一类压制构式，就是程度副词限定一些单音节名词，比如"宅、渣、菜、虎、浪"与"肉、娘、轴、面、瓜"等，在程度副词的促发、激活下，就会转向性状化的形容词。例如：

（91）男生们都去哪儿了？采访中大多数同学认为，学生组织、社团的这种"阴盛阳衰"、男女比例失衡的很大原因是：男生们太<u>宅</u>了。（《工科院系男生成"国宝" 浙江高校社团"阴盛阳衰"》2014-10-21《中国青年报》）

（92）虽然她这点显示得<u>很菜</u>，但是也的确说明了一个问题，大招远的英雄那么多，如果每一个你都抱怨它出了屏幕，那岂不是视角要在右下角的小地图上玩游戏了？（《教你适应 LOL 新视角 放好超远大招》2014-11-14 腾讯网）

（93）我认为，无论同事或朋友，都要保持距离，另外，我预感到太<u>渣</u>的男人和太自恋的女人，就主动躲开，真所谓奇葩的爱情，大多数是太深爱的女人遇到了太<u>渣</u>的男人。（《露水红颜》2015-06-18 新闻网）

（94）看上去的确<u>很虎</u>的样子，不过这类反面角色无外乎两种情况：一是真的<u>很虎</u>，另一个就是这货是在装逼！（《看完就去补个回笼觉!》2015-01-08 人民网）

"宅、菜、渣、虎"虽然都还只是名词的活用，但都已是表性状义

---

① 程度副词的构式压制与促转功效，可以参看施春宏（2015）、张谊生（2019）、张谊生（2022）、张谊生（2023b）。

· 166 ·

了,都已趋向形容词化了。其实,像"阳光、流氓、农民"等双音节名词,也被程度副词压制后趋向形容词化了。

第二类压制构式,就是一些单音节动词,比如"拼、扯、拽、虐、燃"与"挑、搏、搭、撩、丧"等,在前加程度副词的压制、感染(infection)下,也会逐渐形容词化。例如:

(95)至于对电影的期待和压力,周迅坦言"因为我<u>很挑</u>,如果说弄不好我也会很难受,跟商业无关,这是一个心理的东西"。(《周迅首次跨界做电影监制?〈陪安东尼〉男主角不选老公》2015-02-08 人民网)

(96)特邀导师容祖儿更是丝毫不掩欣赏之情,"他的声音是有观众缘的,能够吸引人的。他有成为巨星的潜质,声音真的<u>很撩</u>"。(《〈下一站传奇〉杨昊铭版〈小幸运〉大获好评》2018-12-03 环球网)

(97)王浩信的努力和实力也是有目共睹的,拿下"最佳男主角"后,他告诉记者,他拍戏比别人<u>更搏</u>,也是想要让观众看到,他不是只有"幸运"。(《王浩信:"我很搏,希望观众可以看到我不是只有幸运"》2018-01-23《新快报》)

(98)而在本期节目中,毛不易遇上了一位和自己在音乐经历和画风上都<u>很搭</u>的歌手,来自拉萨的"新藏式民谣歌手"阿帝,同样通过一次比赛改变了人生轨迹,也同样话少。(《毛不易〈藏歌会〉首唱新歌 挑战治愈系藏式民谣》2018-11-22 光明网)

同样,"挑、撩、搏、搭"也已经表性状义而形容词化了,虽然还未完成重新分析(re-analysis)。

第三类压制构式,就是程度副词促转其他一些特定词类单词的形容词化,比如感叹词"嗨"本来表示感慨、惋惜、责怪、起哄,乃至于表达有所疑问与要求引起注意,进而引申出表示欢快、兴奋、得意。"嗨"本来就有"hēi"与"hāi"两种发音方式①。近年来"嗨"由于受到英语"high"的感染与影响,从而经常进而频繁地进入这类压制构式,逐渐形成以"hāi"表示赞叹性的"高级、高尚"与夸耀性的"出色、成功"的各种性状化功用。例如:

（99）今天很开心,姐妹们聚会真的**很嗨**,三个女人很疯狂地聊天逛街,虽然有点累,但是很开心。(《你肯定很喜欢》BCC 语料库)

（100）真的**很嗨**啊,有个这么嗨的女友是多么幸福的呀!(《有个这么嗨的女友》2020-12-07 百度快照)

而"凡尔赛"本来指法兰西的地名及宫殿、博物馆,近年来正由对法国"贵族""宫殿"的称呼与联想而转指"以低调方式加以炫耀"与"出于虚荣心正经地装"等行为方式与精神状况。当前压制促转后正在朝正负两个形化趋向发展:正向形化的"凡尔赛"主要表示"显得高雅、很有气质、相当不错"等各种语义与语用功效;负向形化的"凡尔赛"主要表达"会显摆、刻意炫耀"和"会做作、就是作假"等各种特定的语义与语用功效。例如:

（101）亮亮这就**很凡尔赛**了哦! 自己作品没怎么准备,完全即兴却那么优秀! 真是强大啊,毕竟那么多冠军头衔!(《亮亮这就很凡尔赛》)2021-09-17 百度快照)

（102）富人不稀罕,穷人不介意,个别伪中产们**很凡尔赛**! 凡尔赛体的段子,现在满天飞了。(《凡尔赛这股歪风,其实用怨妇的口气、低调的姿态来炫富》2020-11-12 百度快照)

总之,汉语副词由于不同的语义积淀与性质特征,具有多样

---

① 在《现代汉语词典》(第 7 版)中,"嗨"标注读音为"hēi",认为相当于"嘿"。标注发音"hāi"的"嗨"还只是双音节叹词"嗨哟"中的一个语素。

性表达功效,除了有些状语能表达特别的限制与修饰外,还可以表达情态评注与语篇衔接。而且因为具有独特的类型学特点,一些常用程度副词通过特定分布、高频组配的构式压制,还具有达成词性促转的功效。

4. 结语与余论

4.1　综上所述,可以归纳如下:首先,副词的各种分布及其多功能性涉及充当句子状语与句法状语、补语与定语、插入独用与后加追补;其次,副词可变的后附模式涉及可以添加两种结构助词、附加各种语气词与附缀、附加成分会转化成后附缀与后词缀;最后,副词的特定表达功效涉及特别的限定与修饰、兼表评注与衔接功用、构式压制与促转形化。

4.2　总而言之,汉语副词是具有限制、描摹、评述、衔接等多功能的、半开放的准虚词,基本分布功能是充当谓词语的状语,但一部分副词可以充当补语或定语,在特定条件下可以充当句首状语、插入语、高谓语乃至单独成句而兼表评述与衔接;独用、后补、成句的副词后附的语气词与虚化动词,经过演化就会转向附缀与词缀;一些常用的程度副词在特定构式中,高频类推后可以促使一些被压制的单词逐渐形容词化。通过对汉语副词的多角度研究,我们深深感到:要想全面而深刻揭示副词的性质与功能,精准阐释副词的表达方式与功用,必须在充分认识汉语副词类型学特点的基础上,既高屋建瓴又脚踏实地地对副词的分布用法进行深入系统、科学详尽的研究,也要对各类副词的用途与功效进行多角度的考察与分析,才能全面、深刻地揭示出具有独特类型学特定的汉语副词的分布功能、附加方式与表达功效。

参考文献

施春宏　2015　构式压制现象分析的语用学价值,《当代修辞学》2 期。

吴春相、曹春静　2018　论新兴结构"简直了"形成的机制与动因——兼论"副词+
　语气词"独用在当代汉语中的新发展,《当代修辞学》3 期。

杨成凯　1995　高谓语"是"的语序及篇章功能研究,《语法研究和探索(七)》,商务
　印书馆。

张谊生　2000　程度副词充当补语的多维考察,《世界汉语教学》2 期。

张谊生　2012　现代汉语副词状语的标记选择,《汉语学报》4 期。

张谊生　2013a　程度副词"到顶"与"极顶"的功能、配合与成因——兼论从述宾短
　语到程度副词的结构与语义制约,《世界汉语教学》1 期。

张谊生　2013b　句法层面的语序与句子层面的语序——兼论一价谓词带宾语与副
　词状语表程度,《语言研究》3 期。

张谊生　2015　从到顶义述宾短语到极性义程度副词——以"之极、至极"和"之
　至、之致"为例,《语言科学》4 期。

张谊生　2018　当代汉语"X 得慌"的演化趋势与性质转化,《汉语学报》1 期。

张谊生　2019　"很/太+名/动"的形化模式与演化机制及其表达功用——兼论程
　度副词在相应组配中的四种功用,《汉语学习》5 期。

张谊生　2022　类型学视野下当代汉语单音节名、动词形容词化的再研究——以
　"肉、娘、轴、面、瓜"与"挑、搏、撩、搭、雷"为例,《语法研究与探索(廿一)》,商务
　印书馆。

张谊生　2023a　试论汉语副词再演化的模式、动因与功用,《语言教学与研究》
　4 期。

张谊生　2023b　《再论当代汉语程度促转模式"很+X"的形化功效与成因——基于
　网络用语"很嗨、很哇塞"及"很凡尔赛"的观察视角》,《汉语学习》第 4 期。

赵元任　1979　《汉语口语语法》(吕叔湘译,英文原版 1968 年),商务印书馆。

朱德熙　1982　《语法讲义》,商务印书馆。

Heine, Bernd, Ulrike Claudi, and Fruederike Uünnemeyer. 1991 *Grammaticalization*：*A
　Conceptual Framework*, Chicago：The University of Chicago Press.

Zwicky, Arnold M. & Geoffrey K. Pullum 1983 *Cliticization versus inflection*：*English n't
　Language* 59(3).

第二编

程度副词促转实词形化考证

第一章 "很/太＋名/动"的形化模式与 演化机制及其表达功用
——兼论程度副词在相应组配中的 四种功用

摘　要："很/太＋名/动"形化的临界模式,包括述谓分布与陈述功能、程度促发与性状凸显、功能稳定与分化固定。演化的机制主要有相邻句位与和谐变换、转喻过渡与隐喻投射、高频类推与重新分析。表达功效主要包括效果的形象化、配合的协调化、用法的构式化。

关键词:很;太;转化;功用

0. 前　言

0.1　作为一种没有严格意义上形态特征的语言,汉语名词、动词和形容词基本上都是无标记的,词类的句法功能只能依靠句法分布与搭配方式来体现。正因为这一重要的类型特点,导致汉语词类的功能转化,不管是活用还是兼类,是转化还是分化,都是表层形式不变而句法功能改变。本章的基本观点是:由于没有句法与构词的形态变化,所以,汉语的"程度副词+名/动"这一组配分析手段,只要在表陈述性临界语境中得到高频类推,一旦功能转化经过质变的临界点并且加以重新分析,就相当于或者说接近于英语"-ful、-ish、-tive"等词法形态构词手段①。相对而言,"很+N/V"和"太+N/V了"无疑是两个最典型与重要的导致功能与词性转化的临界模式,为了使调查与分析更加集中,本章只研究"很/太"修饰"单音节 N、V"(下面简称为 N、V)这两种功能转化模式与演化机制及其新兴形容词的表达功用。

0.2 毫无疑问,单音节名、动词形容词化的现象历来就有。进入新世纪以来,当代汉语各个层面都已发生了深刻的变化,语言交际与传播方式也已发生了重大的改变,特别是网络运用的大众化和普及化,生活节奏的快捷化与表达方式的简易化,使得大量临时的创新用法能够迅速在语言交际中被模仿、类推而广为接受,从而导致相当一些词语的意义与功能都发生了各种改变,经过一段时间的高频类推,细微的变化就会从量变转向质变。就"N/V"的发展历程与演化性质而言,大致可以分为两种情况:一种是已经完成功能转化与词性分化的兼类词,比如"水、铁、牛、熊"与"挤、堵、抠、逗"等;再一种是正在向形容词演化的名词与动词,比如"宅、浪、菜、渣"与"燃、虐、作、丧"等,当前正在分化出各种新兴的形容词功用。本章将展开研究的正是这两组词在当代汉语中的发展趋势与性质特征:首先探讨形化的分析性模式,然后揭示转化的语法化机制;最后探讨分化的创新式功效。

---

① 本章区分单音节名词、动词是否已经转化与尚未转化的形容词的标准,主要就是根据《现代汉语词典》(第 7 版)的词性标准,凡是同时还标注为形容词的,就是已经完成转化的形容词。

0.3 本章语料主要引自人民网上的新闻报道,全部标明出处。需要说明的是:本章所引的当代汉语例句,有少数可能接受度还不够高,但这种用法正代表着"N/V"的发展趋势。

1. 转化的临界模式

1.0 本节主要描写与分析"很/太+N/V"形容词化的句法分布与组配特点。

1.1 述谓分布与陈述功能。导致"N/V"形容词化的临界模式,就是名词不再充当主宾语表指称而是充当谓补语表陈述,动词不再表示具体的行为动作而是表特定的情状。例如:

(1) 虽然很多网友直言这就是他们的理想生活环境,但苏州一小学的 22 岁孙老师表示,其实现代人都很宅,不过她认识的二次元圈子里这种现象也有,但不多,毕竟她认识的工作了的小伙伴大多是跟父母住的,基本是正常的居住环境。(《〈闪光少女〉聚焦"二次元"文化 衣服道具很美很贵》2017-07-23《扬子晚报》)

(2) 男生们都去哪儿了?采访中,大多数同学认为,学生组织、社团的这种"阴盛阳衰"、男女比例失衡的很大原因是:男生们太宅了。朱双鸣是浙江一所高校环境资源专业的学生,在他看来,游戏是让许多男生足不出户、成为外卖党的主要原因。(《工科院系男生成"国宝" 浙江高校社团"阴盛阳衰"》2014-10-21《中国青年报》)

(3) 原来萧十一郎才是逍遥侯的儿子,二十年前,沈飞云与逍遥侯的情仇未了,二十年后,他们的子女互相深爱,倍受折磨,这一幕的出现让很多观众始料未及:"知道真相的宝宝被吓哭,这也太虐了!"(《〈新萧十一郎〉甘婷婷死里

逃生　沈璧君情蛊得救》2016-02-26 新华网）

（4）若收到一个强力 AD 英雄的灵魂之后你就可以进去跟对方肉搏了，W 给自己加上然后 QE 各种放，有灵魂的攻击帮你增加护盾和法术吸血效果，即使没有肉装你依然是非常难死的。没有灵魂的时候切忌就不要<u>太浪</u>了，没有技能的时候在一旁等 CD 就好。（《英雄联盟周免英雄一览新版本玩法》2016-07-22 人民网）

上面的"宅、虐、浪"充当的都是谓语，当然，这些"N/V"也可以充当补语。例如：

（5）上中学时，作为一名理科生，我历史一向学得<u>很渣</u>，是唯一一门连会考都只得"良"的科目。（《触摸抗战的印记》2015-09-18 新华每日电讯）

（6）由于照片拍得<u>太渣</u>了，为了有一个直观的感受，辽沈晚报特意把牌子上的字描了一下。记者来到医大四院西侧入口，在保安室中见到了照片中的保安小哥小梁。（《沈阳:女子抱小孩乞讨　保安小哥一旁举牌揭骗》2015-07-20 手机新闻网）

相对而言，"太"具有较强的主观评注性，"太 N/V"充当补语概率要比"很 N/V"小得多。

1.2　程度促发与性状凸显。毫无疑问，一旦充当了句子谓语、补语，名词、动词的形容词化就进入了临界状态[1]，但是转化为形容词的必要前提，还是必须前加程度副词。例如：

（7）可能我<u>很宅</u>，喜欢活在幻想世界中。因为我厌倦

---

[1]　调查可知:汉语的名词、动词，只要经常充当谓语，即使前面没有程度副词修饰，也可以表示陈述功能，尤其一些双、多音节的 N、V，比如"这家伙无赖""李大娘直性子"。但是，没有程度副词的前加修饰，其形容词化的发展进程就会变得相当缓慢，甚至根本就难以完成。

了政治恶斗、议题炒作等纷扰,我希望创造一块净土,属于创作者的净土。(《众筹将开启　末日幻想题材游戏〈Retreat〉曝光》2017-01-06 太平洋游戏网)

(8) 故事虽然难逃"俗套",但是这样的结局也恰恰最符合人物性格的走向,善良、正直、执著梦想的正能量价值观被铺陈得张力十足,"剧情虽然**很虐**,主人公都经历了重重磨难,但整体剧集用轻松治愈的方式娓娓道来,不一味沉重,让每一集都充满了'哪怕知道剧情发展走向也忍不住追着看下去'的吸引力"。(《大小银幕新作品齐打治愈牌　早春3月你被暖到了吗?》2017-03-04《广州日报》)

(9) 成龙吐槽说这是他拍得最压抑的一部作品,因为导演现场每天都逼他进入"丧女寻仇"的苦情路线,每天都**很丧**。(《〈英伦对决〉国庆档上映　成龙奉献重返好莱坞之作》2017-08-22《北京青年报》)

(10) 教堂里的光线非常差,自然光根本没戏,只能依靠大光圈来拍摄,带的器材是5D3+50L,这只镜头实在是**太虎**了,看看大光圈下的焦外就知道了。(《拒绝"到此一游"! 教你给女友拍旅游照》2014-01-06 手机新闻网)

正是由于"很/太"的促发激活了"N/V"的内涵义与情态义;在这一临界模式中,原来主要表示的指称义、行为义的"N/V",都转向表达各种特定而又新兴的性状义了。再比如:

(11) 绝技就是,要把自己演得很猥琐,很狼狈,就这样猫着腰,弯着胸的,看到花姑娘就表情**很浪**的,要是看到八路军就连滚带爬地跑了。(《抗日神剧无底线:抗战变言情枪支玩穿越》2013-04-12《扬子晚报》)

(12) 由于照片拍得**太渣**了,为了有一个直观的感受,辽沈晚报特意把牌子上的字描了一下。记者来到医大四院西侧入口,在保安室中见到了照片中的保安小哥小梁。(《沈阳:女子抱小孩乞讨 保安小哥一旁举牌揭骗》2015-07-20 手机新闻网)

(13)"太燃了!"走出电影院后,观众纷纷感叹,不少人在社交平台上表达自己的感动。这个夏天,《战狼2》燃爆了暑期档,也刷爆了朋友圈。(《〈战狼2〉票房超52亿元 如何实现票房口碑双丰收》2017-08-25《光明日报》)

(14)虽然大量圈粉,但也有很多网友发评论表示,"一看就很作!"作为参加过选秀节目的回锅肉,网友找出了她以前的视频,对比后质疑她曾经整容。(《刘雪婧疑似整过容》2016-07-26 红网综合)

显然,上述各句中的"浪、渣""燃、作"所表示的语义都已是各种不同特色的性状义了。

相应旁证是:"宅、渣、菜、虎"在"宅女、渣男、菜鸟、虎妞"中一开始都是充当定语的名词,随着搭配的凝固化都转化成了名词性语素而没有形容词化,这就表明:在特定的组配中,如果没有程度副词的促发,有些名词的内涵义、动词的情状义是很难激活的,更别说形成固定的形容词化的性状义了。

1.3 功能稳定与分化固定。功能稳定的基本特征就是新兴的"很+A"偏正短语现在都可以自由地充当主宾语内的定语或者谓述语内的状语,也就是都可以充当句法成分了。例如:

(15)在接受媒体采访时,小鑫提到自己是一个很宅的人,很多创作灵感便来源于宅在家里看的那些影视剧。(《赵泳鑫创作灵感来自宫斗剧 自曝减肥崩溃想跳楼》2016-07-28 网易娱乐)

(16)从"很丧"的造型,到她怼妈妈,再到她怼陆毅,都表现得很夸张,"看着很开心,欢乐中又有扎心的现实,离开了樊胜美,蒋欣同样有演技,感觉她驾驭任何角色都没问题,只是节奏略慢"。(《四部新剧同档开播　实力派演员齐转型你习惯吗?》2017-08-17《广州日报》)

(17) <u>很菜地</u>问一下:影像式倒车雷达是什么东东,全系标配? 可是低配车都没有大的显示屏呀? (《很菜的问题》2010-09-10 百度百科)

(18) 少年在酒吧喝酒,突然来一女<u>很浪的(≈地)依附</u>在一男的身旁,少年问:"妹子啊,你这是做什么啊?"女:"做你们男生最想做的啊!"(《脱衣服做之前,又紧张又期待》2015-01-12 中国日报网)

不过,"太"的主观性色彩相对较高,演化中的"太 N/V"充当句法成分的还算不多。例如:

(19) 不浪不一定有好结果,但浪一定没有好结果,<u>太浪的人</u>永远没有好结果,<u>太浪的后果</u>就是被人刀掉。(《太浪的人永远没有好结果》2016-05-10 网络游戏)

(20) 我认为,无论同事或朋友,都要保持距离,另外,我预感到<u>太渣的男人</u>和太自恋的女人,就主动躲开,真所谓奇葩的爱情,大多数是太深爱的女人遇到了<u>太渣的男人</u>。(《露水红颜》2015-06-18 新闻网)

"很/太 N/V"能够进入句内充当各种句法成分,表明其中的"N/V"已基本转向"A"了。

形容词新功能的分化趋向固定的另一重要特征是,随着这类"很/太 A"的使用频率在一段时间内呈现不断上升的趋势,新兴的"A"与传统的"A",已经可以自如地配合使用了。例如:

(21) 目前正在东方卫视和北京卫视播出,不少观众对于王珞丹版杜拉拉并不认可,认为她装傻充愣,完全没有外企白领的范儿,更有刻薄的网友将其和《丑女无敌》中的林

无敌作比较。(《电视版〈杜拉拉〉遭遇口水,又菜又丑好似林无敌》2010-07-28 搜狐娱乐)

(22) 但凡看过电影的观众,都会为片中又燃又硬的战狼形象拍手叫绝,网友的留言中充满了这样的关键词:太燃了!太好看了!真汉子!真英雄!够硬气!(《谢谢每一匹战狼的燃和硬,给我们带来和平年代》2017-08-01 电影网)

上面的"菜"与"燃"都与传统形容词构成了"又 A 又 B"联合短语,分别充当了谓语和定语,这就表明,即使脱离了"很"和"太",这些新兴形容词的新功能也已基本定型了。

2. 演化的相应机制

2.0 本节主要探讨与揭示"N/V"从名、动转变为形容词过程中相应的语法化机制。

2.1 相邻句位与和谐变换。相邻句位(adjacent context)诱导词汇语法化的句法环境,汉语缺乏形态变化,词语之间的组合关系与语序分布能起到各种转化功用。就"N/V"演化的相邻句位而言,主要就是前加程度副词这一重要的搭配方式。试比较:

(23) 这次不说老鸿看股,说说吧里的另一位奇才:真起浪,看完起浪的几篇文章,我终于知道什么是起浪股了,也知道国航为什么不是起浪股了。(《真起浪,中国国航》2011-02-25 东方财富网)

(24) 灯火不急,江风很浪的时刻,一个人独揽江景何其安静。细雨霏霏,脚步绵绵,为写一个时尚情感珠宝大师,这是我杭州生活里最值得体验的一次感受了。(《曼卡龙时尚珠宝 孙松鹤风华雕琢〈声屏世界·广告人〉》2013年第 3 期)

"起浪"的"浪"是名词并将一直是名词,而"很浪"的"浪"已转化为形容词了。再比如:

（25）记忆<u>在燃</u>,怎样的故事,演绎成我心中的烟火?和你,一起笑过了锦瑟的流年,一起哭过了迷惘的岁月,陪我走过了这跌跌撞撞的生活。(《记忆在燃,怎样的故事》2015-11-11 以商会友)

（26）思维方式去解决男人的命题,过关斩将,在后宫里意识到力量来源于朝堂之上,到了朝堂之上,意识到要得民心,而到了今年的"花开"剧,干脆就投身民间,在红尘里成就宏图伟业,想想都<u>很燃</u>。(《孙俪,如何成为大女主》2017-09-05《新闻晨报》)

"在燃"的"燃"只能是动词,而"很燃"的"燃"就可以分析为形容词。由此可见,正因为汉语具有这一特定的类型学特征,所以,汉语的程度副词,除了表达量级限制、表达各种主观情态功能外,在特定组配关系中还具有特定的词性转换功能。由此可以证明:汉语中名词表示陈述或修饰功能的同时,前加的"很/太"句法分析手段,在一定程度上就相当于或者说接近于印欧语系诸语言的导致名动转化为形容词的形态化构词词缀。再比如:

（27）武松本是行动果敢的<u>打虎英雄</u>,在广告中却是有"乳糖不耐"还敢喝奶的硬汉形象;唐僧本是易被蛊惑的和尚,在广告中成了耳根子软的男青年。(《消费主义下恶搞类广告分析》2017-09-01 人民网)

（28）看上去的确<u>很虎</u>的样子,不过这类反面角色无外乎两种情况:一个是真的<u>很虎</u>,另一个就是这货是在装逼!(《看完就去补个回笼觉! 盘点动漫二次元中的极品睡神们》2015-01-08 人民网)

（29）近两年的国产剧中，傲娇高冷的男主角已经成为一大"标配"，他们多数时候都是板着脸，表面波澜不惊，依靠自己地位上、智商上的优势对女主角进行各种欺负，却在内心感情上<u>被女主角虐</u>，这种反差的设置也是许多女观众的大爱，在心理学者看来，这种角色更有距离感，增添了异性身上的独特魅力。（《刑侦剧仅有颜值远远不够　只养眼不烧脑遭观众吐槽》2016-11-12《广州日报》）

（30）虽然目前观众在看剧时会<u>感到很虐</u>，会抱怨编剧心狠，但就像忠言可能会逆耳一样，这部剧想通过周莹面对艰难险阻时的精神和勇气，给大家传递的是积极乐观的正能量。（《〈那年花开〉编剧：不后悔让何润东"领盒饭"》2017-09-11 环球网）

"打虎、被虐"的"虎、虐"当然是名、动词，"很虐、很虎"的"虎、虐"只能是形容词。

和谐变换（harmony conversion）。就是指某些成分的存在本来是为了同句中共现的相关成分保持语义、功用、情态等方面的一致性从而自然而然地走上了转化的道路。在这一组名词、动词的转化过程中，为了与前加"很/太"构成一个和谐的音步，一些本来的双音节"N/V"会发生后一音节的省略进而脱落的现象，保留的单音节就会逐渐向单音形容词转化。例如：

（31）罗丹说，为了练手，他甚至学过画建筑图的软件，"虽然<u>很菜鸟</u>，但真的很开心、很喜欢。"就这样过了三年，不知不觉中，当年夭折的艺术之梦，在心底复活了。（《男子老做噩梦画出梦境获国际大奖》2012-10-10 腾讯网）

（32）有的日本网友认为该剧与史实不符。也有毒舌网友称，"中国的哭戏<u>很菜</u>，在亚洲所有国家中的表现力是最低的""戏到最后时，赏耳光的戏份也略多了些吧"。

（《〈甄嬛传〉日本播出毁誉参半　网友吐槽翻译矫情》2013-06-26 新华网）

（33）这部戏的前半部分是偏喜剧的,后半部分就<u>比较虐心</u>。因为沈莲这个角色永远在付出,对一个人的爱却没有办法表达出来,这种感情还是<u>很虐心</u>的。（《姚芊羽:爱"暖男"胜过霸道总裁　像付出型男生》2015-04-04《信息时报》）

（34）故事虽然难逃"俗套",但是这样的结局也恰恰最符合人物性格的走向,善良、正直、执著梦想的正能量价值观被铺陈得张力十足,"虽然剧情<u>很虐</u>,主人公都经历了重重磨难,但整体剧集用轻松治愈的方式娓娓道来,不一味沉重,让每一集都充满了'哪怕知道剧情发展走向也忍不住追着看下去'的吸引力"。（《大小银幕新作品齐打治愈牌　早春3月你被暖到了吗?》2017-03-04《广州日报》）

很显然,"菜"与"虐"的形容词化尽管也须依赖于"很/太+N/V"这一临界模式及其高频共现,但双音节词"菜鸟""虐心"的音节脱落与和谐变换机制,无疑起到了重要的作用。

2.2　转喻过渡与隐喻投射。转喻（metonymy）是指当甲事物同乙事物之间存在密切关系,进而利用这种关联性展开思维与命名认知方式。比如"虐、燃"是转喻形成的。例如:

（35）戏中,王凯饰演的刑警队长季白破案能力很高,但是面对体能很弱的女主角就进入了傲娇面瘫的模式,一句"要么及格要么滚蛋",还给别人取各种外号比如"机器人""小怪物",但是内心里却逐渐关心对方,而这种看起来<u>很虐</u>的爱情桥段被观众吐槽"太平常了"。（《刑侦剧仅有颜值远远不够　只养眼不烧脑遭观众吐槽》2016-11-12《广州日报》）

（36）思维方式去解决男人的命题,过关斩将,在后宫里意识到力量来源于朝堂之上,到了朝堂之上,意识到要得民心,而到了今年的"花开"剧,干脆就投身民间,在红尘里成就宏图伟业,想想都很燃。(《孙俪,如何成为大女主》2017-09-05《新闻晨报》)

比较而言,"虐、燃"是行为转为状况,而"作、丧"则是动作转为性状。例如:

（37）叛逆期的儿子很作,在麦家的眼中,麦恩的青春期可以说是特别地作,因为高中开始,麦恩就把自己封闭了起来,3年全部待在家里。(《〈致儿子信〉被称2017最美家书 麦家:做一个麦田守望者》2017-03-08《北京日报》)

（38）成龙吐槽说这是他拍得最压抑的一部作品,因为导演现场每天都逼他进入"丧女寻仇"的苦情路线,每天都很丧。(《〈英伦对决〉国庆档上映 成龙奉献重返好莱坞之作》2017-08-22《北京青年报》)

而隐喻(metaphor)就是从一个认知域到另一个认知域的投射,是用一个具体的概念来理解一个抽象的概念。比如"渣、菜"就是由隐喻而转化的。例如:

（39）华语电影方面,虽然有不少光从海报和片名就透露出"我很渣,别浪费时间和金钱看我"气息的电影,但有《八月》这部金马奖最佳影片登场,也算是为本月的华语片市场挽回一点颜面。三月电影看什么?(《〈美女与野兽〉被嘲像时尚写真》2017-03-07《信息时报》)

（40）郎平:其实第二局就应该拿下来,第二局后半段气势已经起来了,第三局士气是往上走的。我觉得前两局发球太菜了,所以咬着牙也要把球发好,而且不能失误,这一点大家执行得还是比较坚决。(《徐云丽受伤疑遭对手暗算　郎平:体能透支也得拼》2014 年 10 月 11 日《京华时报》)

"菜"先由"菜鸟"省略而来,"渣、菜"都是隐喻;而"虎、熊"则是动物隐喻。例如:

(41)据张歆艺透露,自己饰演的角色"<u>很虎</u>,很二。不只张译,所有人都被我虐待过"。(《黄晓明为〈匹夫〉吃鸡胸　不怕做老大就怕不够勇》2012-03-06《新京报》)

(42)美国的陆军<u>很熊</u>,民间拥有枪支,外人进来便人人是民兵,不用军费的国防武装,所以才不管国民死活,国家利益至上。(《美国为什么禁枪这么难》2015-10-04 手机看新闻)

2.3　高频类推与重新分析。高频类推(frequency analogy)就是指"很/太+N/V"在各种语境中的经常化运用。就以近五年来人民网中"很宅""很渣"的用频为例,分别达到了 318 例与 105 例,而"很虐"与"很燃"的用例,已分别达到了 270 例与 124 例①。例如:

(43)可能我<u>很宅</u>,喜欢活在幻想世界中。因为我厌倦了政治恶斗、议题炒作等纷扰,我希望创造一块净土,属于创作者的净土。(《众筹将开启　末日幻想题材游戏〈Retreat〉曝光》2017-01-06 太平洋游戏网)

(44)《灵域》的前两集得到了网友的高度认可,故事脉络清晰,人物的造型设定形象贴近以及特技的华丽全面升级,使网友不敢相信国产动漫居然也可以做得如此

---

① 需要指出的是,人民网中的同一用例,经常会有重复出现的情况,但基本趋势不会改变。

细腻，一扫之前对于传统国漫故事<u>很渣</u>的印象。(《〈灵域〉开播好评如潮　全龄动漫不再遥不可及》2015-11-05人民网)

(45)谈及剧中的感情戏，杨蓉说也是对自己的一大挑战，"剧中的情感部分我是觉得挺有压力的；看小说的时候，我觉得不可能有画面，有影视的效果能诠释书里面的感觉，两人的感情是太完美了，<u>又很虐又很好看</u>，而我在这一方面是有顾虑的"。(《"桑拿天"〈美人为馅〉热拍　杨蓉版苏眠备受期待》2016-08-02人民网)

(46)揭面后的他真诚说道，"这个舞台会让我们记得我们爱唱歌，我觉得这个就很酷了，希望每一个人不要忘了去追寻自己那些<u>很燃的梦</u>"。(《〈蒙面2〉完美收官　王源惊喜加盟》2017-11-20人民网)

比较而言，"很宅、很渣"与"很虐、很燃"这样的用例，在北大语料库中一例也没有，在百度网上则高频常现，表明这些新兴的形容词虽然尚在转化过程中，但使用还是很高频的。

重新分析(re-analysis)是指在没有改变表层结构形式的情况下，在句子表层形式不变的情况下，由于人的理解起了变化，经过重新分析同一种语言形式，被赋予了一种新的解释。相对而言，当前学界默认重新分析主要是最新版《现代汉语词典》的词性标注①。请比较：

(47)经过十余年的淘炼，EMBA依据市场化运行出现了优胜劣汰，有些学校由于招生放水、学位注水、师资<u>很水</u>，被学员用脚投票，以致招生困难。(《统考能否让EMBA变

---

① 当前最新版的《现代汉语词典》，就是2016年商务印书馆出版的《现代汉语词典》(第7版)。

得更好》2016-04-05《京华时报》)

（48）一些高级领导干部在任时，为人处世讲义气，与同僚或下属多以"兄弟"相称，彼此之间的关系**很铁**，建立了盘根错节的强大关系，不也最终被"一锅端"了吗？（《别让"江湖义气"消解原则正义》2017-08-15人民网）

（49）范冰冰谈角色：我只演重口味，不演小清新。我演的角色叫柳青，她在这个片子里**很虎**，虎的意思东北话就是有点猛，有点二。（《〈万物生长〉关机　范冰冰票房过10亿韩庚曝女友》2014-12-05《新京报》)

（50）虽然她这点显示得**很菜**，但是也的确说明了一个问题，大招远的英雄那么多，如果每一个你都抱怨它出了屏幕，那岂不是视角要在右下角的小地图上玩游戏了？（《教你适应LOL新视角　放好超远大招》2014-11-14腾讯网）

"很水、很铁"的"水、铁"与"很虎、很菜"的"虎、菜"，都是通过临界模式与隐喻机制分化而成的形容词；区别在于"水、铁"已经完成了重新分析，几乎所有的词典在名词之后，都标注了形容词用法，而"虎、菜"等形容词化重新分析的过程目前还没有最终完成。

3. 形化的表达功效

3.0　本节主要探讨与分析这些新兴的形容词"A"，各种表达功用与相应效果。

3.1　效果的形象化。这8个词的词义尚未完全定型，但根据用法可以大致概括如下：

形容词	基本词义	形容词	基本词义
浪	风流时尚、轻浮狂放	燃	激情燃烧、热血沸腾
渣	品行败坏、道德低下	虐	感到难受、伤心纠结
菜	傻帽笨拙、土气落伍	作	淘气做作、折腾较劲
虎	鲁莽粗暴、强势彪悍	丧	丧气低落、恐惧失望

显然,比起同义形容词性短语来,这些新兴的形容词的表达功用自然要生动得多。请比较:

(51) 网友西域多多说:"好牛,还配诗的,赞!"对于用诗配图,荣健翔说:"理科男,语文没学好,文笔很菜(比较:很傻帽、很笨拙),还词穷了。"(《江大桥迷带你看遍校园桥景》2015-03-15《无锡日报》)

(52) 她希望未来能挑战喜剧,"这是我一直挺喜欢的,如果有合适的剧本可以尝试,早期的《老友记》很喜剧,台词不是抓痒痒的笑,男主角说得很丧(比较:很丧气、很失落),但你觉得好笑,像《泰囧》我也挺喜欢。"(《秦岚谈近几年拍戏减少:不愿做"强劲的短跑者"》2015-09-16人民网)

由于大多是通过转喻和隐喻形成的,所以,这些词的表达效果肯定会更加生动形象。再如:

(53) 不知道《贵妃醉酒》这出戏怎么就成了一出京剧的代表作?它其实很没看头。黄裳先生曾说过,当年于连泉(筱翠花)演这出戏,是很浪(比较:很风流、很时尚)的。浪,就是为了增加看头的。(《〈贵妃醉酒〉曾被列入清同治〈永禁淫戏目单〉》2013-11-25《广州日报》)

(54) 看上去的确很虎(比较:很强势、很彪悍)的样子,不过这类反面角色无外乎两种情况:一是真的很虎,另一个就是这货是在装逼!(《看完就去补个回笼觉! 盘点

动漫二次元中的极品睡神们》2015-01-08 人民网）

比起"风流时尚"和"强势彪悍"来，"浪"和"虎"的形象化色彩必然会更强，也更生动。

3.2　配合的协调化。这些单音节的新兴形容词出现了大量连用、共现的表达格式。例如：

（55）"太虐了，太虐了，真的太虐了！"北京野鸭湖冰雪马拉松是跑友吕祺完成的第 7 个半马，此前他成功征服了 4 个全马，"这里的空气很清新，跑起来很舒服，但想要跑下野鸭湖冰雪马拉松，还是需要很好的身体素质和心理素质，需要强大的意志力，需要坚持到底的精神"。（《科勒杯 2016 北京野鸭湖冰雪马拉松成功举办》2016-01-18 人民网）

（56）谈及剧中的感情戏，杨蓉说也是对自己的一大挑战，"剧中的情感部分我是觉得挺有压力的；看小说的时候，我觉得不可能有画面、有影视的效果能诠释书里面的感觉，两人的感情是太完美了，又很虐又很好看，而我在这一方面是有顾虑的"。（《"桑拿天"〈美人为馅〉热拍　杨蓉版苏眠备受期待》2016-08-02 红网综合）

（57）此次杨宗纬《咱们相爱吧》演唱会版 MV 中曝光了更多精彩剧情，表面和气亲密的"三闺蜜"张静初、张歆艺、秦岚，背后却是各种扑朔迷离的人物关系，错综复杂的感情纠葛，有剧迷更是表示"光凭 MV 就能看出剧情很燃很虐很暖心"。（《〈咱们相爱吧〉首曝片头曲 MV　杨宗纬献唱》2016-10-26 腾讯网）

尤其因为都是新功能与新用法，这些新兴的形容词已经基本成熟，可以与其他典型的形容词一起配合使用，互相协调、配合表达，叠加强化的表达效果就突出了。例如：

（58）电影中饰演敢爱敢恨的魏妍。她评价这个角色："眼神中充满对爱的执着，<u>很浪很贱</u>，享受同学们调侃她对老师的爱恋。"（《吴莫愁首触电出演〈万物生长〉称不会尝试"师生恋"》2015-04-17《羊城晚报》）

（59）舞台简<u>直太美太燃</u>了，很震撼！有仙气，有灵气，大气磅礴又梦幻的三生三世制作精良，情节演绎很动人，IP 改编舞台剧中的良心之作意境极具东方美学精髓，看得出非常用心为大家营造梦境，他们是认真的。（《三生三世舞台剧惊艳预演，东方韵味的正确打开方式》2017-10-11 东方网）

（60）马伊琍表示自己在生活中其实跟角色还是有很大的不同，"我在演这部戏的时候，自己都觉得这个女人<u>很作</u>，像一只斗鸡一样时刻准备战斗，特别能折腾。当然，如果她<u>不作不折腾</u>，这部戏也就无法成立了"。（《婚姻危机后回归　马伊琍出演强势女人》2015-11-08 网易新闻）

3.3　用法的构式化。随着形容词化用法的逐渐普及，这 8 个新兴的形容词也开始逐渐组成了一系列固化用法的程度表达构式。比如进入"没有最 X 只有更 X"类复句构式。例如：

（61）爹妈真是<u>没有最虎</u>，<u>只有更虎</u>，比如有家长跟我说，作业太多，做不完，我说只要 30 分钟，如果 30 分钟还做不完，那说明课堂内容没有了解，我可以再讲一遍。（《如何调动娃的积极性》2013-07-25 高思教育）

（62）可在娱乐圈中，<u>没有最作</u>，<u>只有更作</u>，更快就有人超越她了，这个人的变现绝对是出人意料啊，她就是《欢乐颂》里面关雎尔的扮演者乔欣。（《〈欢乐颂〉中的关关现实比赖雨濛还要做作》2017-07-12 每日科技秀）

（63）关于最燃圣斗士系统：<u>没有最燃</u>，<u>只有更燃</u>！圣

斗士的传说再度降临！穿越者延青,开启圣斗士系统,成为真正的圣斗士。(《最燃圣斗士系统》2016-06-03 百度快照)

(64) 没有最菜,只有更菜! 9 月 3 日晚,中国队和伊朗队的热身赛跟"菜"干上了。不仅郑州航海体育场的场地条件够菜,中国队的表现也够菜,被 15 个月前的手下败将伊朗摁着打。最终,中国队上下半场各丢一球,0∶2 不敌伊朗,此前在国际 A 级赛事中保持的 17 场不败纪录就此作古。(《场地很菜　国足更菜》2010-09-04《半岛都市报》)

"没有最 X 只有更 X"这一构式,现在甚至还可以进入句内,直接充当定语。例如:

(65) 该剧在 MBC 电视台接档《善良的男人》,观众说:"原来以为《善良的男人》已经够惨了,但本年度没有最虐只有更虐的剧情,《想你》就是一部《悲催的女人》。"(《尹恩惠转型"施虐"朴有天》2012-12-15《广州日报》)

(66) 在娱乐圈,仿佛每一个明星都喜欢给自己塑造成最完美的形象,不管是在影视作品当中,还是在现实生活当中,都希望自己的粉丝能够更喜欢自己,让自己达到一个完美的状态,但是很多男明星其实在生活当中的行为都是非常渣,而且让大众网友粉丝非常地失望。(《盘点娱乐圈中没有最渣只有更渣的四大男明星》2016-12-22 搜狐网)

再比如,还可以进入"很 A 很 AB"这一类表示并且强化程度的短语构式。例如:

(67) 金庸小说的男主角都没意思,郭靖、张无忌真的很渣很无聊,杨过、令狐冲还凑合！倒是大量女主角魅力超大,黄蓉、赵敏、任盈盈等圈粉无数！(《看评论越来越讨厌郭靖了,道德伟人感情渣男》2017-03-29 豆瓣电影)

（68）会不会交邱莹莹这样的朋友？"邱莹莹<u>很作很烦人</u>，但也很单纯"从人设来看，邱莹莹应该是《欢乐颂》五美里最普通的一位，睿智不如安迪、家世不如曲筱绡、美貌不比樊胜美，连和她差不多平凡的关雎尔，都赢了她一分乖巧懂事。（《杨紫：我不希望〈欢乐颂〉拍第三部》2017-06-14《信息日报》）

（69）华胥引是悲剧吗？华胥引电视剧结局是悲是喜？华胥引未播先热，据悉还原度较高，剧中每段爱情都是悲剧，<u>很虐很揪心</u>。（《华胥引是悲剧还是喜剧？每段爱情都很虐很揪心》2015-07-10 北京本地宝）

（70）不少观众被该剧感染了，"真诚安利这部《维和步兵营》。蓝色的头盔，大地赋予的使命，有你们，中国才有安宁与和平！刚一开始我只是为了我家男神看的，到后来却被剧情本身吸引了"。"剧情让人看得<u>很燃很热血</u>！这就是中国军人的担当，这就是国人同胞彰显的团结力量！"（《电视荧屏近期励志剧作不断　贴近生活感动观众》2017-10-20《广州日报》）

类似的构式用法，还有"很作很挑剔、很虎很厉害、很浪很风骚"等等。

值得注意的是，非凸显程度强化格式，通常并不适合形容词用法。比如"X了去了"：

（71）"有名的胡同三千六，没名的胡同如牛毛"，胡同里，藏着这个城市里普通人的日常；藏着那些历史过往的名人遗迹：九道弯的鲁迅故居；南锣鼓巷的茅盾故居；还有定阜的梅兰芳故居等等，套用句老北京话，"<u>海了去了</u>"。（《北京名片："海了去了"的小胡同大世界》2015-06-08 微口网）

（72）血型雕刻师真<u>绝了去了</u>,一开始的美国乡村音乐就不错,很怀旧……特别是男的如厕的一段很搞笑,后来就猜厕所肯定发生剧情,果然不出所料。(《美国恐怖片》2012-05-23 百度贴吧)

在这一构式中,"海"强调"大量","绝"凸显"精妙",都不表示程度。在调查的语料中,本章研究的这 8 个新兴的形容词,都没有发现可以进入这一特定强调构式的①。

值得注意的是,进入"A 并 B 着"构式"A"位的词,不表程度就会转向动词化。例如:

（73）今天小编就带大家来盘点一下最近一段日子以来电视剧当中让大家<u>虐并快乐着</u>的经典片段,相信总有一个片段像是卡在你心头的一根刺般,久久不能忘怀。(《盘点让观众"虐并快乐着"的影视剧经典片段》2016-02-21 娱乐天天)

（74）新专栏桑中之约上线,作者桑子袆,自我简介是文风和本人反差萌的少女写手,穷到快吃土的大学生,百无一用只会码字,在北京<u>浪并快乐着</u>。(《醉与罚:醉驾者随访录·桑中之约》2015-08-21 好酷网)

（75）<u>宅并享受着</u>。你不得不承认,你心里一直有一个完美家的模型,也许是温馨型、自在型、清爽型,甚至是舒适依赖型。(《格兰仕生活家:玩技术　更要比艺术》2012-03-07 艾肯家电网)

这一构式中的"虐、浪、宅"都没有表程度,而是表达各种相应的动作与行为义,这也从另一个侧面证明:前加程度副词的临界模

---

① 在搜集到的语料中,只找到一个特例"宅了去了";作为微博的名称,显然与表程度无关。

式,在名、动形化的过程中确实是必不可少的。

4. 结语与余论

4.1 综上所述,归纳如下:首先,从转化的临界模式看,主要涉及述谓分布与陈述功能、程度促发与性状凸显、功能稳定与分化固定三方面;其次,从演化的相应机制来看,主要有相邻句位与和谐变换、转喻过渡与隐喻投射、高频类推与重新分析三方面;最后,从形化的表达功效来看,主要包括效果的形象化、配合的协调化、用法的构式化三方面。

4.2 需要指出的是,本章所分析的这些正在转化中的形容词,只是汉语"N/V"形化过程中的几个个案而已,其实,已经或正在形化但尚未重新分析的"N/V"还有许多①。例如:

(76)陈丹青表示,现在的男孩子都<u>太面</u>了,非常害怕这个世界,"你们千万不要这样,老子一条命,我想干吗我就做到它,什么忠告不忠告"。(《现在男生太面,年轻人就得狂》2013-04-10《江南时报》)

(77)他的伤害之所以高,主要是因为这个英雄实在<u>太肉</u>了,他并不需要任何攻击装备就能够有着不俗的伤害。(《英雄联盟5.5排位赛打野排名 坦克英雄全面崛起》2015-03-23腾讯游戏)

(78)你以为白百何很忙、<u>很搏</u>?她却说:陪儿子更重要!(《娱乐圈八卦人》2015-07-13八卦新闻网)

---

① 沈家煊(1995)的例句是充当补语的形容词,比如:"已经走得远"不能单说,"已经走得很远"就可以说了。关于完句功用,还可以参看孔令达(1994)、郭伏良的《副词与完句的关系》(《逻辑与语言学习》1993年5期)、王静的《程度副词完句作用的历时考察及原因探析》(《贺州学院学报》2014年4期)。

由此可见,有关现、当代汉语名、动形容词化的语言现象,还有待更大规模地深入研究。

4.3　回顾汉语程度副词的研究历史,早年的研究主要关注程度副词的等级限定功用(王力,1943),比如将程度副词分为相对、绝对与高级、中级与低级等。后来的研究,逐渐关注到部分程度副词比如"太好了、多好啊"都还兼有的各种评注性,从而开始探究程度副词的主观情态功用(朱德熙,1982)。再后来,部分学者还发现,在单个形容词充当谓语的句子中,一些程度副词还具有特定的有界完句功用(沈家煊,1995),比如"她漂亮"不能单说,而"她很漂亮"就成句了①。经过多年的研究,人们现在终于发现,由于汉语独特的语言形态类型学特征,汉语程度副词还具有词性转化功用(施春宏,2015;张谊生,2015、2016)②。当然,这四种功用的性质与作用完全不同,这些功用的形成要取决于各种不同的句法环境,而且,也不是每个程度副词都能具有的。就相互关系来看,这四种功用之间并非并列共存的,而是互相交叉的:有的源自演化积淀,有的借助于共时组配;有的可以相互促进,有的没有任何关系。显然,有关程度副词这四种功用的性质与特征、类别与范围、关系与互动、发展与演化,迄今为止还没有可资借鉴的成果,自然还有待学界同仁展开更进一步的深入探究。

---

① 表示食品具有柔性的"面"早已是形容词了;表示指性子慢,办事磨蹭不利索的"面"尚在演化中。

② 施春宏(2015)从构式压制的角度对"副+X"的功能转化提出过解释。认为原型结构是程度副词+性质形容词,如果非性质形容词进入"X"项的位置,经过压制就会凸显与性质形容词相近、相同的语义和功能特征。比如"你的确很政治、很大局、很主流"中的"政治、大局、主流"。施文的观点无疑具有重要的开创性,也很有启发性。当然,构式压制所凸显的功用主要重在表达,进入构式的名词性成分并不一定都会发生词性的改变,譬如:迄今为止"政治、大局、主流"都还是单功能名词,还没有形容词化。

参考文献

方义桂　2009　语法隐喻的形容词化类型研究,《西安外国语大学学报》2 期。

郭晶晶、刘云飞、肖惜　2014　现代汉语中的动词化、形容词化和概念语法隐喻,《钦州学院学报》9 期。

韩　杰　周美玲　2011　现代汉语程度副词研究综述,《嘉应学院学报(哲学社会科学)》4 期。

孔令达　1994　影响汉语句子自足的语言形式,《中国语文》6 期。

刘丹青　2008　重新分析的无标记化,《世界汉语教学》1 期。

沈家煊　1994　语法化研究综观,《外语教学与研究》4 期。

沈家煊　1995　"有界"与"无界",《中国语文》5 期。

施春宏　2015　构式压制现象分析的语用学价值,《当代修辞学》2 期。

王　力　1985　《中国现代语法》,商务印书馆(初版:上册 1943 年、下册 1944 年)。

吴福祥　2005　汉语语法化演变的几个类型学特征,《中国语文》6 期。

吴福祥　2013　关于语法演变的机制,《古汉语研究》3 期。

张谊生　2007　程度副词对状态形容词的二次记量与主观赋量,[日本]《现代中国语研究》第九集。

张谊生　2015　当代汉语名词的词义转换与功能扩展——以"热血、冷血"与"狗血、鸡血"为例,《汉语学报》2 期。

张谊生　2016　从性状化到构式化:当代汉语"拼、扯、拽"的形容词化探究,《江西师范大学学报》3 期。

周小兵　1995　论现代汉语程度副词,《中国语文》2 期。

朱德熙　1982　《语法讲义》,商务印书馆。

F. Ungerer, H.J. Schmid 1996 *An Introduction to Cognitive Linguistics*, Beijing: Foreign Language and Research Press(当代国外语言学与应用语言学文库《认知语言学入门》,外语教学与研究出版社 2001 年版)。

Hopper J. Paul & Elizabeth Closs Traugott 1993 *Grammaticalization*, Cambridge: Cambridge University Press(《语法化学说》,外语教学与研究出版社,剑桥大学出版社 2001 年版)。

第二章 类型学视野下当代汉语单音节名、动词形化再研究

——以"肉、娘、轴、面、瓜"与"挑、搏、撩、搭、雷"为例

0. 引 言

0.1 就人类语言而言,名、动、形三大类开放类实词是分别表达指称、陈述与性状的基本词类,但由于表达需要,必然会处在不断发展与相互转化过程之中,只是不同类别语系的语言,演化的动因与机制、方式与速度有所不同。仔细调查这二十年前后汉语的名词、动词的基本功用可以清楚看出,有相当一些词的句法分布、搭配方式、表达功效已发生了显著甚至是根本性的转变与分化。为了集中调查视角,本章只研究单音节名词、动词的形容词化。

就当代汉语单音节名、动词形化的发展历程与演化性质而言,大致可分为三种情况:一种是业已完成功能转化与词性分化的兼类词,比如"水、铁、牛、熊、土、贼、鬼"与"挤、堵、塞、抠、逗"等;这类形化的兼类词《现代汉语词典》(第7版)、《现代汉语规范词典》(第3版)大多已标注形容词功能。再一种是新世纪以来才开始形化,目前已经分化的名形、动形兼类词,比如"浪、渣、菜、虎、宅"与"拼、扯、拽、燃、虐、作、丧"等;相关现象张谊生

(2016)(2019)已作过专题研究。最后一种则是当前正在向形容词转化,迄今还没有完成分化的"肉、娘、轴、面、瓜""挑、搏、搭、撩、雷"等单音节名、动词①。例如:

　　　　A　性格确实<u>很肉</u>/那小鲜肉也<u>太娘了</u>/那角色<u>实在太面了</u>/他为人一向非常<u>轴</u>/都说我做事<u>相当瓜</u>。

　　　　B　他一向就<u>很挑</u>/最近真的很忙<u>很搏</u>/我看他俩真<u>太搭了</u>/剧情拍得也真<u>撩</u>啊/人物造型也<u>太雷了</u>。

正因为单音节名、动词形容词化现象在当代汉语中正呈现快速发展的趋势,所以本章决定对这一语言现象再作进一步研究。从三个角度展开:首先探讨名、动化的组配、模式与功能;然后揭示名、动形化的性质、特色与功效;最后分析名、动形化的机制、动因与后果。

0.2　本章语料主要引自人民网、百度的新闻报道,全部标明出处。需要指出的是:本章所引的特定用法例句尽管正代表着相关名、动词的发展趋势,但有相当一些只能在网上流行,接受度还不高。另外,为了表达简洁,本章有时就用"N、V"指代单音节名词、动词。

1. 形化的组配、模式与功能

1.0　本节主要研究单音节名、动词形容词化的组配方式、

---

① 本章区分单音节名词、动词是否已经转化与尚未转化的形容词的标准,主要就是根据《现代汉语词典》(第7版)的词性标注,凡是同时还标形容词的,就是已完成重新分析进而分化出形容词了。另外,需要说明的是:当代汉语中的有一些单音节名、动词的形容词化现象,在汉语方言尤其是官话大区的一些次方言的口语中已经有所流行;譬如"很瓜"主要流行于四川方言、"很虎、很肉"通行于东北方言等。不过,限于本章篇幅与调查条件,对于各方言中相关语言现象及其对网络语言的影响,本章不便展开研究。

表达模式与句法功能。

1.1　程度限定与功能转化。导致"N、V"形容词化的临界语境就是前面一般要加典型的高量级程度副词"很、太"或"非常、相当"等①;当然,就句法分布与功能而言,被副词限定的名词都已不再充当主、宾语表指称了,大多数都是充当各种谓语来表陈述的②。例如:

（1）鸿莲希望找到仰望的感觉,她眼中的相亲对象"<u>太肉</u>,不像男人",不能给她安全感;孙旸对相亲对象一番审问之后,淡淡地表示这个男人驾驭不了自己,只能说不反感。(《"婚嫁"纪录片爆红　引发社会讨论》2016-02-01《北京晚报》)

（2）在被问及满不满意杜海涛这个经纪人时,陈晓东笑称杜海涛除了形象有点让人意外,其他方面都挺好的,他表示:"他在影片中非常娘,但性格很'温柔',这还挺有助于经纪人跟外界联系的。"(《〈绑架大明星〉将映　陈晓东称经纪人是三明治》2013-07-31 人民网)

（3）面试的时候可能我是那种什么都不怕,性子<u>很轴</u>,傻傻的劲儿跟如梦很像,引起了导演的注意。(《〈新喜剧之王〉举行发布会　周星驰表示没炒冷饭》2019-01-23《北京日报》)

（4）集训完毕后,外部的坏蛋还是要有几个的,他们不

---

①　除了高量级程度副词外,也可以是强化程度的代词"这样、这么"。另外,还发现一些"N、V"前面出现低量级程度副词"有点、有些"的用例,不过,可以这样搭配的"N、V"没几个,频率也不高。

②　有关"很/太瓜"的语法,在四川方言早已有相关的说法,还可以说"瓜兮兮的"。在四川方言中主要有两种功用,一是骂人话,就是"太傻 X 了",二是玩笑话,就是"太憨厚老实、很滑稽搞笑的"。

能太猛,猛了则给人以生活在危机四伏的时代的心理暗示,他们也不能<u>太面</u>,面了则给人以我特种兵牛刀杀鸡和胜之不武的感觉……(《"特种兵"系列为何历久不衰》2016-02-21《解放军报》)

(5)黄金交易真正的主战场是像伦敦这样的市场,我以前只关注白天交易时间,现在想来真是<u>太瓜</u>了!(《金价暴跌惹人馋 炒金恪守"八大戒律"》2013-05-21 新华网)

而形化的动词,则不再表示各种具体的行为、动作,只是表特定的性状、性能。例如:

(6)至于对电影的期待和压力,周迅坦言"因为我<u>很挑</u>,如果说弄不好我也会很难受,跟商业无关,这是一个心理的东西"。(《周迅首次跨界做电影监制 〈陪安东尼〉男主角不选老公》2015-02-08 人民网)

(7)拿下大奖后,王浩信表示自己接下来还是会把重心放在拍戏上,今年还会和监制林志华继续合作《兄弟》,也是一个很有挑战的"怪杰"的角色,"我拍戏比其他人不惜身,<u>比较搏</u>,也是希望在我还有精力的时候,可以多留下一些好的作品"。(《王浩信:"我<u>很搏</u>,希望观众可以看到我不是只有幸运"》2018-01-23《新快报》)

(8)特邀导师容祖儿更是丝毫不掩欣赏之情,"他的声音是有观众缘的,能够吸引人的。他有成为巨星的潜质,声音真的<u>很撩</u>"。(《〈下一站传奇〉杨昊铭版〈小幸运〉大获好评》2018-12-03 环球网)

(9)一位"初次尝鲜"的消费者林女士分享:"这次在冬奥的举办场地上,真正 Get 到了滑雪的乐趣,以前总觉得青岛啤酒节和小龙虾<u>很配</u>,没想到滑雪和啤酒节也<u>很搭</u>。"(《冬奥体验之旅"发车" 青岛啤酒"冰上啤酒节"火热开

启》2019-11-15 人民网)

（10）不过,不少人物造型**很雷**,同时该剧在古装之外又植入科幻元素,这种杂糅效果引起争议。(《"那年花开"落幕新剧上线　老戏骨忙挑战中生代玩变身》2017-10-10《郑州晚报》)

显然,正是由于独特的语言形态类型学特征,加上汉语程度副词具有的词性转化功用(施春宏,2015;张谊生,2015、2016、2019),所以,进入程度压制模式的"N、V"都开始形化了。

1.2　感受表述与后补促转。除了直接充当句子谓语之外,一部分受程度副词限定的单音节"N、V",也可以根据表达需要,直接充当感受类心理动词的评判性宾语。例如:

（11）消除下巴松弛的诀窍:让脸轮廓利落还要注意下巴,下巴肉垂垂的也会**觉得很肉**。想说要消除这个部位的话,可以用手指捏下巴的外围,然后轻压就会有效果。(《范冰冰李治廷逗趣写真　范爷巴掌脸视觉力减 10 斤》2013-05-24 人民网)

（12）霍尊自出道以来一直以柔美的嗓音和古典气质以及优美的声线这样独一无二的歌喉在歌坛上堪称经典,他的音乐古典而不古板,充满灵性和活力,……可大家可以发现霍尊和自己的父亲火风并不是一个姓啊,这是怎么回事呢?霍尊唱歌的时候为什么是女声**感觉很娘**啊,一起和小编了解一下吧!(《霍尊为什么姓霍不随父亲火风姓,为什么是女声的感觉》2019-06-19 电视指南网)

（13）甘薇:太子妃你们**觉得很雷**,但是我自己觉得真的是用心打造的,每一个画面每一个场景,包括我们的服装都不是很雷,我们是真的按照大片来做,按照古装来做,大家可能接受不了时尚古装,大家看惯了老式戏,偶尔来这么一部大家都觉得<u>很雷</u>。(《"太子妃"重新上线遭降温？出品人甘薇：不想过度营销》2016-02-02《扬子晚报》)

（14）今天去理发店剪刘海，理发师把我刘海剪得好短、好短哦，最重要的是我自己看起来<u>觉得很瓜</u>，天哪，怎么办嘛？怎么出去见人了哦？(《最重要的是我自己看起来觉得很瓜》2012-01-03 百度快照)

（15）酷狗音乐粉丝"火力全开"说道"偶然发现了这首歌，没想到竟然如此好听，赶紧带走"，酷我音乐也有用户表示"嘻哈＆电音，这种风格<u>感觉也很搭</u>嘛"。(《催歌终见成效　见过一首歌有三个版本嘛？》2019-07-26 千龙网)

除了前加程度副词外，部分"N、V"也可以后附程度补语"得很"①来促发其形化①。例如：

（16）开了两年的哈弗 h6，真心感觉<u>肉得很</u>，特不爽，不知道换全合成机油会不会好一点，上个坡油门都加满了。(《哈弗 h6 吧》2018-06-22 百度快照)

（17）不可否认，现在确实有不少男孩缺乏"爷们儿"味，不像个男人，说话嗲声嗲气，娘腔娘调，身子骨弱，甚至弱不禁风。喜欢涂脂抹粉爱打扮，喜欢在女孩堆里混，与女孩厮闹疯玩，<u>娘得很</u>。(《刘运喜："爷们儿"课程能否培养纯爷们儿》2013-12-08 齐鲁网)

（18）他们给了我很多选择，都是现在一流的歌手、演员、主持人，可是我觉得我必须要了解的，如果你对一个人完全不熟悉，加上我又特别慢热，两个人坐在一起就会很尴

---

① 在当代汉语中，"得+很"已经副词化了，除了本章提到的这些名、动可以后附"得很"强调程度外，其他如名词"水、牛"和动词"溜、虐"，还有数词"二"等词也都可以后附"得很"，通过促发程度转化名词、数词和动词的功用，相关用例在后文 3.2 中有具体举例论证。

尬,<u>瓜得很</u>。(《"特约记者"李宇春受折磨　第一次"瓜得很"》2011-07-06《成都商报》)

（19）孙红雷<u>雷得很</u>:电视剧《一代枭雄》已经在江苏卫视播出多天,孙红雷饰演的"海归土匪"何辅堂被不少网友称为"土豪土匪",网友笑言:"孙红雷这次演了《一代枭雄》,彻底变成'土豪土匪'了。"(《网友竞猜孙红雷〈一代枭雄〉造型　代言哪家方便面》2014-01-06《武汉晨报》)

（20）《西安非遗绝活儿进基层　获赞"<u>撩得很</u>"》(2015-09-11 人民网　标题)

相对而言,后加程度副词"得很"促发"N、V"形化的组配方式,用法有限制,频率也不高。

1.3　构式表述与修饰描述。现代汉语中,"不是很 A,是非常 A""越来越 A"一类强调的格式都已经构式化了,在特定情况下,正在形化的"N、V"也可以进入相关构式。例如:

（21）会计小婉是一个小男孩,每天左手提着个小坤包,右手拿着饭盒,<u>不是很娘,是非常娘</u>。与他交流永远有障碍,他说了半天,你未必能明白,等你明白过去,原来只用一句话就可以说清楚。(《网友八卦极品老板同事:不求最好,但求更傻》2013-11-14《北京晚报》)

（22）王俊凯帅气自拍,这小眼神儿也是很撩人啊。网友看后纷纷留言:"王俊凯你帅炸,<u>越来越撩</u>,让人怎么活啊?"(《王俊凯深夜晒帅气自拍　王俊凯海量童年照曝光》2017-08-15 人民网)

至于"很 A 很 AB""不要太 A",作为当代汉语强化程度的构式,自然也已经被运用。例如:

（23）大 S 是时胖时瘦的体质,瘦的时候很小巧玲珑瘦瘦小小的,胖起来又看上去<u>很肉很臃肿</u>,出道前有点婴儿

肥,出道后也好几次被拍到发福。(《周迅柏芝全智贤　瘦成竹竿的女神也曾是肥婆》2014-06-16 爱美网)

(24)换句话说,范爷在,他就安全。注意,这不是综艺效果,虽然**很雷很震惊**,但杨迪同学真的是这么想的,看他真诚的眼神。(《杨迪害怕坐飞机　遇气流吓到喊"救命"》2018-01-04 红网综合网)

(25)神仙姐姐刘亦菲在粉唇选择上也几乎不会出错,就是偏粉肤色的原因,带有微微粉调的肤色和同样相近的唇色<u>简直不要太搭</u>,黑发也比黄发多了些高级感。(《夏季出行,谁也不要拿走我的少女心》2018-06-22 人民网)

而且,随着这类形化"N/V"的高频使用,大部分都已经可以充当句法成分定语了①。例如:

(26)而喷光油的话就没什么了,多喷几层自己把握质感即可,当然也不要喷太多,否则会给人**很肉的感觉**。(《过程不堪入目　编辑带您一起改造笔记本》2013-12-05人民网)

(27)何晨是个**很轴的人**,从开始到最后他一直坚守着一个信念,就是这个事情还不到最后,还没有完。这是他守卫正义的方式,他要用真相定义自己的价值。(《本周五,看国产悬疑片正面硬刚》2019-11-19《信息时报》)

(28)当一天结束,劳累不堪地回到家里,才惊觉自己腰酸腿疼,视力模糊,于是不禁要问自己一句"这么拼命工作为了什么",然而生活就是这样无奈。到了周末,没有理由不给自己一个休闲娱乐的机会,工作<u>"太搏"</u>的姐姐妹妹

---

① 关于句子成分和句法成分的区别以及句法成分的性质、功用,请参看张谊生(2013)。

们站起来,今天我们要开始新的生活——"跑搏"。(《上班"太搏",下班"跑搏"》2001-02-15 世界经纪人)

（29）而在本期节目中,毛不易遇上了一位和自己在音乐经历和画风上都很搭的歌手,来自拉萨的"新藏式民谣歌手"阿帝,同样通过一次比赛改变了人生轨迹,也同样话少。(《毛不易〈藏歌会〉首唱新歌　挑战治愈系藏式民谣》2018-11-22 光明网)

（30）在结束了紧张的工作和学习之后,大家在春节期间打开电视机,需要的是放松而不是说教,所以一些看似很雷的作品能吸引观众,网络热传的槽点也让更多的人欢乐地加入到传播大军中来。(《"寂寞空庭春欲晚"康熙化身情话帝　观众越吐槽收视率越高》2016-02-15《北京日报》)

总之,就组配方式看,当代汉语形化中的"肉、娘、轴、面、瓜"与"挑、搏、撩、搭、雷",除了前加量级程度副词、指示代词外,部分可以后置"得很",有些还可以进入相关程度构式;就分布功能看,这些带有程度的组配成分,除了充当句子谓语之外,还可以充当评判性宾语、修饰性定语;所以,具有相应的搭配、模式与功能的"N、V",现在都已形化了。

2. 形化的性质、特色与功效

2.0　本节主要研究单音节名、动词形容词化的词类性质、语言特色与表达功效。

2.1　语义的生动化与精准化。就词类性质而言,当前活跃在各种网络、博客中这些前、后附加程度副词的"N、V"正在演化与转化过程中,还没有完全达到可以重新分析的阶段,所以,还不能定性为形容词,只能称之为"形化中的单音节名、动词"。

不过,就表达效果而言,在程度压制的特定语境中,这些"N、V"显然比同义形容词,更加生动、形象。先看形化的"N":

（31）于是在《马向阳下乡记》的观众中,认为马书记面对村霸刘世荣时太温和、太肉的还挺多。(《吴秀波:在〈马向阳〉这部戏里　我有一部发动机》2014-10-14 新华娱乐）

（32）有人说男生画雀斑妆很娘,实际上看到蔡徐坤的雀斑妆,不仅不娘,而且特别减龄。(《血槽已空,蔡徐坤雀斑妆甜度爆表》2018-06-20 太平洋时尚网）

（33）现场,中戏 87 级徐帆解释外号"土豆"是因为自己"太面了",胡军笑称"当时她的脑袋就那么大,像小土豆"。(《中戏上戏"明星班"重聚话当年　胡军爱乱花钱》2018-05-15《新快报》）

（34）在这个偏居于丰台郊区的工地上,工友们的娱乐方式就是斗斗地主、打打一块钱的麻将。"你早点出炸弹就赢了嘛,你太瓜了哦!"工友抓过四川南充籍民工李川南的牌,劈头盖脸地喊了起来。(《大爱! 北京 7.21 暴雨中舍身救人民工 56 人是四川籍》2012-07-30 人民网）

（35）武松太轴了,我想西门庆这样的男人会更受女人欢迎,你想他能骗到那么多女人,自然还是有他自身的优点,比如特别会哄女人开心,而且特别地体贴,善解人意。(《甘婷婷谈新版潘金莲:现实中西门庆更受欢迎》2011-01-12 手机看新闻）

而正在形化的"V"在表达性状的过程中,也会比同义形容词,显得更加精准、简洁。例如:

（36）至于对电影的期待和压力,周迅坦言"因为我很挑,如果说弄不好我也会很难受,跟商业无关,这是一个心

理的东西"。(《周迅首次跨界做电影监制　〈陪安东尼〉男主角不选老公》2015-02-08 人民网)

（37）很多人说,王浩信近两年在 TVB 的极速上位是撞了大运,但其实除了幸运,王浩信的努力和实力也是有目共睹的。拿下"最佳男主角"后,他告诉记者,他拍戏比别人<u>更搏</u>,也是想要让观众看到,他不是只有"幸运"。(《王浩信:"我很搏,希望观众可以看到我不是只有幸运"》2018-01-23《新快报》)

（38）"第一次听说车库艺术节,这种环境氛围和我们<u>很搭</u>,若能培养成品牌,每周都能举办,一定会积累足够的人气。"他说,在这种较为开阔的场地举办模玩竞技,本身就可以自带年轻人"流量",有利于让更多年轻人了解到公共文化的新品牌。(《北京:朝阳区车库里办起炫酷艺术节》2019-06-03《北京日报》)

（39）他演唱的《小幸运》大受网友好评,连特邀导师容祖儿都惊叹"他的声音真的<u>很撩</u>"。(《〈下一站传奇〉杨昊铭版〈小幸运〉大获好评》2018-12-03 人民网)

（40）不过,不少人物造型<u>很雷</u>,同时该剧在古装之外又植入科幻元素,这种杂糅效果也引起争议。(《"那年花开"落幕新剧上线　老戏骨忙挑战中生代玩变身》2017-10-10《郑州晚报》)

就各词衍生出的性状义而言,虽然都还未完全定型,但根据当前的用法可以大致概括如下①:

---

① 由于本章研究的这十个词,在词类归属方面还不能称之为形容词,所以,下面表格中概括的衍生性状义,还不是严格的词义,而是必须借助于程度压制的各种特定语境中的语用义。

表一　形化名、动词衍生的性状义

形化名词	衍生的性状义	形化动词	衍生的性状义
肉	内向懦弱、胆小怕事	挑	挑三拣四、要求很高
娘	娘腔娘调、没阳刚气	搏	竭尽全力、奋不顾身
轴	爱钻角尖、不听人劝	撩	引诱挑逗、招惹显摆
面	窝囊软弱、没男人味	搭	合适般配、协调有缘
瓜	反应迟钝、傻乎乎的	雷	出人意料、惊倒无语

严格地讲,现代汉语中还没有与这些形化的"N、V"词义完全相同的形容词,所以,正是由于这些形化"N、V"具有各种生动、形象、精彩的表达特点,从而导致当代汉语中出现了一系列比直接运用同义形容词,显得更加精准、多样、简洁的可供选择的表现形式。

2.2　表达的陌生化与时尚化。所谓陌生化(defamiliarisation),就是在语言使用中对常规、常识偏离的现象,从而造成理解与感受上的陌生感,达到吸引青年人的特定效果。新兴的"N、V"无疑都具有很强的表达陌生化效应,甚至前加低量级程度副词"有点",也具有相应效果。先看"N":

(41)空调制冷效果还不错,国庆期间见识一回,动力嘛……还行吧,起步确实有点肉了,差不多我一家子出门够用。(《起步确实有点肉　评长安奔奔 1.4 L 尊贵型》2014-10-20 汽车江湖网)

(42)他豁然表示,"大家跟我开玩笑说我有点娘,什么厂花、厂哥的,都没关系。大家往后看,这个人物会越来越丰富,越来越坚挺"。(《只看了两集剧本　朱亚文就接了〈大明风华〉》2019-12-22《信息时报》)

(43)杨颖在《奔跑吧》里,很"粗线条",骨子里有不服输的气质,很拼,爽朗,没有心机,这和女主角程真真有点

轴、有点傻气的感觉,是很吻合的。(《〈我的真朋友〉主演演技遭吐槽　剧集口碑受影响》2019-06-08《羊城晚报》)

(44) 相比游戏中那个孤胆英雄马克思·佩恩,电影中的佩恩确实<u>有点面</u>,电影中的佩恩除了跳进冰冷的哈德逊湾之外,并没有经历太多的生死一线间。(《这个佩恩有点面》2008-12-14 豆瓣电影网)

(45) 几分钟后,一名自称是房屋所有权人的赵先生赶到现场,他向民警解释说,短发女子是他的姐姐,1208 房间和 0802 房间是自己买过来作为员工宿舍的,"我这个姐姐<u>有点瓜</u>,她肯定是想挣点钱,但确实是员工宿舍"。(《成都荷花池无证胶囊公寓　100 平米住 20 人》2015-04-10《华西都市报》)

同样,既然这一类表达方式是当代的创新模式,形化"V"也会给人带来很强的时尚感。例如:

(46) 但即便这样,"90 后"找工作依然**很挑**,他们非常看重工作环境,94.4%的"90 后"白领表示工作环境对于选择工作时非常重要或重要。(《上班族有多苦? 1/3 白领每周加班超 5 小时》2015-08-09《今日早报》)

(47) 这里有陕西音乐厅、西安音乐厅、西安美术馆、曲江太平洋电影城。这里的陕西肉夹馍和意大利的冰激凌很配,这里同盛祥的泡馍和必胜客的比萨**很搭**,这里穿西装和着唐装一样正常。(《直与天地争春回——记习近平总书记在陕西考察》2020-04-27《陕西日报》)

(48) 有很多同学是非常地想知道,有哪些很甜很撩的情话,小编整理了相关信息,希望会对大家有所帮助! (《很甜很撩的句子　撩妹套路短句》2019-02-15 短美文网)

（49）"爷爷级"是第三版，是我多年前从旧书摊淘回来的，问题<u>很雷</u>，譬如："地主是怎样利用高利贷残酷剥削农民的"。（《科普你的科普》2015-07-18《广州日报》）

（50）（《叶璇水城真的<u>很搏</u>　裸女鞋跟加梦露造型》2009-09-07《信息时报》标题）

显然，形化的"N、V"，不管是陈述性谓语还是描述性定语，都能给人当代汉语的时尚感。

2.3　功效的简洁化与协调化。就当代汉语的这类"很/太+V"而言，基本上都是原来"很/太+VP"的省略式。比如，"很/太+撩、雷"的前身，显然就应该是"很/太+撩人、雷人"。试比较：

（51）不仅如此，容止回府探望朱雀的戏码，更令网友齐呼"这个壁咚太苏、<u>太撩人了</u>""老夫的少女心已炸，需要容止才能治好"。（《〈凤囚凰〉神机妙算宋威龙屡解难题遭亲信背叛毅然跳崖》2018-02-11 千龙网）

（52）这不，吴宣仪可就直接把垃圾分类和时尚玩到了一起来，也是相当会玩了，链条包的款式加上小巧的垃圾分类箱，完全就是时尚小达人了！网友：<u>太撩了</u>！（《吴宣仪本想晒自己的新包，不料却被"手指"抢镜》2019-07-27 小笙说娱网）

（53）剧中还加入失忆桥段：成年后的卫琳琅完全不记得小时候的事情，然后康熙就一直试图用琳琅小时候唱过的歌、小老虎等细节唤起她的记忆，甚至说："我小时候一定见过你！"这也令网友直呼<u>太雷人了</u>。（《"寂寞空庭春欲晚"康熙化身情话帝　观众越吐槽收视率越高》2016-02-15《北京日报》）

（54）前一天闹离婚，后一天求复合，在网络上，黄毅清、黄奕夫妇这出婚变"闹剧"最终成了诸多围观者眼中的"雷剧",不少网友当时评价称"<u>太雷了</u>,真是赶不上你变化的脚步"。(《黄奕家庭闹剧雷人　网友吐槽:赶紧杀青》2014-06-18《华西都市报》)

比起"很撩人、很雷人"来,"很撩、很雷"的表达式显然要简洁、协调得多。而"很/太+博、挑、搭",则是"很/太+搏命、挑剔、搭配"的感染下简略、替代而成的。试比较:

(55)戏里,吴京饰演的冷锋是一个强悍的军人,而戏外,吴京则更像"许三多"——很拼,<u>很搏命</u>,不怕伤痛,不怕困难,恨不得把十八般武艺都呈现给观众,那股直愣愣的傻劲儿,与《战狼》系列可说是天作之合。(《〈战狼2〉吸金速度"心惊肉跳"网友看完电影想当兵》2017-08-01《广州日报》)

(56)李亚鹏<u>很搏</u>,应采儿很"革命":《我的三十年》以1978年以来的广东为背景,通过讲述厉家驹(李亚鹏饰)、冼广伟(高虎饰)和区静(应采儿饰)3个不同人物的命运,展现时代的巨大变迁。(《"我现在婚姻很幸福"　李亚鹏被赞很男人》2008-10-16《信息时报》)

(57)"其实所谓'剩女',根本不是'剩'下来的姑娘。在大家眼中,她们是<u>太挑剔了</u>,不将就。"方洛洛说。(《女人27岁没嫁出去变"剩女"　专家:别为结婚而结婚》2016-02-14《中国青年报》)

(58)她说,我单身快一年了,身边的朋友不停地催我找男朋友,可我一直没有遇到合适的,她们就觉得是我要求太高了,<u>太挑了</u>。(《太挑了所以没对象》2019-04-21百度快照)

(59)两人的默契让歌迷一直高呼"在一起",玩笑归玩笑,但两人别怪歌迷太八卦,要怪就怪他们两人<u>太搭配</u><u>了</u>。(《好声音张绍刚干露露 2012 年 10 大综艺事件》2012-12-13 人民网)

(60)觊觎已久的濑户内海艺术祭,我终于来啦!海洋、海港、海风、阳光与艺术,<u>太搭了</u>。(《海洋海港与艺术》2019-10-08 人民网)

很显然,"很搏、太挑了、太搭了"比起"很搏命、太挑剔了、太搭配了"来,不但简洁、明快,而且,程度副词"很/太"与后面形化动词的搭配,也更加合适与协调。

总之,当代汉语的这十个正在形化的"N、V",由于陌生化、时尚化效应,比起同义、近义形容词来,在表达过程中不但更加生动、形象,而且还相当地简洁、精准、协调。

3. 形化的机制、动因与后果

3.0 本节主要研究单音节名、动词形化的语法化机制与动因及其相应的演化后果。

3.1 隐喻投射与转喻过渡。就这些正在形化的名、动词的演化机制而言,这五个名词都是隐喻(metaphor)的结果。也就是说,"肉、娘、轴、面、瓜"作为五种各具特色的人或物,其特定形象正好可以用来对特定人物的特征、秉性、处事加以形象地陈述与描写。例如:

(61)随着版本对先锋盾的削弱,出先锋的英雄越来越少了,当你看到出先锋的死亡先知说,我很肉,这把稳了。是不是想死的心都有了?(《活该被喷 DOTA2 中菜鸟最爱出的装备》2013-09-12 人民网)

(62)曾有报道,一个小男孩从小被人说"<u>很娘</u>",10 岁那年,妈妈带着他谎报年龄做了隆鼻手术,里面还放了假体,随着男孩自我发育,没过两年,不仅鼻子变歪了,眼睛还一高一低,被同学称为"怪物脸",这个阴影或许会伴随这个孩子一生。(《带低龄孩子整容,后患无穷》2019-01-23《中国妇女报》)

(63) 霍先生说,当看到学生拿手机拍照还说要传到网上去,就觉得这孩子怎么<u>这么轴</u>呢,便跟他争执起来了。(《学生和占道车较真儿被骂引热议　占道司机被罚》2015-04-02《北京日报》)

(64) 老狼摇滚圈地位这么低? 高晓松:"他<u>太面了</u>!"(《明星回忆那些摇滚岁月》2020-07-23 新浪网)

(65) "方脑壳,你咋个<u>这么瓜</u>?""你才好耍哩,安起桶儿让我钻!"这些充满成都生活气息的语言,曾让无数读者忍俊不禁,但是这本四川方言小说《方脑壳传奇》的作者却再也见不到了。(《方言小说"方脑壳传奇"作者美国病逝 人称"方脑壳"》2013-08-22 中新网)

隐喻是从一个认知域到另一个认知域的投射,是用一个具体概念来理解一个抽象概念的认知方式。而上面的"肉、娘、轴、面、瓜"正是通过各种比喻达到了特定的表达效果。至于"挑、搏、搭、撩、雷"五个动词的形化机制,则都是转喻(metonymy)的结果。例如:

(66) 有的时候,大家也劝她,你不要那么<u>挑</u>啊,差不多就行了,那样的男人太傻了,你这样会注孤生的,大可总是笑而不语。(《那些很挑的女孩最后都怎么样了?》2017-07-08 搜狐网)

(67) "啊! 宫吉你还是全压下去了? 这<u>太搏了</u>吧? 输了的话,那就什么都没有了……"华玥这也不禁紧张起来,

心跳这会也加速,抓紧拉着华菲的手!(《赌场提款机 无敌运气免费》2014-03-22 求小说网)

（68）而且《肥龙过江》还未正式进入宣传档期,该片自己也没什么宣传,且与情人节气质并不是<u>很搭</u>,所以影院方面投入不大,网友观众对它也不太了解。(《〈囧妈〉〈肥龙过江〉相继改为网络播出》2020-02-01《扬子晚报》)

（69）视频结尾九人简直<u>不要太撩</u>,还可以看到爱豆与平时不同的一面,Nine percent 发起邀约,快来加入这个有笑声的江湖吧!(《〈武林外传〉今日公测 Nine percent 带你成为武林高手》2018-06-01 人民网)

（70）本人<u>很雷</u>,银五守门员,所以以下讲的这些只是从各高手的心得整理出来的一些"lol 排位赛爬分要有的条件"。(《LOL 排位爬坑必须记住的 10 条技巧 青铜必看!》2015-12-29 搜狐网)

转喻是由于甲事物同乙事物之间存在密切关系,可以利用这种关联性来展开思维与命名的认知方式。同样,上面的"挑、搏、搭、撩、雷"也正是对"挑剔、搏命、搭配""撩人、雷人"具体动作的后音节省略,通过借代而形成相关联想,从而逐渐达到一种简洁、形象的表达效果。总之,隐喻重在相似而展开各种联想打比方,转喻重在相关而形成各种说法来替代,正是通过这两种重要的语法化机制,当代汉语的这十个"N、V"开启了形化历程。

3.2　程度促发与求新求变。这些"N、V"的形化功能之所以会形成,与各种程度副词前加后附,乃至各种程度构式的程度促发密切相关。而且,发展到现在,在程度促发的基础上还可以加上情态评注来强调。譬如,同样都是强调某人"太娘腔娘调了",还可以在前面再添加近义主观性程度副词"过于"、评注性副词"确实、真是",以强化"太娘"的形容词化表达功用。例如：

（71）谈过几次恋爱，总觉得现在男生<u>太过于娘了</u>，遇事应变能力太差还不如女生，所以更倾向于向女生倾诉一些东西，慢慢地觉得生活中男人可有可无，觉得自己是不是开始喜欢女生了？（《心理案例》2015-05-26 百度快照）

（72）男子被女友抛弃，理由竟是不会打游戏，女友没有安全感，男子泪崩要自杀，<u>确实太娘了</u>。（《优酷播出的电视剧高清视频》2019-03-07 百度快照）

（73）出席活动的他，感觉一身打扮都快抢了女明星的风头，<u>真是太娘了</u>，一身蓝色西装不穿打底，却单独系了一个白色领结，还搭配了一款复古的舞女发髻，脚踩一双高跟鞋，浑身上下不仅散发着一股骚气，更是感觉充满了女性气息，原来那会儿他就已经向这种风格靠拢了，也是出人意料。（《陈志朋携手张檬亮相，蓝西装不穿打底配舞女发型没眼看》2020-6-25 泉州网）

再比如，"不要太 V"本来只是通过兼语表示规劝的一种方式，随着形化单音动词的日趋成熟，发展到现在，一部分"V"还可以通过当代流行构式"不要太 V"来促发程度。试比较：

（74）提到丈夫梁朝伟目前负伤拍电影《一代宗师》，刘嘉玲笑说："我也叫他<u>不要太搏</u>！他又不知自己几多岁，心境还很后生，觉得能应付到，幸好他也很健康，他戒了烟 8 年呢！"（《刘嘉玲嘲笑梁朝伟不自量力　拒绝人工受孕》2009-10-12 人民网）

（75）近日，EXO 成员吴世勋身材比例再上热搜，勋勋不仅有着雕刻般的五官，还拥有宽肩、细腰、大长腿，身材比例简直<u>不要太撩</u>！（《吴世勋身材比例再上热搜》2019-12-20 人民网）

这就表明,在各种程度的促发下,当代汉语这些"N、V"的形容词化历程已基本完成了。显然,通过程度压制导致特定的名词、动词的性状化,无疑是相对重要的演化动因①。

另外,就这些正在形化的名、动词的其他演化动因而言,与当代年青人喜欢不断用各种创新的方式来表达各种性状有关,是在语言表达陌生化效应促发下形成的。例如:

(76)我跟何天慈说:《国安永远争第一》曲调还成,歌词太肉,节奏不逼人呀,缺乏赛场冲击度。(《中国球迷汇:风萧萧兮秋水寒,国安老友须尽欢》2017-09-30人民网)

(77)看看他的优点,其实不管是很娘的男生还是很阳刚的男生,都有自己的优点和缺点,很娘的男生可能在很多事情上比较细心、耐心对吧?(《男友很娘怎么办?要不要选择分手》2018-12-24百度经验)

(78)她也很轴,一天给珍爱网客服打七八个电话,要求对方告知进展,同时开始通过各个公开渠道投诉维权。(《我怎样从珍爱网拿回18800元》2019-03-14《钱江晚报》)

(79)柴犬每次犯错主人责备时,都会摆出这副贱贱的小样:太萌了吧!女方逼迫敬祺进行谈判,不料敬祺早做好投降准备,真是太面啦!(《女方逼迫敬祺进行谈判,不料敬祺早做好投降准备》2020-06-22新浪网)

(80)"方脑壳,你咋个这么瓜?""你才好耍哩,安起桶儿让我钻!"这些充满成都生活气息的语言,曾让无数读者忍俊不禁,但是这本四川方言小说《方脑壳传奇》的作者却再也见不到了。(《方言小说"方脑壳传奇"作者美国病逝人称"方脑壳"》2013-08-22中新网)

---

① 关于当代汉语程度构式的压制、促发功能及相关问题,可以参看张谊生(2019)。

显然,为了达到新颖表达效果的求新求变要求,无疑也是名、动形化的一种特定演化动因。

3.3　感染类推与形化质变。从演化结果来看,坦率地讲,这十个"N、V"正在形化的用法,其实也不全都是创新的结果;很显然,相关用法肯定也会在一定程度上受到当代其他名、动形化用法的感染,是已有的一系列名、动词形容词化方式类推(analogy)的结果。比如,当代汉语中"X 得很"已经发展成副词化的构式了,除了本章提到的这些名、动可以后附"得很"强调程度外,其实,像"水、牛""溜、虐",甚至数词"二",在当代汉语中也都可以后附"得很",通过极性程度来促发性状,进而转化名词、动词和数词的表达功用。例如:

（81）南京市人大代表祁明红就这一事例说起,街道和社区赶去调解处置,发现涉事物业公司居然牛得很,就是不肯恢复电梯,处理起来很棘手。(《物业公司太牛气,人大代表齐"吐槽":立法时是否对他们太松了?》2017-01-12《扬子晚报》)

（82）银行过去有"三铁"——铁账本、铁算盘、铁资金,但现在"买存款"、同业存放、资金池计划,经过多番勾兑,"三铁"功夫早被废了,存款数字、不良资产数字水得很,领导想要多少就是多少,大家都明白,但谁都不会做皇帝新装故事中那个口无遮拦的小孩。(《银行业百计拉存款　唯恐"6·20"钱荒再度重演》2014-06-09 人民网)

（83）不然有人网上咨询了半天没回复可不行,不过现在小年轻网络都溜得很,打字一般都没问题。(《宁大学生招聘会"淘宝店长"成热门岗也算"高危"》2013-05-20 人民网)

（84）"总的来说,填空题都虐得很。"杭二中的男生小陈,回忆起了一串他"蒙"的空格,其中有:世界公认的最著名的四大歌剧是哪四部?(《浙大启真班选拔考试进第2轮 堪比特种部队竞赛》2012-10-08 人民网)

(85)最典型的是"二"这个字,常用于形容一个人分不清场合,掂不出轻重,说话不过大脑,做事不想后果。例如:"那个人二得很!"(《对微博新词汇的研究》2014-08-26 人民网)

可见,由于汉语没有形态独特类型学特点,单音节名、动词形化的语法化现象在现、当代汉语中一直在不断形成与发展,本章研究的这十个"N、V"的演化只是其中的一些新现象而已。

再进一步观察还可以发现,当前这些演化中名、动词的形容词功用,其性状化已趋向定型了。比如,正在形化的"轴"的分布搭配,不但可以前加程度副词、程度指示代词,而且也可以后附"得很";不但可以充当谓语,充当各种定语,而且还可以直接充当兼语。例如:

(86)"做事不要太轴,逆风飞扬,说什么人定胜天的话。这是我创办小米,较之于金山的改变。"雷军指出,现在金山也在做这样的改变。(《小米科技 CEO 雷军:创业要顺势而为》2013-06-07 人民网)

(87)能不能成为爆款剧有天时地利的命运牵制;而人和,就是自己一定要以精品的态度去做剧,才能问心无愧。我就是这么轴的一个细节控吧,对很多东西要求还挺高的。(《〈柒个我〉"山式比心"庆功 张一山秀"眼技"》2018-01-12 新华网)

(88)听身边的朋友讲去国外做生意、留学、旅游的经历感受时,经常能听到他们对欧美人的一句不约而同的评价——"轴得很",感觉傻里傻气,特别"不活络",很多事情

都无法"通融"。(《追求"真实"》2015-05-14《新民晚报》)

(89)用张艺兴的话形容,小蔡是一个"很可爱、很轴,一根筋,但是有梦想的有为青年"。和我自己很像,很热血,努力奋斗,追逐自己的梦想。(《江苏卫视〈好先生〉将播　张艺兴不让心爱女人受伤》2016-05-27 人民网)

(90)《咱们相爱吧》剧情已经播出近半,日前网上对张静初饰演的林笑笑一角讨论相当热烈,该角色的经历相对曲折,有人认为这一切归咎于她"太轴"了,也有人认为这是戏剧矛盾冲突的表现,而这样的情节看起来更真实。(《〈相爱吧〉张静初角色性格遭网友热议　姐妹反目事业再遇危机》2016-11-23 人民网)

既然形化的"轴",已经可以具有典型汉语形容词的大多数功能,表明其演化已成功了。

总之,这些形化中的"N、V"虽然目前都还没有完成重新分析(re-analysis)这一语法化进程的最终过程,都还不宜称为兼类词,但是,其曾经的名、动功能都已趋向质变了。

4. 结语与余论

4.1　综上所述,可以大致概括、归纳如下:首先,就"N、V"形化的组配、模式与功能而言,涉及程度限定与功能转化、感受表述与后补促转、构式表述与修饰描述三个方面;其次,就"N、V"形化的性质、特色与功效而言,涉及语义的生动化与精准化、表达的陌生化与时尚化、功效的简洁化与协调化三个方面;最后,就"N、V"形化的机制、动因与后果而言,涉及隐喻投射与转喻过渡、程度促发与求新求变、感染类推与形化质变三个方面。

4.2　通过对"肉、娘、轴、面、瓜""挑、搏、搭、撩、雷"这十个单音节名、动词形容词化的研究,可以进一步发现,作为一种没有严格意义上形态特征的分析性语言,汉语的名词、动词和形容词基本上都是无标记的,词类的句法功能只能依靠句法分布与搭配方式来体现①。正是因为这一重要的类型特点,导致汉语实词的功能转化不管是活用还是兼类,是转化还是分化都是表层形式不变而句法功能改变。而且,由于没有句法与构词的形态变化,只要表达需要,汉语部分实词的功能就有可能发生转变。

一般情况下,从临时的语用表达方式到固定的语法功能质变,还要在临界语境中高频类推,功能演化经过临界点之后从量变到质变进而加以重新分析。问题是:进入新时期以来,当代汉语各个层面都在发生深刻的变化:因为语言的交际与传播方式发生了重大的改变,特别是网络与微信运用的大众化和普及化,生活节奏的快捷化与表达方式的简易化,只要具有语用的需要,大量临时的创新用法就能迅速在言语交际中被模仿、类推而广为接受,从而导致一些词语的意义与功能发生了或隐或现、或快或慢、或多或少的转变,经过一段时间的模仿类推与不断积累,特定的功能转化就会很快地从量变转向质变;而这正是汉语词性转化不同于印欧语的一个重要方面。因此,研究当代汉语的各种语言现象,既要突破印欧语语法的各种规则限制,深刻认识汉语发展演化的规律与特点,又要借鉴普通语言学的经典理论与研究方法。唯有如此,才能真正看清当代汉语表层结构后面的演化趋势与各种动因,才能揭示出汉语表达方式的内在规律,演化方式的相应机制。所以,为了适应当前的语言教学与研究

---

① 汉语词类的类型特点,关于汉语词类的认识与分析,可以参看张谊生(2015)(2016)(2019)。

的需要,那些即使尚在演化、发展过程中的各种名、动形化现象,也须要予以充分重视,并且及时展开调查与研究。

参考文献

方义桂　2009　语法隐喻的形容词化类型研究,《西安外国语大学学报》2 期。

郭晶晶、刘云飞、肖惜　2014　现代汉语中的动词化、形容词化和概念语法隐喻,《钦州学院学报》9 期。

刘丹青　2008　重新分析的无标记化,《世界汉语教学》1 期。

沈家煊　1994　语法化研究综观,《外语教学与研究》4 期。

沈家煊　1995　"有界"与"无界",《中国语文》5 期。

施春宏　2015　构式压制现象分析的语用学价值,《当代修辞学》2 期。

吴福祥　2005　汉语语法化演变的几个类型学特征,《中国语文》6 期。

张国宪　2006　《现代汉语形容词功能与认知研究》,商务印书馆。

张谊生　2013　句法层面的语序与句子层面的语序——兼论一价谓词带宾语与副词状语表程度,《语言研究》3 期。

张谊生　2015　当代汉语名词的词义转换与功能扩展——以"热血、冷血"与"狗血、鸡血"为例,《汉语学报》2 期。

张谊生　2016　从性状化到构式化:当代汉语"拼、扯、拽"的形容词化探究,《江西师范大学学报》3 期。

张谊生　2019　"很/太+名/动"的形化模式与演化机制及其表达功用——兼论程度副词在相应组配中的四种功用,《汉语学习》5 期。

朱德熙　1982　《语法讲义》,商务印书馆。

F. Ungerer, H.J. Schmid 2005 *An Introduction to Cognitive Linguistics*, Beijing: Foreign Language and Research Press(当代国外语言学与应用语言学文库《认知语言学入门》,外语教学与研究出版社 2005 年版).

Hopper Paul J. & Elizabeth Closs Traugott 1993 *Grammaticalization*, Cambridge: Cambridge University Press(《语法化学说》,外语教学与研究出版社,剑桥大学出版社 2001 年版).

第三章　再论当代汉语程度促转模式"很+X"的形化功效与成因
——基于网络用语"很嗨、很哇塞"及"很凡尔赛"的观察视角

摘　要："很+嗨/哇塞/凡尔赛"形化性质、特色与功效涉及表义情态化与生动化、表达陌生化与时尚化、功效夸耀化与蕴含化；形化组配、模式与性能涉及程度限定与功能转化、描述修饰与摹状限定、感受表述与配合共现。形化机制、动因与后果涉及借用转喻与联想过渡、程度促发与求新异化、模式压制与感染类推。

关键词：促转模式；程度副词；形化功效；网络用语；嗨；哇塞；凡尔赛

0. 前　言

0.1　作为一种没有严格意义上形态特征的分析性语言，无论是实词还是虚词，汉语的各种词类基本上都是无形式标记的，词类的性质与功能只能依据句法分布、搭配方式、表达功效来分别体现与确定认证。正因为这一重要的类型学特点，导致汉语词类的功能变化，不管是活用还是兼类，是转化还是分化，都是

在表层形式不变的情况下句法功能与词类性质发生改变。本章基本观点是：由于没有句法与构词的形态变化，所以，汉语"程度副词+相应词语"这一特定组配模式，只要在表陈述与表修饰的临界语境（adjacent context）中得到高频类推（frequency analogy），一旦新用法经过质变的临界点进而加以重新分析，就相当于或者说接近于英语"-ful、-ish、-tive"等词法形态的构词方式。为此，笔者（2019）（2022）曾对"很/太+N/V"形化模式的性质功用作过专题研究。本章研究重点进一步拓展到感叹词"嗨、哇塞"以及外来词"凡尔赛"前加程度副词"很"的促转、形化功效。当然，除了"很"之外，前加其他常用程度副词，如"太、怪""非常、相当"甚至"有点儿"等，也都有类似的功效，不过，当代汉语"很+嗨/哇塞/凡尔赛"格式，无疑是导致"嗨、哇塞、凡尔赛"（这三个词下面合称为"X"）的功能转化最为常用与典型的促转模式；而且，前面还会经常出现"真的、真是、确实、的确"等表强化与确定的评注性副词。

0.2 毫无疑问，本章研究的特定语言现象，都还只是从临时偶发出现到逐渐扩展定型的语用表达式，都还是没彻底完成从高频类推到重新分析而成为新兴的兼类词；但是这类现象同样可以有效揭示出当代汉语特定的词类演化规律，尤其是这些词类在当前网络、微信中的词类转化方式与句法特点。

0.3 本章语料全部来源于当代网络与微信，主要是"百度快照"的各种报道以及其他相关网站的具体语料；所有例句全都注明出处，少数例句引用时有所整合。

1. 形化的性质、特色与功效

1.0 本节主要研究正在转化的"很X"的形化性质、功用特色与表达功效①。

1.1　表义情态化与生动化。感叹词"嗨"本来表示感慨、惋惜、责怪、起哄,乃至于表达有所疑问与要求引起注意,进而引申出表示欢快、兴奋、得意。"嗨"本来就有"hēi"与"hāi"两种发音方式②,近年来,"嗨"由于受到英语"high"的感染(infection)与影响,从而经常进而频繁地进入"很+X"模式,逐渐形成了以"hāi"表示赞叹性的"高级、高尚"与夸耀性的"出色、成功"的各种性状化功用。例如:

（1）今天很开心,姐妹们聚会真的很嗨,三个女人很疯狂地聊天逛街,虽然有点累,但是很开心。（《你肯定很喜欢》BCC语料库）

（2）康辉回应喊三遍落座,直呼现场真的很嗨,为需用英文播报而感到压力大。（《央视主持人康辉成功转圈》2022-02-21百度快照）

感叹词"哇塞"原是流行于台湾闽南话中爆粗口的骂詈语,现在一些口语乃至网络语中已演化为感叹词了③。当发话人认

---

① 需要说明的是:当代汉语的"嗨、哇塞"以及"凡尔赛",除了正在向形容词转化之外,同时也在逐渐向动词转化。比如:A."昨天和老公一起出去度假,嗨了一整天,单独享受了我们的二人时光。B.机会很多,但人生很短,所以,快乐的心情最重要,一定要让自己嗨起来。"C."寻味新丰这家的味道,让我哇塞了一整天。D.最近上手体验了荣耀的新机,拿到手的时候我就哇塞了,这手机展开以后不就是个智能衬垫吗!"E."最近一不小心就被凡尔赛了,真是要了命的。F.对于东风雪铁龙而言,这是值得凡尔赛的一刻,是其近7年投放新车所取得的最好成绩。"限于篇幅,本章只研究化形的"嗨、哇塞"与"凡尔赛"。

② 在《现代汉语词典》(第7版)中,"嗨"标注读音为"hēi",认为相当于"嘿"。标注发音"hāi"的"嗨"还只是双音节叹词"嗨哟"中的一个语素。

③ 在闽南话中,"哇"是第一人称代词"我",而"塞"则是表示性行为动词的"肏、尻";就像官话的"我操、我考"一样,"哇塞"在闽方言中早已演化为感叹词了,而且,感叹用法现在也已扩散了。

为某个人物或某件事情非常厉害、出色时,便会情不自禁地发出"哇塞"的惊叹;在赞叹过程中发话人为了进一步强调与凸显相应功效时,也会在这前面加上常用程度副词"很"。随着"很+X"模式的高频使用不断压制,"很哇塞"就从表"哎哟、天哪"逐渐向"太厉害"以及"真了不得"的形化赞叹功效转化了。例如:

(3)哈哈,谢谢大家的鼓励和支持,蓝胖子不会让你们失望的,希望明天锦衣宿能大卖,哈哈,有些记忆就是为了痛而存在,人的成长就是伴随着这些疼痛!所以,加油!很哇塞噢,龙年到了!(《谢谢大家的鼓励和支持》2020-01-12百度快照)

(4)这本类似极品家丁的历史后宫文本,真的很哇塞了。(《五十万人强推的极品家丁后宫文》2021-03-25小说推荐,哔哩哔哩)

"凡尔赛"本指法兰西的一处地名及宫殿、博物馆,近年来正由对法国"贵族""宫殿"的称呼与联想而转指"以低调方式加以炫耀"与"出于虚荣心正经地装"等行为方式与精神状况。当前正在朝正负两个趋向形化发展,正向形化的"凡尔赛"主要表示"显得高雅、很有气质、相当不错"等各种语义与语用功效。例如:

(5)有被李嘉祥的舞蹈帅到的,但是练习还不到半年,这个真的是很凡尔赛了!(《有被李嘉祥的舞蹈帅到》2021-09-26百度快照)

(6)亮亮这就很凡尔赛了哦!自己作品没怎么准备,完全即兴却那么优秀!真是强大啊,毕竟那么多冠军头衔!(《亮亮这就很凡尔赛》2021-09-17百度快照)

负向形化的"凡尔赛"主要显示"会显摆、刻意炫耀"和"会做作、就是作假"等各种语义与语用功效。例如:

（7）富人不稀罕，穷人不介意，个别伪中产们<u>很凡尔赛</u>！凡尔赛体的段子，现在是满天飞了。（《凡尔赛这股歪风，其实说白了就是用怨妇的口气、低调的姿态来炫富》2020-11-12 百度快照）

（8）说了那么多，其实我婆婆对我挺好的，而且还出钱出力，可是我真的不需要，觉得很窒息；听上去是不是<u>很凡尔赛</u>，可是我真的太渴望有一个自己的小家庭了。（《听上去很凡尔赛》2022-03-04 百度快照）

很显然，就词类性质而言，当前活跃在各种网络、博客、微信中的这些前加程度副词"很"的这三个"X"正在类推（analogy）与转化中，还没有达到词类功能转化的阶段，所以，还不能定性为形容词，只能称之为"形化中的感叹词、外来名词"。不过就表达效果而言，在程度压制的特定语境中，这些"X"显然比同义形容词更加时尚、更有活力。比如，同样是称赞与形容优秀的"女友与女孩"的特征，这些由感叹词形化的"X"在表达过程中，肯定会比近义的形容词显得更加生动、形象，而且还能凸显特定的主观态度与相应情感。例如：

（9）真的<u>很嗨</u>啊，有个这么<u>嗨</u>的女友是多么幸福的呀！（《有个这么嗨的女友》2020-12-07 百度快照）

（10）有一个每时每刻<u>很嗨</u>的女朋友是一种怎样的体验？讲到体验嘛，第一个就是欢乐啊！是身边的开心果，有什么烦恼，负能量，看到她就觉得开心、舒服，充满正能量的小太阳一样；而且每天都会给你惊喜，幸福感爆棚！（《有个很嗨的女朋友》2018-05-29 知乎）

（11）一个优秀具有吸引力的女孩，不单单只是在于她的外表，深究其内因，内在因素的比重更加具有分量。一个<u>很哇塞</u>的女孩是什么样的呢？其实很简单，只要日以往复的坚持这些习惯就好了,随着时间的流逝,你也可以变得不一样呢。(《坚持这 7 个习惯,你也可以成为一个很哇塞的女孩》2022-06-10 百度快照)

（12）怎样才能成为一个让别人跟你相处一下,就觉得你是个很哇塞的那种女孩? 女孩子的温柔、让步,永远都是上天赐给你的杀手锏,当你开始真正地理解它、掌握它、使用它,你就会明白,本来那些让你感觉很棘手很头疼的问题,都会变得特别简单。(《如何做一个很哇塞的女孩?》2022-06-14 百度快照)

同样,要想责怪别人"会显摆、会做作、有点作假",直接就用"很凡尔赛"也会更加含蓄与形象。例如:

（13）嘴上说着久病未愈,第二天就连破数桩奇案,狄仁杰的这波操作很凡尔赛了! (《这波操作很凡尔赛》2021-08-07 百度快照)

（14）钱大勇说:"高原,不得不说,你很凡尔赛,你看,最不擅长的就是写东西,你觉得这话像话吗?"高原道:"我怎么就凡尔赛了,我又没跟你开玩笑,我是真的不擅长写东西。"(《我的特种兵兄弟·第七章》2022-05-10 阅读网)

1.2　表达陌生化与时尚化。所谓陌生化(defamiliarization),就是在语言使用中对常规、常识偏离的现象,从而造成理解与感受上的陌生感,达到吸引青年人更容易接受的特定效果。也就是说,语言搭配和语言使用过程中,为了吸引别人注意并使之留下深刻的印象,人们在使用语言时,就会自觉不自觉地利用陌生化手段,尽可能标新立异。尤其是那些直接面对广大喜欢猎奇青年的各种分析与报道,更须要有意识地采用各种超常规的搭配手法,这也正是为什么这些新兴的"很 X"出现在网络中,大多数都是描述一些会引起年青人关注的娱乐、交友等活动。例如:

（15）其实每一个<u>很嗨</u>的人在一个人的时候比谁都寂寞，……开学后去办个网银多买几件衣服给小乐穿穿，也让它美起来！（《很嗨的人比谁都寂寞》2020-09-06 百度快照）

（16）你看看电脑下垫的东西会不会眼熟？听说昨天你们<u>很嗨</u>的在宿舍点蜡烛，新年快乐啊！（《很嗨的在宿舍点蜡烛》2021-11-02 百度快照）

（17）工作刚起步，先给自己定一个小目标，或许未来还很迷茫，但是我一定要尽自己最大的努力让自己每天都开心快乐，我一定要快乐，做一个<u>很哇塞</u>的女孩。（《努力成为一个很哇塞的人》2020-10-07 简书）

（18）儿子2岁，女儿2个月，带着宝贝们拍了一条<u>很哇塞</u>的抖音，努力做一个<u>很哇塞</u>的妈妈。（《带着宝贝拍抖音》2020-12-17 百度快照）

（19）和男友吵架了，原因<u>很凡尔赛</u>：因为不愿意接受他的礼物，非要他帮我还垫付的钱，虽然我觉得男人宠女人是应该的，是爱的一种体现，但我自己却还是蛮贱的。（《男人宠女人是应该的》2021-07-05 百度快照）

（20）你身边也有<u>很凡尔赛</u>的外贸朋友吗？请在留言区分享外贸圈的凡尔赛段子。（《有个特别凡尔赛的外贸朋友是什么体验？》2020-11-26 百度快照）

显然，这些陌生化的形化"很X"创新模式，肯定会给当代年青人带来很强时尚感。再比如：

（21）今天一家三口出门踏青，感受春天的气息，希望以后能多点这样的时光，大家回来都说玩得<u>很嗨</u>，心情也美美哒。（《感受春天的气息》2021-01-15 百度快照）

（22）昨天是同学聚会，大家聊得<u>很嗨</u>，吃完饭后还一起去了KTV，真是好久没有这么热闹了，太开心了，那场面

太令人难忘了。(《同学聚会》2019-08-13 百度快照)

（23）李汶翰初中时候就听汪苏泷，出道得还挺早的，让沙溢显得<u>很哇塞</u>！(《沙溢很哇塞》2020-09-27 百度快照)

（24）哈哈，有些记忆就是为了痛苦而存在，人的成长就是伴随着这些疼痛，所以，加油！<u>很哇塞</u>噢！龙年到了！(《有些记忆就是为了痛苦而存在》2020-04-12 百度快照)

（25）说出来可能<u>很凡尔赛</u>，但是事实就是这样，自从我将贵妇面霜换成了一款小众国货精华液，我的皮肤状态好了很多。(《说出来可能很凡尔赛》2021-07-11 百度快照)

（26）不得不<u>很凡尔赛</u>地说，大家对于唱歌，跳舞，颜值的要求不一样；小苹果对唱歌的要求很高，我对颜值和舞蹈的要求也很高！(《豆瓣评分》2021-07-10 百度快照)

1.3　功效夸耀化与蕴含化。比起只用"很+一般形容词"的"很高尚、很成功、很出色、很来劲"等表达式来，"很嗨、很哇塞"的表达方式更具有强化特定夸耀情感的色彩。例如：

（27）梁红演唱歌曲《带你潇洒带你嗨》，正是一首活泼欢畅的歌曲，确实<u>很嗨</u>！将在优酷播出的音乐高清视频上线。(《一首活泼欢畅的歌曲》2018-05-11 百度快照)

（28）今天去郊游，和朋友们玩得<u>很嗨</u>，好久没有这么兴奋了，那种一起玩得欣喜若狂的样子，真是令人难忘。(《今天郊游》2019-07-05 快资讯)

（29）大家一起唱歌，这种其乐融融的气氛真的<u>很哇塞</u>！(《大家一起唱歌》2020-03-23 哔哩哔哩)

（30）这颜值，这身材一看就<u>很哇塞</u>！大家一起唱歌吧，这种其乐融融的气氛真的<u>很哇塞</u>！(《很哇塞的身材》2020-08-08 百度快照)

（31）龚俊、虞书欣感慨：红了之后朋友少了，给的理

由**很凡尔赛**！(《愿他们的发展越来越好》2021-07-15 百
度快照)

（32）富人不稀罕,穷人不介意,个别伪中产们却**很凡
尔赛**！凡尔赛体的段子,现在是满天飞了。(《三觉严谨的
教育说》2020-11-12 百度快照)

同样充当定语表修饰,比起"很好、很不错、很优秀"来,"很嗨、
很哇塞"也显得更加真诚、更加热情。例如:

（33）旅行,真的是一场心灵的历练,昨天我去旅游,在
途中见到不少从未见过的美景,真是**很嗨**的一天。(《一场
心灵的历练》2022-04-18 百度快照)

（34）看了**很嗨**的一部电影,最喜欢这样的片子,情节
紧张,又稍微需要动动脑子跟着剧情走,最后又接连几个反
转,让人不得不佩服电影的精巧和叙述。(《值得一看的电
影》2015-05-18 百度快照)

（35）所谓做一个**很哇塞**的老师,就是做一个让学生能
够眼前一亮,并且能够感到惊喜且与众不同的老师。(《做
一个很哇塞的老师》2020-08-29 百度快照)

（36）怎样做一个**很哇塞**的人,不必在意闲言碎语,**很
哇塞**的活法大概是:对待自己,彬彬有礼;对待别人,远近随
缘。(《怎样做很哇塞的人,不必在意闲言碎语》2022-05-14
百度快照)

至于充当定语的"很凡尔赛",比起直接说"刻意炫耀、就是
作假",则显得既委婉而含蓄又富有时尚感。例如:

（37）心理虚无感是**很凡尔赛**的欧化产物。实际上欧洲
整个社会的物质生活变好了之后,很多人有钱之后,才有资
格发作心理虚无感。(《心理虚无感》2021-08-31 百度快照)

（38）我觉得,我说了一句**很凡尔赛**的话,但是真的没

有说错。我跟朋友说:"我都 87、88 了,再不控制,冬天就
90 了。"(《来自杨桃桃》2021-03-18 百度快照)

总之,当代汉语这三个正在形化的"很 X",由于陌生化、时
尚化效应,比起同义近义形容词来,在表达过程中不但更加生
动、形象,而且在不同语境中还能兼表各种特定情感色彩。

2. 形化的组配、模式与性能

2.0　本节主要在于再进一步归纳、认定这些正在形化的
"很 X"特定的组配方式、表达模式与句法功能。

2.1　程度限定与功能转化。就"X"的形容词化的句法分
布与功能而言,被副词"很"限定的感叹词和外来词,在"很 X"
压制模式下大都还是充当各种谓语来表陈述的。例如:

(39)视频来了,将为你带来更多的南院信息,搭配这
个音乐,真的很嗨。(《有你们几个陪我颠,我惊咩啊》BCC
语料库)

(40)今天真舒服,空气清新湿润,出去玩路上也不堵
车,做什么事都比较顺心,心情好得飞起,想发自拍,真是很
嗨了啊!(《做什么事都顺心》2020-04-15 百度快照)

(41)"天生一对"结婚证火了,夫妻名字很哇塞,登记
员工也是第一次见。(《小梦说事》2021-03-02 快资讯)

(42)不走甜美路线的赵露思,真的很哇塞!辨识度提
高了,整体美感也很牛!(《迎接最美的朝霞》2021-10-05
快资讯)

(43)英国代表欧阳森被爆料,他真的很凡尔赛,乱用
各种中国成语。(《上传作者:非正式会谈》2021-07-05 湖
北卫视)

（44）马伯骞开车去奶茶店打工，有钱人不自知啊，这波操作<u>很凡尔赛</u>，我都酸了！（《马伯骞开车打工》2020-12-22 百度快照）

毫无疑问，当前形化中的"X"已经与原来的拟声、感叹、概念等表达功能没有直接关系了，而是表示各种特定的情状与评价。除了充当谓语外，大部分"很 X"都还可以出现在"得"后充当状态补语。例如：

（45）在优酷播出的综艺高清视频中，学员<u>唱得很嗨</u>，杰伦就这么静静地看着，很是喜欢。（《学员唱得很嗨》2018-06-04 百度快照）

（46）当你出去和朋友玩之后，别人问你："嘿，你玩得怎么样？"你是不是会说："很好啊，<u>玩得很嗨</u>！"（《玩得很嗨》2020-05-17 百度快照）

（47）一个被社会遗忘的厨子，炒米饭<u>炒得很哇塞</u>。（《小城市大剩女静静》2020-05-03 好看视频）

（48）陕西小伙迎娶四川少数民族姑娘，新娘<u>长得很哇塞</u>！这还是头一次见，接下来自动播放。（《陕西小伙迎娶少数民族姑娘》2022-02-19 百度快照）

（49）这种方式却又比"显摆"更加含蓄，把"显摆"搞得清新脱俗，让人都不好意思说他什么，也就是说，他的<u>话说得很凡尔赛</u>。（《凡尔赛什么意思哦》2021-08-24 百度快照）

（50）其实，你真正想要通过求助解决的是为什么自己在看到凡尔赛的同学后，心里有一种强烈的不舒服，怎样破？本来就是自己极端自卑，却<u>装得很凡尔赛</u>，很没意思。（《身边遇到很凡尔赛的同事，怎么破？》2021-12-20 壹心理）

显然,正是由于独特的语言形态类型学特征,加上汉语程度副词所具有的词性压制转化功用(施春宏,2015;张谊生,2019),所以,进入程度压制模式的"X"形化功能已相当成熟了。

2.2　描述修饰与摹状限定。描述修饰的"很 X",就是附加"的"之后直接充当句法成分定语①,表明"很 X"中的"X"的表达功用,已经由表陈述扩展到了表修饰了。例如:

(51)　这么多人围在圆形舞台周围,加上热情的演唱,很嗨的感觉啊!(《果然是重口味啊》BCC 语料库)

(52)　睡觉,明天出差,普吉岛的那批明天回来了,我们还有四天出发,感觉这次去台湾玩都没什么激情,一帮玩得很嗨的小朋友,25 岁的年纪,我想玩滑轮!(《很嗨的小朋友》2019-19-12 百度快照)

(53)　前几天听一个朋友说,很哇塞的人,在很多方面都表现得哇塞。比如为了自己身体健康,可以坚持每天运动 1 个小时;也能同时早起坚持每天读书学习。(《如何成为一个很哇塞的女孩》2022-06-16 小红书)

(54)　看一眼就觉得很哇塞的句子,句句独特,值得收藏,数不尽的思念,愿相思苦。(《千禧文字馆》2021-06-21百度快照)

(55)　《乘风破浪的姐姐 2》第一期里,杨钰莹说了一句很凡尔赛的话:准备参加姐姐这个节目以后,就真的长皱纹了,以前都不知道什么叫皱纹。(《专业医美,先搜新氧》2021-03-11 百度快照)

(56)　来看一看主角很凡尔赛的文章吧:《砸锅卖铁去上学》必须榜上有名,这里是不要书荒,今天推荐的最近很

---

①　关于充当句子成分与句法成分的性质及其区别,可以参看张谊生(2013)。

有名的凡尔赛女主，实在是可爱。(《推荐凡尔赛女主》2020-12-25 百度快照)

至于摹状限定功能，就是指这类形化的"很 X"还可以充当方式状语。不过，就调查的语料而言，此类状语后附的标记词都是"的"而不是"地"(原因参看张谊生，2012)。例如：

(57) 你有没有看到一部五门的? 前两天爱卡还说要 2015 年上市。我们还<u>很嗨的放礼花</u>! 用炮筒的那种，好好看! (《我们还要放礼花》2021-10-21 百度快照)

(58) 说从 12 点半考到两点，我们也<u>很嗨的把答案抄</u>了，没十分钟就走了。哈哈哈，开个会开了两个小时，饿死我了都。(《很嗨的把答案抄好了》2020-01-09 百度快照)

(59) <u>要很哇塞的过好每一天</u>，勇往直前，无坚不摧，百毒不侵，只要不认怂，生活就搁不倒你。(《很哇塞的过好每一天》2022-06-26 百度快照)

(60) 今日是周一，<u>很哇塞的做个身体保养</u>，毫无训练痕迹。爱健身爱生活，你的坚持终将美好，就让健身成为一种习惯。(《健身日常》2022-06-06 百度快照)

(61) 最近总是<u>很凡尔赛的说</u>，很难在餐馆里吃到比自己做的好吃的东西，但法兰的"莫里基"出乎意料! (《话题下的三个优秀答主》2021-11-29 知乎)

(62) 只要有人接话，他就会继续延伸到他身上其他比较值钱的东西，最后还会<u>很凡尔赛的说</u>，他从来不在乎名牌，只要好看好用就可以了。(《我男朋友特别凡尔赛，因为这个理由分手会不会太绝情了?》2020-12-07 百度快照)

2.3 感受表述与配合共现。再进一步发展，除了直接充当句子谓语、补语与定语、状语之外，当代汉语大多数"很 X"，还可以根据表达需要，直接充当"觉得"等感受类心理动词的各种评判性宾语。例如：

（63）很久没看球了,还是<u>觉得很嗨</u>,之后就是耐心等待今晚,再之后就是再等一个月。嗯嗯,好好加油!(《我会继续支持的哈》BCC 语料库)

（64）你不是不行,而是需要人告诉你,听人家说什么三百到六百,<u>觉得很嗨</u>吧,嗨有什么用? 对不起!(《需要人告诉你》2022-03-20 百度快照)

（65）真的很想知道,什么样的女生,第一眼见到她,就会<u>觉得很哇塞</u>?(《处对象吧》2022-02-24 百度快照)

（66）有些女生不用看脸,光看穿搭就会让人<u>觉得很哇塞</u>,希望你也是。(《余生原创洛丽塔》2022-04-27 百度快照)

（67）就是我跟我同学聊到钱的时候她就说我很富,我富吗? 我哪里富了? 说实话,她这样说,我也<u>觉得很凡尔赛</u>。(《大家觉得自己是有钱人吗? 为什么?》2021-02-14 半次元)

（68）如果我说肖邦练习曲,以及肖邦系列,估计很多人<u>觉得很凡尔赛</u>,但是确实是如此的,因为肖邦练习曲真的是听着又难又快,范儿又大,但是相对不难。(《有哪些看起来很难的古典音乐作品,实际上是没有那么难》2022-03-18 知乎)

而且,这些"很 X"还经常可以连用与合用、对举与排比,达到配合共现的表达效果。例如：

（69）我用臭脚对着你为眼神犀利转一个! 写了一个<u>很短很黄很嗨</u>的故事,故事的结尾,又带着很深的疼痛。图穷匕见,猥琐处见真情。(《写个很黄很嗨的故事》2020-04-15 百度快照)

（70）听歌、唱歌真是<u>很嗨</u>的一件事,考试的第一天心情好,离回家的那天还会远么,哈哈大笑了。在床上拿勺子吃西瓜,也是一件很嗨的事,一起床发现芭比又不知道什么时候出门了!(《都是很嗨的事》2021-08-16 百度快照)

(71)儿子 2 岁,女儿 2 个月,带着宝贝们拍了一条很哇塞的抖音,努力做一个很哇塞的妈妈。(《带着宝贝拍抖音》2020-12-17 百度快照)

(72)努力成为一个很哇塞的人,身材很哇塞,气质很哇塞,心情很哇塞,生活也就很哇塞了!(《努力成为一个很哇塞的人》2021-09-24 百度快照)

(73)身边遇到很凡尔赛的同事,怎么破?本来就是自己极端自卑,却装得很凡尔赛,很没意思。(《遇到很凡尔赛的同事怎么破?》2021-12-20 壹心理)

(74)人民大学的 AI 学院,教师团队很凡尔赛。去年,人民大学高瓴人工智能学院招聘启事一经发布,业内外热议。这个专业每个方向都很凡尔赛!这种办事效率果然很凡尔赛。(《人民大学的 AI 学院,教师团队很凡尔赛》2020-11-21 百度快照)

由此可见,当代汉语"很 X"的使用模式,不但可以充当谓、补语与定、状语,而且还可以充当心理动词的评判宾语乃至经常合用、排比与配合。

总之,从句法分布角度可以鉴定,在高频类推的作用下,当代汉语网络与微信中的"很嗨、很哇塞、很凡尔赛"中的"嗨、哇塞、凡尔赛"的形化用法现在已经相当普遍而且成熟了——既可以充当句子成分,也可以充当句法成分。虽然各种用法基本上都还出现在网络语言中,还不宜直接称之为兼类词,但是,这些曾经的感叹词和近来正在转化的外来名词的形化句法功能,现在肯定都已经开始由量变趋向质变了。

3. 形化的机制、动因与后果

3.0　本节主要研究"很 X"形容词化的语法化机制与动因及其相应的演化发展后果。

3.1　借用转喻与联想过渡。就这些正在形化的"X"的演化机制而言,这三个名词都是转喻(metonymy)的结果。不过与"凡尔赛"的形化基础不同,"嗨、哇塞"都是由感叹到赞叹、赞叹到认可,进而逐渐形化的。比如,下面都是从叹词独用到强化独用再到修饰表义①:

(75) 连锁品牌总部实力强大,帮助每一位创业者们成功地走上创造市场。河南特色美食项目,嗨! 朋先生,生炝烩面加盟,生意更加经典!(《朋先生炝烩面加盟》2020-06-28)

(76) 金秋十月,祖国七十华诞,举国同庆! 这个星期,很嗨! 文艺节,运动会,美食节,一波又一波的校园大福利!(《这个星期,很嗨!》2019-10-26 百度快照)

(77) 很嗨的一个美剧,很嗨的片段,再看,真还是要上天了!(《很嗨的美剧》2018-10-05 哔哩哔哩)

(78) 哇塞! 好有特色的遛娃基地啊! 终于可以出门享受阳光,感受春暖花开啦,可还没想好去哪里。(《好有特色的遛娃基地》2020-03-30 百度快照)

(79) 很哇塞! 石景山又将新增一处体育健身中心,为满足群众文体活动需求,助力京西地区体育产业发展,石景山又一处体育健身中心开工建设并于近期吹膜成

---

① 需要说明的是:独用表感叹的"很嗨""很哇塞"中的"嗨""哇塞"虽然也已经具有了一定的程度义,但是就表达功用来看,主要还是表感叹,所以,都还是形化感叹词而不是转化中的形容词。

功。(《石景山又将新增一处体育健身中心》2021-11-16
百度快照)

（80）真是一个<u>很哇塞</u>的地方！早上起来散散步，居然
在村子后面发现这么好玩的地方。(《一个很哇塞的地方》
2021-05-08 百度快照)

同样也是转喻，"凡尔赛"是由对法国的宫廷、贵族的转指
进而联想转化而成一系列特定的精神状况与处事方式，前加
"很"之后，可以表达一系列"有特色"与"很特别"的特定情形。
试比较：

（81）对于东风雪铁龙而言，这是值得"凡尔赛"的一
刻，是其近 7 年投放新车所取得的最好成绩。(《凡尔赛的
"凡尔赛"！》2021-12-08 百度快照)

（82）东风雪铁龙的车型，历来就有以名人、名建筑命
名的案例，东风雪铁龙：像重塑乐队一样做自己，你也可以
<u>很凡尔赛</u>。(《东风雪铁龙汽车》2021-05-26 乐逗汽车)

（83）中学生标准身高表更新，男生 1 米 72 就够了，未
达标的理由<u>很凡尔赛</u>。(《你觉得多高的男生和女生更受
欢迎呢？》2022-05-28 百度快照)

（84）小说推荐就上话本小说网，这里免费推荐好看
的<u>很凡尔赛</u>的小说，打造<u>很凡尔赛</u>小说排行榜以及<u>很凡</u>
<u>尔赛</u>小说大全。(《小说推荐上话本小说网》2022-03-26
百度快照)

由"凡尔赛"转喻形成的各种相应联想，正面可以表"具有
特色"，负面则可以表达"显摆做作"。试比较：

（85）撒贝宁的这段脱口秀，可以说<u>很凡尔赛</u>了，被保
送北大觉得北大还可以就去了，然后又被保送研究生。
(《这段脱口秀很凡尔赛》2020-08-12 新浪网)

（86）撒贝宁作为<u>很凡尔赛鼻祖</u>,为什么"凡"得不让人反感? 还很招女生喜欢?（《乡村社会风土》2020-12-02快资讯）

很显然,转喻机制重在相关性从而形成以各种说法来替代,由于甲事物与现象同乙事物与现象之间存在相应的关系,可以利用这种关联性来展开思维与命名的认知方式,正是通过这一重要的语法化机制,加上程度压制与高频类推,当代汉语的这三个"X"都已开启了形化的历程。而且,正是通过相应"很+X"构式压制、借代关系、联想扩展,从而逐渐形成了一系列功效特定、富有情感的表达效果。

3.2　程度促发与求新异化。在"很 X"程度压制模式的不断作用下,发展到当代,在促发基础上还可以加上情态评注的强调。所以,当下的"很嗨、很哇塞"与"很凡尔赛"中的"嗨、哇塞""凡尔赛"显然都已逐渐衍生出各种不同性质的程度化情态性状义了。例如:

（87）"科技<u>很嗨</u>"是连载于纵横中文网的一部科幻游戏类型网络小说,作者是天幻境界。（《科技很嗨》2016-08-09 百度快照）

（88）这两天心情<u>很嗨</u>的,一定要继续这样哦,保佑我明天考的更好一点吧。（《这两天心情很嗨》BCC 语料库）

（89）店内随拍,很有道理,你要加油! 昨晚吃得场面真是<u>很哇塞</u>。还是那句话:机会是给有准备的人,努力! 加油!（《场面真是很哇塞》2021-12-20 百度快照）

（90）努力成为一个<u>很哇塞</u>的男孩,心情很哇塞,气质很哇塞,事业很哇塞,生活也很哇塞。（《努力成为一个很哇塞的男孩》2020-10-06 百度快照）

（91）延续假期游玩,是不是<u>很凡尔赛</u>? 假期总是过

快,稍不留神五一假期就溜走了,为了多玩,只能个人再续假。(《个人延续假期游玩》2022-05-05 百度快照)

(92)陈都灵因为一句话被全网黑,她优秀是事实,听着<u>很凡尔赛</u>,但说的都是实话。(《因为一句话被全网黑了》2022-06-09 百度快照)

这就表明,在程度副词"很"的促发下,当代汉语这些"X"的形化历程正在成型;通过程度促发从而导致特定的感叹词、外来词的性状化,无疑是起到重要作用的演化动因。这些形化感叹词与外来词的使用,不但与当代年青人喜欢求新求异性表达方式有关,而且,这类"很 X"的情态形化表达式,还非常符合年青人讲究表达简洁、明快有关,所以,还经常出现在各种标题中①:

(93)《大妈人老心不老,街头跳得<u>很嗨</u>》(2016-10-24 百度快照)《王俊凯无边界演唱会蹦迪现场,真的<u>很嗨!很嗨!</u>》(2020-09-08 百度快照)

(94)《和女生聊得<u>很嗨</u>,就是不见面》(2020-07-05 百度快照)《形容玩得<u>很嗨</u>的句子》(2020-09-11 好句子网)

(95)《从小长得<u>很哇塞</u>是种什么体验?》(2021-03-19 百度快照)《在优酷播出的时尚高清视频,从头到尾都<u>很哇塞</u>》(2021-06-04 百度快照)

(96)《双节棍只会一招,也能<u>很哇塞</u>!只怪你演的太逼真!》(2021-05-04 哔哩哔哩)《这本类似极品家丁的历史后宫文,真的<u>很哇塞</u>了》(2021-03-25 百度快照)

(97)《关晓彤说打戏难是因为胳膊太长,虽然<u>很凡尔赛</u>却是实话》(2021-06-21 百度快照)。《怎么把调味料表

---

① 在笔者统计的所有"很嗨""很哇塞"及"很凡尔赛"的各种语料中,直接充当标题的占到30%以上。

达得**很凡尔赛**?》(2020-11-20 知乎)

(98)《我的梦想很简单,拿世界冠军就**很凡尔赛**了》(2022-03-01 百度快照)《车卖得火是什么罪过? 比亚迪这个道歉**很凡尔赛**》(2021-07-07 太平洋互联网)

3.3　模式压制与感染类推。从当前的演化结果来看,可以肯定:这三个"X"正在形化的功用,肯定是因为受到了"很+X"特定模式的压制,并且在高频感染的促发下,逐渐向形容词转化了。例如:

(99)一直找不到**很嗨**的歌给你配乐,今天找到了,的确**很嗨**! 是在优酷播出的娱乐高清视频里。(《一直找不到**很嗨**的歌给你配乐》2020-03-12 百度快照)

(100)很多天没出去,今天阳光不错,带着小朋友出去跑跑,不知不觉就玩到了晚上,虽然很累,但今天玩得也**很嗨**。(《今天玩得也很嗨》2021-05-22 百度快照)

(101)有些男生,真的可以不看脸,光看穿搭就让人**很哇塞**,希望你就是。(《真的可以光看穿搭不看脸》2021-01-12 哔哩哔哩)

(102)能造好飞机大炮的俄罗斯,为什么造不出**很哇塞**的汽车?(《汽车之家》2021-07-18 快资讯)

(103)中日围棋大战:唐朝柯洁斩日本王子,**很凡尔赛**。(《22 岁中国青年首胜日本顶级九段》2021-07-29 新浪体育综合)

(104)还有一些奇奇怪怪的东西和回答:班里年级第一而且**很凡尔赛**的那位,卷子给撕了。(《来自合集的东西》2021-02-23 半次元)

进一步观察还可以发现,这些演化中"X"的性状化功用之所以发展趋向成熟,其演化成型肯定也在一定程度上受到"评注性副词+很 X"强调压制模式的不断强化与类推进而凸显功效的影响。例如：

（105）这次旅行<u>真的很嗨</u>，真的好喜欢大家，特别想说，遇见你们是本次旅行最美丽的意外。这些回忆也在天路缱绻的寒冷时光里慢慢发酵，滋长。（《温暖着我们今后的时光》2020-09-11 好句子网）

（106）这是我去曼彻斯特大学时去过的，这里<u>的确很嗨</u>，对于我来说，这里不仅仅是一个综艺的舞台，更像是一个曼彻斯特面对世界的舞台。（《曼彻斯特确很嗨》2020-06-27 百度快照）

（107）话说这个汉堡肉，我超级满意，比我自己做的还好吃，不干不柴，汁水满满，淡淡的奶香，一口下去<u>真的很哇塞</u>。（《不干不柴淡淡的奶香汉堡肉　一口下去真的很哇塞》2020-07-09 哔哩哔哩）

（108）搞笑动漫：这<u>就很哇塞</u>！<u>果真很哇塞</u>！这是优酷播出的动漫，而且是高清视频。（《很哇塞的视频》2021-01-31 优酷视频）

（109）涠洲岛这家酒店<u>真的很凡尔赛</u>！这是我在去那儿看了好多家住宿最后选定的，只能说一句，我的眼光有时候真的还不错哈！（《发现宝藏酒店》2022-06-14 百度快照）

（110）现在小明开的是跑车，但是他却在很多开电动车的人面前说，我真羡慕你们骑电动车，可以不用加油，我的跑车太费油了。那么小明的这种方式<u>就是很凡尔赛</u>，其实，简单来说就是会装，尤其是在比自己劣势的人面前装。（《凡尔赛是什么意思》2021-08-03 知乎）

总之，当代汉语形化中的"X"虽然目前都还没有彻底完成重新分析(re-analysis)这一语法化机制,但是这类用法在网络与微信中还是呈现出高认可度与高频率化;表明只要有语用表达需要,临时创新用法就能迅速在交际中被年青人接受、模仿,而被进一步采用、类推,所以,"X"的转化进而分化现象,当前正在被迅速推广、广泛接受。

4. 结语与余论

4.1　综上所述,可以大致概括与归纳如下:首先,就形化的性质、特色与功效而言,主要涉及表义情态化与生动化、表达陌生化与时尚化、功效夸耀化与蕴含化这三个方面;其次,就形化的组配、模式与性能而言,主要涉及程度限定与功能转化、描述修饰与摹状限定、感受表述与配合共现这三个方面;最后,就形化的机制、动因与后果而言,主要涉及借用转喻与联想过渡、程度促发与求新异化、模式压制与感染类推这三个方面。

4.2　通过对形容词化的"很嗨、很哇塞"与"很凡尔赛"的多维研究,可以进一步证明:作为一种没有严格意义上形态特征的分析性语言,由于汉语词类基本上都是无标记的,词类的句法功能都可以依靠句法分布与搭配方式来体现。正是因为具有这一独特的类型学特点,只要表达需要,汉语部分单词的功能,是可以通过特定分布与高频组配发生转变的。

我们还发现:就语法化的规律而言,一般情况下,从临时的语用表达方式到定型的语法功能质变,还要在临界语境中高频类推,句法功能从量变到质变经过临界点之后还有待重新分析。然而,进入新时期以来当代汉语各个方面都在发生深刻的变化,尤其是近年来 Z 世代青年受到数字信息技术、即时通信设备、智能手机产品的深刻影响，一直活跃在网络上，一再频繁使用微信，从而导致语言交际与传播方式发生了重大的乃至根本的改变。也就是说，发展到新世纪的当代汉语，由于网络与微信运用的大众化和普及化，生活节奏的快捷化与表达方式的简易化；只要具有语用表达的需要，大量临时的创新用法就能迅速在言语交际中被模仿、类推而广为接受，从而导致一些词语的意义与功能发生了或隐或现、或快或慢、或多或少的转变。而且，经过一段时间模仿类推与不断积累，各种特定功能转化现象就会很快普及并逐渐定型，而这正是汉语词性转化不同于印欧语的又一个重要的特点。因此，研究当代汉语的各种语言现象，既要借鉴普通语言学的经典理论与研究方法，又要突破印欧语语法的各种规则限制，深刻认识汉语发展演化的方式与过程、规律与特点。唯有如此，才能真正看清当代汉语表层结构后面的转化性质与发展趋势，才能揭示出当代汉语各种新兴表达方式的内在规律、演化方式的动因与机制。

参考文献

方义桂　2009　语法隐喻的形容词化类型研究，《西安外国语大学学报》2期。

郭晶晶、刘云飞、肖惜　2014　现代汉语中的动词化、形容词化和概念语法隐喻，《钦州学院学报》9期。

沈家煊　1995　"有界"与"无界"，《中国语文》5期。

施春宏　2015　构式压制现象分析的语用学价值，《当代修辞学》2期。

吴福祥　2005　汉语语法化演变的几个类型学特征，《中国语文》6期。

张谊生　2012　现代汉语副词状语的标记选择，《汉语学报》4期。

张谊生　2013　句法层面的语序与句子层面的语序——兼论一价谓词带宾语与副词状语表程度，《语言研究》3期。

张谊生　2016　从性状化到构式化：当代汉语"拼、扯、拽"的形容词化探究，《江西师范大学学报》3期。

张谊生　2019　"很／太+名／动"的形化模式与演化机制及其表达功用——兼论程度副词在相应组配中的四种功用，《汉语学习》5期。

张谊生　2022　类型学视野下当代汉语单音节名、动词形容词化的再研究——以

"肉、娘、轴、面、瓜"与"挑、搏、撩、搭、雷"为例,《语法研究与探索(廿一)》,商务印书馆。

F. Ungerer, H. J. Schmid 2005 *An Introduction to Cognitive Linguistics*, Beijing: Foreign Language and Research Press(《认知语言学入门》,外语教学与研究出版社 2005 年版)。

Hopper J. Paul & Elizabeth Closs Traugott 1993 *Grammaticalization*, Cambridge: Cambridge University Press.(《语法化学说》,外语教学与研究出版社,剑桥大学出版社 2001 年版)。

第四章　当代汉语名词的词义转换与功能扩展

——以"热血、冷血"与"狗血、鸡血"为例

摘　要："X血"的功能扩展体现在两个方面：陈述化导致谓语分布，性状化导致程度限定。述谓化不一定要兼表程度，程度化的"X血"还可以充当定语、状语、补语和宾语。"热血、冷血"经过感染、类推，在隐喻机制作用下性状化，"狗血、鸡血"是先隐喻、再转喻，通过省略、重构在转喻机制作用下性状化；语言表达的经济和协调、创新与生动则是演化的动因。表示比喻义、借代义"X血"的表达效果主要是生动、形象，"X血"共现、配合使用作用更加突出。四个"X血"形容词化进程可以分为两种类型、三个阶段。

关键词：程度；述谓；共现；配合；隐喻；转喻；形容词化

0. 引　言

0.1　这30多年来，随着科学技术、社会生活的飞速发展，当代汉语的各个层面都发生了深刻的变化。同时，语言的交际

与传播方式也已发生了重大的改变,特别是网络运用的大众化和普及化,以及生活节奏的快捷化与表达方式的简易化,使得大量特殊的,甚至临时的用法能够迅速在语言交际中被模仿、类推而广为接受,从而导致了相当一些词语的意义与功能都发生了或隐或现的改变。经过一段时间的积累,细微的变化就会从量变转向质变。

现代汉语名词作为表达概念与指称的基本载体与手段,自然也不会例外,必然会处于不断的变化之中,只是不同的历时阶段变化的速度、方式和作用有所不同而已。如果仔细比较30年前后汉语名词的用法,就可以清楚地看到,当代汉语中有相当一些名词的句法分布、搭配功能与表达方式等各个方面,都已发生了十分显著的、有些甚至是根本的改变。本章不拟对当代汉语名词语义与功能的变化,进行整体性的宏观探讨,而是准备从微观的角度以"X血"为切入点,着重探讨"热血、冷血"与"狗血、鸡血"的语义转换与功能扩展。

0.2　就当前通行的语文词典来看,《现代汉语词典》(第7版)和《现代汉语规范词典》(第3版)都只收录名词"热血"一词,解释为"借指/比喻为正义事业献身的热情"。不过,虽然都没为"冷血、狗血、鸡血"立目,但还是收了"冷血动物""狗血喷/淋头""鸡血石"以及"热血沸腾"等复合词[1]。然而,从当前实际情况来看,这四个"X血"的用途已发生了根本的改变:句法功能已经或者正在向形容词转化,表达效用也发生了重大的变化。例如:

　　S1　冷血的意志与热血的斗志;用鸡血的态度面对狗

---

[1]　"狗血喷头"与"狗血淋头",严格讲,应该是同一成语的两个异条,无须都收。至于"热血动物"与"冷血动物"完全不同,并没有形成比喻义,其实还是个短语,没有必要作为习语收录。

<u>血的生活</u>;为什么会从热血到狗血呢?

S2 <u>极度热血</u>的心与<u>极端冷血</u>的人;标题<u>很狗血</u>,内容<u>很热血</u>;剧情<u>很狗血</u>,青春<u>很鸡血</u>。

0.3 上面诸例都是当代新闻或文娱报道的标题,区别在于:S1 的"X 血"语义发生了转换,功能都还在演化中,可以认为还是名词;而 S2 不但语义改变了而且功能也转变了,都是形容词了。那么,这四个"X 血"在语义和功能上到底发生了哪些变化,其转化与扩展用法,到底有什么样的表达效果,尤其是为什么会发生这样的转变,其演化的基础与过程、动因与机制,究竟具有哪些特点,这一系列问题,正是本章想要深入探究的。

0.4 本章主要分为三个部分,首先描写这四个"X 血"功能的扩展与转化及其分布与搭配;然后揭示词义的引申、转换及其演化的机制与动因,最后分析其表达与功用,进而总结不同的"X 血"从名词分化出形容词的特征与类型,并且概括其不同的性质与阶段。

本章用例引自网络报道与博客以及北大语料库,例句(略有删节)全部都注明出处。

1. 功能的扩展与用法

1.0 本节主要讨论"X 血"在当代汉语中的功能扩展,包括相应的各种分布与搭配。

1.1 转化的方式——量化与谓化。语义的变换必然导致功能的改变,"X 血"的功能扩展,主要体现在互有联系的两个方面:陈述化导致的谓语分布,性状化导致的程度限定。

首先,在充当谓语表陈述的过程中,"X 血"可以前加不同类别的程度副词,表现各种不同程度的陈述功能,但也可以只是

充当谓语,并不强调谓语的具体程度。试比较:

(1) 张先生的事迹我听得不少,这个世界负心的人很多,当年那帮人真是<u>太冷血</u>了。如果我的老师或者同事就这样进去了,起码也是要呼喊几声的。(杨银波《中国的主人》)

(2) 上次事件之后,刀龙同学也发表了不少尖锐的言论,指责演员<u>冷血</u>,当时我也掺和过两脚。(《七吧·不平静》2008-04-23 百度贴吧)

(3) "谁说校园爱情带来的不是正能量?剧情<u>很狗血</u>,青春<u>很鸡血</u>。"有网友评论道。(《校园微电影试水导演梦》2012-10-15《西安晚报》)

(4) 同样都是青春电影,《致青春》<u>狗血</u>,《合伙人》<u>鸡血</u>。一个是校园里的恋爱,几乎全是恋爱,典型的女生视角;一个是校园内外的奋斗,恋爱只是奋斗的插曲,典型的男生视角。(《狗血与鸡血,不一样的青春》2013-05-24 影评网)

不过,绝大多数形容词化的"X 血",充当谓语时基本上都会带有一定的程度。例如:

(5) 这个消息<u>比较狗血</u>:福州实施紧急销售制。你要是遇到紧急情况,想去买片儿避孕药,你就得在药店留下你的姓名,还有身份证号码。(《避孕药实名,你买不买?》2011-12-28《东南快报》)

(6) 有人对此持有异议,认为可能造成不公平,笔者以为这种想法<u>有点儿太冷血</u>。(《评论:当"见义勇为"遇上"高考加分"》2013-12-04 人民网)

(7) 虽然导演是程小东,但是本片出人意料的并非十几年前那部经典的《青蛇》的翻拍,而是在剧本上有所创新,把这个早已脍炙人口的故事又以另外一种更为现代的手法表现出来,虽然<u>很雷</u>、<u>很鸡血</u>,但其勇于推陈出新的精神还是值得称赞。(《还有可取之处》2012-1-25 时光网)

(8)《邪域战灵》以"邪性大火拼"为主题,游戏中社团之间的竞争与战争玩法<u>极度火爆</u>、<u>极其热血</u>,从公会积分赛到野外火拼、到首领战、到国战,社团都将是战场上的主力军。(《双花红棍显威〈邪域战灵〉社团火拼强者争雄》2012-12-26 人民网)

而且,作为已基本成熟的形容词,述谓化的"X 血"还可以被否定,也可以带补语。例如:

(9)《花姑子》中他是重情重义、善良的竹子精陶醉,虽为妖,却不冷漠,<u>更不冷血</u>,对万物生灵充满了包容和热爱,他虽然不常笑,却真诚得感人。(《钟汉良黄晓明乔振宇 同一演员的正反派角色大 PK》2014-08-19 人民网)

(10)爱情是认真经营一段感情,如果走不下去,好好结束,重新开始。真正的爱情<u>不狗血</u>,不怨恨,不痴缠。爱情是两个独立的、成熟的个体在一段时间内走在一起,这段时间也许很长,是一辈子,也许很短是几个月,这都是爱情。(《真正的爱情不狗血,不怨恨,不痴缠》2013-05-23 人人网)

(11)一位曾经冷血无情的杀手也开始慢慢地变得<u>热血了起来</u>。冷血,只是对付自己的仇人和敌人,而热血,当然是为了自己的女人和兄弟!(《杀手冷血也热血》2014-06-30 纵横网)

(12)昨晚在愚公移山开演唱会,我<u>鸡血得一下班就赶了过去</u>。(《发现看金属摇滚现场的种种好处》2013-04-12 北京论坛)

其次,程度化了的"X血"当然也可以不作谓语,而是带上标记词充当定语。例如:

（13）接受信息时报记者专访时,他坦承自己不浪漫、不完美,甚至有点情绪化和小脾气,外界对他的浪漫、痴情、温柔等完美印象,不过是建构在剧中人物中,真实的自己就是一个爱漫画、打篮球,有点宅又<u>有点热血的</u>大男孩。（《"新杨过"陈晓:我没有那么完美》2013-09-23《信息时报》）

（14）原先我是从事广告业的,是个<u>非常冷血的</u>行业,所有的一切的标准就是你能不能拿到客户挣到钱,不管你年纪大不大、资历深不深,不行就滚蛋。（《路内称60后作家并非神　当代文学衰败在他们手里》2012-07-03人民网）

（15）对于婚姻,时间真是个<u>很狗血的</u>后妈,她会摧毁太多我们坚信的美好。几年后,马雅舒用她的高调、不留情面的行为表示,中国男人不如外国男人能给人幸福,所以说,吴奇隆算是演艺圈灰太狼,还分了不少家产给马姑娘。（《自己挖坑再自己跳? 一见倾心再见糟心的18位明星》2014-08-15光明网）

（16）他抓着酒杯,咬牙切齿用一种无比痛恨和后悔的语气道:"是的,我被那一句<u>很鸡血的</u>话给打动了,并接受了他的建议,同意跟他结盟,参与到那场惊世浩劫内!"（黔北一草民《阴阳超市·卑鄙的强者》）

而且,"X血"还可以带上"地/的"标记作状语,或者充当"得"后的组合补语。例如:

（17）早在近一个月前去看《情探》时,就已经看见绍百门口挂得大大条幅,我一见之下,五雷轰顶,恶寒阵阵,笑到不止,于是,<u>极其鸡血地</u>把它记录了下来。（《三探"太

守"》2008-04-12 新浪博客)

（18）到达成都的时间也已经非常晚了，我们依旧非常鸡血的在周边逛了逛，锦里是每个去成都旅游人士都要踩的点，每年去都会觉得比以往更加热闹一些。（《行摄无疆 感动天路 前行路途初见光明》2014-07-29 行摄频道)

（19）布埃诺对于德国队评价道："德国队是一支计算精确的球队，踢得很冷血，我们这次感觉输球又输人，最后连竞技精神也没有了，这才是最大的耻辱。"（《罗纳尔多：失利剥夺球迷快乐 代价太大太沉重》2014-07-10《扬子晚报》)

（20）有人给我介绍这个节目，说很好看，我就去看了，结果评委的激动把我吓坏了。选手唱得不错，可他们（指评委）也表现得太鸡血，太狗血了。（《有没有人跟我一样很讨厌中国好声音里面评委做作的表情动作?》2012-08-07 天涯论坛)

部分"X 血"，甚至可以在受到程度副词修饰的情况下，直接充当心理动词的宾语。例如：

（21）周渝民虽然演过无数偶像剧，但感情似乎完全不像剧情中那样波澜起伏，他坦承自己比较理性冲动，对于感情总会觉得很热血，又感觉自己不够成熟。（《〈单身男女2〉阵容升级"水瓶盛女"杨千嬅遇"双子男神"周渝民》2014-08-02 中国娱乐网)

（22）雨晨说起看过的报道，说接受捐赠器官的人会继承原主人的性格，小琪打趣远树说要是原主人是个杀手，他会不会变得很冷血，远树接茬儿说自己第一个就是干掉小歉，两人骂战开启。（《不一样的美男子电视剧全集剧情：张翰被绑架下落不明》2014-08-19 齐鲁网)

（23）龙天涯此刻也感到<u>很狗血</u>，很无厘头，很愚人节，可是事实摆在眼前，不管他想什么，此刻捧在他手里的这本书却是千真万确地用英文手写的。（《龙御苍穹》2011-06-15 笔下文学）

（24）当自己的丈夫因为违法犯罪被纪委调查的时候，作为妻子想动用关系进行打捞的行为，合乎人间情理。如果漠视不问的话，倒是<u>显得有点冷血</u>了。（《官夫人打捞丈夫的 1460 万是反腐重要线索》2014-08-12 人民网）

最后，无论是否述谓，"X 血"表程度：既可以是相对程度，也可以是绝对程度。例如：

（25）电视剧还未上演，戏外的爱恨情仇已经轰轰烈烈，生活远比电视剧<u>更狗血</u>。（《娱乐圈奇葩发布会：秀恋情曝孕事安全套当礼品》2014-08-14 腾讯视频）

（26）不同国家的电视剧，有着不同的角度。而国产剧的爱情<u>最狗血</u>，房子、车子、孩子、父母……再加点小三外遇，婆婆妈妈才有人爱看。（《〈星星〉走红解读：韩剧造梦国产剧破梦》2014-02-27《扬子晚报》）

（27）说起来<u>挺狗血</u>，涉事传言没点名道姓，消息来源也是"小道"，可它愣是在添油加醋式转发和"主角"竞猜中，被传得有鼻子有眼。（《IT 大佬躺枪"吸毒传闻"为何被轻信》2014-08-22《新京报》）

（28）这起轰动宁乡的摆脱小三宴席受尽非议，剧情<u>十分狗血</u>，出轨男、高调分手宴刺激大家眼球的同时，也在公然挑战社会的道德底线。（《湖南男子搭拱门设宴庆贺摆脱"小三"》2014-08-20《三湘都市报》）

既可以表示高量级程度，也可以表示低量级程度。例如：

（29）助理州检察官齐格勒指出，次永飞的杀人动机有两点:迷恋和控制欲,"整个案件中,次非常冷血,且仔细筹划杀人"。(《中国留美博士谋杀前女友被判 46 年 "施虐剧本"曝光》2014-06-20 环球网)

(30)屡屡犯案,屡屡得手,过去几年在长沙、在重庆、在南京,周克华的每一次疯狂作案手段都是<u>极其冷血</u>和老练,而他在犯罪地点的选择上也有着明显的特点。(《媒体称周克华每次作案前后都会与其女友联系》2012-08-15 人民网)

(31)在农村出身的婆婆眼中,她或许<u>有点冷血</u>,甚至有些不孝,但她宁可被误解,也要拼命捂住自己的"钱袋子"。(《北京守财奴家庭:靠省钱凭工资买下 4 套房 2 辆车》2013-02-22 人民网)

(32)你说不可能了,我还死赖着,你可以转变成拼命做事的状态,但是我想帮你从她那段走出来,而且变得更好,就无法转变成那种<u>略微冷血</u>的状态,不然我们两个的对话只剩做事和晚安了。(《简恒昕日志》2014-03-03 网易博客)

既可以强调主观性程度,也可以表达客观性程度。例如:

(33)山河破碎,风雨飘零,无数中华儿女英勇抗击侵略者,为民族的尊严而战,何等豪情,<u>何等热血</u>。(《精武风云未尽,〈抗战〉延续爱国热情》2010-10-11 人民网)

(34)如果法律是公正的,则无论<u>多么热血</u>的呼吁,全无用武之地;如果法律是不公的,一纸轻飘飘的呼吁,也难纠其偏——从这两端均可以看出,呼吁没用。(《我没有签这个名》2014-08-24 人民网)

(35)当时的青年都<u>比较热血</u>,一心扑在事业上,外公外婆都觉得筹备学校比他们的个人问题重要许多,所以就放弃了原来旅行结婚的计划,去了南昌向塘。(《外孙女寻老报纸做寿礼　结婚启事见证 62 载姻缘》2013-09-25 中国新闻网)

(36)在此活动中,你必将强烈地享受到:几分经典的回味,<u>十分热血</u>的格斗,万分豪礼的收获!(《〈格斗 10〉激活就有礼　街机享受更有财》2009-03-15 人民网)

总之,发展到这一步,当代汉语一部分"X 血"已经是比较典型的性质形容词了。表明语义的转换、演变必然会导致功能的扩展、变化,这是从语用到语法的基本规律;只不过在印欧语中,功能改变词的形态也会随之改变,而在汉语中只是功能改变而词形不变。

1.2　用法的拓展——共现与配合。"X 血"用法的进一步拓展,主要体现在各种共现格式中。就语义类别看,可以是"热血"与"冷血","狗血"与"鸡血"的对举、连用。例如:

(37)从网友留言看,尽管剧情中的瑕疵照常被网友吐槽,但好评点赞已经占压倒多数:"超乎了我之前对湖南卫视自制剧的感受""下水道弃婴,剖腹救子,编剧给你点个赞!<u>热血</u>社会和<u>冷血</u>个人,句句扣理!"(《〈爱的妇产科〉引爆话题　家长坦诚聊性不再尴尬》2014-02-21 金鹰网)

(38)警察是一个<u>冷血</u>的职业,但却需要一颗<u>热血</u>的心在岗位上辛勤,并不是每一个警察都能够受到人们的认可,但是他们都希望可以奉献。(《热血的冷血生物陈娴小组》2013-04-07 豆丁网)

(39)但当我在 2010 年写这部戏时,初恋观改变了,觉得没必要把初恋说得那么完美,往往是恋爱多么<u>鸡血</u>,结果却那么<u>狗血</u>,现在不怕对自己的过去说实话了。(《恋爱多么鸡血,结果那么狗血》2012-07-27《广州日报》)

（40）《好声音》备受诟病的一点就是过于煽情，常常会有"唱得好不如故事好"的感觉，观众们被鸡血和狗血交替喷洒过后，往往并不买账。（《〈好声音3〉昨晚开播　不惧与〈爸爸2〉直面竞争》2014-07-19《西宁晚报》）

当然，也可以是"热血"与"狗血""鸡血"的合用，甚至三项共现的配合。例如：

（41）剧情太狗血，但是也很热血，"68旅拼到最后，旅长政委阵亡，参谋长接替；参谋长阵亡，炮兵团长接替；到了最后是政治部副主任指挥"，看了让人激动。（《看今年朱日和演习里各种狗血设定和剧情，神一般的蓝军》2014-07-09铁血社区）

（42）快乐和幸福大多升华于麻木又混混的生活。诚然，这是一种愉悦。看得到看不到的社会，摸得到摸不到的青春，想得到想不到的梦想。往前走那一步，它让你知道，你流淌的是热血还是鸡血。（《你流淌的是热血还是鸡血》2011-12-15豆瓣读书）

（43）该动作集狗血、鸡血、热血情节于迅雷不及掩耳。声色俱佳，利落带感，是为TVB打戏之核心技术。真心涵盖了各种金枝欲孽宫心计！（《TVB十年"女女对捆"视频引吐槽：杨怡出镜率爆高》2012-12-15人民网）

（44）这是一部爱情片？老年片？励志片？还是喜剧片？从这个说法就不难猜到，同样是走异域采风路线，《涉外大酒店》没有《贫民窟的百万富翁》热血，情节也没有《欲望都市2》狗血，但是却能让观众看得如同打了鸡血一般。（《热血、狗血与鸡血》2012-06-24豆瓣电影）

就表达方式看，主要是并存与对举，也可以补充与承接，甚至是发展与变化。例如：

（45）为荣耀洒热血，为商业洒狗血——在蛮吉第一次举手应战，洪亮报上自己姓名时，观众还能感受到这种因天真带来的热血。（《〈魁拔之大战元泱界〉：热血还能洒多久》2013-06-04 腾讯娱乐）

（46）我觉得，那些每次遇到困难就爆发出百分之一万的力量，挺热血（也挺狗血）的人写得好。但世界上有只靠热血就可以克服一切困难的人吗？有些作者把自己想成了书中的人物，确实很热血，但都很假。（《热血、狗血》2014-07-02 仙热吧）

（47）世间之事就是如此，当时看起来很热血的文字，今天再看就变得很狗血，过去10年的不断走低让中国足球在这样一个历史时刻的庆典感觉异常幽默，当然是黑色的那种。（《热血国足十年狗血》2011-10-08《新商报》）

（48）灾难面前，他们从全国各地来到汶川、走着各自的"山寨"之路，并最终交汇于一个个真正的山寨，因为他们不约而同地发现，避免"鸡血"变成"狗血"的唯一出路就是将一腔热血交付给山寨里那些纯真而茫然的孩子。（《汶川六周年　治愈与感恩——志愿者的故事》2014-05-12 新华网）

就词性看，表示承接、发展与变化等关系的"X血"，大多还是发展中的转指义名词。例如：

（49）《人民日报》针对此事发文称："嫉恶如仇、划清界限很容易做到，难的是怎样以同理之心去区分善恶，在谴责冷血之时，安放好自己的热血。"（《为何不以热血惩冷血？》2013-8-13《生活晨报》）

（50）如果热血没洒对地方，就会成鸡血，如果奉旨，演过了头就会被千夫所指。（《如果热血没洒对地方，就会成

鸡血》2012-09-17 人人网）

（51）从无知到懵懂，从**热血**到**冷血**，从阴影到光明，我怎么了？这个世界到底怎么了，我该怎么做。（《创世三卷》2011-08-20 起点小说网）

（52）列出这些名单并不只为臧否其中哪一部，经过短暂那几年国产片"冲奥"从鸡血变狗血的历程，是该有一个明确而结实的教训，价值观的输出必定是一个长久而系统的道路，一蹴而就是做梦，投机取巧是徒劳。（《国产片冲奥：从鸡血变狗血的旅程》2013-02-06 腾讯娱乐）

可见，"X 血"的词义转化与功能扩展，尽管通过各种共现配合可以得到进一步体现。不过，功能扩展毕竟是个过程，词性转化必定要晚于语义变化，所以，无论是已经转化的形容词，还是语义转换、功能还保留着名词的"X 血"，也都可以互相配合，表示相近的语义功用。

2. 分化的机制与动因

2.0 本节主要讨论"X 血"分化出形容词语义及功能的基础与过程，机制与动因。

2.1 分化的机制——隐喻到转喻。虽然都是定中式的名词，但是，就"X 血"的语义性质与构词基础来看，应该可以分为两种情况："热血"与"冷血"都是"形＋名"的修饰性组合，"狗血"和"鸡血"则是"名＋名"的限制性组合。就使用的年代来看，"热血、狗血、鸡血"早在近代已经广泛使用，而"冷血"一词虽然近代已有出现，但普遍使用还是在现代。

由于本身语义积淀，"热血"除了表示基本义之外，通过"一腔热血、热血沸腾、热血青年"等用法的感染，逐渐引申出"为正义事业献身的热情"一类的类推义①。试比较：

（53）马元忙将剑从肚脐内刺将进去，一腔热血滚将出来。（《封神演义》61回）

（54）所以上半部形容嫖界，下半部叫醒官场，处处都隐寓着劝惩的意思，好叫列位看官看看在下的这部小说，或者有回头警醒的人，这也总算是在下编书的一片苦心，一腔热血。（《九尾龟》33回）

（55）犹忆七八岁时，曾探雀雏而毙之，只此一事，心头热血潮涌，食顷方过。（《聊斋志异·汤公》）

（56）当下韩愈心中感动，热血沸腾，禁不住抱定湘子，老泪纵横，哽咽道："我的儿，我怎能料得到和你在此相见。你我莫非是梦里相逢么？"（《八仙得道》96回）

例（54）（56）的"热血"已完成了语义转换。与"热血"不同，"冷血"大多作定语，其"为人处世没有热情与激情"的引申义，是通过"冷血动物"的语义感染逐渐形成的②。试比较：

（57）鸿渐想起去年分别时拉手，何等亲热；今天握她的手像捏着冷血的鱼翅。（钱钟书《围城》）

（58）假如不买鲤鱼分送邻居，而替他们作几桩卖力气的事，或者他们不至于把我像鲤鱼似的对待，——鲤鱼是冷血动物，当然引不起热血动物的好感。（老舍《老张的哲学》）

---

① 发展到现代，确切的解释是："热血"特指一种感觉，是激动到令人感到全身的血液沸腾起来，变得非常激动。这种体验似乎是纯粹感性的，通常会在受到周围类似环境或气氛的影响下呈现此种状态，比如在看体育竞技或者打斗、战争类场面时就很容易产生这种感受。热血也是人对沸腾的气氛和震撼的场面的共鸣，听到令人振奋的歌声演讲或看到震撼人心的场面，就可以用"热血"来表达富于感情的贴切解释。

② 现在"冷血杀手"既是美国电影片名，也是侦探小说书名，还是电玩游戏的剧名。

（59）我少年时大闹天宫，想夺上帝的位子不料没有成功，反而被贬入寒冰地狱受苦……我通身热度都被寒气逼入心里，变成一个热中冷血的角色。（钱锺书《魔鬼夜访钱锺书先生》）

（60）李先生本来像冬蛰的冷血动物，给顾先生当众恭维得春气入身，蠕蠕欲活，居然赏脸一笑道："做大事业的人都相信命运的。……"（钱锺书《围城》）

由此可见，"热血"与"冷血"的词义引申与功能扩展，虽然都具有各自的语义基础与演化语境，但总体而言，隐喻（metaphor）机制在两词的演化、发展中都起了重要的作用。

然而，通过"热血沸腾、热血青年"和"冷血动物、冷血杀手"等，"热血、冷血"虽然引申出新的意义，但刚开始，这两个词充当定语时，其词性尚未发生根本的变化。例如：

（61）主力队反突破了警戒网直冲到南京路的那个时候，她是怎样地受感动，怎样地热血沸腾，而且狂笑，而且毫不顾虑到骑巡队发疯似的冲扫到她身边。（茅盾《子夜》）

（62）平时老喜欢读悲歌慷慨的文章，自己捏起笔来，也老是痛哭淋漓，呜呼满纸的我这一个热血青年，在书斋里只想去冲锋陷阵，参加战斗，为众舍身，为国效力。（郁达夫《大风圈外》）

（63）不错，秦妙斋是个冷血动物；但是，"我走，他也就住不下去了！他还能不卖气力吗？"丁主任这样盘算好，每个字都裹了蜜似的，在门外呼唤："秦老弟！艺术家！"（老舍《不成问题的问题》）

（64）"成个冷血动物？！"金山楔进去一句，也很得意。"热血的小国民，冷血的世界革命者！"桂秋的眼扫射着大家，似乎等待着大家给他鼓掌。（老舍《蜕》）

也就是说，"热血、冷血"的语义转换进程早已开始，但功能转化的完成却相对滞后。

"狗血"和"鸡血"的基本义用法，在近代汉语中就已经有不少用例了。例如：

（65）一个虞候掇一盆狗血，没头一淋；又一个提一桶尿粪来，望李逵头上直浇到脚底下。（《水浒全传》52 回）

（66）长鱼矫打听三郤是日在讲武堂议事，乃与清沸魋各以鸡血涂面，若争斗相杀者，各带利刀，扭结到讲武堂来，告诉曲直。（《东周列国志》59 回）

"狗血、鸡血"用率不高，不过，"狗血喷/淋头"和"鸡血石"已成了习语与术语①。例如：

（67）那提调狼狈不堪，到了岸上，见了钦差，回完了公事话，正要诉苦，才提到了"海航管带"四个字，被钦差拍着桌子，狗血喷头的一顿大骂。（《二十年目睹之怪现状》47 回）

（68）先从黄克强逃出南京骂起，越骂越人多，后来简直骂这次革命没一个好人，连座上他知道的几个亡命客，都被他搜出劣迹来，骂得狗血淋头。（《留东外史》48 章）

（69）浙江临安县昌化玉岩山的鸡血石。它是由地球内部上来的硫化汞矿液，填充并冷凝在叶蜡石的裂隙中形成的。看上去很像新鲜鸡血溅洒的斑斓，所以称为鸡血石。（邢涛等编《中国儿童百科全书》）

（70）展品分为雅石、木雕、陶瓷和铜器四大类，品种繁多，琳琅满目，其中包括曾被清朝乾隆皇帝御封为"国宝"的两块造型优雅的鸡血石。（新华社 2004 年《新闻稿》）

---

① "鸡血石"成词立目，主要是由于刻印章等需要而导致，可以算是一种百科词目。

"狗血"表示"胡扯、夸张不可思议","鸡血"表示"亢奋、激动反应激烈",都不是直接引申形成的。"狗血"的新义项一开始也是通过剧情就像"洒狗血"一样隐喻而来的①,而"鸡血"的新用法则是比喻某种现象或效果就像"打鸡血"似的隐喻而成的②。例如:

> (71) 母亲原本是父亲的秘书,他们之间的事就像洒狗血的肥皂剧,所有小说电视似乎都用过这个题材。秘书爱上自己英俊能干的老板,有了孩子,然后被包养,永远无法拥有一个合法的身份。(《烙印》2011-01-13 书香门第)

> (72) 记者探班发现,导师与观众热情洋溢犹如打鸡血般的兴奋画面,也多半出自台下的"神剪辑",其中不少导师疲劳倦怠和观众打瞌睡的镜头都被逐一删掉。(《〈好声音〉总决赛将直播 揭秘真正四强名单》2012-09-25《潇湘晨报》)

在此基础上,出于语言表达的简洁性,再用"狗血、鸡血"代替"洒狗血、打鸡血"。例如:

> (73) 虽然,唐一菲曾对媒体说,只是两个最普通的人在一起,不狗血,也不励志,但这段过往,难免时不时被人提及。(《娱圈情侣上演真实版狗血剧 补刀揭丑只为添堵》2014-08-07 腾讯娱乐)

---

① 据说有些香港电视剧经常拍摄灵异类捉鬼题材的作品,其中反复出现情节就是中邪后要"洒狗血"驱邪。由于这类影视剧的流行,使得"狗血"的效用得到反复、大量、不厌其烦的宣传,后来就用"狗血"一词来调侃影视剧里一成不变、没有新意的剧情。另一种观点认为"狗血"由外来词"got shit"的谐音,或者是汉英混合的"够 shit"的谐音借用,逐渐演变成的。

② "打鸡血"是曾经在国内流行过的一种所谓的"保健疗法"。打鸡血之所以能够使人兴奋,是因为身体进入异物产生了应激反应。网络流行语"打鸡血"被形容一个人特别兴奋,大多具有调侃的意味。

（74）我们每个礼拜都会给自己放一天的假,虽然我们都<u>很鸡血</u>,每天都想下水,可是潜水是兴趣,生活还是要有品质,不是么?(《北京姑娘的流水生活账》2014-08-13 马蜂窝)

也就是说,"狗血、鸡血"的发展演化,经历了两个阶段:先是比喻,再是借代;而名词转化为形容词的功能转化,最终还是转喻(metonymy)机制起了决定性的作用。

放眼观察,为了凸显语言表达的特定效果,汉语名词通过隐喻和转喻形容词化的现象,不胜枚举。就以单音节名词隐喻为例,常用的"铁、肉、火、海",当代汉语也都已分化出相应的形容词,只是形容词化的程度不一样而已(有些用法,词典尚未标注)。例如:

（75）他透露,由于和柯震东合作很早,所以两人关系一直<u>很铁</u>:在《那些年》票房最好时,他和朋友的嬉闹,会被媒体跟拍,这让他很是烦恼,他专门打电话问我该怎么办。(《柯震东获释九把刀:现在原谅还太奢侈》2014-08-29《青年报》)

（76）大S是时胖时瘦体质,瘦的时候很小巧玲珑瘦瘦小小的,胖起来又看上去<u>很肉</u>、很臃肿,出道前有点婴儿肥,出道后也好几次被拍到发福。(《周迅柏芝全智贤 瘦成竹竿的女神也曾是肥婆》2014-06-16 爱美网)

（77）2002年,中国的冬天很冷,滴水成冰;2002年,中国的经济<u>很火</u>,全线飘红。2002岁末,在清冽的寒风中,义乌的脚步仍是一如既往的匆忙。(《2002—2003:转折中的声音》2003-01-23《人民日报》)

（78）如果韩国人连暖炕都要申遗,那么,在我国,和暖炕一个层级的"非物质文化遗产"可谓<u>海了去了</u>。(《韩国

申遗暖炕是"文化掠夺"？中国不用太敏感》2014-03-18 中国网）

比较而言，"海"比喻"大、多"，重新分析还没有彻底完成，而且还很少说"很海"①。

2.2　扩展的动因——经济与协调。需要指出的是，"X 血"功能转化的动因，很重要的一点就是语言表达的经济性与协调性。比如，本来要用"热血沸腾"和"冷血动物、就像冷血动物"表达的意思，后来只须用或者只能用"热血、冷血"来表达就可以了。试比较：

（79）此时，记者脑海中浮现的是更多生活在那个年代、像他一样<u>热血沸腾的青年们</u>，耳边依稀回响的是《新青年》发刊词中的激扬声音：……（《愿作方舟济苍生》2011-06-16《河北日报》）

（80）再见吧，到前线去，民族已到了最危险的时候，中华民族儿女们，到前线去，你们先去，我们后跟上，<u>热血（ ）的青年们</u>，到前线去，到火热的斗争中去。（《彭德怀向部下拜年》2008-10-20 人民网）

（81）不是不可以围观，但有些时候除了围观，其实我们还可以发出声音，伸出自己的手，以证明自己虽称不上高尚与勇敢，但也绝不是<u>冷血动物</u>。（《面对走失的儿童　我们岂能默默围观》2012-09-27 人民网）

（82）中国人的爱心表达，更为沉重一些，但沉重不是冷漠<u>更不是冷血（ ）</u>，可怜天下父母心，父母希望子女更好的纯朴愿望应该得到尊重。（《"千人隐瞒"没有想得那么

① 由于"海"表示"多"，主要是通过"多了去了"类推而成的，所以，"海了去了"的用法比较常见，而"很海"的用法极为少见，一定程度也与"很海"与"很嗨"（high）同音有关。

简单》2013-06-14《燕赵晚报》)

当然,语用表达的创新化与陌生化要求,以及汉语词类没有形态变化,不能借助构词只能通过句法手段来完成语言表达的基本任务,也是"X血"演化的基本动因。

至于"洒狗血、打鸡血",通过联想与节略,只用一个"狗血、鸡血"就可以。例如:

(83) 权相佑在《诱惑》中扮有妇之夫,因欠债被逼到绝境,却在此时接到崔智友以巨款买他3天的诱惑提议,但<u>洒狗血的剧情</u>没能让婆妈埋单,从7月中开播至今,一路被金在中的《Triangle》压着打。(《韩剧诱惑精彩内幕权相佑自爆与智友的激情吻戏非常棒》2014-08-22 西安新闻网)

(84) 泛娱乐时代,"娱乐至上"甚至"娱乐至死"成为年轻人的信条,从银幕到荧屏,从舞台到现实,无时无刻不在上演着( )<u>狗血的剧情</u>。(《〈雷雨〉观众席不应成浅薄文化主场》2014-07-31《深圳商报》)

(85) 我们学生有的是拼劲,有的是<u>打鸡血的热情</u>,浪费在这些小事上面的时间已经太多了。再这样浪费下去,就是打击大家的激情了。(《又一次半死的募股大会》2012-08-13 新浪博客)

(86) 要知道20世纪20年代,那可是汽车风起云涌的年代,发动机技术的兴起让欧洲人为之疯狂,大大小小的车厂以( )<u>鸡血的热情</u>24小时开挂,研发自己的独门绝技,这当中就有威廉·里昂斯和费迪南德·保时捷两个热血的年轻人。(《捷豹F-Type coupe 的来袭　让您不知所措》2014-04-13 易车网)

其实,由于汉语构词没有形态变化,通过短语(含动宾短

语)节略与压缩成词的现象,自古就有。就以当代汉语为例,
"躺枪、尼玛"就是来自"躺着中枪、草泥马"①。

3. 转化的作用与性质

3.0 本节主要讨论"X 血"语义转换的表达效果,以及功能
扩展的不同性质与阶段。

3.1 表达的效果——生动与形象。毫无疑问,要想表达
"热情、兴奋而积极投入"和"淡、镇定而不愿作为",或者表示
"胡扯、夸张不可思议","鸡血"表示"亢奋、激动反应激烈",现
代汉语当然也可以用其他词汇和方式,但是都没有用"X 血"那
么生动、形象。这是因为"血"本来就是人类生命中不可或缺的
成分,一旦前加了"热"与"冷"、"狗"与"鸡",经过相应的联想
与引申,表达效果经过特定语境的触发,就会进一步显现出来。
例如:

> (87)他们很热血(比较:很热情、兴奋而投入),也很
> 有正义感和同情心,但不喜欢宏大的叙事方式,不会把"爱
> 香港"这样的态度挂在嘴边,会觉得天哪,很肉麻。(《梁文
> 道出〈关键词〉 感慨这个时代的浮躁和暴戾》2014-07-14
> 《新京报》)

> (88)同样都是变态的残忍,但在法律层面上,踩死熊
> 猫是违法犯罪行为,因为我国早已立法保护大熊猫;而踩死
> 猫啊狗的,虽然极其冷血(比较:极其冷淡而不作为),应受

---

① "尼玛"还是藏语"太阳"的意思,而"草泥马"又是羊驼的称谓。但另一方面,
"草泥马"就是"操你妈"的谐音表达,而"尼玛"又是"操你妈"及"你妈"的节略
表达式。同样,"躺枪、神马"经省略转化表示"无辜招致攻击与打击、过眼烟云
不值一提"的用法,目前接受度也还不高。

到最严厉的谴责,但这种行为却不违法,因为翻遍我国现有法律,找不到对小动物予以保护的条款。(《"虐猫事件"上法治比正义感满足重要》2006-03-09《潇湘晨报》)

(89) 如果用什么小三小四的传闻再来解释这个忘年恋的破裂,确实<u>太狗血(比较:太夸张、不可思议)</u>。我认为,这次最不可能的就是所谓的小三小四的介入。(《高晓松与小娇妻离婚:忘我恋和忘年恋正常结果》2014-06-28 新浪博客)

(90) 现在大家对陕北民歌好像有一些固化的印象,就是一定是嘹亮、热情,好像还<u>有点鸡血(比较:有点亢奋而非常激动)</u>。我觉得这不是我听到的陕北民歌,它传达出来的色彩更多的是苍凉和孤独。(《西安草莓音乐节马飞专访:形式是枪,心才是子弹》2014-04-28 西部网)

尤其是在一些并存的联合短语中,"X 血"的简洁表达效果,更是无可替代的。例如:

(91) 易建联当核心,可以,没问题。因为他也有信心,也见过大世面。主要是有侧重,还是从防守做起。我个人也很看好他,<u>非常有激情</u>,<u>非常热血</u>,非常阳光的一个球员。(《大郅助力　男篮核心爆发更容"易"》2009-08-05 人民网)

(92) 我<u>可能很烦</u>,<u>可能很没耐心</u>,<u>可能很冷血</u>,但对我在乎的爱的人,不管是家人朋友恋人,我选择无条件相信、支持、黏人也依赖。(《90 后不买房? 90 后女孩儿居住生活调查之:梦想》2014-02-27《北京青年报》)

(93) 同时,路金波更将影片概括为"新三不"电影——<u>不低俗、不假嗨、不狗血</u>。此外,为《后会无期》提供全面支持的九大电商也共同出席首映发布会现场,并与韩寒等人共同启动了影片的网上预售活动。(《"后会无期"首映杜琪峰力挺韩寒 冯绍峰袁泉秀亲密》2014-08-22 新华娱乐)

（94）我这个人很奇怪,有时候很鸡血,有时候很淡定,有时候天天来贴吧,有时候却可以半个月不来一次。(《战战兢兢来胡扯》2012-10-17 钟汉良吧)

很显然,这些"X 血"的表达效果,无疑是最为生动、形象的,也是相当自然、简洁的。

而且,这种特定的表达效果,在"X 血"的对举与连用格式中,体现得更为充分。例如:

（95）为荣耀洒热血,为商业洒狗血——在蛮吉第一次举手应战,洪亮报上自己姓名时,观众还能感受到这种因天真带来的热血。(《〈魁拔之大战元泱界〉:热血还能洒多久》2013-06-04 腾讯娱乐)

（96）今日周五,"狗血"行情迎来周线的收线大结局,可能大家都比较期待周五能来个"鸡血"行情,能不能走得有新鲜感,来点"鸡血"行情,我想还需要静待下周的来临。(《"狗血"行情周的"鸡血"操作》2014-08-15 中金在线)

（97）热血与冷血,两种信仰两重天——是谁造就了这么多的"冷血"中国人? 最近,我常常想起热血的中国人和那个热血时代,很自然地又想到今日那么多冷血的中国人和冷血事件,我就搞不明白了,我们这个社会到底怎么啦?(《热血与冷血,两种信仰两重天》2013-11-02 开心网)

（98）"狗血"是一出"苦戏","鸡血"是一出"乐戏",其实,在许多老板眼中,都有从"狗血企业"到"鸡血企业"改变的冲动与期望,但往往老板一"鸡血"员工就"狗血",

员工喜欢镇静剂而不喜欢兴奋剂,这让老板也变得<u>狗血</u>起<u>来</u>……其实,从"<u>狗血</u>"到"鸡血"的转变,是一个文化建设的过程。(《从狗血企业到鸡血企业》2012-11-05 新浪博客)

上面四句,或对举配合,或连用呼应,或前后承接,或层层深化,无论表达的生动性还是形象性,是经济性还是协调性,都已达到了很难被替换的地步。很显然,正是由于各种配合、共现的表现形式,"X 血"的各种表达效果,几乎都得到了淋漓尽致的表现。如果选用其他形容词或者短语说明,肯定不会有这样言简意赅、整齐对称的表达功用。

毋庸讳言,前面曾经指出,表示一部分比喻义、借代义的"X 血",语义内容完全改变了,但功能上还可以保留名词的用法,仍然是充当主、宾语或介词宾语。例如:

(99)中国武警战士在艰苦危险的工作环境中昼夜站岗执勤,执行保卫任务,恪尽职守,从不叫苦叫累,他们<u>用热</u><u>血</u>与忠诚,在这片远离祖国亲人的土地上树立起中国军人的丰碑。(新华社《2004 年新闻稿》)

(100)如果不是米奇生病,文浩知道,他也许一辈子不会踏进粤剧团的院落,而且心安理得。他被自己的<u>冷血</u>、薄情深深地震撼了。(张欣《今生有约》)

(101)2013 年初,董洁王大治海南激吻,轰动一时,让董洁、潘粤明的离婚事件更添<u>狗血</u>。(《董洁暴瘦疑与感情有关　回应:大家想多了》2014-06-22 搜狐娱乐)

(102)因为再加上车祸、绑架、毁容、换脸等桥段的打包放送,可谓洒了一地<u>狗血</u>。不过,越是<u>狗血</u>越能激发吐槽欲望带动收视,这样的逻辑已经在无数剧集中得到验证。(《〈步步惊心〉剧情狗血神剪辑:刘诗诗苦情玛丽苏　吴奇

隆薄情寡义》2014-05-07 看看新闻网）

这并不意味"X 血"表达效果的体现可以无须功能扩展,只能证明功能转化相对滞后而已。

3.2　转化的性质——频率与功能。从上面的描写与分析来看,这四个"X 血"现在都已经完全形容词化了,表达效果和句法功能,都早已成熟。譬如,都可以受"相当"的修饰:

（103）这或许是出于剧情需要,每个硬汉都得动手证明自己宝刀未老,他和阿诺州长开着迷你小车枪扫机场的场景,相当热血。（《〈敢死队 2〉华人女星余男"倔强"闪耀好莱坞大片》2012-09-06 海外网）

（104）消息传出,邻居都不敢相信,让人震惊的是,根据警方调阅的监视器画面,死者的女儿与男友作案后,还有说有笑回台中住处,相当冷血。（《18 岁少女弑父焚尸　家属疑死者前妻是主谋》2010-03-24 人民网）

（105）婆媳对阵、唇枪舌剑的往来之间俨然有着家庭伦理剧的感觉,职场上更是个"幸运的杜拉拉",一路贵人提携,奇遇不断,甚至于半老的国企厂长王贵林,也"如老房子着了火"一般地恋上了这个小菜鸟,相当狗血。（《〈沉浮〉,强拉出个"杜拉拉"》2012-07-05《新京报》）

（106）当然,整部电影笑点恰如其分,幽默感为影片大大加分,情节设计巧妙气势恢弘从头至尾紧扣观众心弦,相当鸡血,令人从头"high"到尾,高潮不断。（《浪漫英雄主义情节 VS 现实主义思想》2012-04-21 豆瓣电影）

程度副词"相当"修饰这些"X 血",从句法组配的表层看,似乎并没有实质性区别。其实,实际情况完全不是这样的,经过认真分辨和统计之后就可以知道,这四个"X 血"虽然都是处在从名词向形容词转化的过程中,但细分起来,可以分为两种类型、三个阶段。所谓"两种类型"就是："热血、冷血"和"狗血"的形容词化已是句法功能，功能分化已基本结束，重新分析也已完成，尽管语文词典还没有来得及标注；而"鸡血"作为形容词还是语用功能，功能分化的进程还处在发展阶段，重新分析尚未进行，语文词典当然不会予以收录。

何以证明"X血"的形容词化可以分为两种类型呢？我们统计了"热血、冷血、狗血"和"鸡血"在北大语料库、人民网、百度网中分别被"很、挺、太、有点、非常、相当、极其"7个程度副词修饰的情况，其结果是：首先，北大语料库只有极少数"冷血"用例；其次，在人民网、百度网中"热血、冷血、狗血"都可以被这7个程度副词修饰，尽管用频高低不同，但"鸡血"在人民网中受程度副词修饰的例子，居然一例也没有（见下表）。

附　"X血"在三类不同性质的语料中，受7个副词修饰的数据表①

	很热血	挺热血	太热血	有点热血	非常热血	相当热血	极其热血
北库CCL	0	0	0	0	0	0	0
人民网	201	2	14	47	34	7	4
百度网	3660000	273000	1310000	997000	435000	123000	1920
	很冷血	挺冷血	太冷血	有点冷血	非常冷血	相当冷血	极其冷血
北库CCL	0	0	1	1	0	0	0
人民网	83	9	252	36	89	27	13
百度网	51600	18700	471000	90100	51100	14400	29400

---

① 表格中"人民网"和"百度网"的数字，只是一个大概的参考数目。因为：一方面有大量的同一文献，多次出现在"人民网"和"百度网"中，有些甚至高达七八次。另一方面，像"有点鸡血、有点狗血"本身就是"动+名"的组合。而且，这两个网络，在不同的时间查阅、统计，显示的数量也不一样。不过，尽管统计的数据不够精确，但是这种误差不会影响我们对四个"X血"演化性质与阶段的基本判断。

续　表

	很狗血	挺狗血	太狗血	有点狗血	非常狗血	相当狗血	极其狗血
北库 CCL	0	0	0	0	0	0	0
人民网	1560	276	365	260	58	20	6
百度网	1630000	119000	1340000	386000	123100	47300	24200
	很鸡血	挺鸡血	太鸡血	有点鸡血	非常鸡血	相当鸡血	极其鸡血
北库 CCL	0	0	0	0	0	0	0
人民网	0	0	0	0	0	0	0
百度网	47100	564	29900	5610	4220	437	71

　　这就表明："X 血"表面上好像都可以充当谓语,都可以受程度副词修饰,但在 20 世纪传统语料中这种现象还很少出现;尤其是"鸡血"一词受副词修饰的用例,在"人民网"中居然绝迹①。表明即使到了 21 世纪的 2014 年,正规严肃的主流媒体,全都不承认"鸡血"的形容词功能。看来,由"打鸡血"省略转化而成的用法,尚未被普遍接受。

　　那么,"三个阶段"又是怎么一回事呢? 从调查的语料可知,"冷血、热血、狗血"虽然在当代汉语中都已是较典型的形容词,但是在北大语料库里,"热血、狗血"受程度副词修饰的用例一例也没有,而"冷血"却有 2 例,还有 2 例由代词强调程度的例句。例如:

　　(107)张先生的事迹我听得不少,这个世界负心的人很多,当年那帮人真是<u>太冷血</u>了。如果我的老师或者同事

---

① 　这给我们另一方面的启示是:研究现代汉语,基本的用法与功能只能以北库语料为准,人民网可以代表当代新文体书面语料,百度网中的语料是个大杂烩绝不能根据百度上的一些用例就断定现代汉语的某些词就已经发生改变,但也不能对一系列特殊的现象视而不见,必须具体情况具体分析。

就这样进去了,起码也是要呼喊几声的。(杨银波《中国的主人》)

（108）你怎么一点醋劲都没有? 实在不像个爱我爱得如疯如狂的人,很多时候,我都觉得你<u>有点冷血</u>。(琼瑶《聚散两依依》)

（109）韦迪摇摇头:"你看每事每物都<u>如此冷血</u>!"(梁凤仪《风云变》)

（110）英国知识分子未必都像中国知识界在今天所想象的那样冷血,连柏克都有另外一面。(《读书》vol-202)

而且,在北大语料库中,"冷血"还可以<u>直接充当谓语,甚至还带上补语</u>①。例如:

（111）当夜我写了一篇文章,不知用了多少口诛笔伐的字眼责骂抢树枝的人冷血,倒忘记了对我后方不设防城市滥行轰炸的日本空军,那篇文字当然不能刊载。(《读书》vol-156)

（112）说到《沟》里的不肖子扬扬,作者当然有权利写一个"不想回来"的离境者,但就算"他连与他朝夕相处的母亲都不了解,他又何尝了解他的祖国"也罢,他<u>竟然冷血到毫无人性</u>的地步了么?(《读书》vol-031)

此外,北库中还有<u>少量</u>"冷血"联合充当定语、状语的例句,显然也都形容词化了。例如:

（113）你怎可做<u>这么绝情、冷血而又阴险</u>的事呢?"(琼瑶《水云间》)

（114）外长会议通过的第四个宣言是:苏美英三国关

---

① 关于形容词带补语标记"到"的相关研究,请参看张谊生《当代汉语新兴的补语标记"到"的形成及其作用——兼论"A 到 X"从连谓到述补的演化方式》(《当代语言学》2014 年 1 期)的相关研究。

于德国暴行的宣言苏联、美国和联合王国,已从许多方面获得关于希特勒军队在他们曾经踩蹦过而如今正被步步逐出的许多国家中所犯的暴行、屠杀以及冷血无情地执行集体死刑的罪证……(沈永兴、朱贵生《二战全景纪实》)

这一系列的分布表明,"冷血"的形容词化,实际上在20世纪中叶已经开始,到80年代末就已经比较成熟了。所以,严格地讲,"冷血"与21世纪才形容词化的"热血、狗血"相比,虽然性质基本相同,但还是应该归入两个不同的阶段:现代汉语与当代汉语。

4. 结　语

4.1　综上所述,可以归纳如下:首先,"X血"的功能扩展,主要体现在互有联系的两个方面:陈述化导致的谓语分布,性状化导致的程度限定。述谓化不一定都要兼表程度,但程度化的"X血"还可以充当定语、状语、补语和宾语。其次,"热血、冷血"的词义经过感染、类推,在隐喻机制的作用下逐渐性状化,"狗血、鸡血"首先是通过隐喻表示某种效果就像"洒狗血、打鸡血"似的,然后通过省略,以"狗血、鸡血"代替"洒狗血、打鸡血",在转喻机制的作用下最终性状化。表达的经济与协调、创新与生动是演化的动因。最后,表示比喻义、借代义的"X血"的表达效果只要生动、形象,在各种"X血"共现、配合使用过程中作用更加突出。四个"X血"形容词转化的进程可以分为两种类型、三个阶段。

4.2　通过对"X血"的研究,还可以对当代汉语名词的功能扩展与演化,提供进一步的认识:词库中的单词,永远不可能满足表达日益变化的社会生活的需要,所以,词语功能的扩展与转化,可以说是无时无刻不在发生,只是由于汉语单词没有形态变化,汉语名词的形容词都是无标记的,只能依靠相应的句法分布与搭配方式来体现。尤其值得注意的是,汉语名词功能转化的完成,必须取决于一定语境中的用频保证,在具体调查研究时,绝对不能仅仅根据一部分用例,尤其是网络上的非正式语料,就随意断定现代汉语的某些词已经发生改变,但反过来也不能对一系列已经转化的句法现象视而不见,总之,必须具体情况具体分析。

参考文献

方　梅　2008　由背景触发的两种句法结构——主语零形反指和描写性关系从句,《中国语文》4 期。

冯胜利　2000　《汉语韵律句法学》,上海教育出版社。

匡鹏飞　2012　名词虚化为副词二例——"大力"和"死力"的语法化,《语言研究》3 期。

梁银峰　2008　《语法化学说》第二版(译自 Hopper J. Paul & Elizabeth Closs Traugott 2003 *Grammaticalization*, Cambridge:Cambridge University Press),pp.156 - 175,复旦大学出版社。

刘丹青　2008　重新分析的无标记化,《世界汉语教学》1 期。

沈家煊　1994　语法化研究综观,《外语教学与研究》4 期。

———　2006　"糅合"和"截搭",《世界汉语教学》4 期。

苏宝荣　2011　词(语素)义与结构义,《语文研究》1 期。

吴福祥　2005　汉语语法化演变的几个类型学特征,《中国语文》6 期。

王灿龙　2005　词汇化二例——兼谈词汇化和语法化的关系,《当代语言学》3 期。

邢福义、谢晓明　2013　现代汉语语法研究中理论与事实的互动,《汉语学报》3 期。

张谊生　2010　语法化现象在不同层面中的句法表现,《语文研究》4 期。

张谊生　2011　表迅捷义的"X 速"词族的功能、用法与发展,《语言教学与研究》4 期。

朱　彦　2004　《汉语复合词的语义构词法研究》,北京大学出版社。

F. Ungerer, H.J. Schmid 2005 *An Introduction to Cognitive Linguistics*, Beijing:Foreign Language and Research Press(当代国外语言学与应用语言学文库《认知语言学入门》,外语教学与研究出版社 2005 年版).

Hopper J. Paul & Elizabeth Closs Traugott 1993 *Grammaticalization*, Cambridge:

Cambridge University Press.(《语法化学说》,外语教学与研究出版社,剑桥大学出版社 2001 年版)

Givón, T. 1971 Historical syntax and synchronic morphology: an archaeologist's field trip, *Chicago Linguistic Society*.

Heine, B., U. Claudi, & F. Hünnemeyer 1991 *Grammaticalization—A conceptual Framework*, Chicago: University of Chicago Press.

Sweetser, Eve 1990 *From etymology to pragmatics: Metaphorical and cultural aspects of semantic structure*, Cambridge: Cambridge University Press.

第五章　从夸张类别到穷尽方式与强调程度

——"百般、万般"与"千般"的表达功能与演化模式探讨

摘　要：可以充当定语、谓语的"X 般"还是形容词，只能充当状语的"X 般"才是副词；"万般"可以位于"AP"之后表程度，充当主语时是名词或代词。"X 般"经常在一起共现、配合。副词"X 般"的修饰对象具有能动性、可控性时主要凸显方式义；限定对象具有性状义、量度义时，转向强调程度义。数量短语"X 般"固化为形容词后，在紧邻语境的吸收下，通过高频类推、相互竞争、重新分析，分别衍生出情状副词与程度副词。就"X 般"语法化认知机制来看，从表类别发展成表方式是相邻概念之间逐渐过渡的演化，进化的机制是转喻；从表类别分析为表程度是不同认知域之间认知投射的顿变，转化的机制是隐喻。

关键词：百般；千般；万般；类别；方式；程度；演化

0. 前　言

0.1 《现代汉语词典》(第 7 版)和《现代汉语规范词典》

（第3版）都收录了"百般"与"万般"，除了列出这两个词都可以表示"各种各样、多种多样"的类别义之外，同时也都列出了两词的副词用法。然而，两本词典都认为副词"百般"表示"采用多种方式/办法"，表情状；而副词"万般"相当于"非常、极其"，表程度①。令人感到困惑的是，为什么"百般"修饰"刁难"就是表示方式，而"万般"修饰"刁难"却是强调程度呢？请比较：

（1）为了自身的利益不惜撕破面子，借征地开发之机，以"对话、协商"为幌子，对政府及有关单位百般刁难，层层加码，漫天要价，一旦不能如愿即兴师动众，大动干戈。（1994年《报刊精选》）

（2）推销时说得天花乱坠，理赔时万般刁难，这是大多数车主投保车险都曾遭遇的现象。（《项俊波第一把火：车险理赔难》2012-02-16人民网）

很显然，两句都表示方式的；同样，"万般"修饰"无奈"表程度，"百般"也一样。例如：

（3）事业扶摇直上、硕果累累，面对一切成功，朱明瑛却深有感慨又万般无奈地说："作为一个人，我成功了，我实现了我的价值，但作为一个女人，我很遗憾。"（1994年《报刊精选》）

（4）在民警要求下，驾驶员百般无奈地向民警出示了其身份证，并称"身份证是真的"。（《违法司机众生相：司机一紧张掏出两本假驾照》2014-03-06《齐鲁晚报》）

---

① 《现代汉语词典》（第7版）和《现代汉语规范词典》（第3版）都指出"百般""万般"可以表示种类义，但都认为"百般"还能表示方式义，却没提到可以表示程度义（p.28、p.25）；都认为"万般"还能表示程度义，却也没提到可以表示方式义（p.1350、p.1352）。至于"千般"，两本词典均未予以收录。

至于"千般",目前各家均未予以收录,其实,尽管现代汉语"千般 VP"单用频率确实不高,但合用表示方式或程度时,与"百般""万般"并没有实质性的不同。例如:

（5）尤其是处于"中层板块"的一些股长、科长们,任凭"上级喊破嗓子、群众跑坏腿脚",始终"慢吞吞""冷冰冰",百般推诿、千般刁难,人为设置障碍。(《全力提高机关效率》2012-08-20 人民网)

（6）纵使千般无奈,万般感伤,时光也不会重来,只要珍藏了相遇的美好,那便是人生最纯净的幸福。(《早安青春　一纸流年,一纸华章》2014-05-24 新浪教育)

0.2　本章的基本观点是:现代汉语的"百般"与"万般",都可以表示类别、方式与程度;两词既可以由凸显类别衍生出表示方式,也可以由强调类别发展出表示程度;只是搭配对象、表义侧重与使用频率略有不同。而"千般"早已词化,以表类别义为主,尽管副词化程度不高,经常用在与"百般、万般"的对举格式中,但其演化途径与动因还是一致的。

0.3　本章从三个方面展开探讨与分析:首先考察"X 般"的分布、搭配及其配合、共现的合用方式;然后分析与描写"X 般"的三种各具特色的表达功能与用法特点;最后揭示并解释"X 般"从表类别到表方式、表类别到表程度的两种引申轨迹及其演化动因与机制。

0.4　本章例句引自北大语料库及网络报道与博客(长句略有删节),例句全部注明出处。为了便于行文,本章用"X 般"统一指代不同句法功能及词性的"百般""千般"与"万般";必要时用"VP、AP"与"NP"分别替代被"X 般"修饰的谓词性成分或体词性成分。

1. 分布搭配及其共现与配合

1.0　本节主要描写与分析"X 般"的句法分布、搭配关系及其相应的词类归属。

1.1　不同分布的功能类别。现代汉语中,除了充当状语之外,"X 般"都还保留着或衍生出一系列其他的分布与用法。首先,都可以修饰一些抽象的"NP",直接充当定语。例如:

（7）只要农民眼中对土地的认识宽阔了,那蕴藏在农民之中的<u>百般武艺</u>就会编织出一条通往小康的康庄大道。(1994 年《报刊精选》)

（8）为扶贫,她经历了苦、辣、酸<u>千般滋味</u>后,最终尝到了真正的甜。(1994 年《报刊精选》)

（9）这里,我们且不说渡口、乐山、大足、重庆的千种风采,也不说荆州、武汉、九江、庐山的<u>万般神韵</u>,我们只说"钟山龙盘,石头虎踞"的南京城。(1996 年《人民日报》)
"X 般"修饰"NP"或指称性"VP"一起充当主、宾时,还经常带上标记词。例如:

（10）乔致庸站起,深深看她,不禁悲从中来,痛声道:"太太,就是乔致庸有<u>千般的错处</u>,你也该看在孩子们的面上,跟我回去。"(电视电影《乔家大院》)

（11）夫妻间有几多的互不沟通呵? 但是,即使如此,又怎么可能割舍这<u>万般的情意</u>和不尽的思念。(谢柳青《毛泽东情寄〈蝶恋花〉》)

（12）中华民族在许多方面是相似的:他们都有古老的文明和传统,遭受过<u>百般的折磨</u>,而且他们的斗争都十分顽强。(《读书》vol-068)

毫无疑问，充当定语的"X 般"都应该分析为形容词而非"数量词"或"数词"①，这是因为强调各种类别的"X 般"，除了充当定语外，都还可以充当状语甚至谓语。例如：

（13）她喜欢骑马，喜欢男装，骂起人来满口粗言秽语，谈情说爱时却<u>百般</u>柔情，<u>千般</u>风流。（《读者》合订本）

（14）眼前这个男人，<u>千般</u>好，<u>万般</u>好，处处是优点，他不爱你，这个缺点，你永远改变不了。（张爱玲《倾城之恋》）

（15）五一劳动节，回家之后自然也不能闲着。到了春暖花开的时节，农家小院里的杂草在菜园里可劲儿地疯长，有的开出名不见经传的小花，或黄或粉，竟也媚态<u>百般</u>。（杨百林《农活》）

（16）秋风接着一阵阵呼呼作响，树叶片片飘落，犹如颜色各异的蝴蝶在林间翩翩舞蹈，或缓或急，姿态<u>千般</u>。（《京城琐记·不为避暑，只为一游》2011-10-18 网易博客）

其次，"万般"的情况比较特殊，表种类义的"万般"还是形容词，但表程度义的"AP 万般"，结构关系已由主谓转向了述补，该"万般"也就转化为可补程度副词了②。请比较：

（17）远在京中的亲王却因这不足道的恋情而<u>愁绪万般</u>，觉得甚是无聊。（《源氏物语》丰子恺中译本）

（18）我的目光流连在画集外套与内封的黑色上，不仅为装潢者的设计匠心叫好，更为世纪老人的文化人格与审

---

① 《现代汉语词典》（第 7 版）和《现代汉语规范词典》（第 3 版）都认为表示种类义的"百般、万般"是"数量词"，这样的命名显然不确切。因为"百般、万般"在词汇化之前都还是数词与量词的组合，是两种词类合成的"数量结构"；既不是"数词"也不是"数量词"，而且汉语中本来就没有"数量词"这一词类。

② 关于主谓结构到述补结构的演化及程度副词充当补语表程度的详细分析，请参考张谊生（2013a）。

美理想得到妥恰的包装而慰藉万般。(《读书》vol-194)

显然,前一"万般"表示类别,还是形容词,而后一"万般"强调程度,已经是副词了。

而且,"万般"还保留着名词甚至代词的用法,相当于"万物"或者"一切"。例如:

(19)陈琳向太后表白:幼年入宫,深谙宫中规矩,<u>万般</u>都按主子之意行事,对太后更是如此了。(《狸猫换太子》2003-07-28 华夏经纬网)

(20)一了百了<u>万般</u>皆了的那扇窄门,也曾于灯昏雨骤意冷心灰的俄顷想发发狠索性挤了过去的,又因为缺少了那操刀持剑或吞下些什么的勇气,所以伸过去的半身觉得冷森森又缩回来了。(吴伯箫《海上鸥》)

其他如"万般皆是空、万般皆由(都是)命、万般都放下"的"万般",也都是名词或代词。

除了上述基础分布与特殊功能外,这三个"X 般"当前最主要的分布与功能,就是修饰动词、形容词及其短语,充当性质与功能不同的状语。当然,主要是充当句子状语。例如:

(21)小莫<u>百般</u>挣扎,一个多小时后终于将绳子挣脱,打开窗户呼救,正好对面房间有一名男子,对方于是报警。(《女研究生做家教被强奸 31 岁惯犯再获刑八年半》2014-03-20《信息时报》)

(22)天下大势,分久必合,合久必分,在经历近300年的统一之后,大明王朝迎来了生命中的最后时刻,内忧外患,纷争不断,拆东墙补西墙,终究拆无可拆,补无可补,纵使崇祯<u>千般努力</u>,终难扭转乾坤。(《明朝那些事儿·最后的较量》2011-12-01 百度知道)

(23)乔冠华回国后,周恩来表扬他,外交部同仁钦佩他，江青自然抢在前面，她大耍手段，**万般赞誉**，一时，鲜花、美酒、喝彩、英雄，"老乔"似乎"全方位"成功了。（张容《一言难尽乔冠华》）

一旦"X般+VP"带上标记进入句内充当定、状语，该"X般"充当的是句法状语[①]。例如：

（24）从29日开始，经过对张犯不间断审讯，死顶硬扛、**百般狡赖**的张计忠，终于交代出在石市郊区的塔谈村还有另外两处窝藏《金瓶梅》的书库。（1994年《报刊精选》）

（25）给学生以诗的阳光，小说的空气，戏剧的水分，散文的土壤，让他们每个人都有一棵**千般美丽**、**万般风情**的心灵之树。（《语文教学名言名句》2014-02-27江西教育网）

如果整个偏正短语一起充当句子的主、宾语，那么，随着"X般+VP"短语的指称化，这些原本充当句子状语的"X般"，也会转化为修饰指称成分的句法状语。例如：

（26）独生子女，居住高楼大厦，邻里交往少，孩子缺少伙伴，由于家长的**百般呵护**，动手的机会少，而且从小接受来自听、说方面的强化较多。（新华社2004年《新闻稿》）

（27）这些景观之所以延续至今，得到人们的**万般珍惜**，吸引世界各地的来宾，绝不在于什么"文化搭台，经济唱戏"，而是它们自身无价的文化性。（1996年《人民日报》）

从分布与功用看，无论是充当句子状语还是句法状语，只要是凸显方式与强调程度的"X般"，都应该归入副词[②]，大多是情状副词，少数是程度副词。

---

① 关于句法成分与句子成分的性质、特征及其差异与关系，请参看张谊生（2013b）。
② 现代汉语副词在特定情况下可以充当定语的详细分析，请参看张谊生（2011）（2012）。

1.2　对举连用的多种模式。由于"百般、千般、万般"三词具有相近的句法分布与表达功用,所以,这三个词在现代汉语中共现配合、并存连用、交替使用的频率相当之高。

首先,就共现的类别来看,通常都是"百、千、万"之间的异类对举或连用。例如:

(28) 苦于媒婆之般般情谊,便撇口道:"你老说说看。"经过<u>百般沟通</u>,<u>万般调理</u>,终于找到一般配女子,但后生连连摇头。催急了,便骂一句:"多事!"(《读者》合订本)

(29) 为了斩断她的翅膀,将她拖向自己的地狱,他对她<u>千般刁难</u>,<u>万般凌辱</u>。地下赌场,他以她为赌注,让她面对那些能当她爷爷的老男人。(《豪门旧爱:总裁的 VIP 情人》2013-09-02 舞若小说网)

但也有少数是同类的共现与连用,比如下面就是"百般"的两项叠加与三项复叠:

(30) 说不定,雕骑军的这些散兵,如此<u>百般挑衅</u>,<u>百般欺凌</u>,就是为了引诱他们发起进攻,陷入白衣军的枪炮攻击范围。(《百般挑衅　百般欺凌》2012-01-21 百度贴吧·锦衣杀明吧)

(31) 粗粗的麻花辫,配以薄薄的鲜艳纱裙,在没有固定旋律的音乐中,扭动着不和谐的舞姿;特别是在摄像师的镜头面前,她更是<u>百般妖冶</u>、<u>百般妩媚</u>、<u>百般放纵</u>,那不是 POSE 的 POSE,令人讶异的表情……种种的种种,都给人留下了深刻印象。(《〈大冒险〉要与芙蓉姐姐试比高》2007-03-09 挂游网)

其次,就配合的方式来看,主要是两项的联合或对举,表示并存或递进关系。例如:

(32) 她喜欢骑马,喜欢男装,骂起人来满口粗言秽语,

谈情说爱时却<u>百般柔情</u>,<u>千般风流</u>。(《读者》合订本)

(33)在那片神奇的地方,经历了那里的艰苦,见到了那里的天高地阔,援藏干部都显示了一种视名利为身外之物的豪迈之情,回内地看到一些人<u>百般计较</u>,<u>千般牢骚</u>,真是不习惯。(1996年《人民日报》)

(34)礼尚往来,你吃我,我吃你,吃出<u>千般风景</u>、<u>万般友情</u>。(1994年《报刊精选》)

总之,就总和分布(total distribution)来看,可以充当典型定语、谓语的"X般",都是形容词,而不是数量词或数词;主要充当状语的"X般",不管呈现什么样的分布,都是副词;"万般"位于"AP"之后也是程度副词,充当主语时则是名词或代词。"百般、千般、万般"经常在一起共现配合;对举、连用时多为异类共现,也可以是同类并用;相互配合的方式,可以是两项联合对举,也可以是三项并存连用;三项式的位序可以顺向,也可以逆向。

2. 表达方式及其功用与对象

2.0　本节分析"X般"表种类、方式与程度的表达功用及其修饰对象的语义特征。

2.1　凸显夸张的类别。"般"的基本义是"种、类、样","百、千、万"又都可以表示概约多数,所以,"X般"都还保留着强调"多种多样、各式各样"类别义的用法。例如:

(35)孩子一天一天成长,由襁褓中的婴儿到长大独立生活,对于父亲们来说可谓<u>百般滋味</u>在心头:因为在香港为父大不易。(新华社2004年《新闻稿》)

(36)仔细探究这类作家的心理历程会让人们明白许多事理的,那可真是酸甜苦辣<u>千般风味</u>。(《读书》vol-131)

（37）那**万般**事体要是分摊在每日轮换一新的医护人员身上，反倒能让他们有充分的精神和力量，将其转化为"南丁格尔"的崇高精神。（张洁《世界上最疼我的那个人去了》）

无论修饰对象是"NP"还是"VP"，这类"X般"所表示的都是各种夸张性的类别义。再如：

（38）有的人勤恳敬业，感到十分充实，有的人饱食终日、无所事事，觉得**百般虚苦**；有的人在烈日下锄禾、在寒风里跋涉仍苦中寓乐，有的人在办公室里喝茶、在温室中闲聊却唉声叹气。（1995年《人民日报》）

（39）十多年了，自从那场政治浩劫平地卷起以来，这还是他们第一次见面。她想象着自己所尊敬的人，经历了**千般磨难**，该是怎样的模样和神情？（《读者》合订本）

（40）男友痛苦万分，在电视台匿名点了一曲《你最无情》，诉说心中的**万般苦楚**，希望对方"回心转意，把旧梦重温"。（1994年《报刊精选》01）

也就是说，不管是修饰"NP"作定语，还是修饰"VP"作状语，只要修饰对象"NP"或"VP"具有可计量或可量化的语义基础，那么，该形容词"X般"就必然会表示类别义。请比较：

（41）正在南京莫愁湖公园举办的中华民族风情艺术活动，使人们"一日之内云游天下、领略**百般风情**"的夙愿成为现实。（1993年《人民日报》）

（42）芭茅溪村的老乡就是这么淳朴，第一次见面对我们不仅不设防，而且盛情款待，**百般热情**，但并不觉得别扭，就是跟走亲戚家一样的，拉家常，遛弯儿，和谐美好。（《芭茅溪小蔡》2013-08-21人民网）

"百般风情"是定中短语，"百般热情"是状中短语，"风情"与"热情"都具有可量化的语义基础；区别在于："X般"修饰"VP"

强调类别的量化特征没有修饰"NP"那么清晰。再比如：

（43）中世纪文学里的"宫廷之爱"是这种爱情的最佳范例：求爱的骑士把美丽的贵妇人升高到女神的地位，为了感动对方，不惜用自己的<u>百般坚忍</u>和仰慕衷肠来赢得美人的心。（《读书》vol-200）

（44）启程的日子终于来临，玉菡心中真有<u>千般不舍</u>，抱紧身穿长行衣的致庸久久不肯撒手。（电视剧《乔家大院》）

（45）终于，当他抓住那两座耸动的雪峰时，那<u>万般颤栗</u>化成了一句话："恩人哪，要了我吧！"（李佩甫《羊的门》）
同样道理，"X般"共现配合表达类别义时，修饰对象也要具有可量化的语义基础。例如：

（46）礼尚往来，你吃我，我吃你，吃出<u>千般风景、万般友情</u>。（1994年《报刊精选》）

（47）纵有<u>千般无奈、万般苦楚</u>，不是自己的终不是自己的，毕竟，一句失去以后才想再拥有才真是说到了心上。（《深夜十大禁听歌曲》2012-01-09音乐网）

（48）《北爱》的热播，在观众中引起了热烈的讨论，其中讨论最热烈的是对"疯子"的<u>千般热爱万般崇拜</u>。（《从人物形象的塑造看〈北京爱情故事〉中的价值观冲突》2012-07-03影视天地）
"风景、友情"是体词，"无奈、苦楚、热爱、崇拜"是谓词，都可以表示夸张的类别义。

2.2　竭尽一切的方式。凡是"X般"修饰的"VP"是可控的行为，该"X般"所表示的就很可能是带有类别特征的方式义，以突出"用尽各种各样的方法"来"VP"。例如：

（49）有的还<u>百般抵赖</u>，寻找借口，说："我们贷了款来打鱼，你们不让打，谁来还贷款"等等，正面说服教育已不

能使之动心回头。（1994年《报刊精选》）

（50）借征地开发之机，以"对话、协商"为幌子，对政府及有关单位<u>百般</u>刁难，层层加码，漫天要价，一旦不能如愿即兴师动众，大动干戈。（1994年《报刊精选》）

（51）他的父母为他一个人准备了一套二居室住房，从高中时起对他<u>百般</u>照顾，让他专心读书，不必做任何家务；但他一直学习吃力，并且考大学时成绩不佳。（王登峰、张伯源《大学生心理卫生与咨询》）

既然"X般"一般只能充当状语表示方式，那么，具有相应分布与表达功能的"X般"自然都是情状副词；而且，都还可以附加状语标记"地"或者"的"以增强摹状性[①]。例如：

（52）狼对它的天敌和弱小的动物是凶残的，但在它的家庭里，爱的图景颇为感人。不时地，"妻子"会佯怒，娇嗔地在"丈夫"面前耍威风；而"丈夫"，会一个劲地退让，<u>百般地投其所好</u>。（《读者》合订本）

（53）这是因为凡夫穿衣，总要<u>百般的挑剔</u>，或是衣料不满意，或是花色不美，或是款式不好等等，心生种种烦恼。（《佛法修正心要》）

比较而言，"千般、万般"单独表方式的频率都不太高，所以，用例也相对有限。例如：

（54）浮舟想，那时妹尼憎已返回草庵，定要<u>千般阻拦</u>，那就晚了。她担忧此事，定要当即举行受戒诸事。（《源氏物语》丰子恺中译本）

（55）说罢，哭得几乎从车上跌了下来。众传女忙来挽

---

① 关于状语用标记词"的"而不用"地"的现象及其原因与作用，张谊生（2012）已有论述，请参看。

扶,**万般劝解**。她们道:"早就担心会弄到这般地步的。"(《源氏物语》丰子恺中译本)

就被修饰对象的语义特征来看,表方式义的"VP"几乎都是自主动词及其短语。例如:

（56）我妻子对我好,我的家庭幸福,这有什么错! 这些人却要无事生非,<u>百般丑化</u>,似乎我这样的人就不该有妻子,更不该有个漂亮的妻子。(1994年《报刊精选》)

（57）可是到皇帝按惯例御赐婚姻的时候,纵使王小姐<u>千般丑化</u>自己,老儿还是看到了她裙下的纤纤细腿。(《神域魔豆》2013-01-20 起点中文网)

（58）尽管《水浒传》和《金瓶梅》两书的作者,对西门庆的恶,竭力描写,历尽笔墨<u>万般丑化</u>但从不写西门大官人与未成年女孩苟且取乐,做下伤天害理的事情。(《别美化贪官污吏》2012-06-07 新浪博客)

"丑化"与"风景"不同,与"坚忍、苦楚"也不一样,具有主观的能动性,所以,表示的就不再是类别而是方式。"努力、挣扎、苦撑"具有类似的特征,也都表类别义。例如:

（59）佟掌柜急火攻心,慌不择路,<u>百般努力</u>却始终不能力挽狂澜,只好把气撒在伙计身上。(电影《武林外传》)

（60）田小娥与黑娃的结合原本是两相情愿、美满自然的,但在宗法制的笼罩下,<u>千般挣扎</u>,终难逃脱,他们成了白鹿原上无家可归的一对孤雁。(《〈白鹿原〉故事梗概与人物分析》2013-07-19 百度知道)

（61）崇祯望着他的脊背,想着自己对国事<u>万般苦撑</u>竟不能得他这样的大臣谅解,不由得叹口气,恨恨地说:"黄道周一生学问,只学会一个'佞'字!"(姚雪垠《李自成》)

同样,只要"VP"具有能动可控特征,也可以通过共现连用来表达协调配合的方式义。例如：

（62）曹商来到秦国后，对秦王<u>百般献媚</u>，<u>千般讨好</u>，终于博得了秦王的欢心，于是又赏给了他一百辆车。（《寓言故事·曹商舐痔》2010-06-09 百度故事）

（63）买东西之前，营业员当你是上帝，<u>百般讨好</u>，<u>千般献媚</u>，毕竟营业额与她的收入有关啊，一旦买了她的商品，顾客就成了孙子，不愿解答顾客的疑问，更不会主动解决商品的退、换问题。（《吃不消的上帝待遇》2010-10-22 新浪博客）

"献媚、讨好"都具有主观能动性，"百般、千般"交替合用，以凸显其表达效果。再比如：

（64）可您看三聚氰胺的毒奶粉事件当中，当地政府不但监管失误，而且在出事之后<u>百般遮掩</u>、<u>千般抵赖</u>，监管不力还能说是观音难救世间苦，这种行为大概只能说是纵容为恶了。（《政府的良心是社会的风向标》2012-06-18 经济观察网）

（65）此次两档节目中对男士们<u>千般刁难万般挑剔</u>的女士们营造出了"女色消费男色"的概念，节目也因此有趣了许多，"很符合当下的社会环境"。（《〈完美先生〉一场仓促的男色秀》2011-12-29 星娱乐）

正因为"VP"都是能动性自主行为，所以，"X 般"合用配合，就更能凸显表达方式的效果。

2.3　强调极性的程度。程度副词"X 般"的表达功效接近于"极其、非常"[①]。例如：

---

① 与典型的程度副词相比，"X 般"表程度时，一般都会保留着一定程度类别义积淀，正因为"百般、千般"表程度，由于用频一直不高，至今还处在定型阶段，显得还不够典型。其实，回顾汉语史上像"非常""极其"等，刚开始表程度时，也都会或多或少地保留"异常"和"极端"的语义积淀。

（66）在一条黑巷口，两个姑娘停下来，<u>万般妖娆</u>地笑望着我们。（王朔《橡皮人》）

（67）她长着天仙般的美貌，却陷在十八层地狱般的痛苦和不幸之中，不免<u>万般感慨</u>。（欧阳山《苦斗》）

与"万般"相比，"百般、千般"表程度用法较少，所带有的类别义痕迹也更强些。例如：

（68）布力菲是个善于看风使舵、诡计多端的伪君子。在长辈面前，他总是表现得<u>百般恭顺</u>，彬彬有礼。（《读书》vol-006）

（69）晁恒功是一个重声誉如同生命的人，每当想起这些悲惨遭遇，心里就<u>百般痛苦</u>，总觉得在村里人面前抬不起头。（《济源违规招商项目　强征耕地致人死亡》2013-07-24济源网）

（70）程阳看着微愣的女子，心里<u>千般惆怅</u>，她总是能用这样一个简单的神情将他吸进去；一如她的名字，深深的，再也不能自拔。（《时光如青苔，十年不思议》2010-11-09百度贴吧）

（71）我烧了她爱吃的菜端给她，她<u>千般无奈</u>地咬嚼两下，趁我转身又偷偷地吐在碗背后。（《读者》合订本）

发展到现、当代，表程度已成了"万般"的主要用法，其种类义痕迹也已不再那么明显了，而且"万般无奈"，更是成了现代汉语中的成语，其使用频率相当之高①。例如：

（72）他首先从那份合同讲起，讲它是在怎样一种没有第二个选择的<u>万般无奈</u>的大背景之下产生的。讲港商所做

---

① 《现代汉语规范词典》（第3版）已将"万般无奈"作为成语收录。尽管已是成词，但"千般无奈、百般无奈"还是时有所见，比如例（1）、例（71）；不过，例（47）的"千般无奈"是表类别的。

的种种承诺的可靠性,讲哪些方面港方做不到,为什么做不到。(梁晓声《钳工王》)

(73)粮食收购部门为何不履行合同呢?店下粮站负责人**万般无奈**地吐露了隐情:全镇粮食订购任务加上公粮及其他代收项目的总量,大大超过了现有的库容量。(1996年《人民日报》)

就限制的对象来看,表程度的"VP/AP"基本上都是心理动词和性状形容词。再比如:

(74)其实,"陕军"的这几部作品,其相互间的文本意图存有相当明显的差异:《废都》**百般无奈**却又满心欢喜地制作出一个当代文人"影像"。(1994年《报刊精选》)

(75)与其说那一草一木,一桌一窗,一书一画都浸透着孩子们的心血和汗水,自然**百般珍惜爱护**,不如说它是王思明的精神、品格及理想在孩子们身上的实现和伸延。(1994年《报刊精选》)

显然,正因为心理动词、形容词本身都具有一定的量幅,所以,更适合程度副词修饰。再如:

(76)叶绿荷漫无目的地走在大街上,纵然大街上**千般热闹**,为什么我的心却感到那么的失落和寂寞?(《烛光剑影》2008-08-01潇湘书屋)

(77)同志们撕碎敌人的"自白书",战胜**万般残忍**的酷刑,不怕牺牲,坚持斗争到底终被集体释放回到延安,投入党的怀抱,受到毛泽东主席的接见。(《那些难以忘却的记忆》2013-09-27亚心网)

同样,通过共现配合,表达互相关联、有所深化的程度,也必须具有量幅的语义特征。例如:

(78)不过说真的,女人**千般漂亮万般温柔**,也抵不过独立自主最重要,尤其是中国这样男人不会把照顾老婆家庭当事业的地方。(《重起炉灶,讨论:什么是女人味?》2008-05-06 摇篮网)

（79）他对待敌人可以毫不留情,纵使手段<u>千般残忍</u>、<u>万般毒辣</u>,受到万人唾弃,身背千载骂名,他也不以为意。(《武侠世界大祸害》2013-12-31 笔下文学网)

通过三项连用,表达步步递进、层层深化的程度,各"VP"更须要具备这一语义特征。例如:

（80）我们一心一念,十分注意,我们虽然<u>百般隐忍</u>,<u>千般努力</u>,<u>万般勤勉</u>,然而能够保证的,仅仅是自己不会伤害到别人。(《廊坊吧》2013-01-29 百度贴吧)

（81）不过说真的,女人就是<u>百般漂亮</u>、<u>千般温柔</u>、<u>万般高雅</u>,也抵不过自立自强,尤其是在现在中国这样还是男权占主导的社会里,女人独立自主更重要。(《讨论:什么是女人味?》2009-05-06 新浪博客)

总之,形容词"X 般"主要表示不同的类别义,但被其修饰或陈述的对象,都必须具有可数性及可物化的语义特征。副词"X 般"可以表方式也可以表程度,尽管都是作状语,但搭配对象的语义基础不同,情状副词重在能动性与可控性,程度副词重在性状化与量度化。

3. 发展演化及其动因与机制

3.0　本节主要从历时角度探讨、分析"X 般"的演化历程与结果,机制与动因。

3.1　短语的固化与词化。甲骨文"般"从"凡（盘）、从攴",金文已将"凡"误作"舟",篆文承之。随着量词"般"逐渐形成,数量短语"X般"在晚唐时已经广泛使用。例如：

（82）大王见太子愁不乐,更添<u>百般细乐</u>,万种音声,令遣宫内,为欢太子,太子都不入耳,再处分车匿,来晨被朱鬃白马,却往南门观看。（《敦煌变文选·八相变》）

（83）我家有子在临胎,<u>千般痛苦</u>诞婴孩。父子忙重发愿,只愿平善不逢灾。（《敦煌变文选·八相变》）

（84）太子闻偈,哽噎非常,遂乃叫切含悲,亦道一偈：太子闻道病来侵,<u>万般愁苦</u>转萦心。（《敦煌变文选·八相变》）

（85）古人云,路逢达道人,第一莫向道。所以言,若人修道道不行,<u>万般邪境</u>竞头生。（唐《镇州临济慧照禅师语录》）

随着"百、千、万"与"般"搭配凝固化,"X般"的表达功能趋向定型化,在临界语境（adjacent context）的制约下,"X般"逐渐由一开始双音化的韵律词,经过不断地高频共现（frequency of co-occurrence）因结构固化而过渡到语法词,最终经语义融合（mixture）成为三个表示夸张性类别的形容词。同时,分布也从定语扩展到状语,表达从修饰指称转向描摹陈述。例如：

（86）更添音乐,<u>百般悦乐</u>太子。其太子闻乐,转加不乐。（《敦煌变文集新书·悉达太子修道因缘》）

（87）忽见一人,四体极甚羸劣,刑容瘦损,喘息不安。两面人扶,<u>千般疼痛</u>,兼有药碗,在于头边,百味饮食将来,一般都不向口。（《敦煌变文选·八相变》）

（88）适蒙慈悲圣主,会上宣扬；大觉牟尼,筵中告语。<u>千般赞叹</u>,何以胜当,百种谈论,实斯悚惕。（《敦煌变文集新书维·摩诘经讲经文》）

（89）细屈指寻思,旧事前欢,都来未尽,平生深意。到

得如今,万般追悔。空只添憔悴。对好景良辰,皱着眉儿,成甚滋味。(宋·柳永词《慢卷紬》)

仔细观察与分析,可以发现:凡是被"X般"修饰或陈述的词语,都具有[+数量][+物化]语义特征;而且,三个"X般"的定型化与词汇化的发展进程,大体保持一致;从句法功能与表达作用来看,大约到宋、元时期,三个形容词"X般"都已基本形成了①。再比如:

(90)且如兴灭继绝,诛残禁暴,怀诸侯而尊周室,百般好事他都做,只是无恻怛之诚心。(《朱子语类》卷六十)

(91)譬如合一药,须先有真药材,然后和合罗碾得来成药。若是药材不真,虽百般罗碾,毕竟不是。(《朱子语类》卷六十一)

(92)若不知去处,向外边学得千般巧妙,记持解会,口似倾河,终不究竟,与汝自己天地差殊。(《五灯会元》卷十五)

(93)他吃饭时不肯吃饭,百种须索;睡时不肯睡,千般计较。所以不同也。(《五灯会元》卷三)

作为形容词,"X般"在这一时期,自然都还可以充当谓语,尤其是与"X种"对举时。例如:

(94)树神奉敕,便于西坡之上,长叩三声,云雾陡暗,应是山间鬼神,悉皆到来,是日夜拣炼神兵,闪电百般,雷鸣千种,彻晓喧喧。(《敦煌变文选·八相变》)

(95)好花万种,布影而锦儡池中;瑞鸟千般,和鸣而乐陈林里,皇居匪远,天步频游。撑舡而冲破莲荷,奏曲而惊

---

① 在汉语数量短语的发展演化史上,"一般、一样"也成了形容词,"十分、万分"则进一步成了副词。

飞鸳鸯。(《敦煌变文集新书》卷二)

与此同时,一部分"X 般"还可以指称化充当主语、宾语,开始向体词化演变。例如:

（96）且大犯即爱破逃散,小犯则失爵亡官,其余杂犯,火光口舌,跛蹇偏枯,衰殃疾病等,<u>万般</u>皆有,岂得轻之哉!(唐·李淳风等《黄帝内经》)

（97）问:"如何是学人出身处?"师曰:"<u>千般</u>比不得,<u>万般</u>况不及。"(《五灯会元》卷八)

（98）却说蒋兴哥跟随父亲做客,走了几遍,学得伶俐乖巧,生意行中<u>百般</u>都会,父亲也喜不自胜。(《喻世明言·蒋兴哥重会珍珠衫》)

这些充当主、宾语的"X 般"严格地讲还是一些固化中的数量短语,并没有完全词汇化。

值得注意的是,这三个词在演化、发展的过程中,相互之间出现了竞争(rivalry),进而导致了协调与分工。所谓协调,主要体现为"X 般"之间各种形式的对举与连用。例如:

（99）上堂:"<u>千般</u>说,<u>万般</u>喻,只要教君早回去。去何处?"良久曰:"夜来风起满庭香,吹落桃花三五树。"(《五灯会元》卷十七)

（100）公家为女婿,有妻是刘月仙,生的有些颜色,十分的不贤惠,将小人<u>千般</u>毁骂,<u>万般</u>憎嫌。(《全元曲·好酒赵元遇上皇》)

所谓分工,则体现为:"百般"只是偶尔作谓语,很少充当主、宾语;而"千般"充当主、宾语、谓语都较常见;发展到现代,"百般、千般"充当主、宾语的指称化用法基本消亡了;而"万般"由于受到格言"万般皆下品,唯有读书高"(北宋 汪洙《神童诗》)的类推(analogy)影响,"万般 X,唯有 Y"已经构式化了,所以,直到现代还保留着充当主语的功能。

3.2　功能的转化与虚化。"X 般"形容词形成以后,表类别义的用法逐渐成熟,随着一部分被修饰的表陈述性"VP",是带有一定的目的性与功利性的行为,那么,这些"X 般"就会逐渐地由表类别义转向表方式义。也就是,当发话人要表示用各种方式从事某项行为、而被修饰的"VP"具有[+能动][+可控]的语义特征时,那么,这些"X 般"也就逐渐从单纯表示"各种各样"的类别义转向了主要表示"竭尽各种方式方法地"的方式义。例如:

（101）单于重祭山川,再求日月,百计寻方,<u>千般求术</u>(各种各样地求术→以各种方式求术→竭力求术),纵令春尽,命也何存。(《敦煌变文集新书·王昭君变文》)

（102）李梦先问情、意之别。曰:"情是会做底,意是去<u>百般计较</u>(各种各样地计较→以各种方式计较→竭力计较)做底,意因有是情而后用。"(《朱子语类》卷五)

（103）妾是真州人,乃是永嘉崔县尉次妻,大娘子凶悍异常,<u>万般打骂</u>(各种各样地打骂→以各种方式打骂→竭力打骂)。近日家主离任归家,泊舟在此。(《今古奇观·崔俊臣巧会芙蓉屏》)

当然,这些方式义都带有一定程度的种类语义积淀,都是呈现各种各样类别的方式。例如:

（104）以利存心,做时虽本为衣食不足,后见利入稍优,便多方求余,遂生<u>万般计较</u>,做出碍理事来。(《朱子语类》卷一百一十三)

（105）如宋时玉通禅师,修行五十年,因触了知府柳宣教,被他设计,教妓女红莲假扮寡妇借宿,<u>百般诱引</u>,坏了他的戒行。(《警世通言况·太守断死孩儿》)

（106）至于被诬冤枉的，却又六问三推，千般锻炼，严刑之下，就是凌迟碎剐的罪，急忙里只得轻易招成，搅得他家破人亡。（《初刻拍案惊奇·恶船家计赚假尸银　狠仆人误投真命状》）

就在表示方式义的"X般"情状副词渐趋成熟之际，大约在明、清时期，一部分"X般"又从表种类义逐渐分化表程度的副词用法。也就是说，当部分被修饰的"VP/AP"具有[+程度][+性状]的语义特征时，那么，该"X般"就会开始由表类别义转向了强调程度义。例如：

（107）那日天晚，只见那农夫张三老往城中卖菜来家，马氏接着收拾了晚饭与丈夫吃了，因问曰："如今姜子牙，闻说他出将入相，百般富贵（尽显各种富贵→非常富贵），果然真么？"（《封神演义》92回）

（108）秋谷看程小姐已经梳洗，梳了一个懒妆髻，薄施脂粉，又换了一件衣服，出落得别样风流，千般袅娜（尽显各种袅娜→煞是袅娜）。（《九尾龟》54回）

（109）狄希陈虽与寄姐如鱼得水，似漆投胶，万般恩爱（尽显各种恩爱→极其恩爱），难以形容，到只为这珍珠一事，放心不下。（《醒世姻缘传》76回）

"X般+富贵/袅娜/恩爱"从类别转向程度的轨迹是，既可以认为"表现出各种各样的富贵、恩爱、袅娜"，也可以重新分析（re-analysis）为"显得非常富贵、袅娜、恩爱"。再比如：

（110）公子扶他上马，又扶他下马。一上一下，将身偎贴公子，挽颈勾肩，万般（≈万分）旖旎。夜宿又嫌寒道热，央公子减被添衾，软香温玉，岂无动情之处？（《警世通言》卷二十一）

（111）他诡谋毒计，暗箭伤人，面上一团和气，像是一

个好人,心里**千般**(≈非常)**恶毒**,比强盗还狠三分。(《七剑十三侠》1回)

(112)谒过驾,圣祖特沛恩纶,就命她乾清宫侍寝。是夜圣祖同她颠鸾倒凤,**百般**(≈十分)**恩爱**,不消细说。(《清朝秘史》23回)

在语境吸收(absorption of context)作用下,一部分"X般"的类别义开始逐渐弱化,程度义就渐趋形成。当然,由于"万般"的竞争,"百般、千般"表示程度用法一直不多。例如:

(113)睡也不好,起也不好。正在**百般无奈**的那一刹那间,秦士林已走近身边,用那使降魔杵的气力,将被一揭。(《留东外史》25章)

(114)恰便似呖呖莺声花外啭,行一步可人怜。解舞腰肢娇又软,**千般裊娜**,**万般旖旎**,似垂柳晚风前。(《西厢记杂剧·崔莺莺待月》)

另外,补语位置上表程度的"万般",大约在清朝后期也已完成了副词化进程。试比较:

(115)吾受此罪,**苦痛万般**,不可言说。赖汝夫妇,为吾修无上黄箓宝斋,功德一切,吾乘此功德,已得生天,故来相别。(宋　张君房《云笈七签》卷一百二十)

(116)盖朔人**狡猾万般**,其居不容外人,若以异处之士去守,彼必为乱,国不能安,燕凤之策,可保久长。(《两晋秘史》249回)

从结构与表达看,"苦痛万般"还应该分析为主谓短语,而"狡猾万般"则须分析为述补短语;同样,前"万般"还是形容词,后"万般"则已经是后补式程度副词了。

总之,本节的基本结论是:a."X般"正是在紧邻语境的吸收下,通过语义感染、高频类推从形容词派生出情状副词,而"X

般"的主观约量（subjective quantity）及重新分析，是导致"X 般"进化为程度副词的语义基础与语法化机制。b.从认知机制来看，从类别义到方式义，是相邻概念之间逐渐过渡的演化，其进化的机制是转喻（metonymy）；从类别义到程度义，则是不同认知域之间认知投射的顿变，其转化的机制是隐喻（metaphor）。c.副词"百般"与"万般"并没有表方式与表程度的明确分工，只是因为各自语义量级有别，表义侧重不同而已。也就是说，"百"与"万"虽然都是汉语中表示大量的位数词，但是"百"的大量只是一般的"多"，而"万"的大量是极顶的"多"，所以，"百般"更倾向表方式演化；"万般"更倾向于表程度①；当然，表义倾向只是一种发展趋势而不是规律。

4. 结语与余论

4.1　综上所述，可以归纳如下：一、只能充当状语的"X般"，不管呈现什么样的分布，都是副词；充当定语、谓语的"X般"都是形容词。"万般"位于"AP"之后是程度副词，充当主语时是名词或代词。三个"X般"因竞争而协调或者分工；协调共现时，可以两项联合或对举，也可以三项并存或连用。二、形容词"X般"基本上都表示夸张的类别义，副词"X般"可以表方式也可以表程度，句法功能基本一致，但搭配对象的语义基础不同，情状副词重在能动性与可控性，程度副词重在性状化与量度化。三、"X般"正是在紧邻语境的吸收下，通过高频类推，语义

---

① 既然"X般"都可以表示方式和程度义，那么为什么一般都认为"百般"表方式，而"万般"表程度呢？关键就在于：这三个词遵循了数量短语演变的共性——从表类别的依次虚化为方式副词和程度副词，但"百"只是基本多量，而"万"是极限多量，所以，"百般"更倾向于表方式；"万般"更倾向于表程度。

感染、重新分析,从形容词分别派生情状副词与程度副词。从认知的机制来看,从类别义到方式义,是相邻概念之间的逐渐过渡的演化,其进化的机制是转喻;从类别义到程度义,是不同认知域之间的认知投射的顿变,其转化的机制是隐喻。

4.2　通过对"X 般"的探究与讨论,还可以进一步得出如下结论:汉语词类在语法化过程中,人类语言共有的机制当然是必须遵循的,但是汉语的复合词都是具有形音义三位一体的语素凝固而成的,汉语的实词乃至虚词都没有显著的形态特征,所以,在词类演化的过程中,各类词语本身的源义积淀以及具有一定用频保障的临界语境,有时就成了汉语实词与短语语法化过程中最为重要的决定性因素。比如,同样是数量短语"各种",在当代网络用语中也已词汇化了,不但从表类别发展到表方式,而且也已从表类别衍生出了表程度。例如:

(117)房子收拾得超级干净,到最后要退房的时候,房东和他老婆马上变脸,各种刁难,各种耍赖,说看了合同,要满一年才退押金。(《承诺退的押金被扣,博士房东耍赖撒泼》2014-07-15 百度贴吧)

(118)绝对真事,绝对原创:公交车上,上来一美女,各种妖娆,各种妩媚,各种暴露,那美腿,看得公交司机一瞄一瞄的,侧目不下十几次,旁边一大妈实在看不下去了,把那美女往后面一拉,说:你站我后面去,站这里,有人容易分心,威胁全车人安全。(《把那美女往后面一拉》2014-07-01 糗事百科)

显然,"刁难、耍赖"表方式、"妖娆、妩媚、暴露"表程度,"各种"与"X 般"的演化机制是一致的,尽管现在还不够典型。不管怎么讲,由各种汉字构成的汉语准虚词和虚词,尽管已经词汇化、甚至副词化,但许多汉字本身的语义积淀,还一直会影响这一虚词的功能、语义和用法,而这一点,正是我们以往研究汉语短语词汇化、实词虚化时一直忽略的。

参考文献

曹秀玲　2006　量限与汉语数量名结构的语法表现,《语法研究和探索(十三)》,商务印书馆。

储泽祥　2014　网络语言里"各种"的词汇化和语法化——兼论网络语言的语法化特征,《语言学论丛(第四十九辑)》,商务印书馆。

刘丹青　2008　重新分析的无标记化,《世界汉语教学》1 期。

王　萍　2013　多媒体网络语境下的"各种+非 N"结构的认知语用机制,《学术探索》8 期。

王慧菊　2005　古汉语的类别词在现代汉语中的使用情况,《西华师范大学学报》4 期。

吴福祥　2005　汉语语法化演变的几个类型学特征,《中国语文》6 期。

徐开妍　2013　概念整合理论对网络流行语的解读——以"各种"的超常规搭配为例,《现代语文》8 期。

杨一飞　2010　浅论实副词的形成,《语言科学》1 期。

张谊生　2011　表迅捷义的"X 速"词族的功能、用法与发展,《语言教学与研究》4 期。

张谊生　2012　现代汉语副词状语的标记选择,《汉语学报》4 期。

张谊生　2013a　程度副词"到顶"与"极顶"的功能、配合与成因——兼论从述宾短语到程度副词的结构与语义制约,《世界汉语教学》1 期。

张谊生　2013b　句法层面的语序与句子层面的语序——兼论一价谓词带宾语与副词状语表程度,《语言研究》3 期。

朱　彦　2004　《汉语复合词的语义构词法研究》,北京大学出版社。

F. Ungerer, H.J. Schmid 2005 *An Introduction to Cognitive Linguistics*, Beijing：Foreign Language and Research Press.

Givón, T. 1971 Historical syntax and synchronic morphology：an archaeologist's field trip, *Chicago Linguistic Society*.

Hopper J. Paul & Elizabeth Closs Traugott 1993 *Grammaticalization*, Cambridge：Cambridge University Press.

Heine, B., U. Claudi & F. Hünnemeyer 1991 *Grammaticalization—A conceptual Framework*, Chicago：University of Chicago Press.

第六章　从性状化到构式化:当代汉语"拼、扯、拽"的形容词化探究

摘　要:"拼、扯、拽"可以接受各种量级与情态的程度副词修饰以体现其量幅特征,受副词修饰时可以充当定语,有时还可以带组合或粘合式补语,表明都已经是比较典型的形容词了。除了类推与重新分析,"拼、扯"是在"拼命、扯淡(蛋)"语义引申的基础上节略而形化的,是先隐喻再转喻;而"拽"的形化主要是隐喻起作用。形容词化的动因,主要是简洁与创新的语用需求。在发展过程中,这三个词还逐渐组成了"蛮拼的、太扯了、拽拽的、拽什么拽"等一系列习语,并形成了较成熟的流行构式"也是蛮拼的"。

关键词:形容词化;量幅;程度;演化;隐喻;转喻

0. 前　言

0.1　20 世纪 80 年代初以来,尤其是进入新世纪以来,当代汉语各个层面都已发生了深刻的变化。同时,语言的交际与传播方式也已发生了重大的改变,特别是网络运用的大众化和普

及化,生活节奏的快捷化与表达方式的简易化,使得大量临时的创新用法能够迅速在语言交际中被模仿、类推而广为接受,从而导致了相当一些词语的意义与功能发生了或多或少、或隐或现的改变,经过一段时间的类推与积累,细微的变化就会逐渐从量变转向质变。

当代汉语的动词,作为表达动作与行为的基本载体与手段,自然也不会例外,必然会处于不断的变化之中,只是不同小类与性质的动词,变化的速度、方式与作用有所不同而已。如果仔细比较20多年前后汉语动词的用法,就可以清楚地看出,有不少动词的句法分布、搭配功能、表达功效等各个方面,都已发生了显著的、有些甚至是根本的转变。为此,本章准备从动词形化的角度对"拼、扯、拽"这三个新兴的形容词及其习语、构式进行探讨。

0.2　当前通行的《新华多功能字典》、《现代汉语词典》(第7版)、《现代汉语规范词典》(第3版)都收录了动词"拼、扯、拽"。《新华多功能字典》解释为"不顾一切地做""拉、撕、漫谈、闲聊""拉、拖"①,其他词典的解释也基本一致。然而,从当前实际用法来看,这三个词除了保留各自的动词功能之外,在许多语境中,其功能与用法已发生了显著的改变:句法功能已经并且正在向形容词转化,表达功用也已从刻画动作转向描述性状。例如:

（1）单单就凭脸颊这两块大面积、红中透紫的高原红,一看便有一种在寒风中冻伤的即视感,可见现在的女演员为了更好地诠释角色也是很拼啊!(《女星上演"最炫村妇

---

① 动词"拽"有三个读音:1)"zhuài",表示"拉、拖",比如"生拉硬拽";2)"zhuāi"〈方〉,表示"抛、扔";3)"yè"通"曳",也是"拖、拉"的意思。另外,读"zhuāi"的"拽",还可以通"跩"〈方〉,表示"胳膊有毛病,活动不灵便"。本章研究的"拽",主要就是表示"拉、拖"的"zhuài"。

风"》2015-02-01 新华网）

（2）不过,若是看了《后会无期》,你会觉得这个类型分得很扯:搞笑是有,但谈不上喜剧;爱情是有,但都是"神交"。(《〈后会无期〉排场达 38%　票房破亿战平〈小时代 3〉》2014-07-25《扬子晚报》）

（3）而莱昂纳多也<u>很拽</u>,下轿车后引发影迷骚乱现场很吵,他无视红毯主持人,径直走上了红毯。(《张雨绮榜眼　范冰冰探花　开幕红毯上谁最受关注?》2013-05-18《广州日报》）

0.3　上面三句中的"拼、扯、拽",都已经是比较成熟的形容词了。那么,这三个由动词转化而来的形容词,在功能和语义上究竟发生了怎样的变化;这些形容词的用法到底有什么样的表达效果;尤其是这三个单音节的动作动词为什么会发生这样的转变,其演化的过程、动因与机制,又各具有哪些特点;这一系列的现象与问题,正是本章想要深入探究的。

0.4　本章主要分为两个部分,首先描写"拼、扯、拽"的功能转化及其分布与搭配,分析其各种相应的表达方式与作用;然后总结这三个词功能转化的基础与历程,揭示其分别从动词分化出形容词的演化机制与动因,并且描写各词进一步的习语化与构式化用法。

本章例句均引自当前网络报道与博客以及北大语料库,全部例句均标明出处。在分析相关例句某些句法成分时,加（）的,该成分是原有的,加[ ]的,该成分是临时添加的。

1. 句法表现与表达方式

1.0　本节描写与探讨"拼、扯、拽"由于形容词的性状化与量幅化导致的句法特征与搭配关系,以及因表义方式的多样性与互补性所体现的分布特点。

1.1 句法体现——性状化与量幅化。"拼、扯、拽"的句法特征是,随着形容词化进程的发展,及物性的动作已转化为描述性的情状。既然都是已具备一定量幅的性状,那么,为了体现不同的量幅,这三个词在组配关系上必然会经常与各种量级的程度副词共现。例如:

(4)睡衣睡裤都不换,就直接开始拍戏,也是<u>挺拼的</u>……就连广场舞大妈都穿得比她们光鲜啊!(《10 个寒酸古装剧造型 看得想让人给剧组捐钱!》2015-01-07 看看新闻网)

(5)王传君:我觉得我们戏里的感情戏<u>挺扯的</u>,我也会问自己,这俩人有必要在一起吗,我要是这女的早把这男的甩了。(《"爱情公寓"王传君:李易峰红了 关我什么事》2014-07-24 腾讯娱乐)

(6)这个货车司机<u>挺拽的</u>,自己的车子超过规定的宽度,卡住了却还想强行通过收费站。(《沪渝高速现形似神舟飞船球体 司机谎称是秘密设备》2014-11-06 浙江在线)

(7)如果再给她时间,她还会进步,她太爱唱歌了,<u>太拼了</u>。小姑娘心地善良,总在顾及别人的感受,生怕麻烦了别人,包括爸爸妈妈。(《姚贝娜父亲追悼会致辞泣不成声:来生再做父女》2015-01-20 人民网)

(8)还有网友爆料称《武媚娘传奇》停播是给《锋刃》让路,但是谍战剧的观众群和《武媚娘》的观众群根本不是同一批观众,这种说法<u>太扯了</u>。(《〈武媚娘传奇〉突然停播 原因未公开引猜测》2014-12-29《广州日报》)

(9)首次参演谍战剧的刘涛饰演高智商的"破译天

才"宫丽,对于这个突破自己以往形象的角色,刘涛直言这个角色让自己一次拽个够,"这个角色<u>太拽了</u>,海外留学归来,很有智慧,还有很多小女人小可爱很风情的地方,特别另类"。(《刘涛:戏外绝对不会主动追求男生》2011-09-20《广州日报》)

与其他典型的形容词一样,由于受程度副词主观情态与表义特点的制约,"拼、扯、拽"受副词"挺"修饰时,后面常用"的";而受副词"太"修饰时,则后面多用"了"。

而且,这三个形容词,既可以被单音节程度副词修饰,也可以被双音节程度副词修饰;既可以被高量级的"非常"类副词修饰,也可以被低量级的"有点"类副词修饰。例如:

(10)为了节目录制,老艺人也<u>非常拼</u>,谢贤每天锻炼身体增强体力,刘雪华排练舞蹈导致软骨组织挫伤。(《王姬录真人秀扮埃及艳后　谢霆锋父亲加盟》2015-01-27《贵州商报》)

(11)剧情其实感觉<u>非常扯</u>,尤其是那个女王,不过也不影响代入感,各种技能也比古墓丽影 9 的有用多了。(《〈使命召唤〉垫底　高玩盘点心中 10 大神作》2013-07-11人民网)

(12)虽然他的性格和态度依然<u>非常拽</u>,不过,还未发展到像《战争机器 3》里面那样,变成了一个愤世嫉俗的混球。(《教你熟知〈战争机器:审判〉的出场人物!》2012-06-14人民网)

(13)隋菲菲昨天<u>有点拼</u>,原以为右腿伤病复发的隋菲菲不会出现在昨晚这场不是特别重要的比赛中,但结果是她上场了,而且发挥了"拼命三郎"本色,上场 28 分钟砍下全场最高分 18 分。(《最后一节定胜负广博晋级　隋菲菲

成了拼命三郎》2007-04-08 人民网）

（14）我们是国企，竞聘居然不是要求入党或者是工作特别先进，首要条件不是单身，这个就<u>有点扯</u>了，我都不能理解，但是也不敢说。（《26 岁女孩因是单身　圣诞节被公司留下独自加班》2014-12-26《重庆晨报》）

（15）你不缺乏认同感、安全感，只是少了些留给自己和他人相融的心理空间，那么你带给合作过的人的印象往往是乖僻、别扭又<u>有点拽</u>。（《潜意识测试：你童年的阴影是什么？》2013-12-19 人民网）

由于汉语形容词没有印欧语的"ful、tive"一类的形态变化，加上动词省略宾语现象非常普遍，而直接充当谓语本来就是动词形容词共有的句法分布，所以，对于才刚形容词化的"拼、扯"而言，前加程度副词这种分析手段，有时正是确保其性状得以体现的必要举措。试比较：

（16）麦当娜生于 1958 年，今年已经 56 岁，这把年纪还活跃在娱乐圈<u>也是很拼</u>了。（《谁是真不老女神？王祖贤五官变形到认不出　萧蔷面部僵硬》2015-02-08 大众网）

（17）为了上头条娱乐圈<u>也是拼</u>了，每天的热门话题总有那么好几条不靠谱的，神马恋爱、结婚、分手、离婚等戏码林林总总。（《刘强东奶茶妹妹已婚？"奶茶太太"成热搜词》2015-02-09《郑州晚报》）

例（16）的"拼"由于受到"很"修饰，肯定是形容词，而例（17）的"拼"前面没有副词，因而既可以认为仍然是动词，也可以认为已是形容词了。不过，由于"拽"的演化机制与"拼、扯"不同（分析详后），所以，形容词"拽"前有无程度副词，基本不受影响。例如：

（18）22 日早晨第二节下课后，几名同学相约在教室角落教训小林一顿。"他老是惹我们,<u>很拽的</u>,我就打了一下,后来就他们几个打"。(《遭同学两次围攻殴打　深圳初中生持刀刺伤 3 同窗》2014-12-24《羊城晚报》)

(19)女人<u>不拽</u>,那是没脾气,女人要懂得该<u>拽</u>的时候<u>拽</u>,不能什么时候都<u>拽</u>,<u>拽</u>,要看看怎么个<u>拽法</u>。(《"女人不拽"这个"不拽"是啥意思啊》2014-10-27 百度知道)

例(18)"拽"前面的"很"之所以不能省略,那只是因为其完句功能的需要,所以,例(19)的各个"拽"前尽管都没有程度副词,也完全都可以分析为形容词而没有什么歧义。

1.2　表义方式——多样性与互补性。就这三个词具体表达效果来看,"拼"主要表示"敢于拼搏、非常努力"的积极义,"扯"主要表示"胡说八道、没有根据"的消极义。例如:

(20)结束作业后,沈平已经累得站不起身来。"船长<u>太拼了</u>!"船员无一不被他的意志所折服。凭着这股拼劲,沈平带领大家创造了一个又一个奇迹,获得了一个又一个好评。(《中石化上海海洋局航海技术专家沈平:做一名海上"王进喜"》2015-02-02 东方网)

(21)当他给到我这个角色时,他觉得我和剧中的李娴淑比较像,其实我们俩合作的时候<u>非常拼</u>,有多少劲就使出多少劲。(《海清:推了暑期档就为当好妈》2015-01-13《新京报》)

(22)人民网曝出尼格买提、张国立、徐帆等马年春晚主持全名单,后被"央视新闻"的官方微博否认,冯小刚大喊"<u>太扯了</u>"。(《2015 央视春晚节目单及演员表曝光　共35 个节目》2014-12-25 东北新闻网)

(23)剧情其实感觉<u>非常扯</u>,尤其是那个女王,不过也不影响代入感,各种技能也比古墓丽影 9 的有用多了。

（《〈使命召唤〉垫底　高玩盘点心中 10 大神作》2013-07-11
人民网）

而"拽"却具有两面性：既可以表示"有底气、有本钱、有个性"，
倾向于积极的；也可以表示"骄傲张扬、自傲自大"，倾向于消极
的。譬如下面四个"太拽（了）"，前两个"拽"表示"了不起、不
简单"，而后两个"拽"则表示"目中无人、自以为是"。试比较：

（24）不过杜小彬这丫头也实在是太拽了，又漂亮又有
个性，她出场之后戴妍的存在感就给压下去了不少，而且剧
情也开始逐渐走入沉重和悲情。（《影视剧"骨灰级"打酱
油　美女蹉跎了岁月啊！》2014-09-02 东北新闻网）

（25）浩宇说，当时就被周权的气场给惊到了，"觉得这
个人太拽了，已经不是学霸能形容的，简直是学神！"（《云
南文科状元赵浩宇　高一就有老师预言将夺头名》2014-06-
25 云南网）

（26）"起因就是他们说我们晚到了，而我们在解释先
送病人去医院时被酒友认为急救人员太拽而欠揍。"他在
微博上这样说。（《上海 120 急救人员遭病人同伴殴打》
2014-08-08《北京青年报》）

（27）1993 年初至今，张宇和妻子十一郎曾被戏称为
娱乐圈丑闻绝缘体，出道至今，除了曾在《康熙来了》自曝
年轻时因为太拽，被黑道小弟打成熊猫眼这种事，张宇几
乎可以说零丑闻，真莲花。（《〈我是歌手〉选手黑历史：
邓紫棋自曝 16 岁失身　韩磊欠巨债》2014-07-09 看看新
闻网）

可见，从性质形容词所具有的积极义与消极义的角度来看，同样
都是由动词转化而来，"拼"是褒义的，"扯"是贬义的，而"拽"
有褒有贬，表明形容词化在语义上没有什么限制。

从表达方式看,作为相对成熟的形容词,"拼、扯、拽"在句法上都已呈现出表达方式多样性的特点。首先,这三个词在受程度副词修饰的情况下,都可以充当定语。例如:

（28）最近一年选择淡出一些圈子,慢慢开始放弃以前很多的东西了,我也被一些<u>蛮拼的</u>朋友说我"不思进取,不求上进",哈哈哈,自己的人生自己过,够过就是,没必要拼过分了。(《不求进取的人》2014-12-23 腾讯微博)

（29）可能很多人会说,用二代机"猎狐犬"PK 四代机"猛禽"是一个<u>很扯的</u>事情,而在我看来,这背后一定有故事。(《大校:F22 隐身技术有缺陷　可能被二代战机干掉》2015-01-31 新华网)

（30）还有一次范玮琪去超市买东西,没想到有人排队时加塞,率直的范范马上站出来指责他的做法,可是那个一脸<u>很拽表情</u>的男人不仅不惭愧反而用英文骂人,范范可火了,怎么做错了事不道歉反而拽英文骂人,难道就难倒了我不成?(《揭大小 S 姐妹团的私生活》2014-08-18 东北新闻网)

也可以自如进入句法成分内充当定语,表明"拼、扯、拽"作为形容词已相当成熟了。再比如:

（31）她是那种<u>很拼的女子</u>……由于最近公司即将进行新一轮融资,陈曦每天都会与包括智能硬件、投资人等在内的各种人见面。(《陈曦:很拼的女子》2014-12-10 动点科技网)

（32）以前听人说过,何磊虽然整天一副<u>很拽很冷的样子</u>,喜欢他的人却不少,一直还不相信呢,现在看,对他的事情感兴趣的人还真不少呢。(《有你有我》2010-05-12 世纪图书馆)

（33）本来陈坤演技在这里面非常之牛的，结果活生生被这个很扯的结局给毁了，仓促的结尾实在是受不了，刚看明白就没了。（《影评下午茶之〈过界男女〉》2014-02-28 看看新闻网）

其次，在特定的语境中，在受副词修饰的同时还可以再带上组合或粘合的补语。例如：

（34）郝伟遗憾地表示:我们前两轮比赛表现不错，这场比赛是很想赢下来的，虽然全员非常拼得很凶，但很遗憾没有实现赢球的目标。（《感谢 1.6 万球迷雨中助威　遗憾未实现赢球目标》2010-04-11 体坛网）

（35）至于雷军长对手下的士兵很人道，也被人说成了"带有封建帮会性质的情义"——这就有点扯大了——难道国民党的军官就不是人、就不能有点"人味儿"对手下好点吗？（《虽然名字叫〈太平轮〉,但注定不会风平浪静》2014-12-05 红网）

（36）然而,有网友指出,出道 2 年多的 EXO 在领奖时不但未双手接奖,连正眼都没好好看刘德华表示感谢,没礼貌的领奖动作被网友截图,之后众人纷纷炮轰"刘老大是亚洲级男神,你们也是太拽得目中无人了！"（《EXO 获刘德华颁奖单手接奖杯被批:基本的礼貌呢》2014-12-05 手机看新闻）

当然,由于这三个词本来都是单音节的动词,一旦形容词化之后,在具体使用的过程中,其优点是语义显得比较含蓄,其表义不足之处则在于,因为形化时间不长而且又只有一个字,有时会显得语义不够清晰、明确,这就导致在使用中经常需要出现各种互补式。例如：

（37）我就看重他的这种态度,很拼、很努力,这样的球

员在赛季里会有作用。(《孔卡到位上港阵容呼之欲出
梦幻中场等待"开锋"》2015-01-30《新闻晨报》)

(38) 至于说违反"治污减霾"规定，貌似相当冠冕堂
皇实则<u>很扯</u>、<u>很荒诞</u>，"借火"取暖也要担治霾责任，那食用
路边烧烤或者消费违法排污企业的产品，岂不都要追究责
任？(《环卫工烤火被辞退　烤火被辞不只关乎冷暖》
2015-02-03 海南视窗)

(39) 8 日凌晨，周迅工作室在官方微博上放出一张
周迅与男友的复古风合影，正式公布新恋情，微博文字并
未对恋情多作介绍，而是直接给出了高圣远的资料链接，
这种宣布恋情的方式被众网友赞<u>很酷很拽</u>。(《周迅公布
恋情被评很"拽"　男友为大其五岁华裔演员》2014-05-09
《京华时报》)

(40) Jolin 没出来之前，是一个男主持人出来说话，那
啰嗦啊，而且是<u>很贱很拽</u>的类，想要做效果，想搞笑，又做不
好，超难笑的！(《Jolin 歌友会》2009-01-09 网易博客)

上面诸例可能是受了"很 A 很 AB"的影响，形成了相应的并用
互补式。此外，比较常见的互补式，就是在"拼、扯、拽"前后再
使用同义、近义的形容词来铺垫或增补。例如：

(41) 开局虽然 0：2 落后，但我们十分团结，没有泄
气，每个人都<u>非常拼</u>，<u>很努力</u>。进球功臣张效瑞赛后成为全
队"膜拜"的偶像，大家都感叹这粒进球价值连城。(《张效
瑞"读秒"献绝杀　老甲 A 再现"京津德比"》2014-11-25
《天津日报》)

(42) 2010 年初，周杰伦与吴佩珊的初恋故事再次被
热炒，并且迅速成为各种媒体追逐的大新闻，面对如此爆炸
性的新闻，周杰伦出席《熊猫人》慈善记者会时回应："这新

闻<u>有点奇怪</u>,有点扯,我觉得一个小女生应该不会编这些怪东西出来。"(《周杰伦昆凌婚礼现场曝光 细数周董前女友》2015-01-19 新闻网)

（43）以前,他可能给人感觉<u>太拽</u>,<u>太自我</u>,经历了那么多,他应该不会让大家失望。(《曾志伟很欣赏谢霆锋,透露陈冠希将逐步回归》2010-01-23 人民网)

（44）不过胡歌说自己对杨幂的感觉就只是"她是个小丫头","杨幂前后两次合作变化挺大,之前感觉她很叛逆、<u>很酷</u>、<u>很拽</u>,这次《仙剑3》感觉她长大了,棱角少了很多"。(《胡歌酒后回应恋情:我爱过 我爱那个回忆》2015-01-01 东方网)

总之,无论从前加程度副词的高频搭配来看,还是从充当定语、补语以及各种共现互补式来看,发展到21世纪的今天,当代汉语"拼、扯、拽"都已是比较典型的性质形容词了。

2. 演化机制与发展趋势

2.0 本节主要揭示与解释"拼、扯、拽"从动词以及动词短语到形容词的发展过程、演化机制与动因及其相应的习语化与构式化现象。

2.1 演化机制——隐喻式与转喻式。就这三个形容词的语法化机制来看,除了类推(analogy)与重新分析(reanalysis)之外,主要就是隐喻(metaphor)和转喻(metonymy)。"拼、扯"的演化,都是由动宾式动词内后一语素脱落转化而来的,"拽"则是语义逐渐演化而成的。

首先,早在近代汉语中,表示"不顾一切地豁出去"的动词"拼",就可以带上宾语"命"构成了动宾短语"拼命";此后,随着不断高频使用，"拼命"也就逐渐词汇化了。例如：

（45）只见黑旋风李逵大叫道："我在江湖舍身拼命，跟将你来，众人都饶让你一步。我自天也不怕！你只管让来让去做甚鸟！我便杀将起来，各自散伙！"（施耐庵《水浒全传》68回）

（46）车城稍疏，如失城事同，不思拼命，与敌砍杀，何处逃避。（戚继光《练兵实纪》卷八）

"拼命"在表示"以命相搏"的同时，又引申出"用尽一切力量、竭力地"一类用法。例如：

（47）要论能为，我们可如白莲寺僧人，我们虽然没有能为，尚可以拼命呢。（《三侠剑》6回）

（48）一枝梅把摩云杀死，众僧人全无惧怯，越发拼命抵挡。（《三侠剑》29回）

例（48）"拼命"还是动词充当状语，发展到现代汉语这个义项的"拼命"已经副词化了①。大约在21世纪初，表"尽一切力量、非常努力"的"拼命"，又可以节略为"拼"。例如：

（49）重新出发，说说容易，做起来就不那么简单。小刚说："我那个时候做制作人真的是很拼很拼的。"（《当红音乐制作人周传雄：实际、了解女人、曾有的坎坷》2003-09-24人民网）

（50）任丽萍说："一上场看对方一拿球我就知道这场

---

① 《现代汉语词典》（第6版-p.996）已标出"拼命"的第二义项为副词，解释为"尽最大的力量；极度地"；而《现代汉语规范词典》（第3版-p.1007）认为"拼命"的第二义项"用尽全力"仍然是动词。此外，《现代汉语词典》将"拼力、拼死"也都标注为副词，而《现代汉语规范词典》仍将"拼力、拼死"标注为动词。比较而言，我们更赞同《现代汉语词典》的处理方式，因为"拼力、拼死"现在基本上不能充当谓语了。

球没有什么问题了,这倒不是托大,而是踢了这么多年球了,对方球员的水平一拿球就看出来了,她们也确实**很拼**,但是个人技术没有我们好,……"(《女足 11 球屠杀缅甸队》2004-04-19 人民网)

由此可见,就"拼命"一词来看,从"豁出性命、以命相搏"到"非常努力、敢于拼搏",再到"奋不顾身、非常努力",其词义与功能的演化机制,主要是隐喻。然而,用一个动词"拼"来替代动词"拼命"的语义与功能,起到关键作用的机制,又是转喻了。

当然,这种由省略替代而成的转化,也是个逐渐典型化的过程。随着"拼"的形容词化程度日益加深,尤其是"副+拼"进入定位,省略了的语素"命"就不易补出来了。试比较:

(51)正如我说过的,每个人都不会完美,他也一样,有时候打得就不好,但给我们提供了能量。他在场上非常拼(命),根本无法用谁去换他。(《布帅:威少不完美但很拼命 背水一战不调整阵容》2012-06-21 新浪体育)

(52)埃里克森昨天在谈到进球的小将郑致云时,也已经给本土的球员发出了积极的信号,"他(郑致云)今天表现不错,进球了,场上非常拼[命]"。(《孔卡到位上港阵容呼之欲出 梦幻中场等待"开锋"》2015-01-30《新闻晨报》)

(53)事实上,天津泰达一周双赛,原本对于舜天而言是个机会,但对手的体能状况并没有想象中那么糟糕,"天津泰达还是非常拼[?命]的",一位舜天球员对记者说。(《舜天客场战平天津 德拉甘感叹一分得来不易》2012-03-26 人民网)

(54)事实上,唱功了得外形姣好的陈冰有着让人羡慕的幸福家庭,尽管自己的家庭生活可以给自己带来非常惬意的生活,但陈冰在日常生活中,给人留下的印象却是一个

非常拼[＊命]的女孩：……(《陈冰征战〈与星共舞〉突破自我性感闪耀》2015-01-19 凤凰网)

首句"命"可以省略，次句可以补上，第三句勉强可以补出，末句再加就显得不很恰当了。

其次，"扯"的情况与"拼"略有不同，"扯淡"一开始不是动宾而是一个动补短语，本意是"设法淡化"，比如，较浓的印象、感觉等，一旦"扯开也就淡"了。例如：

(55) 今上初年，高新郑被逐家居，患家末疾，忿郁无聊，每书壁及几牌云"精扯淡"三字，日以百数，则华亭、内江、江陵诸郡在胸中，已渐消化矣。(沈德符《万历野获编》)

(56) 黄文汉笑道："我只说说做官人家的姨太太、小姐，就扯淡了你许多心事，难怪那些人专一寻做官人家的姨太太、小姐开心。"(不肖生《留东外史》)

经过附会、演变，大约在明末清初，"扯淡"就已衍生出"闲扯、胡说"的意思了。例如：

(57) 八戒道："可是扯淡！认他怎的？众官躲了，师父藏了，国王避了，我们不去了罢，炫的是那家世！"(吴承恩《西游记》68 回)

(58) 孙兰姬说："呸！扯淡！我只说你认得他，叫我摆这们齐整攒盒待他！不认得的人，却为甚么留他？"(西周生《醒世姻缘传》50 回)

在此基础上，受到北方方言的影响，20 世纪中叶表示"胡说八道、不切实际、不靠谱"的"扯淡"，又逐渐衍生出了一个带有调侃、戏谑色彩的同音、同义词"扯蛋"①。例如：

---

① "扯淡"之所以衍生出"扯蛋"的类推基础，除了低俗、调侃的语用需求之外，还有一个原因，那就是在结构上，随着"扯淡"的语义转化，人们已经将动补式动词"扯淡"理解为动宾式的了。

（59）邱队长往床上一坐，开口就没好气地说道："扯蛋！没差事谁肯出来受这份罪，还不都是你们害的么！哼！"（马烽、西戎《吕梁英雄传》）

（60）我哪有工夫再跟她扯蛋，总是得不出全班床的弹簧钢丝总数叫我十分烦恼，一上 300 就乱，一上 300 就乱，我都快被 298、299 这两个数字弄疯了。（王朔《看上去很美》）

同样，进入新世纪以来，"扯淡"或"扯蛋"也逐渐可以节略成一个"扯"字了。例如：

（61）啊？太扯了吧！怎么会有这种事！我……我……我看来没有别的选择啊！只好举手投降。（《幽默段子：都是春运练出来的》2005-02-02 人民网）

（62）苏贞昌阵营昨天质疑三立新闻日前报道谢长廷在三项"民进党民调"全赢，背后动机可疑，苏阵营发言人林育生说，这个民调实在很扯很荒谬，"如果苏真的输谢十八趴，干脆包起来，不用选了。"（《苏谢之争从政策吵到民调 谢民调赢苏 18%》2007-04-16）

"扯淡"一词，从"胡说八道"发展到"没有根据、不靠谱"，其演化机制也是隐喻。然而，用"扯"来替代"扯淡"的语义与功能，起关键作用的又是转喻了。当然，无论是"拼"还是"扯"，一旦单用，都会不同程度地继承、吸收（absorpt）"拼命"和"扯淡"的原义。

最后，"拽"的形容词化与"拼、扯"完全不同，没有经历过任何节略脱落。"拽"的本义是"拉、拖"，但是与一般意义的"拉"不同，"拽"大多是"强行、生硬地拉"。例如：

（63）比者也先铁木儿之徒，遇朱太医妻女过省门外，强拽以入，奸宿馆所。（《元史·列传》六十二）

　　（64）宣姬方惊疑未定，众人已经把她**硬拽**上车，宣姬
　　力弱不胜，便披发破面，号泣痛骂，几次跳下车，又被人拖了
　　上去。（曹绣君《古今情海》卷十八）

"拽"从"硬拉"衍生出"不顾一切"，再到"目中无人、自以为
是"。随着语义逐渐转化，到 21 世纪初，表示"自傲自大、骄傲
张扬、嚣张狂妄"的"拽"，也转化成了形容词。例如：

　　（65）这些老板一般都是公字号的，**很拽**。他们会很不
　　在意地说:资料看不明白怕什么? 不是有秘书吗? 只要秘
　　书懂得就行了。（《老板上学忙》2003-04-02 人民网）

　　（66）章子怡成了继李玟之后引起名媛公愤围剿的第
　　二位女艺人，原因是章子怡**太拽**、太势利，不和比自己地
　　位低的人说话。（《章子怡遭名媛围剿》2004-04-21《江南
　　时报》）

反过来，这种高傲高调的现象，如果得到认可、赞许甚至羡慕，那
么，"拽"也就是看起来"有底气、有本钱，很无畏、很独特"，也就
是"爽、酷"，甚至"很牛、很可爱"。例如：

　　（67）表演结束后，周杰伦对记者力赞女友:"她表演真
　　的**很拽**!"至于女友这次小露性感，周杰伦以一句不以为意
　　的"就表演嘛"表示理解，……（《娱网天下事》2005-06-01
　　《环球时报》）

　　（68）网友:你是最棒的，真酷，**太拽**了! 网友:虽然你
　　没能破世界纪录，但你为我们提供了一场激动人心的比赛。
　　加油! 永远支持你! 网友:怎一个牛字了得! 网友:棒，中
　　国骄傲。网友:前途无量，望再上一层楼。（《张湘祥征服
　　网友:牛人，太有才了!》2008-08-11 人民网）

据此,可以认定,动词"拽"形容词化的演化机制,就是隐喻,没
有经过节略式的转喻。

从另一个角度看,这三个单音节动词逐渐转化为形容词的动因(cause),是出于简洁与创新的语用需求。因为这样表达具有最直接的效果,可以体现简洁性与含蓄性。试比较:

(69)到此小编可就要说两句了啊,你们这帮明星演戏太拼(命)了吧,多部剧里面"乱入",你们不累小编跳戏都累了。(《〈武媚娘〉〈何以〉〈神雕〉大串戏,观众看得都晕了!》2015-02-04 看看新闻网)

(70)痛失爱子的武媚娘经受不住打击,在大雨中狂奔跌倒,在泥水中流泪嘶喊恸哭不已。许多观众称看到这场戏感动不已"真的看哭了,冰冰真是太拼了"。(《〈武媚娘传奇〉今晚将开启后宫争宠篇章》2015-01-22 大众网)

(71)为了制造曲折离奇的故事架构,导演、编剧可谓煞费苦心,只是这剧情也太扯(淡)了,让很多观众看后纷纷表示"hold"不住。(《秘史成野史关注不买账 盘点秘史句六宗"罪"》2012-04-10 人民网)

(72)陈乔恩版东方不败,这一版剧情太扯了,不过虽然陈乔恩直接变成了女子,还是让一大批剧迷看得很过瘾,陈乔恩个人魅力不容小觑。(《孙俪李冰冰海清 明星们的中性写真》2014-10-08 手机看新闻)

"拼命"和"扯淡"词义有点太直接、太显豁,而单用一个"拼"和"扯",除了更加简洁,还能显得含蓄、委婉,甚至可以给受话人留下一定的想象的空间。至于"拽",其含义更为丰富一些,比起直截了当的形容、刻画,显得相对含糊些,留下一定的想象空间。例如:

(73)言论一向很拽的李志吐槽马条"眉浓发稀""居然还化妆",还开玩笑要与他决裂。(《〈中国好歌曲〉小众音乐惊艳全场 刘欢羽泉蔡健雅周华健抢学员》2015-01-

25 中国新闻网）

（74）大龄剩女为什么嫁不掉？如果拽，就要有拽的资本，要么漂亮，要么有钱，要么有才。如果什么也没有，拽得"258 万"一样，只会让人敬而远之。（《大龄剩女为什么嫁不掉》2013-02-20 时尚频道）

当然，这三个动词形容词化的最终完成与确认，还要经过相应的类推与重新分析的过程。

2.2　发展趋势——习语化与构式化。在形容词化过程中，这三个形容词还逐渐组合成了一些习语，甚至还形成了流行构式。习语主要有"蛮拼的、太扯了、拽拽的、拽什么拽"等①。

"蛮拼的"一开始略带南方方言色彩，主要表示"挺努力的，挺不容易的"。例如：

（75）在我的身边，有这样一群人，他们确实蛮拼的。他们的工作岗位忙碌而特殊，围绕中心，服务大局，以文辅政，上传下达。（《有这样一群人，蛮拼的》2015-01-13《山西日报》）

（76）在这个造型中，虽然少了一点霸气，发色、饰品也仍有改进的空间，但林采缇胜在性感身材与漫画原型最接近，真的蛮拼的。（《〈火影忍者〉将完结　多位明星分享青春回忆》2014-10-13《信息时报》）

"太扯了"固化后现在已经接近于一个叹词了，带有强烈的质疑情态。例如：

（77）残疾联盟代理秘书长谢东儒昨天听到后直呼：

---

① 形容词"拽"在北方方言中还有一个口头谚语"拽得 258 万似的"，如例（74）。该习语的来源，跟打麻将有关，打麻将时"二五八"是"将"，要是没有"二五八"，"将"就赢不了，赢了还加番。此外，具体使用时，"拽得"258"和"似的"，有时也可以写成或说成"拽的""二五八"和"一样"。

"太扯了！这是对身心障碍者的严重歧视！"（《军人嫁娶残障人士应予劝阻　台军荒谬规定遭谴责》2004-10-08 中国台湾网）

（78）在影片中，红毛猩猩拿着烟，左右手换抽，动作熟练，吞云吐雾的模样，让拍摄影片的男女大呼"太扯了，好像老烟枪"。（《台动物园猩猩抽烟吞云吐雾　民众直呼"不可思议"》2015-01-25 中国台湾网）

重叠式"拽拽的"，也就是"傻傻的、酷酷的"，通常都带有亲昵的口吻。例如：

（79）我只能说这样的调调是我喜欢的，有点小小的倔强，有些不管不顾的拽拽的神气，但读完，却只有一句话最想说："我们原来都是很幸福的人。"（《小小的倔强：〈被眷顾的时光〉》2015-01-14 中国网）

（80）看他们分手的时候也是一副拽拽的模样，指着对方的鼻头说，"我的恋爱我做主，现在我想分手，没有任何理由。"是不是很想一巴掌削了挨千刀的狮子座呢？（《十二星座最扯淡的分手理由　双鱼座最让人想吐槽》2014-09-15 新华网）

"拽什么拽"是由"X什么X"格式类推而来，基本意思也就是"狂什么狂"。例如：

（81）近年来人气急升，在圈内特别有长辈缘，自己也长袖善舞能演会导。但据反映私底下要求多多，吃饱喝足才肯开工，对人总有种没来由的敌意，被受访者痛批："拽什么拽？！"（《娱记揭发明星恶劣人品　刘诗诗林心如获好评》2014-12-31 环球娱乐网）

（82）我还记得几年前有人在网上给我留言："你有什么了不起，你老跟国内球员比有什么意思，有本事你找魏圣美打,在国内拽什么拽!"我觉得他的评论没错,但我也确信自己有实力,成功总会到来,就像捅破窗户纸那样。(《中国女子高尔夫 1 号许下心愿:希望站上奥运领奖台》2014-03-10《新民晚报》)

构式化主要是随着《爸爸去哪儿了 2》的热播,"也是蛮拼的"开始日见流行①。例如:

(83)相关知情人士透露,为了广大消费者"春节换好油",西王这次也是蛮拼的。(《好油换健康　西王吹响换油 2 重奏》2015-01-20 东北新闻网)

(84)对此,网友各执己见,议论纷纷,有表示支持理解的,但还有一部分网友质疑其行为:"为了傍大款也是蛮拼的"。(《吴佩慈退演艺圈仍未结婚　那些未婚生子的女星》2015-01-20 人民网)

(85)有消息传,李思思有望坐完月子后,接下央视羊年春晚女主持人重担。虽然官方未对此给出回应,但不少网友已经开始感叹:"新妈妈出月子就来主持春晚?也是蛮拼的!"(《羊年春晚首批明星阵容:陶喆莫文蔚将加盟》2015-01-20《华商报》)

(86)《武媚娘传奇》起用一个混血儿演唐高宗,想想也是"蛮拼的"!李治廷身上有中国、马来西亚、中东等多种血统,他在香港出生,16 岁签约黎明的 A MUSIC 东亚唱片,18 岁考入著名的伦敦帝国学院物理系,23 岁凭借电影

① 一般认为,"也是蛮拼的"作为网络语,出自《白衣校花与大长腿》热帖,然后通过《爸爸去哪儿了 2》逐渐扩散,在网络上被大家所熟知,并广泛传播。"也是蛮拼的"火了之后,语义也逐渐向两个方面演化:除了表示"挺努力"之外,一部分人把"也是蛮拼的"主要表示"非常努力、很了不起"的意思;另一部分人则用来表达"虽然很努力,还是没成功",带有嘲笑、讽刺意味。

《岁月神偷》及演唱的主题曲《岁月轻狂》,获得香港电影金像奖最佳新人奖和最佳原创电影歌曲奖。(《李治廷想当歌手误入娱乐圈 背古文台词蹦出英文》2015-01-20《新民晚报》)

这一构式在流行过程中,还产生了两个变体:"真是蛮拼的"和"也真是蛮拼的"。例如:

(87)这几年,我们的大会即席发言越办越有特色,越办越受各方关注,取得了良好的效果,为了在委员众多的大会上抢到发言机会,大家<u>真是蛮拼的</u>,抢麦的方法新招不断,有举牌子、拉横幅、着鲜艳服饰的,也有集体公关,抱团抢麦的,可谓,高潮迭起。(《抢麦大会上的 6 分钟》2015-02-09 手机看新闻)

(88)网友笑称,这次汪老师为了抢头条"发了大招",<u>真是蛮拼的</u>。"汪峰老师迎娶白富美,攻下头条,从此走上人生巅峰。多么励志的故事,感动得快哭了"。(《汪峰煽情求婚成功抢头条:5 招搞定章子怡 情史回顾》2015-02-09《羊城晚报》)

(89)为不耽误学生学习时间,李老师举着手机电筒为同学讲古代汉语,此举引来各方点赞,同学赞誉他为"长师最敬业老师",网友惊呼这么任性坚持的老师<u>也真是"蛮拼的"</u>!(《盘点奇葩度爆表的老师们 57 岁教师爬墙修黑板》2015-01-20 华龙网)

(90)整个求婚仪式由汪峰亲自设计,亲力亲为关注了现场的每一个仪式,据说,这个仪式造价不菲,花费 100 万。为了自己的女神,汪峰<u>也真是蛮拼的</u>。(《给章子怡戴哪颗钻戒:汪峰也是蛮拼的》2015-02-08 环球网)

而且,"也是蛮拼的"的"的",还可以用"哒"字,以凸显戏谑的赞许态与亲切感。例如：

（91）近日，"拉仇恨""夺眼球"式年终奖刷爆朋友圈，除了红包，"三箱辣条""银杏树苗""未开奖彩票"等成为不少企事业单位年终奖的"创意"新选择，不禁让人心生感慨：这年头，发个年终奖也是蛮拼的。（《"辣条彩票银杏树苗"，年终奖也"蛮拼哒"》2015-01-20 新华每日电讯）

（92）原来，"乖宝宝"郑恺玩起车来也真是蛮拼哒。（《郑恺〈巅峰拍挡〉自曝曾遭女友嫌弃：太粗暴》2014-11-24 新华娱乐）

（93）网友在赞伊能静貌美的同时也评论道："这么瘦干吗，为了穿婚纱吗？也真是蛮拼哒！"（《伊能静澄清怀二胎传闻：我还是最后一个知道的》2014-10-21 金羊网）

（94）他将照片发上了推特，说："即使恶劣的环境也要接下挑战。"嗯，也真的是蛮拼哒！（《EXO 少女时代天团冰桶挑战：吴亦凡鹿晗湿身秀腹肌》2014-08-29 齐鲁网）

总之，作为 2014 年最为流行的构式之一，"也是蛮拼的"现已经是相当成熟的句法构式了①。

3. 结语与余论

3.1　综上所述，可以归纳为：首先，从句法功能与表达方式看，形容词"拼、扯、拽"经常甚至必须接受各种量级程度副词的修饰，以体现其量幅。在受程度副词修饰时还可以充当定语，同

---

① 国家主席习近平在 2015 新年致辞中曾经提到："为了做好这些工作，我们的各级干部也是蛮拼的。当然，没有人民支持，这些工作是难以做好的，我要为我们伟大的人民点赞。"表明"也是蛮拼的"这一流行构式现在已经得到国家层面主流社会的高度认可。

时带上组合或粘合的补语,表明这三个词已经是比较典型的形容词了。其次,就演化机制与发展趋势看,"拼"和"扯"是在"拼命"和"扯淡(蛋)"语义引申的基础上后语素脱落形成的,都是先隐喻再转喻,而"拽"的演化只有隐喻机制起作用;演化的动因主要在于简洁与创新的语用需求。在形容词化的过程中,三个形容词还逐渐组成了"蛮拼的、太扯了、拽拽的、拽什么拽"等习语,还形成了较为成熟的流行构式"也是蛮拼的"。

3.2 如果把观察的视野进一步扩大就会发现,汉语中单音动词形容词化的现象其实是相当普遍的;由于汉语没有形态变化限制,为了满足多样化的表达需要,一些动词就可以直接转向形容词。比如"抠"和"挤"早已完成转化①,"挑"和"搏"还正在演化中②。例如:

（95）至于对电影的期待和压力,周迅坦言"因为我很挑,如果说弄不好我也会很难受,跟商业无关,这是一个心理的东西"。(《周迅首次跨界做电影监制 〈陪安东尼〉男主角不选老公》2015-02-08 人民网)

（96）提到丈夫梁朝伟目前负伤拍电影《一代宗师》,刘嘉玲笑说:"我也叫他不要太搏! 他又不知自己几多岁,心境还很后生,觉得能应付到,幸好他也很健康,他戒了烟8 年呢!"(《刘嘉玲嘲笑梁朝伟不自量力 拒绝人工受孕》2009-10-12 人民网)

由此可见,作为一种非形态的语言,汉语词类的演化,一方面当

---

① "抠"从"抠门"节略而来,"挤"是词义引申而成;与"拼、扯"与"拽"一样,也分属两个类型。

② 《现代汉语词典》(第 6 版)和《现代汉语规范词典》(第 3 版)都已经标出了"扣"和"挤"的形容词词性,但是都没有标"挑"和"搏"为形容词。其实,"挑"的转化已基本完成,而"搏"还只是刚开始。

然也要遵循人类语言发展的基本规则、动因与机制,另一方面也
还有汉语自己独特的一系列基础、规律与特点。可惜这些年来
我们研究汉语词类演化、发展时,在如何关注、揭示汉语演化个
性方面做得还很不够。

参考文献

方义桂　2009　语法隐喻的形容词化类型研究,《西安外国语大学学报》2 期。

郭晶晶、刘云飞、肖惜　2014　现代汉语中的动词化、形容词化和概念语法隐喻,《钦州学院学报》9 期。

梁银峰　2008　《语法化学说》第二版(译自 Hopper J. Paul & Elizabeth Closs Traugott 2003 *Grammaticalization*. Cambridge：Cambridge University Press), pp.156 - 175,复旦大学出版社。

刘丹青　2008　重新分析的无标记化,《世界汉语教学》1 期。

沈家煊　1994　语法化研究综观,《外语教学与研究》4 期。

沈家煊　2006　"糅合"和"截搭",《世界汉语教学》4 期。

吴福祥　2005　汉语语法化演变的几个类型学特征,《中国语文》6 期。

张国宪　2006　《现代汉语形容词功能与认知研究》,商务印书馆。

张谊生　2007　程度副词对状态形容词的二次记量与主观赋量,[日本]《现代中国語研究》9 期。

张谊生　2010　语法化现象在不同层面中的句法表现,《语文研究》4 期。

张谊生　2015　当代汉语名词的词义转换与功能扩展——以"热血、冷血"与"狗血、鸡血"为例,《汉语学报》2 期。

朱　彦　2004　《汉语复合词的语义构词法研究》,北京大学出版社。

F. Ungerer, H.J. Schmid 2005 *An Introduction to Cognitive Linguistics*, Beijing：Foreign Language and Research Press.(当代国外语言学与应用语言学文库《认知语言学入门》,外语教学与研究出版社 2005 年版)

Hopper J. Paul & Elizabeth Closs Traugott 1993 *Grammaticalization*, Cambridge：Cambridge University Press.(《语法化学说》,外语教学与研究出版社,剑桥大学出版社 2001 年版)

第七章　当代汉语区别词形容词化的功用与成因分析

——以"袖珍"的功能扩展与分化为例

摘　要："袖珍"的表达方式与形化功用表现在能陈述也能兼表指称，表达需求则重在修饰与配合，表达效果既雅致又兼备。"袖珍"的扩展趋势与功能性质涉及从语用需要到功能定型，从临时活用到词性转类，从句子成分到句法成分。"袖珍"的演化动因与扩展机制包括求新与简洁化的动因，转喻与类推化的机制，感染与精细化的促发。"袖珍"的发展与演化无疑是当代汉语逆向语法化趋势中的典型个案。

关键词：区别词；袖珍；形容词化；功能分化

0. 前　言

0.1　这 40 年来，随着我国社会、经济发展的加速进步，社会生活、科学技术飞速发展，语言运用与演化也出现了许多新现象，产生了许多新倾向与趋势，尤其是借助于网络传播的优势，各种新词、新用法、新构造，乃至一系列逆向语法化的现象开始大量涌现。这就表明,当前社会处于大步迈进的新时代,随着交际手段的不断更新,为了适应社会生活的发展,反映活跃的思想、变化乃至时代风尚,当代汉语的功用已经发生了深刻的转变。

0.2 纵观近年来的语法研究,关注语言虚化的研究可谓层出不穷,然而探讨语言逆向演化发展的研究则相对不多。其中一直较少引起注意的一个语言现象就是,区别词的逆向发展——形容词化现象。众所周知,区别词最初之所以被从形容词中分离出来单独建类,就是因为不能充当谓语,所以,吕叔湘、饶长溶(1981)一开始就称之为"非谓形容词",后来李宇明(1996)进一步阐释了"非谓形容词"的词类定位。然而,当年一些确实不能充当谓语的区别词,现在又发展出了可以充当谓语的功能,又回到形容词中来了。因此,本章通过对汉语中的一个曾经非常典型的区别词"袖珍"的功能扩展加以全面调查、考察与分析,以揭示当代区别词的功能演化与扩展的现象,以引起语言学界与教学界的关注与重视①。

0.3 本章采用语料全部来源于当代网络人民网、新华网等,所有例句全部注明出处。

1. 表达方式与形化功用

1.1 表达方式:陈述与指称。在当代汉语中,形容词化的"袖珍"既可以用于陈述,也可以用来指称,已经完全不限于只能用来充当定语的限定与区别功能了。例如:

---

① 相关研究,还有张谊生(2018)《当代汉语区别词指称化、名词化的趋势、功用与成因——兼论现代汉语教学对新兴语言现象的吸收》全国高等院校现代汉语教学研究会第十六届学术研讨会(6.23—6.24 贵阳)报告。

（1）中国跆拳道这个小门派，经过二十年修炼，成为神一般的存在，<u>规模袖珍</u>，深藏不露，当年女将陈中是一鸣惊人，这次赵帅也是石破天惊，外界看来毫无征兆，只有他们自己知道功到自然成。（《赵帅的世界没网红，有侠之大者》2016-08-19《钱江晚报》）

（2）这款汽车<u>外形袖珍</u>，类似小货车，配备电动引擎，这意味着其目标客户是日本当地的送货员。（《本田发布3D打印电动车　将亮相日本科技展》2016-10-15 环球网）

当年之所以建类，就是从非谓功能开始的，能够自如充当谓语与宾语当然就不再是区别词了。再如：

（3）文字的长度变了，书信的绵长缩减至<u>短信的袖珍</u>，恋爱中的男女再也不用绞尽脑汁、搜肠刮肚地遣词造句，有时一两个字甚至发一个表情就能倾诉彼此的相思之苦。（《移动互联网时代的爱情：双11何不约会？》2014-11-09《广州日报》）

（4）许多幽默诙谐的澳洲人通常把阿德莱德市称为"迷人的乡村小镇"，以此形容阿德莱德<u>市区之袖珍</u>、生活节奏之舒缓和安逸。（《澳大利亚精品产酒区之走入巴罗萨谷——意料之外的世界老藤之乡》2015-08-10 人民网）

从与之对举共现的形容词"绵长、舒缓、安逸"，可以推断，这类充当宾语、主语的"袖珍"，显然不是区别词"袖珍"的名词化，而只是形容词"袖珍"临时指称化的语用功能。

1.2　表达需求：修饰与配合。对举、配合使用时，有时需要凸显程度化的用法。例如：

（5）就像"广州雪"，虽然<u>袖珍玲珑</u>，但却是雪的另一种形态而已，不能说大雪纷飞才是雪的"标准"。（《"广州雪"段子的文化启示》2016-01-29《光明日报》）

（6）这个代表证<u>如此精致、袖珍</u>,既体现了那个年代的艰苦条件,又说明了大会准备工作中的细致和用心。(《中共七大幕后之谜》2015-04-29 中国共产党新闻网)

"玲珑、精致"是形容词,而共现、并举充当谓语的"袖珍",自然也是形容词了。再比如:

（7）时至今日,香港是全球经济自由度指数最高的城市,同时也是世界上<u>最袖珍、最重要</u>的艺术品交易集散地之一。(《香港回归 20 年:如何造就了今天亚洲艺术市场中心》2017-07-03 雅昌艺术网)

（8）邢立达介绍说,这种恐龙足迹,<u>不仅袖珍,而且珍稀</u>,其中谜团还相当多。(《四川昭觉发现最小恐龙足迹首批足迹已被破坏》2016-05-04《华西都市报》)

很显然,在上述表达格式中,"袖珍"与形容词"重要"以及同样正在形容词化的"珍稀"等互相配合、共现,一起充当谓语表陈述[1],并且一同接受程度副词、代词的修饰,表明其句法功能显然已经趋向典型的形容词化了。

1.3　表达效果:雅致与兼备。比起"小型、微型"来,"袖珍"的优势就在于:不仅表示"体积小"的词汇义,而且,同时还表达了"小巧而精致"的雅致义。正因为表达效果更佳,所以,当代人们尤其是年轻人在选用时,必定会更加倾向于兼备的"袖珍"。例如:

（9）记者看到,这部手机<u>超级袖珍迷你</u>,只有一张银行卡大小,可以塞进钱包里,翠绿的颜色也非常时尚。(《山寨厂转型做儿童手机质量堪忧请家长谨慎》2014-08-29《杭

---

[1]　张谊生(2013)认为,充当主宾语定语内的或谓补语状语内的内在状语,都是句法成分而不是句子成分。

州日报》）

（10）虽然在大象面前,日本队显得<u>太袖珍了一点</u>,但是日本队完全可以凭借技术与科特迪瓦队抗争。（《刘建宏:德罗巴率队逆转　日本首战失利前景堪忧》2014-06-15人民网）

如果将"袖珍"换成"微小"太直接、不含蓄,换成"规模小"又太累赘、不协调。再如:

（11）记者现场调查发现,今年的核桃特别小,<u>很袖珍</u>,跟往年比几乎要小了一半,今年的核桃缩水了。（《揭秘文玩核桃青皮市场行业内幕》2014-09-19人民网）

（12）不过,这个眼镜店相比传统眼镜店<u>"袖珍"了很多</u>,"我们的线下体验店和线上网站价格一致,顾客可到体验店验光试镜购买,不来体验店的话,也可手机下单眼镜配送到家。"店长介绍。（《眼镜加价30倍成常态　"互联网+"打破实体店暴利》2015-10-12《北京日报》）

以上的"袖珍"比起"小型、微小"来,表达效果自然显得雅致而兼备、更加生动而时尚。

2. 扩展趋势与功能性质

2.1　从语用需要到功能定型。"袖珍"的陈述化从语用开始,经过网络表达的临界语境中的不断类推,表达方式逐渐改变,陈述功能逐渐趋向定型。例如:

（13）小记们秀笔一挥,农家坐骑由两轮变四轮了。网络时代令山乡巨变无一漏"网",只是不知时间都去哪儿了……<u>稿子袖珍情味浓</u>,地方版《身边》好亲切。（《缩水而不"水"清淡小清新》2014-02-18《齐鲁晚报》）

（14）院内的三间南房为正房，门窗雕花细致，图案精美。南屋前是一个小院，院墙为石砌。院外巨石下有一古井，到现在居然还有水。其院落之小，可谓"北京之最"，院落虽袖珍，却五脏俱全。（《到双石头村观赏"石上宅"》2013-08-30《北京日报》）

毫无疑问，"袖珍"的形容词用法，一开始确实是临时的语用法，因为用频还不高。再比如：

（15）如今的收音机由于越做越袖珍，只能用残肢去蹭按钮的张友贤，在收听广播时极不方便。（《优抚对象的贴心人——记和平区民政局副局长徐建强》2014-06-16天津网）

（16）6平方米左右的"立锥之地"，即便逼仄也能撑起一个"家"的内涵，即便局促也依然有不可小觑的功能性价值和无穷的可能性，即便袖珍也能承载一个普通人的"梦想"和对生活的热忱。（《即便6平方米 也有无限可能》2016-09-26《杭州日报》）

通过调查分析可知，"袖珍"的形容词用法，随着这类分布的逐渐经常化、格式化、协调化，一开始临时的语用法，现在"袖珍"的形容词功能就已基本趋向定型了①。

2.2 从临时活用到词性转类。发展到现在，"袖珍"的形容词功能已完全成熟。例如：

（17）说其特殊，是因为这所大学地处北京的三环与四环之间，寸土寸金之地，学校不大，占地仅500余亩，可谓精致，甚至袖珍。（《对外经贸大学探索国际化人才培养模式

---

① 本章着重调查、分析的当代汉语语料，主要是人民网以及北京语言大学的BCC语料库。

让每个学生成为精品》2013-12-05《人民日报》）

（18）7楼是电视编辑室、画质管理间，一排排机器排列在机房中。5楼的新闻直播间，则是SBS各档新闻类节目的演播室，不同的位置分别供体育节目、天气预报、观众连线等不同节目使用，和国内演播室比起来<u>袖珍、简单得多</u>。（《揭秘韩流"吸金术"：专业先行　粉丝至上》2014-07-22《新闻晨报》）

（19）六面体，两头柱轴——这个小东西堪称中西合璧，之所以<u>这么"袖珍"</u>，专家推测是当时小朋友的玩具。（《德阳出土"陀螺骰子"疑是麻将骰子2000岁老祖宗》2015-10-30《华西都市报》）

（20）规模<u>如此袖珍</u>，产品也只有寥寥几只。华宸未来基金、恒生前海基金、南华基金、中航基金四家基金公司目前都只有一只基金产品。（《规模10亿以下的公募靠什么生存？》2017-12-04《国际金融报》）

既然"袖珍"现在已经可以接受副词"甚至"、代词"这么、如此"强化程度，并且进入"X得多"格式，那么，可以基本肯定，其逆向的形容词化现在已经完成了。

2.3　从句子成分到句法成分。"程度副词+袖珍"的搭配，现已可以充当定语了。例如：

（21）相比周围的几个大型商场，摩方显得<u>袖珍了许多</u>。然而，摩方购物中心紧邻崇文门地铁站出站口，东临崇文门外大街，地理位置优势更为明显。（《北京崇文门商圈年轻化　摩方预计今年10月开业》2018-01-08《中国商报》）

（22）三个人首先想要破解的难题是，有没有可能将目前的盲文点显器<u>变得"袖珍"起来</u>，让它真正成为一本便携

的电子书。(《为用手指和耳朵感知的人:学子为失明者造电子书》2015-02-12《北京晚报》)

上面两例"袖珍",都在后附趋向补语之后,分别充当"显得"和"变"的宾语和补语,这种分布与充当谓语不一样,是"袖珍"充当的句内的句法成分[①]。

再进一步发展,受程度副词修饰的形容词"袖珍"就可以充当句子成分定语了。例如:

(23)他所领军的和平里九小是一所<u>十分袖珍的小学校</u>,生均占有面积只有 1.66 平方米,生均活动面积仅为1.06 平方米,……(《让每个孩子都有机会拥抱体育》2015-04-22《人民政协报》)

(24)相比之下,此次朝阳区规划的则是<u>更加袖珍的小型绿楔</u>,其目的是与巨型绿楔配合,共同为城区输送清新空气,吹散雾霾。(《北京市朝阳区建 5 条绿楔送清风进城》2017-11-15《北京日报》)

众所周知,区别词的基本功能就是充当定语,但是,典型的区别词都是不能受程度副词修饰的,所以,上面两例的充当定语"袖珍",只能分析为充当句法成分的形容词。

3. 演化动因与扩展机制

3.1　求新与简洁化的动因。"袖珍"形容词化与表达方式的简洁与求新密切相关。例如:

(25)贾复介绍,他在现场体验了 Apple Watch 和WatchKit 共四款产品,总体感觉是真机佩戴后<u>有点偏小</u>。

[①]　《现代汉语词典》(第 7 版),"珍稀"一词,也是标注为形容词的。

其中,42 mm 版本的对于体型稍大的男同胞肯定会觉得<u>比较袖珍</u>。(《苹果手表内地首发 微博微信支付宝等成首批应用》2015-03-11《北京青年报》)

(26)但就在这有限的空间内,却如春笋般迸发出了不少<u>规模袖珍</u>却"五脏俱全"的足球场地,原本就不宽敞的人行道也硬生生地用围栏与红漆,为滑板与自行车辟出了专用车道。(《奥运会让巴塞罗那"重生"多样化运营拒绝"白象"》2014-09-10《文汇报》)

(27)记者在现场看到,展出的藏书票和小版画的规格大小不一,长宽随形而制,虽然<u>外形袖珍</u>,但是每一款作品上都被作者赋予了丰富的艺术内涵,很多作品内容丰富,色彩鲜艳,带给人一种别样的艺术美感。(《海内外 450 件藏书票作品亮相广东东莞》2015-05-12 中国新闻网)

(28)场景虽然<u>迷你袖珍</u>,但是其中充满妙趣,看了就让人跃跃欲试。(《70 余种场景 iPhone 游戏迷你高尔夫赛》2013-03-25 人民网)

很显然,"袖珍"形容词化用法的开始使用,与发话人语言使用中求新求变的意识,以及追求简洁性、经济性的需求,都是密切相关的。

3.2 转喻与类推化的机制。通过相关性与模仿,"袖珍"的形容词化日趋成熟。例如:

(29)科雷傲的后副车架显得<u>颇为袖珍</u>,这与其独特的后悬挂形式密不可分。(《7 款紧凑型 SUV 对比 下盘功夫哪家强?》2017-12-22 爱卡汽车网)

(30)这一代两厢版夏利 TJ7100 的长宽高分别为 3610 mm×1600 mm×1385 mm,轴距为 2340 mm,无论以什么标准来衡量它,都绝对算得上袖珍。(《70、80 后独家记

忆　夏利品牌历史回顾》2013-05-24 人民网）

很显然，从语法化的机制来看，区别词"袖珍"的形容词化，转喻（metonymy）机制无疑起了重要的作用。转喻是相邻概念之间的索引性过渡与替代，是一种运用的过程。"袖珍"的本义是"将小型物品在衣袖中珍藏起来"，后来逐渐失去动词性，只保留了"小型便于携带的"属性义，而近年来在运用中又衍生出"小巧而精致"的性状义了。例如：

（31）在 86 与 BRZ 抱憾退出中国市场后，全新 MX-5 成为入门跑车的新选择。马自达将家族设计巧妙融入了精悍的车身中，虽然尺寸袖珍，但整车散发出的气场非常独特。（《享受甜蜜二人世界　各级别双座车型推荐》2018-02-14 爱卡汽车网）

（32）至于保时捷 911 Carrera 4S Cabriolet 敞篷版，则是三款车中最袖珍，售价也最便宜的，但跑车的身份无疑是最拉风的。（《"土豪"三件套 200 万区间 S 级/揽胜/911 对比》2013-11-04 百度网）

与此同时，语法化的类推（analogy）机制在"袖珍"的功能转化与逐渐定型的过程中，无疑也起到了重要的作用。

3.3　感染与精细化的促发。发展到当下，几乎所有不同量级的相对程度副词与绝对程度副词都可以修饰语限制形容词"袖珍"。例如：

（33）在已披露业绩预报的央企队伍中，共有 8 家属于 ST 类公司，这 8 家公司有 5 家称已在 2013 年实现扭亏，扭亏的公司中，也有少数公司盈利金额非常袖珍，不足千万元。（《上市央企忙打保壳战　七公司连续亏损保壳"千钧一发"》2014-01-17《证券日报》）

（34）叙利亚的海军显得十分袖珍，总兵力只有 4000

人。主力是 2 艘俄制"别佳"级轻型护卫舰和 12 艘导弹艇,这些军舰技术落后,携带的"蚕"式导弹易受干扰。(《战略武器令人生畏　叙利亚陆海空三军部队有多少家底?》2011-12-08 手机看新闻)

而且,绝对高量级程度副词"极其",相对低量级副词"有些",也可以修饰"袖珍"。例如:

（35）本次展览就展出了 5 件"侯马盟书",多为不规则的碎片,文字<u>极其袖珍</u>,大多是红色。(《3000 年前历史风云:山西出土两周时期文物精华展》2016-08-25《燕赵晚报》)

（36）从空中俯瞰,整个城市的中心地带被设计成一架飞机的形状,但这座城市的机场却<u>有些"袖珍"</u>:每天起降的国际航班平均只有 6 班。(《总理出访微镜头:这是一盘大棋局》2015-05-20 新华网)

总之,经过逆向形容词化进程的不断发展,当代汉语的"袖珍",在保留原有区别词功用的基础上,现在又衍生出典型的形容词功能了。

4. 结论与余论

4.1　综上所述,可以归纳如下:首先,"袖珍"的表达方式与形化功用表现在能陈述也能表指称,表达需求则重在修饰与配合,表达效果既雅致又兼备三个方面。其次,"袖珍"的扩展趋势与功能性质涉及从语用需要到功能定型,从临时活用到词性转类,从句子成分到句法成分三个方面。最后,"袖珍"的演化动因与扩展机制包括求新与简洁化的动因,转喻与类推化的机制,感染与精细化的促发三个方面。而且,需要指出的是:总体而言,"袖珍"的形容词功用,在当前各种正规语体的分布中,频率还不是很高,所以,只能说是从区别词分化出形容词用法。但是,如果这类用法日益普及,那么,就必须认为是区别词"袖珍"逆向转化为形容词了,因为充当定语本来就是形容词的基本分布与功能。

4.2 毫无疑问,发展到 21 世纪的今天,现代汉语中典型的区别词"袖珍"已经分化出特定的形容词用法。通过对当代汉语中一个区别词兼形容词"袖珍"的个案分析,给我们的启示是:由于没有严格意义上的形态变化,汉语词类的功能只要具有特定的语用需要,就会发生演变,既可以分化,也可以转化。只是进入新时期以来,这种逆向的语法化过程跟近代汉语、现代汉语已经完全不同了,由于生活节奏的加快与语言传播方式的转变,词类功能的转变,可以在短短几十年甚至十几年中就基本完成了。而这一点,正是我们广大语法研究者与语言教学工作者,在处理与教学汉语词类时,需要密切注意,甚至需要改变观念了①。

参考文献

李宇明 1996 论非谓形容词的词类地位,《中国语文》1 期。

吕叔湘、饶长溶 1981 论非谓形容词,《中国语文》2 期。

庞可慧 2003 区别词兼类问题分析,《商丘师范学院学报》3 期。

齐沪扬、张素玲 2008 区别词功能游移的原因,《汉语学习》4 期。

仝国斌 2011 区别词的语义类聚与功能游移,《河南师范大学学报》6 期。

王梅 2011 《现代汉语词典(第 5 版)》属性词配例研究,四川外语学院硕士学位论文。

邵敬敏 2017 主观性的类型与主观化的途径,《汉语学报》6 期。

---

① 迄今为止,现行的教科书,比如黄伯荣与廖序东、胡裕树、张静、张斌、邵敬敏等诸位前辈主编的《现代汉语》以及绝大多数新编的教科书,包括张谊生主编的《现代汉语》,都没有提到区别词的形容词化。

邵敬敏主编　2016　《现代汉语通论》(第三版),上海教育出版社。

吴丽梅　2012　区别词与名词、动词、形容词的关系研究,河北师范大学硕士学位论文。

张素玲　2006　现代汉语区别词研究,上海师范大学硕士学位论文。

张　斌主编　2008　《新编现代汉语》(增订本)、《现代汉语教学参考与训练》,复旦出版社。

张谊生　2013　句法层面的语序与句子层面的语序——兼论一价谓词带宾语与副词状语表程度,《语言研究》3 期。

张谊生主编　2013　《现代汉语》《〈现代汉语〉练习与参考》,中国人民大学出版社。

Heine, Bernd, Ulrike Claudi, and Fruederike Uünnemeyer. 1991 *Grammaticalization：A Conceptual Framework*, Chicago：The University of Chicago Press.

Li, Charles, N. 2000 *Beyond borrowing and interface：Contacted-induced morpho-syntactic change in Chinese*, Presented at the 9th international Chinese Linguistic Conference, Singapore.

第三编

副词表达特定否定功用查证

第一章　试论"看似"的主观否定倾向与逆转衔接功能
——兼论"看似"与"貌似、像似、好似、疑似"的异同

摘　要："看似"的隐性言者估测功用涉及视觉化的揣测表述、主观化的情态评价与倾向化的否定预设。逆转的篇章衔接功能包括逆转性的语用倾向、对比性的表达模式、转折性的衔接功能。双向的演化途径趋势体现为从观感揣测到情态否定、篇章衔接到关联配合和对举逆转到定型构式。"看似"与"貌似、疑似、好似、像似"的细微差异与独特功用体现为构词的理据侧重、相似的程度差异与语篇逆转的强弱。总之，"看似"由于人际功能强化导致主观否定修正标记的成型，篇章功能强化导致逆转关联功能的定型。

关键词：看似；隐含；否定；逆转；衔接；关联

0. 前　言

0.1　就当前通行的汉语虚词词典来看,几乎都没有收录副

词"看似"一词①,常用的语文词典《现代汉语词典》(第7版)与《现代汉语规范词典》(第3版),虽然都收录了"看似"一词,但均标注为动词,分别解释为"看上去好像""从表面上看好像"。其实,从CCL语料的统计来看,动词"看似"的用频现已很低了②,当前"看似"所表示的主要是主观性估测与倾向性否定的副词评注性功用。而且,随着临界语境中的高频共现与配合,"看似"现在不但已衍生出逆转性的衔接及其配合关联功能,而且还逐渐形成了相应的对比性构式。

0.2　本章准备从四个角度展开研究。首先描写与分析"看似"隐性的否定情态表达功用;然后刻画与探讨"看似"逆转的篇章衔接功能;进而探索与揭示"看似"的双向发展途径、趋势及其演化机制;最后通过一组与"看似"相近的副词"貌似、像似、好似、疑似"的多维异同比较,以进一步辨析与揭示"看似"在情态化与衔接化等方面的个性与特色。

0.3　本章例句引自北大语料库CCL及网络报道与博客,例句全部注明出处。为了便于行文,本章在特定情况下,统一用"X"来指代被"看似"修饰的各种谓词及其短语。

1. 隐性的言者估测功用

1.0　本节主要分析副词"看似"揣测性的情态化语义特征

---

① 吕叔湘主编《现代汉语八百词》(商务印书馆1999年版)、张斌主编《现代汉语虚词词典》(商务印书馆2001年版)、侯学超主编《现代汉语常用虚词词典》(北京大学出版社1998年版)、朱景松主编的《现代汉语虚词词典》(语文出版社2007年版)曲阜师范大学编写组《现代汉语常用虚词词典》(浙江教育出版社1992年版),均未收录副词"看似"。

② 根据北大语料库CCL的语料统计,2100条左右的有效语料中,动词"看似"的用例不到十二分之一。

与主观化语用否定功用。

1.1　视觉化的揣测表述。动词性"看似"的揣测功用主要表示发话人对相关现象的观察感觉,还没有明显的否定隐含义,语义接近于"看上去/看样子/看起来有点像"[①]。例如:

(1) 奥林匹亚圣地就坐落在克洛诺斯山下,<u>看似</u>一个偌大的陵园。那些高低不齐的多立克式白色大理石圆柱,在树影婆娑的地中海松下和夹竹桃丛中不断隐现。(1996年6月《人民日报》)

(2) 一次偶然的机会,谢铁骊导演从一本挂历中发现了周迅的照片,几经周折找到了这个<u>看似</u>有点神秘的大眼睛姑娘。(《鲁豫有约·红伶》)

(3) 令人不解的是,女人一贯对于安全感的强烈要求为什么在她身上体现成了<u>看似</u>清高的信任和容忍。(新华社2004年9月《新闻报道》)

(4) 一般游戏设计者都是尽可能地增加显示的信息量,以产生真实感:设计者却是在极力压缩信息量,以隐藏某种巨大的真实,就像那张<u>看似</u>空旷的天空照片。(刘慈欣《三体》)

在这类表述中,动词"看似"主要表达视觉感官的各种主观印象,尽管从上下文表述中也可以体会到一些隐含的否定义,但"客观情况并非如此的含义"还不太明显。再比如:

(5) 一种纠结于心的反思<u>看似</u>是一场浩劫:到底谁才是李可乐,是书中的小混混,还是这一表人才的我自己?(李承鹏《寻人启事》)

---

① 语料中,类似的例句有好几句,例如:我正坐在长椅上暗暗计算能否准确地落到那个戴着大口罩<u>从眼睛看似乎</u>挺漂亮的年轻女理发师手里,司徒聪闯进来,一眼找到了我,坐到我身边。(王朔《痴人》)

（6）如果这些消息是真的，那么张柏芝则是"艳照门"中涉及的明星中受害最大的一位，也可能因此会毁了他们这段<u>看似</u>美满的婚姻。（《鲁豫有约·红伶》）

（7）该片讲述了现实生活中一个<u>看似荒诞</u>的悲剧故事，一对新婚夫妇蜜月归来回到落实政策归还的大院后，一桩桩怪事接连发生，宅院也变得越来越恐怖，妻子在被怀疑得了恐惧症后终于弄清这一切。（1994年第1季度《人民日报》）

（8）侯耀文先生突然离去了，无语问苍天，甚至到今天还是震惊大于悲痛，本周不再更新QQ了，或许都应该平静一下，想想怎么珍视<u>看似平常</u>的每一天，侯耀文先生走好，德云各位节哀！（郭德纲《相声集》）

总之，发话人用动词"看似"在表达主观揣测的过程中，虽然言外之意还是对相关的情形不能完全肯定而有所怀疑的，但对"浩劫、美满、荒诞、平常"并没直接加以否定。

1.2 主观化的情态评价。当"看似"的表达功用从观察估测进一步虚化，转向副词性的情态评判后，其主观性评价倾向就逐渐转向明显的不认可，发话人都会通过后面的追述来阐释实情。例如：

（9）30余平方米的小店，陈列着各种风格的油画，在<u>主人看似不经心</u>安排下，错落有致，显得空旷而大气。（新华社2001年10月《新闻报道》）

（10）这些往日<u>看似木讷</u>的小伙子、大姑娘，透过话筒，不敢相信自己的声音原来这么美妙动人。（1993年10月《人民日报》）

（11）杨母最后一句<u>看似无意</u>的提议，令汪淼陷入紧张和不安之中。（刘慈欣《三体》）

（12）过去老师眼里的一些尖子生，相继进入大学深造，最后竟都成了社会闲散人员；而<u>看似不怎样</u>的学生，有的顶替了父母，接了班，有的参了军，后来却成为单位的骨干。（陆步轩《屠夫看世界》）

虽然后面的具体阐释所涉及的对象可能是多方面的，可以是行为人也可以是相关者，但都是对"看似 X"之"X"所表述的性状、情况作一定程度的纠正、补充与说明。再比如：

（13）年轻的玩家们没有能力和耐心去透过它那<u>看似平常</u>的表层，发现其震撼人心的内幕。（刘慈欣《三体》）

（14）近几年活跃在文学界、哲学界的周国平，用他独具的细腻的散文笔调，在《只有一个人生》一书中，把许多<u>看似深奥</u>的哲学命题，轻松、明白地向读者娓娓道来。（1993 年 6 月《人民日报》）

（15）舞台上的周立波巧妙地重新解构众生万象，把上海人<u>看似淡忘</u>的"腔调"从心里撩拨出来，让观众在解渴的回忆中收获满足和欢乐。（《鲁豫有约·开心果》）

（16）这些<u>看似零碎</u>的东西，从字里行间清晰地映现出那一幕幕震动世界的画面。（俱孟军《苏联解体之时的采访》）

总之，由于发话人用副词"看似"评注的现象基本上都已不是事实真相了，所以，其否定的隐含义会逐渐强化，所以，即使脱离相应语境，隐性否定的语用倾向也仍然会存在。

1.3　倾向化的否定预设。随着表示不确定隐含义的"看似"在相应语境中的一再高频使用，"看似"的表达功用就逐渐成了对后面"X"进行预设否定的主观修正标记了。例如：

（17）一项项保持多年、<u>看似难以动摇</u>的女子中长跑世界纪录，竟轻而易举地在七运会田径赛场上被辽宁队小将

连连刷新。(1993 年 9 月《人民日报》)

(18) 那种隐瞒毒品危害阴暗面的做法,**看似**对孩子们**情深意重**,很可能害了孩子。(1994 年《报刊精选》10)

(19) 下面,我们首先给出一批**看似稀奇古怪**的问题;读者不妨思考一下,看这些问题如何回答,我们将在后面的章节或本书的教学辅导书中给出参考答案。(《白银资本》译文)

(20) 他那个连队过境竟终日在大山里行军,到达一个指定阵地后又立即接到命令开往另一个集结点,行军时他们饱受越南人的冷枪袭击,进入一个山谷四面**看似无人**的苍郁大山中,会飞出一串串高射机枪子弹。(王朔《玩的就是心跳》)

显然,以上"看似 X"小句后面的表述,都非常明确清晰地否定了"X"的基本意义。再比如:

(21) 现在回想起来我们的事情仿佛都是事先安排好的,**看似散漫**的进程但一步一步又是那样合乎事物发展的逻辑,一步一步地把我们引到了床上去。(张贤亮《绿化树》)

(22) 这边游泳池旁,竟是汤浚生陪着董础础,两个**看似谈得投机**,础础不时仰首大笑,她这个动作有种莫名的吸引力,或许直接点说,有种骚态,教人难忘。(梁凤仪《豪门惊梦》)

(23) 那**看似平静**的水湾,幽深无底,她不能同你再往这深渊前走、你只要动手,她就紧紧扯住你不放,把你一起拖下去,一起会见阎王!(高行健《灵山》)

(24) 在一个**看似并无心理深度**的角色,作者避开了耸动诱人的大论述、也避开了喋喋不休的雄辩语体,这是台湾

小说失去多年的神悟体验。(张大春《四喜忧国》)

总之,尽管隐性否定还不是"看似"的基本功用,但由于"只是看到表象而不一定确实"的特定隐含语义特征,副词"看似"的评注功能从情态揣测逐渐转向了特定的主观性否定。

2. 逆转的篇章衔接功能

2.0　这一节主要描写副词"看似"的逆转性衔接功能与转折性关联功能的性质与特征。

2.1　逆转性的语用倾向。"看似"在特定的语境中,会随着篇章功能的强化开始转向表转折;一开始时由于发话人的不同认识,就会导致了后句经常出现一些具有逆转倾向的进一步表述。例如:

(25)这个看似不可调和的矛盾,被"罗牛山"解开了。(1996年1月《人民日报》)

(26)我猜想当时的录音技术应该不是很好,所以杂音不少,可是每当我伴着琴声闭目沉思之际,那看似平实的旋律,汩汩然流入我的心田。(《读者》合订本)

(27)让我振奋的不是朱熹死后终于被朝廷所承认,而是他和他的学生面对磨难竟然能把教师和学生这两个看似普通的称呼背后所蕴藏的职责和使命,表现得如此透彻,如此漂亮。(余秋雨《千年庭院》)

(28)农民兄弟多花了几个钱,农村市场的家用电器需求量连同销售量近来都增加了一些,这看似寻常的变化,实不寻常。(1994年《报刊精选》第10期)

而且,随着后项逆转说明的高频出现,发话人会经常采用"其实、实乃、实际上、事实上"等词语,来强化对具体事实的进一步逆转说明。例如：

（29）他不仅主张中西学问相通，新旧文明相益，而且在倡导西学、引进西技方面躬亲实践、殚精竭虑。看来把士大夫一概骂倒_看似_振聋发聩，_其实_也多偏颇。（CCL 语料库/当代/CWAC/AHB0018）

（30）照片上的肉红白分明，_看似_不错，_实乃_下品，由此可见，李杰先生的摄影技艺何等高超。（陆步轩《屠夫看世界》）

（31）这种分配方式_看似_公平，_实际上_却仍难排除剥削的因素，因为一些劳动技能低下的人可能"搭便车"了，他们凭借自己劳动付出的机会多占了别人劳动成果。（CCL 语料库/当代/CWAC/CIJ0174）

（32）中方学者以人权为例，说明在对人权概念有不同理解的文化体系中，某些_看似_纯文化的现象，_事实上_具有鲜明的政治属性。（2000 年《人民日报》）

显然，在上述各句中，"看似"的逆转功能，还只是相应语境中与"其实、实乃、实际上、事实上"等评注性副词或副词性话语标记配合而共现、对举而形成的语用衔接功能，不过，随着临界语篇中的高频类推，"看似"的这类逆转衔接的语用倾向正在逐步定型化。

2.2　对比性的表达模式。另外，"看似"逆转表达形成之初，同时还形成了一类对比表达模式，那就是在"看似 X"小句后面再列出"其实/实际（上）X"等与之完全相反的实际情况。例如：

（33）商人_看似_灵活，_其实_比较愚笨，他们的交易方式就是物换钱，钱换物。这就像是单行道，而我是立交桥。（六六《蜗居》）

（34）倒是王安忆的《纪实与虚构》这部长篇打破了她自身的写作模式，其叙述方式的变化所形成的"纪实"与"虚构"的两大新板块结构，<u>看似</u>很新，其实这种结构方式早已是西方新闻主义和新小说派中"评论小说"的过去时态了。（1994年《报刊精选》）

（35）十分羞愧，自知那一跌主观上是故意，<u>看似</u>不留神一滑，<u>实际</u>是想跑又觉得丢人干脆坐地上。（王朔《看上去很美》）

（36）世界上的事就是这么错综复杂、变化万千，<u>看似</u>绝对的事，<u>实际</u>上不那么绝对。（王朔《枉然不供》）

在此基础上，逆转性的关联副词"却"和"可"也逐渐开始在后分句中出现了。例如：

（37）《关雎》，作为《诗经》的开篇，<u>看似</u>浪漫的爱情诗歌，<u>却</u>在背后表达了一位王妃的远大胸襟和高尚的德行。（《梁冬对话曲黎美》豆丁网）

（38）两个人就这么漫无边际地谈着，那话<u>看似</u>很家常、很随意，<u>可</u>句句都是事先考虑再三才说出来的。（李佩甫《羊的门》）

（39）极图<u>看似</u>简单，其内涵<u>却</u>博大精深，是对宇宙、物质、生命和精神世界本质的高度概括。（CCL语料库/当代/CWAC/ALJ0044）

（40）这个<u>看似</u>简单的问题，<u>却</u>至今尚无一致公认的定义，不同专业的人从不同角度和不同特点着眼，为生命给出了不同的定义。（CCL语料库/当代/CWAC/SCT0414）

总之，随着具有配合用法的逆转性副词"却、可"等在后分句中的经常出现，"看似"的篇章逆转衔接功能就已逐渐趋向定型了。

2.3　转折性的衔接功能。按照韩礼德（Halliday，1994/2010）观点，篇章衔接（cohesion）逆转功能的表达，需要依靠特定语言环境的类推，但是，随着临界语境高频类推的不断发展，衔接逆转就会逐渐转向了关联（relevance）转折，而且，后分句中会出现转折性的关联副词和转折连词。例如：

（41）倘若咱们坐视朝廷把朋友们各个击破，躲在商洛山中不敢动作，看似平安，反而是下下策，危险极大。（姚雪垠《李自成》）

（42）这一切看似平淡，但在天津菜价便宜的背后，是天津人近10年来的巨大投入和付出。（1994年《报刊精选》12）

（43）纸价略低于兄弟厂，账面上要少收入若干万元，看似吃了亏，但企业在用户中树立起良好的形象，最终取得了很好的经济效益和社会效益，应当说，这是一个有远见的决策。（1993年8月《人民日报》）

（44）在提高团体凝聚力的基础上再辅以严格的训练，每天训练都超过八小时。这种训练方法看似野蛮，但是却取得了真成效。（新华社2004年8月《新闻报道》）

这种配合的用法正在进一步发展中，尤其在当代网络用语中，出现频率还相当地高。例如：

（45）这个方法看似有点荒谬，但其实是有据可循的。（《梁冬对话王东岳》）

（46）上述种种有关年龄的观点，看似偏颇，但是也不见得没有道理。否则，美国也没有必要制定《雇佣年龄歧视法》。（当代C000022）

（47）因此，党外人士担任部长看似"创举"，但从政策依据和地方的实践看，实属水到渠成。（当代/CWAC/LCT0257）

（48）这样,分工协作,权责分明,各展其长,各尽其力,管理者<u>看似</u>比较清闲,<u>但却</u>能把各方面工作都做得井井有条,取得最佳效果。（当代/CWAC/CMB0187）

总之,尽管当代汉语"看似"目前正在由逆转衔接功能进一步向转折关联功能发展,不过,迄今为止"看似"的关联语法化还没彻底完成,还只是典型的衔接性评注副词。

3. 双向的演化途径趋势

3.0　这一节主要探讨副词"看似"从近代晚期到当代汉语的发展演化过程与机制。根据韩礼德（Halliday，1994/2010）分析,在语言进化过程中人际功能的强化就会逐渐情态化,篇章功能的强化则会趋向关联化,而副词"看似"发展在过程中正好依次向两个方向演化。

3.1　观感揣测到情态否定。人际功能强化导致"看似"由主观揣测转向情态否定,这类表示隐性用法,基本上都是在清末、民国初的小说、话本中开始出现的。例如:

（49）现今著落他要那逃走的人,你<u>看似</u>这般带累人家,我怎么还敢留你们宿么。（佚名《老乞大新释》）

（50）惟是陈平智计有余,不能独任,周勃<u>看似</u>重厚朴实,<u>然</u>将来能安刘氏者,必是此人,可用之为太尉。（《西汉野史》20回）

（51）施公这一番话,说得虽然婉转,外面<u>看似</u>代黄天霸分身,<u>其实</u>用的是激将法。（《施公案》三）

（52）三姐笑了笑,也不分辩,因说:"这驾云之法,<u>看似</u>没甚高低,<u>其实</u>大有出入。似你学业渐精,将来难免邪魔侵袭。……"（《八仙得道》16回）

在上述用例中,前人已不自觉地在后句用了逆转评注性副词"其实"。在此基础上,加上现代汉语时代的这一百多年的进一步发展,"看似"的主观否定功用就更加明确了。例如:

(53) 姑娘才说圣贤豪杰为什么不去修仙,这话<u>看似</u>有理,<u>其实</u>并未深知各教源流宗派和内容宗旨。(《八仙得道》63 回)

(54) 泰国队领先的局面一直持续到终场前,<u>看似</u>很有希望赢得这场荣誉之战,<u>可惜</u>天意弄人。(新华社 2001 年 10 月《新闻报道》)

(55) 疑则如"尧舜汤禹所举何如"也,<u>看似</u>唐虞夏商,<u>乃是</u>《魏相传》书天子所服,谓中谒者赵尧举春,李舜举夏,倪汤举秋,贡禹举冬,四人各职一事也。(赵翼《陔余丛考》)

(56) 这种做法<u>看似</u>小题大做,<u>实质上</u>它是人民群众计量意识的觉醒和法律自卫意识的增强。(1994 年《市场报》)

"看似"由动词虚化为副词,转喻(metonymy)机制在演化过程中起了一定作用;而由揣测演化为否定,人际表达构成中的主观化(subjectivism)机制,无疑起了决定性作用。

3.2　篇章衔接到关联配合。在表达隐性否定的过程中,后面分句中一旦出现衔接性副词"则、实则、却"等,"看似"的逆转性的篇章衔接功能就基本形成了。例如:

(57) 泰定帝至上都,从买奴之请,诛也先铁木儿等,<u>看似</u>锄凶罚恶,足快人心,<u>实则</u>仍为一己计,欲自免助逆之名,不得不讨除逆党。(《元史演义》36 回)

(58) 邻居老翁领他先经过门楼,这门楼<u>看似</u>平常,仅能遮风蔽日,等经过曲径,穿越小院,<u>则</u>其中亭台楼阁,金碧

辉煌。(《古今情海》卷9)

（59）这两事虽然<u>看似</u>寻常，<u>却</u>与大局很有关系，弟从前曾有论著，这回出去，决计要实行的了！(《孽海花》18回)

（60）但银荷的死，<u>看似</u>平常，<u>其实却</u>有关台湾的存亡、景崧的成败。(《孽海花》32回)

从近代到现代，"看似"的逆转衔接功能又在进一步向配合的关联转折功能发展。例如：

（61）这三妇的德性，与曹大家相较，<u>看似</u>贵贱不同，行为互异；<u>但</u>试看古今妇女，能有几人懿言美行，得如三妇？(《后汉演义》39回)

（62）刘曜乘高候胜仗，进围洛阳，<u>看似</u>锋不可当，<u>但</u>孤思曜带甲十万，围攻一城，多日不克，势必懈怠。(《两晋演义》41回)

（63）他那区区一泡尿，<u>看似</u>毫无力量，<u>可是</u>一触鬼身，已如火滚油烫，万难忍受得住。(《八仙得道》80回)

（64）一个村庄就是一个生命体，每个家庭的运动<u>看似</u>不相关联，<u>但却</u>都充满着张力和布局。(梁鸿《中国在梁庄》)

"看似"从逆转衔接到配合转折的发展，语境吸收（absorption of context）和类推（analogy）机制起着一定的作用。不过，虽然可以构成转折复句，可"看似"的基本功用还是衔接性转折，只是兼有配合关联功能①，还没像"却、也、就、还"那样转化为纯表连接的关联副词。

3.3 对举逆转到定型构式。"看似"在主观化与关联化的

---

① 现代汉语具有关联功能的典型的关联副词，都是与前面的关联连词配合使用的单音节常用副词。

发展过程中,由于"看似 X,实则 Y"对举表达式一再使用,逐渐形成了特定的互相配合固化构式(construction)。例如:

（65）且太宗遥望昭陵,征独以献陵为请,未尝劝太宗回忆后言,<u>看似</u>为主劝孝,<u>实则</u>父子之亲,不及夫妇,后德可忘,而武氏即进,乱端生矣。(《唐史演义》17 回)

（66）什么朵思大王,什么木鹿大王,什么祝融夫人,好像《封神传》《西游记》一般,<u>看似</u>五花八门,<u>实则</u>十虚九幻,不值识者一噱。(《后汉演义》92 回)

（67）前半回叙述缘起,为全书之楔子,已将一部明史,笼罩在内;入后举元季衰乱情状,数行了之,<u>看似</u>太简,<u>实则</u>元事备见元史。(《明史演义》1 回)

（68）是回叙事,<u>看似</u>拉杂写来,头绪纷繁,<u>实则</u>一线到底。(《明史演义》20 回)

随着这一构式的进一步定型化,现代汉语已经发展成为一个正反对举的紧缩格式了。例如:

（69）而眼前的真实世界,倒像一幅<u>看似</u>繁复庞杂<u>实则</u>单薄表浅的《清明上河图》。(刘慈欣《三体》)

（70）一部市场经济史,就是名牌崛起和陨落的历史。初创名牌必须耐得寂寞。脚踏实地,<u>看似</u>慢<u>实则</u>快;急功近利,<u>看似</u>快<u>实则</u>慢。(1995 年 11 月《人民日报》)

而且,这一对举、配合构式在发展中还可以略加改变,说成"看似 X(,)实乃 Y"。例如:

（71）他将抽象寓于具象之中,<u>看似</u>具象<u>实乃</u>抽象,看似抽象又总有物象的蛛丝马迹可寻。(1993 年 11 月《人民日报》)

（72）他们走向反面原因很多,其中一条,就是他们不愿明言但又挥之不去的<u>看似</u>有理<u>实乃</u>无理的"理由",我贡献不小,辛苦不少,但得到不多假如不是国有企业领导而是私企的老板,以目前的经营业绩,也许可以发大财。(1996年4月《人民日报》)

综上所述,"看似"从动词到评注性副词,进而多向演化的途径可以图示如下:

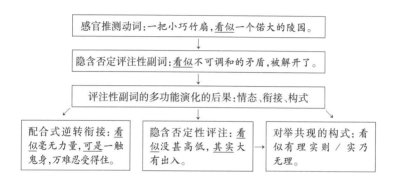

4. 独特的相似评注功用

4.0　这一节主要辨析与比较"看似"与"貌似、疑似、好似、像似"的细微差异特征。

4.1　构词理据的侧重。就构词理据而言,同样表示相似但表达依据侧重不同。由于汉语形、音、义三位一体的特点,"看似"与其他"X似"相比,就重在"因看而感觉似"。比如"看似"和"貌似"都委婉暗示实际情况可能并不是如此,但表达的侧重有所不同。请比较:

(73)按照纯实力来说,法国人根本没有一分可能进入决赛,但是法国人取材了这个世界上最有效的一种斗争艺术——防守反击,将个个看似强大的敌人各个击败。(《如

果法国夺冠,世界杯在倒退吗?》2006-07-09 西祀胡同)

(74)人民的乐观主义就是对民族群体力量的强大自信,就是对于<u>貌似强大的敌人</u>的高度蔑视。(1995 年 7 月《人民日报》)

(75)恐惧的是,如果没有人去收集这些<u>看似不起眼</u>其实蕴含着巨大文物、艺术价值的东西,那么这些宝贝会面临什么结果呢?估计会湮灭于垃圾堆中,消失于世了。(当代/C000023)

(76)那时候那里二手家具市场很有规模,经常转悠的话可以遇到一些<u>貌似不起眼</u>其实品质不错的老家具;我运气比较好,某个周一的上午不想上班,就请病假跑去转悠了一圈,于是遇到了我的樟木床樟木衣柜和一个书柜。(《低价打造 36 平小窝》2007-05-29 篱笆网)

由此可见,"看似"和"貌似"都重在"视觉印象",只是"看似"以主体判断为依据,"貌似"以客体形象为依据,所以"貌似"揣测性相对客观一些。而比起"看似"来,"疑似"和"像似"分别侧重主观猜疑与主观比拟,所以"像似"比"疑似"更接近"看似"。例如:

(77)《唐诗三句半,<u>看似有病</u>,实则值得思考》(2018-09-04 古诗文网)

(78)《李维嘉暴瘦成皮包骨<u>疑似有病</u> 何炅工作太拼因伤住院》(2017-02-08 财富网)

(79)<u>看似很好的朋友</u>,一旦出了矛盾,反而不把你当回事,对你的态度也会越来越恶劣,……别人不把你当回事,怎么办?(《好朋友该怎么相处》2017-09-08 交友网)

(80)如今拳坛有这么两位非常特别的女子拳击手,就是下图,乍一看<u>像似很好的夫妻</u>其实两人都是女子身,都是

女子拳击手。(《两位特别的女拳手》2017-11-03 荔枝网)

4.2　相似程度的差异。从另一角度看,同样表达相似性,相似程度必然存在一定的差异。例如:

(81)小孩子好动,特别是乡间的小孩,别看她们个子小小的,皮肤黝黑黝黑的,她们可是活力四射,<u>貌似有用不完的力气</u>,作为即兴的老师,我们就即兴地发挥自己的应变能力了。(《支教感想》2009-11-08 新浪博客)

(82)青年人风华正茂,<u>看似有用不完的力气</u>,有着更多实现人生理想的可能,但他们难道就没有烦恼吗?(《健康养生·给老爸老妈的 100 个长寿秘诀》)

(83)每一个都看上去龙精虎猛的,<u>好似有用不完的力气</u>,他们眼中都闪动着光芒,看上去就像一头头小荒兽一般。(《洪荒殿》89 章)

(84)炎炎烈日下,晶莹的汗液被阳光照耀得熠熠生辉,一遍遍地练着教官教的军体拳,已经第五遍了,<u>像似有用不完的力气</u>,踩脚声整齐响亮,我确实被震撼到了。(《军训的蜕变》2016-08-30 博客网)

"貌似"重在"外貌像似","看似"重在"看来像似","貌似"相似度略高一些,而"好似"重在"好像似","疑似"只是"怀疑似",相似度显然都不如"看似"。再比如:

(85)"无为,而无不为。",这是道家的又一个<u>貌似矛盾</u>的说法。《老子》中说:"道常无为而无不为。"(当代/CWAC/APB0050)

(86)资金、规模、人才既以名牌为起因,又以名牌为结果。两者<u>看似矛盾</u>对立,实则相辅相成,互为因果。(1995年 11 月《人民日报》)

(87)王公对学生的前后态度看上去<u>像似矛盾</u>,其实恰

恰非常一致。(1998 年《人民日报》)

(88)在听的过程中,要边听边观察边琢磨,听语音高低、用语连续、用情深浅等,可以边听边记录,特别是停顿、中断、前后疑似矛盾之处等,以便事后与其他面试官进行重点交流。(《聊天有技巧 人才谨慎挑》2015-10-08 百度网)

总之,五个"X 似"评注性副词的构词理据互不一致,所以,各词主观评注的相似度必然会存在细微的差异,其表达的相似性,大致可以排列为:貌似>看似>像似>好似>疑似。

4.3 语篇逆转的强弱。虽然都可以表示相似性,但"看似、貌似"已衍生出成熟的篇章逆转功能,而且也发展出由衔接到关联的转折功能,但"像似、疑似"主要还只是表语义的逆转性。例如:

(89)尤其可怕的是这种普遍的"不对劲"造成的后果往往<u>看似</u>有问题,<u>却</u>找不出具体的责任者。(1994 年《报刊精选》12)

(90)那些涂满画面、精心雕琢而忽视了书写的画,<u>貌似</u>有气势,<u>但</u>缺乏趣味,感情不真切,不耐看。(2000 年《人民日报》)

(91)我最近 3 个月,脑盖痛,<u>像似</u>有东西压着一样,有时两遍太阳穴痛,身体乏力,怎么回事啊,做了脑 CT 化验了血都没问题,可就是痛啊。(2013-09-15 寻医问药)

(92)根据"基准"对武器使用所做的"三阶段"规定,自卫队队员对<u>疑似</u>有恐怖行为者,首先发出口头警告,若对方无视警告,可举枪进行威吓。(2003 年 11 月《新闻报道》)

再比如,同样都是充当新闻标题,到当代汉语的"看似 X"与"貌似 X""疑似 X""好似 X"都已经可以跟"实则 Y"配合形成相应逆转构式了,但"像似 X"还没有这样的用法①。例如:

(93)《"看似新表现 实则老问题"都有哪些?》(2018-05-27 百家文库)

(94)《似雪非雪,四月满天飞,貌似可爱,实则危害极大》(2018-04-10 百家号)

(95)《唐嫣罗晋两人冷漠疑似分手? 实则婚期已定!》(2018-05-21 百家号)

(96)《好似山穷水尽 实则柳暗花明——浅谈新课程下的语文教学》(2013-04-05 百度文库)

总而言之,通过与相近的"X 似"比较,可以看出,无论是主观的否定性评注功用,还是篇章衔接性逆转功能,"看似"都是一个很有特色的现代汉语评注性副词。

5. 结语与余论

5.1 综上所述,归纳如下:首先,"看似"的隐性言者估测功用涉及视觉化的揣测表述、主观化的情态评价与倾向化的否定预设。其次,"看似"的逆转的篇章衔接功能包括逆转性的语用倾向、对比性的表达模式、转折性的衔接功能。再次,"看似"的双向的演化途径趋势体现为观感揣测到情态否定、篇章衔接到关联配合和对举逆转到定型构式。最后,"看似"与"貌似、疑似、好似、像似"之间的细微差异,及其独特的评注功用的异同主要体现在各个"X 似"构词理据的侧重、相似程度的差异以及

---

① 网上只有一个用例:《捷克 Vz58 突击步枪,像似 AK 实则原理结构大不相同!》(2017-11-29 凤凰网)。

语篇逆转的强弱。

5.2 韩礼德(Halliday, 1994/2010)曾经认为,人们将经验分为外部世界经验和内在世界经验。外部世界经验包括事情的发生、人和其他行为者的活动促使事情的发生;内在世界经验一方面是人对外在世界经验的再现、记录、反应或反思,另一方面是对自己存在状态的意识。语言让人类构拟现实的心理图景,了解身边和内心发生的事情。人们的经验包含各种"事件":发生、做、感知、意指以及"是"和"变成",所有这些事态都在小句语法中得到分类和整理①。通过对副词"看似"的主观化与关联化研究,我们深深地感到:由于汉语独特的没有形态变化的类型学特点,所以,研究汉语各种语言现象及其发展与演化,既要突破印欧语语法的各种规则限制,深刻认识汉语发展演化的规律与特点,又要借鉴普通语言学的经典理论和研究方法;唯有如此,才能真正看清汉语表层结构后面的演化趋势与发展动因,才能揭示出汉语表达方式内在规律及其演化方式的相应机制。

参考文献

曹艳丽 2017 现代汉语"像似"类副词研究,上海师范大学硕士学位论文。

李小军 2015 相似、比拟、推测、否定——"好像""似乎""仿佛"的多维分析,《汉语学习》2期。

刘 琉 2009 从视觉性差异看"看来""看似"与"看样子"的异同,《汉语学报》3期。

罗耀华、刘云 2008 揣测类语气副词主观性与主观化,《语言研究》3期。

高彦梅 2015 《语篇语义框架研究》,北京大学出版社。

明雪梅 2013 "貌似"及相关"X似"的比较研究,上海师范大学硕士学位论文。

唐正大 2019 似·非·或——谈"貌似XP"诸多解读之间的句法语义通道,第五届"汉语副词研究学术研讨会"大会报告论文。

王洪涌 2010 "貌似"与"好像"相因生义,《汉语学报》3期。

---

① 韩礼德的表述为英文,中文译文的翻译,本章主要参考了高彦梅(2015)。

张荟荟 2009 "看似"和"貌似",《淮北煤炭师范学院学报》3 期。

宗守云 2002 浅论科技语体中的"似乎 VP"句,《中国语文》1 期。

Halliday, Michael A. K. 1994 *An Introduction to Functional Grammar*. 2nd edn. London：Edward Arnold(《功能语法导论》,彭宣维等译,外语教学与研究出版社 2010 年版).

Smith，C. S. 2003 *Modes of Discourse：The Local Structure of Texts*，Cambridge：Cambridge University Press.

第二章 合音词"消"及其"X消"的性质、功用与演化
——兼论"X消"后"得"的附缀化与"不消说"的标记化与关联化

0. 前　言

0.1　就当前通用的语文词典来看,无论是古代的、近代的,还是现代的,比如《汉语大字典》(四川辞书出版社、湖北辞书出版社 1992 年版)、《现代汉语大词典》(海南出版社 1992 年版)、《汉语大词典》(汉语大词典出版社 1990 年版)、《近代汉语词典》(上海教育出版社 2015 年版)都提到了"消"可以表示"须、需要";并收录了一些"X消"单词①。就"消"的具体用法而言,《现代汉语词典》(第 7 版,商务印书馆 2016 年版)还特地标出了"消"的搭配选择说明:前面常带"不、只、何"等。调查发现,在近、现代汉语中,除了"不消、只消、何消"外,还有"无消、未消、哪消、仅消、就消、唯消、谁消"等多种不同的搭配与用法②。

---

① 在上述相关的词典中,除了收录了"不消、只消、何消、未消"之外,还收录了"消得、消的"和"不消得"和"不消说"等词条。

② 关于当前通行的语文词典所收录的与"消"相关的词条,请参看本章"附录一"与"附录二"。

例如：

A. 母亲遣我与献德一并前去潭柘寺烧香祈福，<u>无消</u>多问，自中道理亦是不言而喻。

B. 人社局和组织部的事情，<u>哪消</u>你操心啊，还要对调，不能有空白。

C. 大伙儿又将矛头指向星库尔，棍头又挥了去，将他逼至崖边，<u>仅消</u>一步就会落崖。

D. 在这样的场合下，我觉得，你<u>就消</u>真诚地说一句"对不起"，也就完事了。

而且，近、现代汉语中还有"消得"与"X消得"及"不消说"等多种特定功用的组配形式。

0.2　本章感兴趣的是：a.除了"不、只、何"，"消"的前后究竟可以与哪些成分共现？表示"需要"的"消"是单词还是语素，在不同组配中各有哪些特点？b.具有动、副两种功能的"X消"类组合，具有什么样的表达功用与表义倾向？c.近、现代汉语中哪些"X消"已词汇化？哪些已副词化？附缀化"不消得"及标记化、关联化"不消说"又是怎么形成的？

据此，本章将本着共时与历时相结合的原则，从三方面对各种不同性质的"X消"以及"X消得"与"不消说"等，进行多角度的考察与探究。首先描写、分析现代汉语中各"X消"的定向搭配及其性质特征；然后探讨、辨析"X消"的限定选择及其表达功用；进而探究、揭示"X消"词汇化、副词化及其相关的附缀化、标记化与关联化的历程。

0.3　本章例句引自北大语料库及网络报道与博客（长句略有删节），例句全部注明出处。为了便于行文，本章用"X消"统一指代不同性质与功用的前加各种"X"的"消"。

1. 性质特征:黏着化的定向搭配

1.0　《现代汉语词典》(第 7 版)已收录"不消",标为动词和副词;同时还收录了"只消"标为动词。据考察,除了"不消、只消"外,现代汉语中还有一系列"X 消"单词。

1.1　成词类与定型类。首先,"何消、哪消"与"未消、无消"也已成词。例如:

(1) 众邻居五六个都跟着来。老太太赶出来叫道:"亲家,吓他一吓,却不要把他打伤了!"众邻居道:"这自然,何消吩咐。"说着,一直去了。(《名著阅读》精英家教网)

(2) 如果是做新郎官,当然一定要来,何消说得? 阿珠的娘觉得他的话奇怪,却做梦也没有想到,胡雪岩已经不是她的"女婿"了。(高阳《红顶商人胡雪岩》)

(3) 悬在窗外的毛巾与衬衫裤,哪消一两个时辰,早结上了一层霜,冻得僵硬,暮色苍茫中,只看见一方一方淡白的影子。(张爱玲《连环套》)

(4) 前两天跟香香说我都好久不翘课了,香香说你们天天停课哪消你翘啊,如今不停课了,只好继续自力更生了。(《疯狂翘课》2009-12-09 百度贴吧)

比较而言,"未消"现已较少运用,而"无消"成词则相对较晚。例如:

(5) 才到林子前,只听得林子内大喊一声,叫道:"紫金山三百个好汉且未消出来,恐怕唬了小员外共小娘子!"(《警世通言·万秀娘仇报山亭儿》卷 37)

(6) 金陵的雪总是绵绵柔柔的,只轻贴着颊、蹭过唇瓣,还未消你感化,便泯然融了。我曾听人讲过,北国风

光,千里冰封,万里雪飘。(《杏花微雨时》2017-08-25 百度贴吧)

(7) 月中天,冷清的气质终还是让清诀收回了他那显然有些僭越的目光。尽凡也很聪明,看见清诀便明白了也<u>无消</u>多问,只是简单地道,"你可知庄主去哪了?"(《繁花休矣不归城》2010-04-28 爱江文学城)

(8) "这个自是<u>无消</u>多言!落璃只是一介婢女,纵使之前对大人多有得罪之处,望大人多加包涵。如今大人是落璃的救命恩人,你我言和可好?"冯落璃一双明澈的眸子看着慕容白曜,清亮的声音里满是诚挚。(《文明太后传》2014-04-05 笔下文学)

其次,"仅消、就消"尚未成词,但其中的"消"已黏着化,相应组配已定型化。例如:

(9) 围城至此,<u>仅消</u>一个时辰,漫天流言不攻自破,一代枭雄陨落,是否悔不当初?(《古有十面埋伏,四面楚歌今有黑沙演义,瓦圣围城》2017-04-30 百度贴吧)

(10) 他并非中原男子,脸形坚毅而男性化,鼻高挺、眼深邃,唇廓优美;尤其宝石般的琥珀色瞳眸,<u>仅消</u>一眼,便炫惑了人心……(《风情尘心》2009-12-20 书包网)

(11) "好吧你还是知道了,不愧是我的合伙人啊。"<u>就消</u>一会儿他的神情就恢复到与之前并无二异,吐出几个字,伸出的手落在了合伙人的肩膀上,一用力将他揽到自己的怀里,柔软的发丝被风吹起扰乱了视线。(《艾尔之光》2015-07-28 百度贴吧)

(12) 我穿着亮黄色打底、印着超级显眼"恒大房产"四个红色大字的衣服发大号传单,城管<u>就消</u>一眼就盯上我了,还在华亿广场城管超多的地方发,几个小时被 10 个左

右的城管到处追赶，又是蹲点逮。(《做个兼职，累得像条狗》2013-07-11 百度贴吧)

"唯消、谁消"也是这样，虽尚未成词，但组配已趋向定型化，"消"也已黏着化了。例如：

（13）白日唯消一场球：工欲善其事，必先利其器。替《时代周报》首次出征赛前准备。高速推进中，速度强突，突破成功！(赵世龙《白日唯消一场球》)

（14）那对众女来说无疑又是一件磨难！虽说卢梓宇战斗力着实惊人，但有谁消和别人共享自己的老公呢？(岳松《超级保镖》706 章)

总之，虽然"X 消"的词汇化时间有先有后，词汇化程度也有高有低，但现代汉语中的"消"基本上都已经不能单独使用了，大部分"X 消"已经词汇化，其中的"消"已趋向语素化了；还有一部分"X 消"搭配趋向定型，其中"消"的功用，也已经黏着化。

1.2　支配类与修饰类。根据"X 消"的分布与搭配，大致可以分为动、副两大类。动词性的"X 消"，后面所支配的体词性宾语，大多是表达时间与方式的各种计量单位。例如：

（15）项羽这一气非同小可，命令将士猛攻函谷关。刘邦兵力少，不消多大功夫，项羽就打进了关。大军接着往前走，一直到了新丰、鸿门(今陕西临潼东北)，驻扎下来。(《中华上下五千年》)

（16）许多味美可口的菜肴和食物，一经腐败菌和病菌光顾，不消几天甚至几小时，就会变酸变质，毒素孳生，人吃了就会中毒生病，严重的还会危及生命。(《中国儿童百科全书》)

（17）古人云："只消清茶淡饭，便可延年益寿。"事实

表明,从古至今,许多百岁寿星对饮茶都情有独钟。(《给老爸老妈的 100 个长寿秘诀》)

（18）"椰子,不是我,是我们。"这次争吵就这样结束,是的,就消一句"不是我,是我们",椰雯就举了白旗,但是,事实往往不是一句"我们"就来的美满幸福的。(《不知何事萦怀抱——那些过往的爱人们》2015-09-22 新浪博客)

无论是否成词,合音词"消"在使用中由于音步和韵律的需要,前面通常都要有相应的副素或副词与之共现,除了"不、只"之外,较常见的就是"仅、就"及代词"哪"。例如:

（19）且说小侠岳文骧辞别众人后,匆匆赶返四海客栈,东北门两者之距,仅两三里路之远,仅消一盅茶时刻,便自抵达。(武陵樵子《断虹金钩》6 回)

（20）"鬼蜮,相信只要有你们'魄杀队'加入,'西卡诺'攻占欧米伽就指日可待了。"仅消一刻,她又恢复了往昔的甜腻软语,踩着高跟鞋,晃到紧临鬼蜮旁侧的沙发坐下。(《妖女乱入外星》2012-12-06 潇湘书院)

（21）本人已打到 66 级,两次突破百万,平常也就是七八十万的样子。每天乐此不疲地玩,有时间就消一会儿我就疑惑,这样子升级下去,后来会是肿吗样子? (《不为高分,只图升级升级有啥用呢?》2014-02-09 百度贴吧)

（22）这种艳名传出来,以一传十,以十传百,哪消多时,早已声震江南了。这时小宛既是享了盛名,门庭当然热闹非常。(民国小说《顺治出家》)

而副词性"X 消",主要充当各种情态化状语,以修饰或限定各种谓词性的词语。例如:

（23）被停在马尔福庄园时,他不肯指认我,他甚至不肯望向我,大概因为我一如既往地惨不忍睹。我暴力地抢

过了他的魔杖,他的手明明抓住了我的手腕,<u>仅消一触</u>,就痛苦至极地松了手。(《记录生活　发现同好》)

(24) 好好的说嘛,你就<u>消说</u>:再去等着,我都愿意接受啊。(《新平县交警队大厅窗口服务太差》2013-04-15 新平之窗)

(25) 唉! 这<u>何消</u>说,更何忍说呢!"前此空挥忧国泪,斯行差慰树人情",这两句当我离开故乡来广州时留别他的诗。一度追吟着,便一度感伤到绝地了! (钟敬文《黄叶小谈》)

(26) 虽然说每一句话我都会前后思量,可是比如说"我想要这么来演"等等,我真的很不擅长把这些事情具体地讲给别人听呢,所以对我来说,最理想的关系是<u>无消多说</u>也能彼此信赖。(《百科资料》2007-10-03 小野大辅吧)

值得注意的是,"哪消、不消、何消"等,有时还可以后接完整的小句。例如:

(27) 方氏心道,我关心自己亲儿,<u>哪消你来道谢</u>。她比不得杨氏能忍耐,脸上立时就现了形……(《北宋生活顾问》2013-07-28 排骨网)

(28) 杨婶将正房方向指了一指,道:"要是二夫人晓得你有钱,<u>不消你说得</u>,自遣人帮你看田看屋挡泼皮,<u>哪消你操半点心</u>。"(《北宋生活顾问》2014-10-30 排骨网)

(29) "我的事,<u>不消你管</u>。"这句话,从情侣之间说进去无疑是异常伤情感的,会如许说的人,基本就没把你当自己人。(《一个心里有你的人,是绝对不会对你说这 3 句话的》2018-02-20 新浪看点)

(30) 老女人笑着揶揄道:"那你占便宜,是专占人家生人的了?"老何承认地说:"那<u>何消你问</u>!"(艾芜《我的旅伴》三)

很显然,现代汉语中的"X消",由于表达功效的不同,句法功能上还存在一系列差异,但大部分还保留的"X需要"的动词功能,其中一部分已经副词化,相当于"X须要"。

1.3　附缀类与独用类。所谓附缀类,就是一些"X"出现在带有词缀"得"的"消得"之前,"X消得"的"得"转向附缀化了。相当一些是"消得"前加"不"的否定式。例如:

(31)若是真个汪彦章,根性必不陋劣,必求入头处,但信得自家主人不及,并<u>不消得</u>许多劳攘。(元音老人《佛法修正心要》)

(32)南下视察工作的一位中央大领导到交际处来吃饭。"怕<u>不消得</u>吧。""做吧做吧,快些。"处长连声催促。(陈世旭《将军镇》)

(33)"你来了?"他先是呵呵一笑,方才转过身来。也<u>不消得</u>仔细去看,萧轩便已判断出了来人。(《苍穹后传》2012-12-25百度贴吧)

其他副词"只、何、未"等,也可以用在"消得"前,构成副词性的附缀式类短语。例如:

(34)谓中郎有遗书,有儿女能诵记,<u>只消得</u>寄个纸笔。(赵朴初《快活三带过朝天子四换头·观演〈蔡文姬〉剧有作》)

(35)常堂堂白过子两三年,并无疤瘢惹人传,世间咦弗怕断绝子风流种,<u>何消得</u>男女接香烟。(《冯梦龙山歌》2015-11-10牛宝宝文网)

(36)北风带不走昨天深情的一眼,时光被掩埋,方寸之间停留徘徊,<u>未消得</u>一个人无奈,字句写过千万遍,却写不出想念。(《流光只教人尝尽离别,曲终人散》纺金二中吧)

所谓独用类,就是直接和间接否定式"不消、何消"在口语中独用表示"不需要"的情态式否定;而且,这类独用的应答式"X消"还可以重复连用,正在向应答标记转化。例如:

(37)我说:"<u>不消</u>,这事我已经很熟悉了。我想把它给干完。"(不光《闯西南》)

(38)陈爷慌忙拦住道:"<u>不消</u>,下官特为表白恩嫂贞节,故同孙、周二大人亲来到府上叩谢。"(李春芳《海公小红袍全传》)

(39)"一旦落上户口你就是我们昆明人了,拿上介绍信就可以去公安局办手续了。"刘哥被我这六十多个小时颠簸还没有被颠干净的笑话逗得哈哈大笑。"<u>何消</u>。走,走,今天先到我家去吃饭,休息。"(不光《闯西南》)

(40)妄心习染,改造自己,而美其名曰:"我们是他力法门,靠他力修行。'及闻'一心不乱",便连连摇首,说:"<u>不消</u>,不消! 净土只须有信愿,自有弥陀接引,行得力与不得力无要。"(元音老人《佛法修正心要》)

总之,合音词"消",由于音节原因一般都要与其他副词、代词共现,随着不断高频共现,一部分"X消"已词汇化,另一部分虽尚未成词,但"消"已黏着化了。反过来讲,正是因为前有各种单音节附加成分,双音节的"需/须要"才会合音并以同音词"消"来替代。

2. 表达功用:情态化的限定选择

2.0 就基本表义功用而言,"消"相当于"需要"或"须要",各个"X消"的表达功用虽然各有不同,但基本上都具有特定的情态化色彩,那就是通过直接否定、反问否定与范围限定等方式,对相关情况予以一定程度的客观限量化乃至主观弱视化。

2.1 直接否定的排除式。就"X 消"的表达效果来看,由于受合音成词的韵律、节奏动因约束,用"不消"表达对各种预判或预测的否定式,是"X 消"的典型表义模式。例如:

(41)他早已艳羡客氏,只虑胯下少一要物,无从纵欲。此时得了魏朝的秘授,当即按照那办法一试验,果然瓜蒂重生,<u>不消</u>数月之后,已结实长大,仍然恢复如原来阳物。(李文澄《努尔哈赤》)

(42)刘禹锡的才华自然<u>不消</u>多说,白居易称之为"诗豪",便足以为其才学定性。唐顺宗是个病秧子,朝政托付给了王叔文,刘禹锡就是王叔文的最爱。(《刘禹锡被认为有宰相之才 为何因桃花诗两次被贬?》2015-07-11百度快照)

就具体的否定内容而言,"不消"支配或修饰的大多是表时间与表方式类词语。再比如:

(43)萨莎善于进攻,也能严密防守,有时<u>不消</u>一分钟即能走一步棋,而有时可以沉思若干小时。(1993 年 10 月份《人民日报》)

(44)那个老头说道,你<u>不消</u>做什么别的,<u>只消</u>把我的铁锹接过去,那么你就非得留在这里照管花园不可,而我就可以解脱了。(翻译作品《尼尔斯骑鹅旅行记》)

"无消、未消"也是否定排除式,只是"未消"近代汉语经常使用,现已很少用了。例如:

(45)大眼睛和尖下巴显得年龄小,这个<u>无消</u>多说,但可以多说一下是眼睛走向,我拿徐若瑄和周迅作比较,大家就能明了。(《周迅不是科班出身,演技却完爆许多女演员是种怎样的体验?》2017-07-14 新浪博客)

（46）赶到会合之地时，毫无意外，天真仍旧在此等候。听见我的脚步声，他先是警觉地握起剑。即使是在夜黑暗得看不清五指，他一回头，<u>无消</u>一眼，仍是认出了我。（《今夕何夕·霍北辞》2008-10-12 豆丁网）

（47）程子语云："今日释氏却<u>未消</u>理会，大患者在介甫之学。"（王士禛《香祖笔记》）

（48）才到林子前，只听得林子内大喊一声，叫道："紫金山三百个好汉且<u>未消</u>出来，恐怕唬了小员外共小娘子！"（《警世通言·万秀娘仇报山亭儿》）

2.2　间接否定的反问式。反问当然也是为了表示否定，主要有"何 X、哪 X"与"谁 X"，而且，反问式的语用否定，其主观的情态表达会显得更强一些。例如：

（49）丘处机道："这<u>何消</u>说得？你想当世之间，论指力是谁第一？"郭靖道："那自然是一灯大师的一阳指。"（金庸《神雕侠侣》）

（50）唉！这<u>何消</u>说，更何忍说呢！"前此空挥忧国泪，斯行差慰树人情"，这两句当我离开故乡来广州时留别他的诗。一度追吟着，便一度感伤到绝地了！（钟敬文《黄叶小谈》）

（51）其实<u>哪消</u>这许多眼泪和哀求，理查又羞惭又害怕，一方面想弥补自己犯下的过错，一方面又想逃命，单凭这两层，也不提他多么爱慕卡德莉娜、只想跟她做个终身伴侣，就够叫他毫无困难、心甘意愿地把利齐奥的条件答应下来了。（乔万尼·薄伽丘《十日谈》译文）

（52）杨婶将正房方向指了一指，道："要是二夫人晓得你有钱，<u>不消</u>你说得，自遣人帮你看田看屋挡泼皮，<u>哪消</u>你操半点心。"（《北宋生活顾问》2014-10-30 排骨网）

"不消"与"哪消"配合,表明"哪消"的否定功用也已成熟。再看"谁消"类否定式:

（53）夭桃,夭桃,美人折来还愿。颜色不问朝暮,风华还似长天。天长,天长,谁消你如花年?（《叠章调笑令·美人殇》）

（54）山草离离闲又懒,不同郁木争长短。来是东风吹已散,也劝飞尘,莫扰庸才眼。独厌人间装婉转,子规声里谁消看。（《蝶恋花》2015-03-24百度贴吧）

相对而言,"谁消"在现代汉语中出现的频率还相对最低,而且大多数都还是转引类用法。

2.3　限定范围的确认式。主要就是"只消、仅消"与"就消"等的限定确认用法。例如:

（55）他说,等到其他四位总统参选人都决定了副手人选后,他才会决定搭配人选,而副总统人选,他也只消一分钟就可决定。（李敖《李敖对话录》）

（56）因此,不管是白天黑夜,还是刮风下雨,只消一个电话、一阵敲门声,陈家铎就赶到医院,赶到病人家里。（1995年11月《人民日报》）

（57）围城至此,仅消一个时辰,漫天流言不攻自破,一代枭雄陨落,是否悔不当初?（《古有十面埋伏,四面楚歌今有黑沙演义,瓦圣围城》2017-04-30百度贴吧）

（58）没错,是一股冷厉的杀气,她仅消一个眼神,便让那些男人一步步自动往后退,再也不敢多废话。（佟月《好想永远眷宠你》）

"只"与"仅"都是典型的限定副词,而"就"在限定范围的过程中还兼有评注功用。例如:

（59）"好吧,你还是知道了,不愧是我的合伙人啊。"

<u>就消</u>一会儿他的神情就恢复到与之前并无二异,吐出几个字,伸出的手落在了合伙人的肩膀上,一用力将他揽到了自己的怀里,柔软的发丝被风吹起扰乱了视线。(《艾尔之光》2015-07-28 百度贴吧)

(60) 好好的说嘛,你<u>就消</u>说:再去等着,我都愿意接受啊。(《新平县交警队大厅窗口服务太差》2013-04-15 新平之窗)

这类"X 消"主要是限定各种时间类词语,当然,也可以限定各种行为方式。例如:

(61) 早晚高峰加上恶劣天气,<u>只消一场事故或一个不恰当的红灯</u>,车流就会由缓慢前行变为蠕动,甚至完全停了。(《交警写警察故事,字里行间流露真情》2016-03-12 人民网)

(62) 德妃虽然错愕,但眉间还是泛起一丝暖意,"给本宫看看,你在手帕上绣了什么?"漱玉拿出手绢给婢女呈上,德妃<u>仅消一眼</u>就愣在当场。(简歌《重生之泼皮福晋》)

(63) 你<u>就消听一沙沙昂</u>,麻烦杀累了就不说好好工作,不知道做甚了,就刚了结一摊子又不安分了?(《七夕了,有人陪没?》2013-08-07 寿阳吧·百度贴吧)

(64) 二郎山是这一路来翻越的第一座大山,看着盘旋而上的公路在自己的头顶上缠绕,<u>就消一眼</u>就让人想要打道回府,可更多的是想征服他,也想去看看山顶的风光。(《在这里留下我单车骑行川藏之旅,想到什么就说》2015-08-12 百度贴吧)

总之,从所表的语义、情态来看,现代汉语的"X 消",都具有否定与限定的申辩性情态功用。大致可以分为三个大类。一类就是各种直接的否定式,另一类就是通过反问的间接否定式,再一类是就是前加限定副词的去除式。由此可见,当时人们之所以经常要用"消"而不用"需要/须要",关键就在于前面还要同时用一个表示否定、反问和限定的副词或代词;为了协调表达语句的音步或节律,就会自然而然地使用带有合音的"X消"类词语。

3. 演化历程:从词汇化到语法化

3.0　就演化的历程来看,作为"需要"的合音词,"消"从体宾动词到谓宾动词,再到副词。随着与前加成分一再高频共现,逐渐发展成为动词性语素或黏着性成分。同时,"X消得"中"得"转向附缀化,"不消说"由标记化到关联化,则是两种伴随语法化趋势。

3.1　黏着化到语素化。合音字古已有之①,北方话"不要"为"别"、"不用"为"甭",吴方言"勿要"为"覅"、"勿啊"为"伐"等,都是合音化的结果②。所以,由于双音化的韵步制约,合音词"消"前后不带相关词语的单用现象,始终是相当罕见的。例如:

(65)鳌冠三山安海浪,龙盘九鼎镇皇都。莫夸十万兵威盛,消个忠良效顺无。(司空图《淮西》)

(66)每逢佳境携儿去,试问行年与我同。自笑余生消底物,半篙清涨百滩空。(苏轼《永和清都观道士》)

---

① 宋代沈括《梦溪笔谈·艺文二》已提到:古语已有二声合为一字者,如"不可"为"叵","何不"为"盍","如是"为"尔","而已"为"耳","之于""之乎"为"诸"。

② 此外,在近代汉语中,还有"不屑、不屑一顾"中的"屑",也是"需/须要"的合音词。

"消"后面带上后词缀"得、的",构成的双音节词"消得、消的",还比较常见。例如：

（67）晶宫殿飘香，群仙方按霓裳。消得几多风露，变教人世清凉。（刘克庄《清平乐·五月十五夜玩月》）

（68）早是他内性儿聪明，才调儿清正，这两般消的人钦敬。（张寿卿《红梨花》2 折）

当然，相对而言，"消"前附加否定副词"不、未"的否定式，在当时更为常用一些。例如：

（69）臣原请军三万五千，不消展阵开旗，闻蛮奴之名，即便降来。陈王闻语，便交点检，勿令迟滞。（《敦煌变文选·韩擒虎话本》）

（70）力士曰："出其儿以示臣"，熟眅祢中曰："此儿岂不消三品官？"帝大怒曰："往诛韦氏，此贼尚持两端，避事不入，我未尝言之。"（《太平广记》卷 188）

（71）未消理会这个得，若恁地理会，亦只是理会得一段文字。（《朱子语类》卷 74）

（72）才到林子前，只听得林子内大喊一声，叫道："紫金山三百个好汉且未消出来，恐怕唬了小员外共小娘子！"（《警世通言》卷 37）

同样，前加"唯、只"的限定式，与前加"何"的反问式，也是比较常见的。例如：

（73）渐看海树红生日，遥见包山白带霜。出郭已行十五里，唯消一曲慢霓裳。（白居易《早发赴洞庭舟中作》）

（74）直应天授与诗情，百咏唯消一日成。去把彩毫挥下国，归参黄绶别春卿。（陆龟蒙《和袭美送孙发百篇游天台》）

（75）一窗暖日棋声里，四壁寒灯药气中。晚景只消如

此过,不堪拈出教儿童。(范成大《早衰》)

(76)要之,<u>只消</u>一个"操"字。到紧要处,全<u>不消</u>许多文字言语。若此意成熟,虽"操"字亦不须用。(《朱子语类》卷12)

随着前加式"X消"的高频使用,"不消、唯消"早在近代汉语就已基本成词了。例如:

(77)普趋出大惊曰。两川义虎,<u>不消</u>此老一唾。八年秋,游螺川。待制刘公沅,请住慧云禅院。(《禅林僧宝传·指月录》)

(78)问:"诸馀则不问,请师尽其机。"师云:"<u>不消</u>汝三拜。对众道却。"僧云:"与摩则深领尊慈。"(《祖堂集·报慈和尚》)

(79)则不为无罪;若指为奸邪,又复改作,则误国益甚矣。为今之计,<u>唯消</u>朋党持中道,庶可以救弊。意虽忤悖,然亦惊异,颇有兼收之语。(《宋史·列传》104卷)

(80)陆龟蒙亦有云:"直应天授与诗情,百咏<u>唯消</u>一日成。"其见推于当时如此。(龚明之《中吴纪闻》)

反问式的"何消",一开始用频不是太高,成词也相对要略晚一些。例如:

(81)那人慌忙扶住道:"小姐<u>何消</u>行此大礼? 有话请起来说。"(《醒世恒言·蔡瑞虹忍辱报仇》)

(82)两公子慌忙扶住道:"你老人家<u>何消</u>行这个礼。"(《儒林外史》9回)

另外,"未消、只消、哪消"在近代汉语也都因高频共现,已具有成词的倾向。例如:

(83)子善问云云。曰:"<u>未消</u>说计较,只是为别人做事,自不着意,这个病根最深于计较。"(《朱子语类》卷21)

（84）向前便是阳，才收退便是阴。<u>未消</u>别看，只是一动一静便是阴阳。（《朱子语类》卷65）

（85）弊职当迁，<u>只消</u>金刚经一卷。贵人仁念，特致三卷，今功德极多，超转数等，职位崇重，爵位贵豪，无非贵人之力。（《太平广记》卷346）

（86）怀德应之日："我得打乳姥关节秀才，<u>只消</u>如此待之！"（《梦溪笔谈》卷9）

（87）那虎见人欲来打它，便弃了羊，对面扑来，其人躲过，只扑一个空，便倒在地，似一锦袋之状，其人赶上，用手挝住虎项，左胁下便打，右胁下便踢，<u>哪消</u>数拳，其虎已死于地下。（罗贯中《五代秘史》10回）

（88）从来说："人情似铁，官法如炉。"况且随带的那些司员，又都是些精明强干、久经参案的能员，<u>哪消</u>几日，早问出许多赃款来。钦差一面行文，仍用名帖去请河台过来说话。（《儿女英雄传》13回）

显然，除了附加式"消得、消的"之外，近代汉语的"不消、唯消、何消"和"哪消、未消、只消"，都已基本词汇化了。如前所述，现代汉语的"无消"，也已词汇化了。例如：

（89）同时他也看出了她的聪明，她这个年纪的女孩子时，<u>无消</u>一眼也能明白心中所想的，而她懂得隐藏，从这种意义上说他是欣赏她的，"欲望"这种东西表现得太直接，只会给人造成不安。（《都市欲望》2012-07-25 新浪博客）

（90）巴萨，<u>无消</u>多说，是当今足坛最顶级配置最上乘、最成熟的球队。这支球队，我们看到一个球王，若干个控球大师，若干个顶级前锋，若干个兽腰，甚至还有能当后腰、中锋和边卫用的全能中卫。（《我来解巴萨这道方程式》2010-04-20 天涯社区）

3.2　词缀化到附缀化。由于韵律原因,合音词"消"极少单用,除了"消得"外,基本上都是前加式"X 消"。差不多与此同时,一些"X"也开始出现在带词缀"得"(suffix)的"消得"前面,从而导致带后附缀(enclitic)"得"的附缀式"X 消得"一再出现。例如:

（91）垂语曰,直道本来无一物,犹未消得他衣钵。这里合下得一转语,且道下得什么语。(《筠州洞山悟本禅师语录》)

（92）万员外道:"且未消得哭。"即时同合哥来州里下状。(《警世通言》37 卷)

（93）何消得几多风露,变教人世清凉。(刘克庄《清平乐·五月十五夜玩月》)

（94）"你不带我去便了,何消得许多推故!"(《水浒传》72 回)

另外,还有"只消得"与"怎消得",尽管"怎消"本来很少单用。例如:

（95）此个量口,并不得诸处货卖,当朝宰相崔相公宅内,只消得此人。若是别人家,买他此人不得。(《敦煌变文选·庐山远公话》)

（96）钟鼎山林,那一个较好? 命不快除是他砍柴的扰,索甚计较? 只消得半碗斋汤,那厮早欢喜将去了。(《全元曲·雁儿落带过得胜令》)

（97）最你呵有甚风流浪子,怎消得多情俊俏婋儿? 供吐对实同,说了缘由,辨个妍媸。(《全元曲·风月所举问汝阳记》)

（98）食水草,不会奔驰,倦嘶喊,懒马店骤,曾几见西湖沽酒楼前系,怎消得绣毡蒙雨,锦帐遮泥。(《全元曲·

湘妃怨和卢疏斋》)

其中大多数三音节"X 消得",直到现代汉语都还一直在使用。例如:

(99)"你来了?"他先是呵呵一笑,方才转过身来。也<u>不消得</u>仔细去看,萧轩便已判断出了来人。(《苍穹后传》2012-12-25 百度贴吧)

(100)话太长就起不到振奋的效果了,凯尔萨斯已经被人说成是话痨了,精简一点更好,要软弱。另外大师是吉祥物,<u>不消得</u>认真的。(《凯尔萨斯血精灵宣言》2010-09-04 百度贴吧)

(101)常堂堂白过子两三年,并无疤瘢惹人传,世间咦弗怕断绝子风流种,<u>何消得</u>男女接香烟。(《冯梦龙山歌》2015-11-10 牛宝宝文网)

(102)谓中郎有遗书,有儿女能诵记,<u>只消得</u>寄个纸笔。(赵朴初《快活三带过朝天子四换头·观演〈蔡文姬〉剧有作》)

而且,这类"X 消得",现在还可以单独使用,充当句子成分句首语或插入语。例如:

(103)自古及今,佳人才子,少得当年双美!且恁相偎倚,<u>未消得</u>,怜我多才多艺。愿奶奶兰心蕙性,枕前言下,表余深意。(《喻世明言·玉女摇仙佩》)

(104)我说:"吃过早饭再走吧,县太爷还没有起来呢。"他急忙阻止我说:"<u>不消得</u>,不要惊动他,走迟了人家知道我出城去了,就查不成了。"(马识途《夜谭十记》)

严格地讲,三音节的"X 消得",既不是单词也不是短语,而是正在词汇化的附缀式类短语。

3.3 标记化到关联化。在近代汉语中,"不消"后接"说"

的用法已经常出现。例如：

（105）颜子于道理上<u>不消说</u>，只恐它这制度尚有欠阙，故夫子只与说这个。他这个问得大，答得大，皆是大经大法。（《朱子语类》卷45）

（106）老爷道："此人不是凡夫，<u>不消说</u>了。却又不是妖魔，却又不是甚么仙家，却又不是甚么祖师，仔细看，还是哪一位护法的天神？"（《三宝太监西洋记》55回）

当时的"说"还具有动词性，还没有发展为后附缀。随着使用的高频化，发展到明清时期，"说"的意义虚化，附缀式"不消说"逐渐固化，可以引出各种话题——既可以前置引出论述的话题，也可以后置概括相关的话题，从而趋向了标记化（tokenization）。例如：

（107）地方人道："<u>不消说</u>是奸情事了，只不知凶身是何人，且报了到县里再处。"（《初刻拍案惊奇》卷6）

（108）况且圣贤传经讲道，齐家治国平天下，多用着他<u>不消说</u>，即是道家青牛骑出去，佛家白马驮将来，也只是靠这几个字，致得三教流传，同于三光。（《二刻拍案惊奇》卷2）

发展到现、当代汉语，"不消说"前置、后置的两类标记化用法已经相当常见。例如：

（109）<u>不消说</u>沿海特区和京津沪等大都市，就连以往外方很少问津的安徽芜湖，一个占地面积仅0.5平方公里、尚属初创阶段。（1994年《人民日报》）

（110）说到这里，宋耀如禁不住叹了一口气："可形势不由人啊！国家已成这个样子——军阀大战，烽火连天，<u>不消说</u>搞经济啊，长此下去就连性命也难保全。"（《宋氏家族全传》）

（111）奖状、奖励、荣誉<u>不消说</u>，5 年前就评上高级教师职称，工资也不少，和大学毕业的丈夫相差无几。（1994年《人民日报》）

（112）像中国传统中的那种室内花卉布置法，美而雅<u>自不消说</u>，但成本太高，费工太多，且很难培养出高大耐放的品种，所以不适应当代社会大量"公众共享空间"所需的大量的花卉布置。（1994 年《报刊精选》）

差不多在明清时期，话语标记"不消说"开始经常单独出现在各种分句之间，进而逐渐衍生出一定的承上启下衔接性功用①，进而逐渐趋向了关联化(association)。例如：

（113）只要兄长看顾小弟，<u>不消说</u>先要兄长做百来个妓者东道请了我，方与兄长图成此事。（《初刻拍案惊奇》卷 32）

（114）那天尊，头戴攒珠嵌宝冕旋，身穿海晏河清龙衮，足登朱丝履，腰系白玉鞓；那悦意夫人，<u>不消说</u>，自然是日月龙凤袄、山河地理裙了。（《儿女英雄传》21 回）

（115）若是大人在此，<u>不消说</u>，就地砍了完事，如今我们又无权柄。（《施公案》214 回）

（116）那外屋坐着一个年老之人，须发苍白，<u>不消说</u>，是服侍之人了。（《侠女奇缘》56 回）

发展到现代，用在分句、句子之间的"不消说"相当常见，关联化功用基本成熟了。例如：

（117）有些"作家"专打"擦边球"，写些法与非法之间的东西。<u>不消说</u>，"擦边球"足以带坏孩子。然而猖獗于文化市场的，还有不少"三级作品"。（1995 年《人民日报》）

---

① 相关研究，还可以参看陈思祺(2014)。

（118）打开电视,满目皆是会议新闻。<u>不消说</u>,投宿无门的游客难有好情绪;<u>不消说</u>,风景名胜区的干部无法正常工作,忙里忙外接送一批批会议观光团。(1998年《人民日报》)

（119）三五棋友,或一�对坐,品茗相弈,或拆析名局,切磋长进,甚或一通神聊、一派海吹、一席互贬、一阵互捧之后,<u>不消说</u>,所谓人与我、内与外、大与小、好与坏、功名利禄、风雨炎凉,尽付笑谈中,可收明月清心、正本清源之功效。(2000年《人民日报》)

（120）车子在百岛湖西南岸停了下来。这时,湖滩上已是人头攒动,有如闹市。<u>不消说</u>,人们都是赶来参加这一年一度的起网盛会的。极目望去,只见烟波浩淼,水天一色,渔舟翩翩,往来飘忽。(1995年《人民日报》)

总之,从词汇化角度看,"消"从合音词到构词语素,"X消"从短语到动词、副词及定型组配,情态化的表达、双音节的韵律、高频率的共现,都起到了相互促进的重要作用。语法化的角度看,"X消得""X"的前加导致词缀转化为附缀;引出话题的"不消说"已趋向标记化,具有衔接功用的"不消说"已趋向关联化,尽管介词化与连词化都还尚未彻底完成①。

4. 结语与余论

4.1　综上所述,可以归纳如下:首先,就黏着化定向搭配的性质特征看,包括成词与定型、支配与修饰、附缀与独用三个方面。其次,就情态化限定选择的表达功用看,包括直接否定的排

---

① 有关这方面的研究,请参看张谊生(2016)和张谊生(2017)的相关阐释。

除式、间接否定的反问式、限定范围的确认式三个方面。最后,就从词汇化到语法化的演化历程看,包括黏着化到语素化、词缀化到附缀化、标记化到关联化三个方面。

4.2 通过对近、现代汉语"消"与相应"X 消"和"消得"以及"X 消得"和"不消说"的考察与研究,还可以给人们如下启示:作为一种没有严格意义上形态特征的语言,汉语词类基本上都是无标记的,词类的句法功能只能依靠句法分布与搭配方式来体现。正因为这一重要的类型特点,只要具有一定的语用需要,包括表达的韵律与节奏的协调和制约,汉语的词语不但可以因各种语用因素而导致词类功能演化词性改变,还可以导致短语的结构凝固而词汇化,音节的合并融合进而以同音替代化。所以,研究汉语各种变异现象,必须突破印欧语语法的各种规则限制,全面认识汉语的类型学特点。唯有如此,才能真正看清汉语表层结构后面的演化趋势与动因,才能揭示出汉语表达方式的内在规律,演化方式的特定机制。

参考文献

陈思祺　2014　"不消说"的语法化过程,《现代语文(语言研究版)》4 期。

董秀芳　2007　词汇化与话语标记的形成,《世界汉语教学》1 期。

郭锡良　2010　《汉字古音手册》,商务印书馆。

李思旭　2012　从词汇化、语法化看话语标记的形成——兼谈话语标记的来源问题,《世界汉语教学》3 期。

刘丹青　2005　汉语否定词形态句法类型的方言比较,日本:《中国语学》。

刘丹青　2008　重新分析的无标记化,《世界汉语教学》1 期。

沈家煊　1994　语法化研究综观,《外语教学与研究》4 期。

吴福祥　2005　汉语语法化演变的几个类型学特征,《中国语文》6 期。

吴福祥　2013　关于语法演变的机制,《古汉语研究》3 期。

张谊生　2016　试论语法化的动因和机制,《历史语言学研究(第十辑)》,商务印书馆。

——　　2017　《与汉语虚词相关的语法化现象研究》,学林出版社。

附录一

	不消	只消	何消	未消	无消	仅消	唯消	就消	哪消	谁消
现代汉语词典	+	+	-	-	-	-	-	-	-	-
现汉规范词典	+	+	-	-	-	-	-	-	-	-
现代汉语大词典	+	+	+	-	-	-	-	-	-	-
汉语大词典	+	+	+	+	-	-	-	-	-	-
近代汉语词典	+	+	+	+	-	-	-	-	-	-

附录二

	消得	消的	不消说	不消得	消不得	不消的	何消的	无消说
现代汉语词典	-	-	-	-	-	-	-	-
现汉规范词典	-	-	-	-	-	-	-	-
现代汉语大词典	-	-	+	-	-	-	-	-
汉语大词典	+	+	+	-	+	+	-	-
近代汉语词典	+	-	-	+	+	-	+	-

第三章　语义特征、表义方式与含状谓语否定位置的选择
——以"S 跟 N 不 VP"与"S 不跟 N VP"为例

摘　要："S 跟 N 不 VP"与"S 不跟 N VP"是汉语一对相关句式，其句法分布与功能搭配表现为以下四个方面：直陈式与指称式、外附式与内嵌式、连用式与共现式、修饰式与嵌入式。这种含状谓语否定辖域与否定焦点的变化与选择取决于"VP"的配价情况、指向性与可控性以及"S"与"N"的述人特征与述物特征。在选择限制与表达效果上，这对句式表现为四组八个方面的差异与特色：语义否定与语用否定、客观否定与主观否定、前景强化与背景淡化、自足性与自由度。

关键词：含状谓语；否定辖域；选择限制；语义特征；语用特色

0. 前　言

0.1　下面三对六句，为什么 S1b 和 S2a 两句在没有特定语境的提示下，似乎都不能单说，至少接受度相对较低，而 S3a 和

S3b 两句无需特定的语境,却都可以单说。例如:

  S1a 我跟张三<u>不认识</u>。——S1b ?我<u>不</u>跟张三<u>认识</u>。

  S2a ?我跟张三<u>不见面</u>。——S2b 我<u>不</u>跟张三<u>见面</u>。

  S3a 我跟张三<u>不来往</u>。——S3b 我<u>不</u>跟张三<u>来往</u>。

那么,导致 S1b、S2a 两句不能单说的限制性因素到底有哪些呢? 再进一步思考,都可以单说的 S3a 和 S3b,否定辖域与焦点、表达功能与效果又有哪些细微而重要的区别呢?

  0.2 本章将从三个方面依次对上述语言现象进行调查与探讨。首先,对这三类含有介词结构的为此性否定性进行调查与描写;然后,对具有这三种不同功能谓词及其短语的否定辖域与语义特征进行统计与分析;最后,对这三类行为动词的表达功用与差异原因加以辨析与解释。为了便于行文,本章将"S 跟 N 不 VP"这种否定标记"不"直接附在动词或短语前的组配称为"动前式",把"S 不跟 N VP"这种否定标记"不"直接附在介词前的组配称为"介前式"。本章的"VP"包括双、单音动词、形容词以及相关的各种谓词性短语。

  0.3 本章语料取自 CCL 现代汉语语料库、BCC 现代汉语语料库以及华中师范大学语言与语言教育研究中心现代汉语语料库,部分取自人民网、新浪网等的当代新闻报道以及网络上的报刊(对立分析的例句,均为自拟)。为了节省篇幅简洁行文,全文例句不标出处。

1. 句法分布与功能搭配

  1.0 本节从直陈式与指转式、外附式与内嵌式、连用式与共现式、修饰式与嵌入式四个方面,依次描写与分析动前式与介前式两种含介否定式的句法分布功能搭配。

1.1　直陈式与指称式。所谓直陈式,即动前式与介前式的基本分布就是在句中直接作谓语,包括以独立小句形式构成的各种分句。直陈式无疑是这两类含状谓语的优势分布。例如:

(1)"他?"店主也同样压低声音,不动声色地瞟了那人一眼。"我跟他不熟。"

(2)路上,一群人拦下你,说你在基层调研的信息跟事实不符合。

(3)她又恨自己当年不该错打了主意,不跟有翼和灵芝一道儿去上学。

(4)不跟知识、修养较差的人争执,叫作不跟他一般见识。

需要指出的是,动前式中的 VP 是单词还是短语,VP 音节韵律上是音步构造还是超音步构造等差异,都会对否定标记"不"的否定辖域有一定影响,比如"我跟他不熟"不能说成"我不跟他熟";而"信息跟事实不符合"特定语境中也可以说成"信息不跟事实符合"。

所谓指称式,指动前式与介前式以有标或无标的形式充当主、宾语,其中的"VP"已经指称化,不再表示某种动作或状态,而是表达一种特定的情况与现象。例如:

(5)理论跟事实不符,这种情况常有。

(6)他拿文物开玩笑,有人说他扒光别人衣服,搞些跟艺术不沾边的,有人说他趁机捞钱,搞别人家的宝贝。

(7)四虎子是她的远亲,老刘妈是她从娘家特选了来的。不跟她有点关系的不用打算在牛宅立住脚。

(8)妈决定不跟我啰唆,上来扯起我就走。她那冷冷的、软和的雪花膏气味让我感到好亲、好亲。

例(5)(6)动前式分别用了指量短语"这种"复指和转指标记"的";例(7)介前式也用了转指标记;例(8)介前式"不跟我啰唆"则是直接充当了"决定"的宾语。

1.2　外附式与内嵌式。外附式即指各类副词性状语成分附加在动前式和介前式短语的前面①,从而使表达能够更加细化,显示的或者情态更加显豁。例如:

（9）永远不跟他订婚　　现在不跟你理论　　向来不跟我商量

　　　　　纯粹跟政治不搭边　　完全跟计划不搭边　　本来跟夫人不认识

（10）就是跟专业不沾边　　果然跟理科不来电偏偏又是跟中央不对付

　　　　　就不跟你走　　才不跟你计较　　决不跟任何人谈论　　偏不跟他跳舞

（11）"这个蔡书记硬是跟以前不一样了!"一社五保户潘世国说。

（12）陈威考上大连海事大学,爸妈千方百计地要送他。但他主意已定,就是不跟他们一起,要和同龄人结伴一起去。

内嵌式即指各类副词状语成分内置嵌附于动前式和介前式的短语的中间。内嵌式中的状语大多为限制性副词,但也有少数评注性副词和其他状语成分。例如:

（13）他跟父亲一向不亲　　爸爸跟阿姨都不赞成本人跟照片很不像

---

① 在动前式"S 跟 N 不 VP"和介前式"S 不跟 N VP"中充当状语的成分内部成员繁多,语法性质各不相同,既有时间名词、形容词,也有限制性副词、评注性副词等。

我不跟工人<u>一起</u>睡　　咱们不跟敌人<u>硬</u>拼　　文涛不跟众人<u>多</u>说

（14）跟黄家<u>基本</u>不往来　　脸跟手<u>真</u>不搭　　样子跟音乐<u>好</u>不搭

不跟她<u>认真</u>计较　　不跟我们<u>一道</u>去吃饭　　不跟我<u>一同</u>醉酒

（15）如果下午不跟你老子<u>一同</u>来校把问题讲清楚,你给我打起背包,今天就毕业!

（16）易寒家里是大宁市的普通家庭,跟权势<u>基本</u>不沾边,要想毕业后分配个称心如意的好单位,希望着实有些渺茫。

当然,外附与内嵌不是对立的分布形式,有时外附式与内嵌式还会形成整合式。例如:

（17）难道你能说洞府里发生的事全部都符合情理?哪一件不是匪夷所思的,<u>几乎</u>跟现实<u>都</u>不沾边。

（18）菲利浦是<u>从</u>不跟他夫人的女友们<u>一同</u>玩儿牌的。

1.3　连用式与共现式。所谓连用式与共现式,是从篇章语境的角度观察,无论动前式还是介前式都可以连续使用和配合共现,从而构成这样两种特定表达方式。例如:

（19）知道冬天最烦人的是什么吗,是穿衣服。穿到最后你会发现<u>衣服跟裤子不搭,裤子跟鞋子不搭,鞋子跟发型不搭,发型跟脸不搭,脸跟围脖不搭,围脖又跟衣服不搭</u>。

（20）他下了决心:<u>不跟她吵,不跟她闹</u>,倒头就睡,明天照旧出来拉车,她爱怎样怎样!

（21）<u>好男不跟女斗,好女不跟男争</u>。

而且,动前式与介前式也可以与相关格式一起使用,配合共现。例如:

（22）山跟山<u>不相遇</u>,人跟人总相逢。

（23）与人民群众心相应,<u>跟阶级敌人不妥协</u>。

（24）梁家辉与老婆江嘉年结缡近三十年,他透露,最感谢老婆无怨无悔地包容,戏称老婆是异类,从<u>不向他抱怨</u>、<u>从不跟他吵嘴</u>。

（25）伍修权坚持原则,<u>跟党走不跟宗派走</u>,<u>跟真理走不跟权势走</u>。这是他最为可贵的政治品格。

例(22)(23)是动前式在篇章中的对举使用;例(24)(25)是介前式与相关格式配合共现使用。这种对举使用和配合共现造就了篇章表达的形式对称、韵律工整和语用效果的言简意赅、轻松畅快。

1.4　修饰式与嵌入式。修饰式是指这两类含状谓语从句子成分变为句法成分、由述谓结构变为降格述谓结构,充当定语修饰中心语以特显其内涵属性与相应特征。例如:

（26）唯一让这些士兵疑惑的是,曹熙显得如此的沉稳,那是一种<u>跟年龄不相符的沉稳</u>。

（27）令人惊讶的是,这群明星中竟然有七八个都将参加这部系列片的拍摄,分别担任主角或配角。喧闹中,我听到远处传来一声<u>跟宴会不协调的声音</u>。

（28）梁萧这才明白他们处处摆出<u>不跟女人说话的模样</u>,并非瞧不起,而是心中害怕,想要大笑,又觉须得做出脸色,只好忍住。

（29）原来前天我那位平常<u>不跟凡人说话的朋友</u>,看见我写他说围棋高级、象棋低级的那一段话,勃然大怒,揣了一把剪刀找我曰:"谁说象棋低级啦,你这个糟老头,血口喷人。"

例(26)(27)为动前式定语"跟年龄不相符的、跟宴会不协调的";例(28)(29)为介前式定语"不跟女人说话的、不跟凡人说话的"。其共同点都是述谓结构降格化,转为句法内成分,作用都是限定名词的内涵,使表达更加精细化、形象化。

嵌入式通常是状谓语结构用在框式介词中,充当句首修饰语或者句中插入语。例如:

(30)当他的意愿跟多数人不相符时,会大吵大闹甚至掀翻桌子、打人、狂喊……

(31)对我这个从小跟好事不沾边儿的人来说,已经奢侈了,我不是个贪心的人……

(32)傍晚六点半之后,以及星期日,他待在屋子和院落里,神气是够引人的。他显得优雅、利落、保守,在不跟人说话时,相当愁闷。

(33)河南省财政厅派出调查组,在不跟县乡打招呼的情况下,直接到郭庄乡教育办公室查账,终于使挪用教师工资的事水落石出。

例(30)(31)动前式分别处在"当……时、对……来说"框式介词中,充当全句前提条件;例(32)(33)介前式分别处在框式介词"在……时、在……下"之中,对后续句的进行作出限定。从整个篇章来看,嵌入式作用都在于,通过含有动前式或介前式两类特定框架的相关功用,从而使得命题信息的表述更加精确化,主观情态的评注更加专业化。

2. 语义特征与否定辖域

2.0 本节从否定位置与配价指数、分布差异与生命度数、否定辖域与表述焦点。语义指向与可控特征四个方面考察动前式与介前式的内在差异与表达特点①。

2.1　否定位置与配价指数。进入动前式与介前式中的"S②"与"N"的生命度属性存在差异。首先,当"VP"为一价谓词,存在"同现增价"③现象。请看例句:

（34）a.麻雀不跟燕子飞　　b.警卫员不跟他们走

c.我偏不跟他跳舞

（35）a.公公跟皇上不高兴　　b.你跟老子不诚实

c.爸爸跟老师不愉快

上述一价谓词出现了增价现象,即"高兴、愉快、正常"等与"飞、走、跳舞"等原本均为一价谓词,语义的关涉对象分别为"公公、爸爸、身体"与"麻雀、警卫员、我"等话题性成分,受到了"S跟N不VP"与"S不跟N VP"这种特定分布的句式压制（construction coercion）,引出了另一个与事成分"N",即"燕子、他们、他"和"皇上、老师、精神",从而使得一价谓词出现临时的增价现象,即一价谓词临时升格为二价谓词。这种现象可以称之为同现增价。在这种情况下,动前式中否定标记"不"的否定辖域是固定的,即只能与VP形成毗邻否定,否定辖域与否定焦点重合,均为VP。试比较:

（36）当家庭主妇跟丈夫不高兴（比较:＊家庭主妇不

---

① 在此之前,先谈谈动前式中VP的自身性质以及韵律构造对否定辖域的直接影响,为此需要作两点说明:其一,VP是词法关系还是句法关系。其二,VP是音步构造还是超音步构造。韵律上,VP音节韵律的限制也会影响否定辖域,即VP是音步构造还是超音步构造会影响否定辖域。VP若为音步构造时,否定辖域与否定焦点是固定的;若为超音步构造时,否定辖域与否定焦点则是可变的。

② 统计时,进入动前式"S跟N不VP"中的"S"为事件主语不纳入考察范围。本章考察的"S"与"N"为广义上名词,包括狭义名词和指称性谓词。

③ 关于"同现变价",请参看张谊生:《介词的演变、转化及其句式》,商务印书馆2016年版,第405–406页。

跟丈夫高兴)时,如果还下厨,就算她把食物往桌上一摆,扭头就走,也显示她"敬业"。

(37) 一个女友,已经做到一家大公司的部门主管,因为加薪的事跟顶头上司不开心(比较:*女友不跟顶头上司开心)。

上述两例,"不"只是否定其后的"高兴、开心",其否定辖域与焦点重合,而一旦改为介前式,否定标记"不"的否定范围是整个谓语,否定辖域与焦点就不对应了。再如:

(38) 俗话说"麻雀不跟燕子飞(比较:*麻雀跟燕子不飞),燕雀安知鸿鹄之志哉?"

(39) 我下次偏不跟他跳舞(比较:*我偏跟他不跳舞)。

上述两例,"跟燕子、跟他"是否定辖域内的对比焦点,如果有对比重音,否定的焦点就移到这个重音所在(吕叔湘,1985)。否定词"不"的否定对象是由"跟"带出的与事成分,而非后面的动词,而像例(38)(39),如果改为动前式,这样的表达方式也是难以接受的。可见,当 VP 为一价谓词时,一般只能采用介前式而不能采用动前式。

同样,当"VP"为三价谓词时,一个重要的语义特征就是都可以带上补足语"O",根据其对宾语的强制性选择程度,可分为两种情况:三个补足语必须强制性共现和三个补足语可以选择性共现。例如:

(40) 我们不跟别人合住一个单元房,那样太不方便,我们要有自己的隐私。

(41) 彦成不跟他合译《抱朴子》,为此彦成损失了一笔伦敦大学的奖学金。

(42) 她已经连续四年多不跟家里人一起共度春节了。

"合住、合译、共度"关涉的三个价载体,分别是主事"我们、彦成、她",与事"别人、他、家里人",受事"一个单元房、《抱朴子》、春节"。由于表达的需要,与事成分必须左置介宾化,受事必须右置宾化。有时价载体中的受事可以隐含于深层,而不一定要在句法表层中出现,但是,在语义上都是必不可少的。例如:

　　(43)太一宗跟阁皂山竟然根本<u>不商量</u>便结成了同盟,一致对付上清派。

　　(44)我<u>不跟他争辩</u>,饭也不吃了,放下手中的窝头,离开家,去到他家屋前,在一堆旧报中翻找到使卢叔对我母亲发表了一通预言的那份《北京日报》。

　　(45)她常常<u>不跟大家一块儿讨论</u>,总是喜欢独处,给人高冷、不好接触的印象。

"商量、争辩、讨论"也是三价动词,但其关涉的受事成分并没有在表层出现,但是语义上则是必有的。其只关涉了主事"太一宗、我、她"和与事"阁皂山、他、大家"两个语义成分。上述讨论的都是真三价谓词,还有一些因临时带入价载体而变价升格为三价谓词。例如:

　　(46)话随你怎么说,反正我是<u>不跟你梁大牙走一条道</u>的。

　　(47)袁某人二三百人马,都是他当年手下的老兵油子,一个个如狼似虎,只怕金团长惹不起;而且,他<u>不跟俞莒蒲联合抗日</u>,也算助您一臂之力。

　　(48)弗斯特笑笑,不,我<u>不跟你喝酒</u>,我要跟你的漂亮太太喝。

"走、抗、喝"为二价谓词,三者均是在进入了特定的含状谓语句后升格为三价动词。这种情况下,其受事成分"一条道、日、酒"需要右置宾语化,所以,其与事成分"你梁大牙、俞莒蒲、你",必须左置介宾化,否定词"不"必须出现在"跟 N"之前。

2.2 分布差异与生命度数。我们选取了 65 部现当代文学作品,在不考虑谓词的配价前提下,考察进入这两种含状谓语"S"与"N"的生命度分布差异,发现介前式中更倾向于[+有生]的 S 与 N,占到 90%以上;而进入动前式中的,既可以[+有生],占比 59%;也可以[-有生],占 41%。就以"VP"为二价谓词为例,进入介前式的"S"与"N"同样都是以[+有生]的为主,进入动前式的,则既可以是[+有生],也可以是[-有生]的①。请看例句:

(49) a.刘基不跟县令见面。　b.他从来不跟我借钱。

　　 c.我们不跟现实妥协。　d.我不跟你吵架。

(50) a.太太跟老爷不亲近。　b.我跟人家不熟。

　　 c.款式跟颜色不协调。　d.配图跟文字不匹配。

上述各句的"S"与"N"都是二价谓词 VP 的语义关涉对象。值得注意的是,某些二价谓词的义项差异也会受到进入动前式或介前式的限制。比如"熟"起码有三个义项:1)植物的果实等完全长成;2)食物加热到可以食用的程度;3)因常见常用而知道得很清楚。只有表示第 3 义项(例 50b),才可以进入"S 跟 N 不 VP"。由此可见,与"VP"共现价载体的生命度特征,与人交际到底采用动前式还是介前式,必然具有密切相关的联系。

2.3 否定辖域与表述焦点。就二价谓词在动前式与介前式的否定辖域与否定焦点来看,由于否定的辖域和焦点跟否定词有直接的前后语序关系,所以,否定词的语序有特定而明确的语义限制。也就是说,否定范畴的线性表达有其特定的语序效

---

① 可以进入动前式中的"S"与"N"的[+有生]、[-有生]与 VP 有四种组合情况:Ⅰ.S[+有生],N[+有生];Ⅱ.S[-有生],N[-有生];Ⅲ.S[+有生],N[-有生];Ⅳ.S[-有生],N[+有生]。

应(袁毓林,2000)。吕叔湘(1985)曾经指出,"在句子里,'不'或'没'的否定范围是'不'或'没'以后的全部词语。一个词在不在否定范围之内,有时候会产生重大的意义差别"。例如:

(51) <u>跟妻子不讲理</u>,并不是绝对置理于不顾,而是融理于巧妙的应对之中,以无言的行动、真情的流露和幽默的调皮,拉近彼此的心,渐渐达到某种程度的默契和沟通。

(52) 兰芝和所有的男性都说话,唯独<u>不跟邹杰说话</u>。

否定在表层结构上是一种线性的语法范畴,在无标记的情况下,否定的辖域一定是否定词之后的成分,例(51)否定标记"不"与"讲理"紧邻,此时否定辖域与否定焦点重合,即否定的对象就是"讲理";而例(52)这样的介前式,其否定焦点则有多种情况。为了便于分析,下面把相关例句再进一步细加辨析。例如:

(52') a.<u>兰芝</u>不跟邹杰说话。　 b.兰芝不跟<u>邹杰</u>说话。　 c.兰芝不跟邹杰<u>说话</u>。

a、b、c 三句的焦点分别是"兰芝""邹杰"和"说话"。表明处在"不"辖域内含状谓语中通常只有一个成分,才是真正被否定的对象,至于到底是哪一个,通常取决于对比焦点所在的位置(李宝伦、潘海华,2005)。所以,介前式"不"的否定辖域可以描写为:构成 VP 的各成分被否定聚焦的可能性。事实上,否定词"不"在语义上并不否定焦点,而是否定由不同焦点投射而成的焦点词组,不同的焦点,往往可以触发不同的选项集合(alternative set),而不管焦点如何变化,否定词在语义上所否定的焦点词组仍然是 VP,只是由于焦点不同,焦点 VP 词组的选项不同(胡建华,2007)。也就是说,介前式中否定词"不"的否定辖域就是其右侧含状谓语,否定焦点根据语用焦点的位置是可变的,以"我不跟你翻脸"为例。例如:

（53）a.<u>我</u>不跟你翻脸。　　b.我不跟<u>你</u>翻脸。　　c.我不跟你<u>翻脸</u>。

否定词实际上在语义上并不是否定焦点，而是由不同否定焦点投射而成的焦点词组。"我不跟<u>你</u>翻脸"是说"我可能跟除你以外其他的人翻脸"，而"我不跟你<u>翻脸</u>"是说"我跟你除翻脸以外的一个 VP"。

2.4　语义指向与可控特征。VP 在由深层向表层转化组成句子时，除了要对其配价特征进行考察，还要根据其自身的语义特点对各种同现成分的表义方式和组合形式、生命特征和指称特征、语义角色和语义配置等进行选择。参与 VP 的"S"与"N"是单向关系还是交互关系（详见参考文献），VP 本身的自主（volitional）与非自主（non-volitional）以及"S"与"N"的述人特征与述物特征直接影响否定辖域与否定焦点和动前式与介前式的自由度与合法性。下面将依据［单向］［交互］［自主］［述人］［有生］的语义特征考察 VP 进入两类句式的合法性及相关选择限制。

首先，"VP"为［+交互］［+自主］，"S"与"N"为［+述人］［+有生］，均可以进入动前式与介前式。例如：

（54）朱大田与长子朱发彬一起生活，<u>陈跟长子、大儿媳长期互不来往</u>。

（55）<u>她刻意不跟以前的同学来往</u>，她不想记起那些往事。

（56）<u>他能与人进行简单沟通，能自己吃饭穿衣，跟家人在一起不吵不闹</u>。

（57）<u>他从来不跟人家争辩，不跟人家吵</u>，也从来不跟人家发脾气。

"来往、吵"等各自关涉的主体互为施受，由于其不能带宾语,一般只能左置介宾化。句子中也常出现"彼此、都、全都、相互、互相、一起、一同、一道、一块儿"等羡余(redundancy)成分。类似的动词还有"吵嘴、拌嘴、争辩、争论、讨论、辩论、分手、谈话、搭伴、就伴、碰杯、碰头、碰面、商量"等。具有[+交互][+自主]语义特征的是真交互动词,进入动前式与介前式后,否定辖域与否定焦点随语用焦点的变化而变化,否定的焦点一般是尾焦否定,即句末重音所在之处,如例(54')(56'),但如果否定词的辖域内有语用上的对比重音,那么否定的焦点就是这个对比重音所触发的不同的焦点选项集合,如例(55')、(57'):

(54')陈跟长子、大儿媳不来往。

(55')她不跟以前的同学来往。

(56')他跟家人在一起不吵不闹。

(57')他不跟人家吵。

例(54')(56')都是尾焦否定,而例(55')(57')则是否定焦点的选项集合;否定词"不"在这里为功能嫁接成分(functional adjuncts)(Ernst,2002),可以嫁接在VP的各个成分上,游移嫁接的结果就是否定辖域与否定焦点的变化。

其次,"VP"为[+交互][-自主],"S"与"N"为[-述人][-有生],倾向进入动前式,进入介前式受限。例如:

(58)他们也将在亚冠小组赛期间同山东、西安、上海和长春相继交手,仅跟天津不相遇(*他们不跟天津相遇)。

(59)汽车跟酒不相遇(*汽车不跟酒相遇),男人依然是男人;如果汽车和酒纠缠在一起,男人便什么都不是了,甚至连一条虫都不如。

"相遇"为[+交互][-自主]动词,不能进入介前式中,类似的还有"遭遇、相逢、相会、相干"等。同样,该类动词关涉的与事成分也要左置介宾化。句子中也常出现"一起、一道、一块儿"等协同副词。具备[+交互][-自主]语义特征的是准交互动词,只能进入动前式,否定词的否定辖域和焦点相对比较容易确定,都具有尾焦性质,辖域和焦点重合。

再次,"VP"为[+单向][-自主],"S"与"N"为[+述人][+有生],可以进入动前式,进入介前式受限。例如:

(60) 他就会深信是那位朋友记错了日子或者钟点,因为他的说法跟奥黛特的话不相符合(*他的说法不跟奥黛特的话相符合)。

(61) 我跟先生不认识(*我不跟先生认识),实在没脸来求你,可是我真没了法子。

"相符、认识"关涉的主体与另一主体之间存在单向语义关系,也就是说只有"S"将"N"作为行为的对象,而"N"并没有将"S"作为行为的对象,即"他的说法"相符与不相符是以"奥黛特的话"为参照标准;"认识"具有"非自主"义,关涉的主体"我"与"先生"是单向语义关系,为"我认识先生,但先生不一定认识我"。"相符"自身不能带宾语,其与事成分也必须左置介宾化,而"认识"既可左置介宾化,也可右置宾化。类似动词还有"符合、沾边、搭噶、相等、相当、相称、相对、合拍、熟悉、结识、熟识"等。具备[+单向][-自主]义的动词为伪交互动词,只能进入动前式,否定词的否定辖域和焦点都具有尾焦性质,辖域和焦点重合。

最后,"VP"为[+单向][+自主],"S"与"N"为[+述人][+有生],可以进入介前式,进入动前式受限。例如:

(62) 话可又说回来,我们可不只是恼她不跟我们打牌,她还有没出息的地方呢。

(63) 我从来不跟女人道歉,我只会跟小孩儿玩玩扮鬼吓人的游戏。

（64）你杀了我，我也要劝你，我是敢言而不敢怒，<u>我不跟你翻脸</u>，我是很敢讲话的，可是我会笑嘻嘻地跟你讲，很技巧地、很诚恳地、一片真情地跟你讲真话。

"打牌、道歉、翻脸"关涉的主体之间也是单向的语义关系，就是说"S"只充当行为的发出者，而不充当行为的承受者；而"N"只充当行为的承受者，而不充当行为的发出者，这类动词的语义作用方向是单向，其实为伪交互动词，其关涉的与事成分只能左置介宾化。类似的动词还有"离婚、结婚、订婚、复婚、结亲、勾搭、私通、打牌、谈天、说话、聊天、摊牌、干仗、发脾气、认怂、赔罪"等。

总之，进入动前式和介前式以及否定辖域的宽狭与否定焦点的确定，不仅与"VP"的配价性质、VP 的指向性与可控性有关，还需要考虑"S"与"N"的述人特征与述物特征。就进入两种句式"VP"的语义特征来看，当"VP"的语义特征为［＋交互］［＋自主］时，否定标记可以在动前式与介前式中游移；而当"VP"语义特征为［＋交互］［－自主］、［＋单向］［－自主］以及［＋单向］［＋自主］，否定标记的游移受到限制，句式的合法性和自由度大大降低。而且，交互性动词内部存在"交互性强弱"连续统，其对句法和语义施加影响，即交互性等级越高，越可以在双结构中自由变换，句式的合法性增强，否定标记游移的自由度大大提高。

3. 选择限制与表达效果

3.0　本节从语义与语用、客观与主观、前景与背景、自足与自由等四个方面，对两组句式句法形式在使用的选择限制与语用的表达效果加以归纳与解释。

3.1 语义否定与语用否定。动前式与介前式这种含状谓语的否定牵涉到两种否定，一种是否定句子表达的命题的真实性，即否定句子的真值条件(truth conditions)。例如：

（65）她从来不跟老王说话，而老王总是有话无话地搭讪。

（66）不管对什么事，对什么人，他总是以人家的意见为意见，他从来不跟人家争辩，不跟人家吵，也从来不跟人家发脾气，他攀登敌人的堡垒和上寝室的楼梯一样的镇定。

（67）齐英跟这几个民兵都不认识，进屋之后，李金魁介绍说："这是咱们区委会的齐同志。"

（68）英嘉成对徐永禄有着挥之不去的成见，因而造成业务上的心理故障而跟他不合拍。

例（65）—（68）均为现实句，都是对"说话、争辩；认识、合拍"等动作的真值性进行否定。当动前式与介前式用在非现实句中，否定所在的小句与后续小句构成某种条件关系，此时并不否定真值。请看例句：

（69）你有个女儿跟男朋友十二年不结婚，你也会变得很焦躁的！

（70）"这个你得去问她。我只是在说我的看法。刘凯瑞，你不跟人结婚还要拴着人家，不觉着自己有点儿自私了吗？"

例（69）表示"女儿跟男朋友十二年不结婚"与"变得很焦躁"之间的因果关系；例（70）是表示"你不跟人结婚还要拴着人家"与"不觉着自己有点儿自私"之间的假设关系。对真值否定要区别现实句和非现实句。语用否定不是否定句子的真值条件，而是否定句子表达命题的方式的适合性，即否定语句的适宜条件(felicity conditions)。例如：

（71）我不跟你嬉皮笑脸，我要跟你好好说一说这个问题的严重性。

（72）我不跟你翻脸，我打算跟你彻底决裂。

（73）款式跟颜色不协调，哦，不对，款式是跟颜色很不协调。

（74）这款手机跟商务不沾边，你说什么呢，这款手机压根跟商务没有半点关系。

动前式与介前式的语用否定与"适量准则"有关。否定由"适量准则"推导出来的"会话隐涵"是很常见的一种语用否定，"适量准则"就是要求说话人提供足量的交际信息。这里蕴含了量级(scale)关系，为〈嬉皮笑脸，好好说一说〉、〈翻脸，彻底决裂〉、〈不协调，很不协调〉、〈不沾边，没有半点关系〉，即听话人觉得"嬉皮笑脸、翻脸、不协调、不沾边"都是不足量信息，对这种不足量信息的否定是语用否定，因为说出"嬉皮笑脸、翻脸、不协调、不沾边"都是不合时宜的，提供的交际信息不足量。

3.2　客观否定与主观否定。动前式与介前式使用上的另一个差别就是客观否定与主观否定，否定词在动词前是客观地否定某一动作和现象；否定词在"跟"字前，句子表示主观意愿。例如：

（75）性格和效能感都属于个人特质的范畴，跟其他概念不在一个层面上，因此不会出现在量表中。

（76）那时造船厂自己建了子弟小学，就把所有的船厂子弟转到船厂学校去了。赵建峰从初一起，就跟静秋不在一个学校了。

（77）斗争的对象是反动学术权威和走资本主义道路的当权派，这些都跟自己不沾边儿。

（78）<u>我跟你不熟悉</u>,我们谈得少,现在,是战斗紧张激烈的当口,我有话就得对你说,你是团长,不是营长、连长。

上述四句,虽然"S"与"N"之间存在述人特征与述物特征的差异,但否定词在动词前均是客观地陈述"S"与"N"之间的否定性关系。否定词位于"跟"字结构后,句子表示客观现象;否定词位于"跟"字结构前,句子表示主观意愿(金珖廷 2000)。例如:

（79）胡文玉脸上变了颜色,想辩驳又没话说,痛苦地摇着头软下来说:"许凤同志,原谅我,我下了决心来找你,<u>我不跟你在一起</u>,会,会……"他突然说不下去了。

（80）建梅听到这里,灵机一动,说道:"娘,搬进城,<u>不跟俺二叔住在一起</u>。"

（81）再说张司令,什么时候这么狼狈过,当着自己的部下乖乖地举起颤抖的双手? 肥原采取这么大的行动,<u>居然不跟他打招呼</u>,让他出洋相,简直是胡闹!

（82）长孙大哥瞒得可真紧,救下了这样的美人<u>竟然不跟我们说一声</u>,太不够意思了。

上述四句,否定词用在"跟"前均表说话人主观上的否定,是说话人根据自己的视角、情感与认识作出的否定判断,因而具有主观性(沈家煊,2001)。句中还可以用主观化程度较高的评注性副词"居然、竟然"同现使用。可以这样说,"S 不跟 N VP"是一个主观性句式,而"S 跟 N 不 VP"是一个客观性句式,有两点可以证明:

第一,在排除其他干扰项的对比使用中,各自句式主客观程度差异明显。例如:

（83）a.他不跟她吵,不跟她闹。 b.他跟她不吵架。

（84）a.我不跟他来往。 b.我跟他不来往。

例(83)a、(84)a是基于某种立场和情感作出的主观否定，而例(83)b、(84)b只是客观地陈述某一情状。这就是说"S不跟N VP"是天然就可以表主观性的，而"S跟N不VP"则需要其他成分来显化主观性，其本身不表主观性。

第二，两种句式对引入相关成分的主观性表现不一。"S不跟N VP"句式专职表达主观性，即使不与评注性副词等配合使用，也不妨碍其主观性表达。而"S跟N不VP"本身不具有主观性，若该句式能表达主观性，也是由其引入的相关成分带来的，一旦提取相关成分，该句式的主观性也随即消失。例如：

（85）a.李昌钰发现这个碎纸片上的半个鞋印跟那个名牌鞋<u>完全对不上</u>(比较:b.竟然跟那个名牌鞋完全对不上)。

（86）b.他观看泉州师范学院师生表演的南音《静夜思》时，止不住地点头，"它没有文字的解说，<u>果然跟之前体验过的文化不相同</u>(比较:a.[　　]跟之前体验过的文化不相同)"。

上述两句，例(85)b、(86)b由于引入"竟然、果然"这类显化主观性成分，使得"S跟N不VP"看上去可以表达主观性，但是一旦提取后，句式的主观性也就不复存在，如例(85)a、(86)a。可见该句式的主观性是由引入的相关成分带来的，句式本身没有主观性。

3.3　前景强化与背景淡化。语言是按照反映话语内容和交际目的组织的，描述同一事件的不同变异形式在不同的语境中总会有语用上的适宜性(JE Arnold、E Kaiser、JM Kahn、LK Kim，2013)。语言结构中信息选择与安排通常由信息的凸显程度所决定。两种含状谓语结构的不同分布实际上也是凸显不同的话语信息导致的。介前式凸显动作行为的关涉者，使关涉者处于前景位置，得到强化，而使动作行为本身处于背景地位。例如：

（87）您说我错了，好吧，——那从今往后，我就撒手不管。我不跟她沾边，井水不犯河水。

（88）人家跟我要心眼儿，我不跟人家要心眼儿，人家还拿我当傻子呢，准得找着我欺侮！

事件的构成要素一般包括事件的主体对象、事件的关涉对象、具体动作行为以及相关环境成分。例（87）（88）凸显事件的关涉对象"她""人家"，除了可以在"不"的否定辖域中用对比重音使得关涉对象前景化，还可以用"就是、绝"等标示焦点信息的标记使得关涉对象前景化。例如：

（89）这件事情上，我绝对不跟他商量，我根本不会告诉他。

（90）牛老太太可是很坚决，任凭大家怎样嘈嘈，天赐到底比从亲戚家抱来的娃娃强；愣便宜了外人，就是不跟亲戚合作，大家也只好白瞪眼。

动前式凸显事件动作行为，使动作行为前景化，而淡化主体对象和关涉对象，可以放在非焦点区域中。例如：

（91）她是公关部的，我跟她不熟络，今天偶然一起吃午饭，她打开钱包拿钱，我无意中在她钱包里看到卫安的照片。

（92）铁锁道："那倒可以，只是我跟人家不熟惯。"

动前式中，否定辖域与否定焦点重合，"熟络、熟惯"既是否定辖域，又是否定焦点，处于前景位置，同样可以用"就是、绝"等标示焦点信息的标记使得关涉对象前景化，而事件动作行为的主体对象和关涉对象则处在背景信息中。例如：

（93）儿子范乔等三人，同时也不再读书，跟外界绝不来往，只待在家里看顾老爹患病之身，足迹不出他所住的那个村庄。

（94）心想,衙门里的人跟土包子就是不一样,瞧那派头,夹着公文包走道挺胸迭肚,乡下人见了自生几分怯态。

就构成事件组成要素来看,两种句式凸显的信息成分正好是一种"信息颠倒",即介前式凸显事件关涉对象,就是凸显状语成分,而使事件的动作行为本身处于背景地位;而动前式凸显事件动作行为,就是凸显谓语成分,而使主体对象和关涉对象处于背景地位。

3.4　自足性与自由度。所谓自足性与自由度,指 VP 的补足语是否同现给句式带来完句程度的差异,主要有情态成分、补语及宾语的隐省会影响句式的自由度与合法性。

首先,语气词隐现影响完句程度。例如:

（95）山火发生的时间、地点都是不跟人们商量的(? 都不跟人们商量)。

（96）据了解,牛老师是从不跟人走穴的(? 从不跟人走穴)。

例(95)(96),语气词"的"如果在句法表层隐去,句式的完句程度大打折扣,自由度也受到限制。再例如:

（97）他决定了主意不跟着苏甫跑了(? 不跟着苏甫跑)。

（98）有人提出,中国队一枝独秀对世界乒乓球运动发展不利,甚至还称再这样下去恐怕外国人不跟我们玩了(? 外国人不跟我们玩)。

例(97)(98),语气词"了"如果句法表层不出现,句式的自由度也同样受影响,完句程度降低。可见,诸如"的、了"这类情态成分是句式自由的必有成分。

其次,补语隐现影响完句程度。例如:

（99）我明天要考试,室友偏偏失眠,闹得我也睡不着,以后坚决不跟同事住一起(以后坚决不跟同事住)。

（100）即便在这会儿，他也没有别的意图，只是想要甩掉她，别让她碰着他，不想听她求告，不要她的安慰同情，永远不跟她在一块儿（？他永远不跟她住）——老天哪！

例（99）（100），补语"一起、一块"如果省去，句式则不自由，句法上不完句，甚至不成立；而补语出现时，完句功能强，句式自由度高。补语的句法共现也是这两种含状谓语完句程度的必备要素。

4. 结　语

4.1　"S 跟 N 不 VP"与"S 不跟 N VP"是汉语一对相关句式，其句法分布与功能搭配表现为以下四个方面：直陈式与指称式、外附式与内嵌式、连用式与共现式、修饰式与嵌入式。进入这对句式中的"VP"的配价情况、指向性与可控性以及"S"与"N"的生命度属性都直接关联否定辖域与否定焦点。

4.2　就进入这对句式"VP"的配价性质来看，大多数均为二价动词，少数是三价谓词，一价谓词由于特定的同现限制使得价载体的一个可有论元升格为必有论元。就进入两种句式"VP"的语义特征来看，当"VP"的语义特征为［+交互，+自主］时，在不考虑语义及情态方面的差异时，否定标记可以在动前式与介前式中游移，由此带来否定辖域和否定焦点的变化。

4.3　进一步看，交互性动词内部存在"交互性强弱"连续统，其对句法和语义施加影响，即交互性等级越高，越可以在双结构中自由变换，句式的合法性增强，否定标记游移的自由度大大提高。在选择限制与表达效果上，表现为四组八个方面的差异与特色：语义否定与语用否定、客观否定与主观否定、前景强化与背景淡化、自足性与自由度。

参考文献

陈昌来　2002　《现代汉语动词的句法语义属性研究》，学林出版社。

范立珂　2007　副词“就”的语义探究，上海外国语大学硕士学位论文。

范　晓　1991　动词的“价”分类，《语法研究和探索（五）》，语文出版社。

胡建华　2007　否定、焦点与辖域，《中国语文》2 期。

［韩］金玧廷　2000　现代汉语介词结构和否定词之间的语序关系，《语文研究》3 期。

李宝伦、潘海华　1999　焦点与“不”字句之语义解释，《现代外语》2 期。

李临定　1990　《现代汉语动词》，中国社会科学出版社。

刘丹青　1986　汉语相向动词初探，《语言研究集刊（第一辑）》，江苏教育出版社。

吕叔湘　1985　疑问・否定・肯定，《中国语文》4 期。

马清华　2005　《语义的多维研究》，语文出版社。

马庆株　1988　自主动词与非自主动词，《中国语言学报》3 期。

沈家煊　1993　“语用否定”考察，《中国语文》5 期。

沈家煊　2001　语言的“主观性”和“主观化”，《外语教学与研究》4 期。

王　颖　2008　现代汉语交互动词研究，上海师范大学硕士学位论文。

吴为章　1982　单向动词及其句型，《中国语文》5 期。

徐　杰、李英哲　1993　焦点和两个非线性语法范畴：“否定”“疑问”，《中国语文》2 期。

杨德峰　2005　也说“A 就 A”格式，《语言文字应用》3 期。

袁毓林　1998　《汉语动词的配价研究》，江西教育出版社。

袁毓林　2000　论否定句的焦点、预设和辖域歧义，《中国语文》2 期。

张谊生　1996　交互类短语与连介兼类词的分化，《中国语文》5 期。

张谊生　1997　交互动词的配价研究，《语文研究》1 期。

郑贵友　2015　“X 就 X”句的语义特性与表达功能，《汉语学报》3 期。

周国光、张国宪　1996　单向动词辨异，《南京师大学报》4 期。

朱德熙　1982　《语法讲义》，商务印书馆。

Ernst, T　2002　*The Syntax of Adjuncts*, Cambridge: Cambridge University Press.

JE Arnold, E Kaiser, JM Kahn, LK Kim　2013　Information structure: linguistic, cognitive, and processing approaches, *Wiley Interdisciplinary Reviews: Cognitive Science* 4(4): pp.403－413.

Lee, Peppina & Haihua Pan　2001　Chinese negation marker *bu* and its association with focus, *Linguistics* 39(4): pp.703－731.

第四章 试论"不再²"的性质、功能以及"X不再²"的构式化倾向
——兼论"再²"转向语法化的历程与动因

摘 要:"不再²"与"不再¹"的性质、功能差异在于凝固式与跨层式、陈述性与限制性、定位化与多样化。"不再²"的表达功效涉及结束与终结的含蓄说明、终止与放弃的无奈归纳、不舍与惋惜的语用情态。"不+再"的演化趋势包括,"再"的直陈说明滞留,"X不再"从优势型的四字格式到定型的构式化倾向。

关键词:不再²;状态动词;定型分布;转向语法化;构式化倾向

0. 前 言

0.1 就当前通用的语文词典与虚词词典来看,无论是现代的还是近代、古代的,比如《现代汉语词典》(第7版)、《现代汉语规范词典》(第3版)以及《现代汉语八百词》(增订本)、《现代汉语虚词词典》(北大版)、《现代汉语虚词词典》(商务版)、

《古代汉语虚词词典》《近代汉语虚词词典》等①，都没为"不再²"立目,更别提作出解释与说明了②。虽然《汉语大词典》为"不再"立了目③,解释为"不重复第二次"。举例为《礼记·儒行》"过言不再,流言不极。"陆机《叹逝赋》"时飘忽其不再,老婉晚其将及。"巴金《沉默集·序》:"虽然沉默也使人痛苦,但是我希望我能够坚持着,不再把我的笔提起来。"然而,所列举的《礼记·儒行》《叹逝赋》中的"不再"分别与"不极"和"将及"对

---

① 语文词典主要有:中国社会科学院语言研究所词典编辑室编《现代汉语词典》(第 7 版,商务印书馆 2020 年版)、许嘉璐、李行健主编《现代汉语规范词典》(第 3 版,外语教学与研究出版社 2014 年版)、傅兴岭、吴章焕主编《常用构词字典》(人民大学出版社 1984 年版)、罗竹风主编《汉语大词典》(汉语大词典出版社 1991 年版)、孙全洲主编《现代汉语学习词典》(上海外语教育出版社 1995 年版)、北京外国语大学英系《汉英词典》组编《汉英词典》(外语教学与研究出版 1997 年版)、商务印书馆辞书研究中心编《应用汉语词典》(商务印书馆 2000 年版)。虚词词典主要有:吕叔湘主编《现代汉语八百词》(增订本,商务印书馆 1999 年版)、张斌主编《现代汉语虚词词典》(商务印书馆 2001 年版)、北京大学中文系 1955、1957 级语言班编写《现代汉语虚词例释》(商务印书馆 1986 年版)、侯学超编《现代汉语虚词词典》(北京大学出版社 1998 年版)、曲阜师范大学本书编写组编《现代汉语常用虚词词典》(浙江教育出版社 1992 年版)、朱景松主编《现代汉语虚词词典》(语文出版社 2007 年版)。中国社会科学院语言研究所古汉语研究室《古代汉语虚词词典》(商务印书馆 2001 年版)、雷文治主编《近代汉语虚词词典》(湖北教育出版社 2002 年版)。

② 除了各种辞书之外,百度网络上《百度汉语》已对"不再²"作出了解释,定义为:"1.放弃;停止进行。2.结束;停止;终止;放弃。"但是并没有区分"不再¹"与"不再²",也没有具体分析、举例说明。

③ 《汉语大词典》为"不再"立目,解释为"不重复第二次",该词典的原解释中还包括相应的注疏。《汉语大词典》所举例句分别是:《礼记·儒行》"过言不再,流言不极,郑玄注:"不再,犹言不更也。"孔颖达疏:"言儒者有牵过之言,不再为也。"(晋)陆机《叹逝赋》:"时飘忽其不再,老婉晚其将及。"巴金《沉默集·序》:"虽然沉默也使人痛苦,但是我希望我能够坚持着,不再把我的笔提起来。"顺便提及,陆机《叹逝赋》中的"老婉晚其将及"一句,还有另一版本为"老婉晚其将及",有待进一步考证。

举,其实,都还是偏正短语"不+再",还没凝固成词,尚处于状态动词"不再²"还没完成词汇化的前期阶段;而《沉默集·序》中的"不+再",也不是词,而是两个副词跨层组合的"不再¹"。那么,究竟什么样的句法功能与表达功用的"不再"才是"不再²"呢? 请看:

（1）如果她也有悲哀的时候,大概是想起青春<u>不再</u>,只剩得不多几年可以实行她的主义。（茅盾《蚀》）

（2）盛会难得,良时<u>不再</u>,天下英雄尽聚于此,依小王之见,须得推举一位群雄的盟主,领袖武林,以为天下豪杰之长,各位以为如何?（金庸《神雕侠侣》）

（3）简单一句话,条件虽优,但我没有安全感,将手上的一张唯一的皇牌卖断,到有一天,时移世易,潮流<u>不再</u>,我立即变成他们集团内的一个等闲角色,眼巴巴地看着自己被后起之秀取代。（梁凤仪《风云变》）

（4）当然年轻时不去玩而是去发奋读书干事业,机会成本也不小,因为青春美好,时光<u>不再</u>,此时不玩,更待何时,老了玩着都没大劲,那种时不我待的诱惑是致命的。（2003 年《青年文摘·人物版》）

显然,"不再²"都是直接充当谓语的状态动词,主要用来表示"不复存在、不再延续"等。

0.2 就前人对"不再"的研究而言,潘慕婕（2001）,郑军（2005）,张倩、陈月明（2013）,陈群（2015）,王晨峰（2015）等,关注的重点几乎都是两个副词组合"再+不"与"不+再"在不同用法中的各种区别。只有吕晓佳（2015）对"不再²"有所论及①,

---

① 需要指出的是,吕晓佳（2015）一文并没有区分"不再¹"与"不再²",但是,就该文所分析的部分语言事实,比如所举例句"青春不再、盛况不再、威风不再"的"不再",正是本章研究的"不再²"。另外,兰碧仙（2017）分析了甲骨文、金文、出土战国文献及先秦传世文献,根据当时"再"的意义和功能,也将"再"分为"再¹"与"再²",但认为"再¹"是数词,"再²"是副词。与本章基本观点完全不同。

认为"不再"最初是一个跨层结构,在现代汉语中已经演变成语义虚化、表示事件过程完结或频度终止的副词。"不+再"从修饰一个简单的动作到修饰一个完整的事件,"不"与"再"的紧邻共现,以及"再"与谓语中心的线性距离疏远,使"不"与"再"的关系更加紧密逐渐融合成一个副词。双音化与语言使用的主观化倾向促使"不再"发生语法化。现代还残留有"X 不再"格式,但多见于新闻报刊、影视解说词中,具有书面语的风格。吕文认为"不再²"也是跨层结构的副词的观点,尤其是认为"不再²"的表达功用是"修饰一个完整的事件"的说法,本章基本不予认同,但总体而言,吕文对"不再²"的研究,确实也存在一定的借鉴、参考价值。

0.3　本章感兴趣的是:"不再²"与"不再¹"在分布与功能、性质与特征等各个方面到底有哪些重要的区别? 主要充当陈述性谓语的"不再²",究竟具有哪些特定的表达功能? 为什么迄今为止,"不再²"一直没能引起语言学界的重视? "不再²"从古代到近代,再发展到现、当代汉语,其发展演化的途径与历程及其动因,与"不再¹"相比,到底有哪些特点与不同? "不再²"的词汇化,大致是什么时候完成的? 其中的"再²"究竟是副词性的还是动词性的? "X 不再²"的构式化趋势,现在已经发展到什么程度了? 据此,本章将本着共时与历时相结合的原则,从三个方面对"不再²"与"再²"以及"X 不再²"进行多角度考察与探究。首先探讨、辨析"不再²"与"不再¹"的句法功能与基本性质;然后描写、分析"不再²"的语义特征与语用倾向;进而探究、揭示"不再²"的词汇化及"X 不再²"构式化的发展历程与趋势倾向,从语法化角度阐释"再²"和"不再²"转向语法化的过程及其动因。

0.4　本章例句引自北大语料库及网络报道与博客(长句略

有删节),例句全部注明出处。为了使行文简捷,从第二节开始除特殊情况外大都直接用"不再"来统一替代"不再²"。

1. 基本性质

1.0 就基本性质而言,"不再²"现在已是一个凝固定型的实义动词,而"不再¹"则是一个临时组合的跨层结构,两者在多个方面具有各自的不同特点。

1.1 凝固式与跨层式。就基本的性质与类别而言,两者分别隶属于不同语言单位:"不再²"是一个凝固式的状态动词,"不再¹"是一个跨层式的副词+副词的结构。试比较:

(5)台湾丰群集团拟在闹市建设一个大商场,后因道路拓宽改向、居民拆迁等原因导致该地段<u>繁华不再</u>。(北库 1998 年《人民日报》)

(6)因为大、中城市的发展,农村人口向城市转移,经历漫长传统农业经济时代形成的大量小集镇,有一部分<u>不再繁华</u>,这也是正常的现象。(《顾城不顾镇 不是新型城镇化》2017-01-10《经济参考报》)

(7)(《法国 VS 比利时比分预测:高卢雄鸡<u>威武不再</u>,欧洲红魔将创历史》2018-07-13 搜狐网)

(8)(《王者荣耀:关羽抢野反被抓 套马的汉子<u>不再威武</u>》2017-07-20 爱奇艺)

很显然,不管用于具体表述还是用在标题提示,"不再²"的表达功用都是完整单一的陈述,表示"已不存在";其中的"不"与"再"已转化为语素、相互间凝固成词了。而且,语素"不"限制否定的对象就是语素"再²"本身;而"不再¹"则是两个副词的跨层结构,"不"是对偏正短语"再繁华、再威武"的否定,限定对象是"再¹A",而不只是"再¹"。再比如：

（9）反之，就会损伤脾胃，胃气受损，人体所需要的能量物质就没有了来源，使脏腑不能正常运行，从而导致百病皆生。对女性来说，将会<u>美丽不再</u>。（王昕《黄帝内经中的女人养生养颜经》）

（10）阳光、碧海、沙滩，是大自然对人们的馈赠。然而，由于近年来不合理的海洋资源开发利用活动加剧，让一些地方的海景<u>不再美丽</u>。（《蓝色引擎增速步入"换挡期"》2015-06-26《经济日报》）

（11）如今，丹麦和捷克队已经赫然是欧洲劲旅，<u>神秘不再</u>。他们极有可能在本届欧锦赛中小组出线，甚至创造更好的成绩。（北库 新华社 2004 年 6 月份《新闻报道》）

（12）死亡教育的目的是让学生在面对亲人死亡时足够坚强。确实，当人们正确认识死亡后，它就<u>不再神秘</u>，不再让人觉得恐怖，并可以坦然面对。（《"死亡教育"课实为生命教育》2018-11-13 人民网）

由此可见，"不再²"与"不再¹"在句法功能与性质类别两个方面，都已完全缺乏共性了。

1.2　陈述性与限制性。"不再²"与"不再¹"的表达功用自然也完全不同："不再²"是充当谓语对相关现象的否定陈述，而"不再¹"是跨层结构对"A"的延续予以否定。所以，跨层的"不再¹"自然也可以对特定的"V"乃至各种"VP"的延续或重复加以否定。例如：

（13）如今，报刊上说多吃五谷杂粮可减肥健身，为了对付自己"中部崛起"的身体，我几乎天天喝小米汤。但感觉淡涩无味，以前那种感觉<u>不再</u>。（北库 1998 年《人民日报》）

（14）有时，光自己把握住暧昧的分寸是没有用的，要让老公感受得到才行。老实说我跟前男友真的已经<u>不再有感觉</u>了，倒是我跟老公的8年夫妻生活感情已经很深了。（《冲动离婚后如何挽回婚姻》2012-02-07人民网）

（15）纳什在赛季开始前因伤报销，新引进的备胎普莱斯也遭遇骨头挫伤困扰，让湖人首发控卫选择的<u>悬念不再</u>，林书豪将搭档科比首发登场。（《科比：想念关于篮球的一切 这是长途旅行第一步》2014-10-29《长江日报》）

（16）加上这场比赛，华南虎取得了"军粤大战"22场连胜，比赛结果已<u>不再具有悬念</u>，反而个别球员的发挥更有吸引力。（《广东取得对八一22连胜"军粤大战"不复当年盛况》2014-12-11《南方日报》）

"不再²"的陈述对象都是体词性词语或指称性谓词语，而"不再¹"一般只能限定谓词性词语。所以，一些兼类词用在"不再²"前面还是体词性的名词，用在"不再¹"后面则已是谓词性的形容词或动词了。试比较：

（17）近两年的欧洲锦标赛、俱乐部赛及世界杯赛上，瑞典队均遭败绩，昔日<u>威风不再</u>。老将瓦尔德内尔、佩尔森、林德手中只剩经验丰富这块王牌。（北库1995年4月《人民日报》）

（18）同样，巴西足球的两场鸦片战争将彻底改变世界足球的格局，同样也会改变南美足球的格局。从今以后，不仅巴西足球在世界上将<u>不再威风</u>，就是在南美，也将面临更多的不服和挑战。（《巴西的"鸦片战争"》2014-07-14人民网）

（19）滚滚珠江东逝水，数风流人物尽已去。如今"缺兵少马"的宏远队早已英雄不再，<u>激情不再</u>。（北库 新华社2001年6月《新闻报道》）

（20）如今的美国对中国人来说不再神秘，虽有向往也<u>不再激情</u>，但令人遗憾的是，在《北京遇上西雅图》里，这样的气息似乎仍然不合时宜地散发着。（《〈北京遇上西雅图〉：浪漫的情感救赎》2013-03-29人民网）

"威风不再、激情不再"都是主谓短语，其中的"威风、激情"自然是名词，而"不再威风、不再激情"都是偏正短语，其中的"威风、激情"则分别是形容词与形容词化用法①。

1.3　定位化与多样化。就具体分布而言，"不再²"一般都是充当谓语，而且由于长期历时用法的积淀效应，几乎全部都是位于句末，也就是都在句子或者分句的末尾。例如：

（21）作为传播工具，电影一度是大众的"宠儿"，曾经辉煌一时，可在后起之秀电视的强烈冲击之下，电影已<u>风光不再</u>。（北库1998年《人民日报》）

（22）权倾台湾情治系统的蒋纬国，一不知"私藏军火"案的告发者，二不晓女佣之死因。由此可见，此时蒋纬国的势力已江河日下，<u>风光不再</u>，只能隐退了。（陈廷一《蒋氏家族全传》）

充当状语的"不再¹"通常都位于谓词性词语之前，偶尔位于句末的都是一些特例②。例如：

---

① 《现代汉语词典》（第7版）和《现代汉语规范词典》（第3版）都已标注"威风"为名词和形容词，但对"激情"都还只标注为名词，表明当代汉语"激情"的形容词化还在进行中，尚未完成重新分析。

② 鉴定位于句末的"不再"究竟是"不再¹"与"不再²"，关键就看是否具有直接的陈述功能，比如下面这句的"不再"虽然位于句末，但没有陈述功用，所以还是"不再¹"。例如：他自述生平，由门人张次溪笔录后寄给金氏，作为写传记的材料。其间，因世事变迁，时作时辍；至白石先生八十岁后，体力渐衰，难于久坐，又复屡续屡断，至1948年，终于停止<u>不再</u>，前后已达十五年。（北库2000年《人民日报》）

（23）再看那些叶子，绿色四溅得劈劈啪啪，汪洋而慷慨，显示风的滚动。我<u>不再</u>可怜橡胶树了，不是<u>不再</u>，是不敢，不配。（傅天琳《橡胶树》）

（24）布莱特和他的叔叔出去了。她坐在沙发上看着电话机，想起布莱特的梦游，想起他在她妹妹的厨房里用虚幻的狗食喂虚幻的狗。库乔<u>不再</u>饿了，<u>不再</u>，<u>不再</u>。（斯蒂芬·金《厄兆》译文）

前"不再^1"是临时用来比较，后"不再^1"则是用来重复强调。进一步观察可以发现，特定情况下，"不再^2"的陈述对象，也可以是各种短语，少数还可以单独在前面出现。例如：

（25）去了，优美雅致的信封、信笺，像鲁迅与许广平在两地书中选购、欣赏、把玩的清雅情趣；只剩下文件与文本，<u>从容的心态、从容的生态不再</u>。（北库 1998 年《人民日报》）

（26）80 年代中期以来，一度有望形成的<u>乐凯、福达、公元三足鼎立的局面已一去不再</u>，福达和公元负债累累，效益较好的乐凯在洋品牌的包围下孤军奋战，市场占有率亦呈下降之势。（北库 1996 年 8 月《人民日报》）

（27）一次选美大赛就是于此举办，神话里，特洛伊王子帕里斯在这里将金苹果奖给了女神阿芙罗狄蒂。时至今日，<u>神话虽已不再</u>，但这里奇异的地貌、清幽的植被和多处温泉都令人流连忘返。（北库 当代网络语料网页 C000016）

（28）不少人在几次"试错"中，才找到了自己的"真命天子"。当然，也有一部分人后来终于在眼泪中明白，<u>有些人</u>，一旦错过就<u>不再</u>。（《这个七夕节，为什么那么多明星没能熬过》2019-08-07 腾讯网）

总之，"不再²"与"不再¹"不是用法不同，而是性质与归属迥异：状态动词与跨层结构。

2. 表达功效

2.0　就"不再"的表达功效看，可以从三个角度来加以辨析；那就是：对客观现象的说明、因主观情态的表述、随语用倾向的流露；尽管这三个方面通常都还是互有关联的。

2.1　结束与终结的含蓄说明。就客观的表达功效来看，"不再"主要对各种现象的结束与终结进行直接陈述，当然，特定情况下，"不再"也可以充当兼语中的谓语。例如：

（29）鱼朝恩和郭子仪素来不和，据《新唐书·郭子仪传》（卷一百三十七）记载，鱼朝恩一班皇帝宠幸的太监经常说郭子仪的坏话，诋毁他。鱼朝恩盗挖郭子仪父亲的坟墓就是泄私恨，破坏郭家风水，让其好运不再。（倪方六《中国人盗墓史》）

（30）也就是说，范蠡乃是企图以西施的美貌来使夫差英气不再，果不其然，夫差在有了西施之后，天天都与之宴乐，还为其建造宫殿。（田中芳树《中国武将列传》）

从陈述的对象看，有时还可以用来强调某种身份、地位与名声的不复存在。例如：

（31）没有了一生只走一条路的大游客徐霞客，一生只写一部书的史家司马迁，一生只种草采草写草的草民李时珍……永不回头的大师不再。（北库1998年《人民日报》）

（32）随着上海产业结构的调整和各地经济的快速发展，许多曾经名噪一时的著名商标及商品被逐步淘汰，或者声名不再。（北库2003年10月份《新闻报道》）

为了强调和凸显,发话人有时还会特地插入各种时间、时态或重复副词的状语。例如:

（33）3 月,本是油菜花香、绿满枝头的时节,六马乡往昔的田园风光已经不再。顶着日晒,走了 7 公里山路,忽然满目苍翠,青山环抱的弄袍村呈现在记者眼前。(北库新华社 2001 年 4 月份《新闻报道》)

（34）初冬夜晚的云霄,大街小巷冷冷清清,3 年前到处灯红酒绿的景象早已不再。浓浓夜色里,记者在街头与当地居民交谈。(北库 2000 年《人民日报》)

（35）西班牙王府干脆也像古罗马皇帝一样,在老银币上把数字改大一下即可。但,这些滥用信用的举措也启动了西班牙帝国的衰败历程,使其世界强国地位很快不再。(北库 当代 CWACCFB0150)

（36）下半夜月似是弓,昭然当空,为院中巨树投下簇簇暗影;侧畔橘不时送来缕缕清香,沁人心脾。女御虽是年长,桐壶院宠幸已复不再,然而却仍旧端庄秀丽,亲切可爱,犹不失风韵。忆起往昔种种情状,如在昨日,公子不禁泪湿巾衫。(紫式部《源氏物语》译文)

可见,"不再"最主要的功用就是以隐含性说明,来表述各种相关情况与现象的终结与结束。

2.2 终止与放弃的无奈归纳。就发话人角度来看,某种客观现象的终止,也就是相关的行为人被迫对某些积极现象与情状的放弃与终止,因而自然会显得被迫与无奈。例如:

（37）风流男人不会在风流的年代去忏悔,往往是在此情不再,确切地说是此"性"不在的时候才想去忏悔,虽于事无补,但总算还有些真诚。(北库 网络语料 网页 C000023)

（38）后来,随着国家改革的重心由农村转向了城市,靠种田打粮过日子的小岗人,就一下变得<u>雄风不再</u>。(陈桂棣《中国农民调查》)

（39）自3月份非典疫情蔓延以来,新加坡旅游业一蹶不振,去年的<u>盛景不再</u>。4月份以来到新加坡旅游的外国游客比去年同期减少70%以上,旅行社生意减少了90%,酒店入住率也从平均70%降到30%以下。(北库　新华社2003年6月份《新闻报道》)

（40）从精英教育到大众教育再到普及教育:现在还是"千军万马过独木桥",但是据专家们预测,从2005年开始,教育资源不再呈现稀缺的情况下,如今的<u>盛况可能不再</u>。(北库2000年《人民日报》)

为了特定表达的需要,发话人要表达对前面陈述对象的无奈表述,有时也可以采用各种短语形式。例如:

（41）清丽婉转、余音袅袅依旧,满堂生辉、<u>万众翘首不再</u>。有着600余年历史的昆曲,从明代逶迤而来,行至今日已"步履蹒跚"。(北库2004年5月份《新闻报道》)

（42）然而,近几年<u>报考托福火爆的场面不再</u>。今年,北京地区仅有一万多人参加托福考试,而在鼎盛时代,一年的考生总数超过10万人。(北库2003年10月份《新闻报道》)

（43）在大学校园里,研究生是一道独特的风景。他们少了本科生的年少轻狂,多了书卷挤压下的几多无奈。然而,<u>研究生"皇帝女儿不愁嫁"的时代已经不再</u>。(北库网络语料　网页C000022)

（44）而日子已经在春雨与春晴,春寒与春暖中,一页一页地飞去。仿佛是旧时一些爱情的信简,<u>那些薄薄的纸页所</u>

<u>飞越过的时间与空间</u>,<u>均已不再</u>。(北库《读者》合订本)
当然,这些特殊"X 不再"的扩展用法,都是一些没有发展为构式化的各种特例。

2.3　不舍与惋惜的语用情态。在具体陈述过程中,由于特定的语境吸收功能,"不再"及其相关句式,常常还可以兼表不舍与惋惜的语用情态。例如:

(45)如今,报刊上说多吃五谷杂粮可减肥健身。为了对付自己"中部崛起"的身体,我几乎天天喝小米汤。但感觉淡涩无味,<u>以前那种感觉不再</u>。(北库 1998 年《人民日报》)

(46)湖南南岳衡山素有"五岳独秀"之美誉,但近期一些违章建筑的修建使得<u>这座名山风景不再</u>。为维护景区名誉,湖南省有关方面已开始对南岳衡山景区进行全面整治。(北库　新华社 2002 年 7 月份《新闻报道》)

(47)去了,优美雅致的信封、信笺,像鲁迅与许广平在两地书中选购、欣赏、把玩的清雅情趣;只剩下文件与文本,<u>从容的心态、从容的生态不再</u>。(北库 1998 年《人民日报》)

(48)虽然这仅是个例,但在台湾整个体育界,这种惶恐都存在,<u>体育界当年的风光早已不再</u>。(北库　新华社 2002 年 10 月份《新闻报道》)

而且,就收集到的语料来看,基本上都表述各种积极意义的性状、情况的结束与了结。尤其是所谓"风光不再",光北大语料库的现代汉语语料中就占了接近三分之一的用例。再比如:

(49)作为传播工具,电影一度是大众的"宠儿",曾经辉煌一时,可在后起之秀电视的强烈冲击之下,<u>电影已风光不再</u>。如何迎接挑战,扬长避短,把观众重新唤回电影院是摆在世界电影界面前的共同课题。(北库 1998 年《人民日报》)

（50）然而,随着科学技术的发展与进步,新材料、新产品的出现,以及人们消费习惯的变化,丝绸附加值的大幅度减少,里昂的丝织业已经<u>风光不再</u>。(北库 2000 年《人民日报》)

（51）在其周围近处,大小酒店、住宅拔地而起,且一栋比一栋豪华,一幢比一幢高竿,滕王阁渐渐相形见绌,<u>风光不再</u>。(北库 新华社 2001 年 8 月份《新闻报道》)

（52）根本原因是经济结构性问题突出,缺少新的经济驱动力。国内外市场趋于饱和,导致六七十年代经济飞速发展的钢铁、船舶、化纤、电视机、汽车等工业<u>风光不再</u>。
(北库 新华社 2001 年 4 月份《新闻报道》)

总之,作为一个固化的状态动词,"不再"的表达功用虽然相对简捷,但是细究分辨而言,既可以重在客观陈述,也可以重在主观感受,还可以表示各种特定的语用情态。

3. 演化模式

3.0　就演化模式而言,首先是"不+再"从定型搭配到动词化,而没有副词化的"再[2]"逐渐与副词化的"再[1]"分离,进而转向黏着化到语素化;其次是"X 不再[2]"趋向了构式化。

3.1　直陈说明的滞留。《说文解字》对"再"的定义是:"一举而二也[①]。"段玉裁的解释是:"一举而二也,凡言二者,对偶之词。凡言再者,重复之词,一而又有加也。"也就是说,"再"的造

---

① 《说文解字》对"再"定义的全文是:"一举而二也。从构省,作代切。"段玉裁的解释全文是:"一举而二也,凡言二者,对偶之词。凡言再者,重复之词,一而又有加也。从一,构省。构者,架也。架,古只作加。作代切,一部。"顺便指出,《现代汉语词典》(第 7 版)在解释副词"再"的时候,居然列举了"一而再,再而三"这样的例句,其实,这两个"再"都还是动词性的。

字本义乃至词的基本义,都是表示"一而又有加的各种重复"。也就是说,"再"自古以来一直都具有特定的动词功能。也就是说,作为一个实义动词的"再",自然可以直接充当谓语,前加否定词"不"构成的否定陈述式,就是"不+再"。例如:

(53) 慎乃有位,敬修其可愿,四海困穷,天禄永终。惟口出好兴戎,朕言<u>不再</u>。(《尚书·大禹谟》)

(54) 鸷虫攫搏不程勇者,引重鼎不程其力;往者不悔,来者不豫;过言<u>不再</u>,流言不极;不断其威,不习其谋。(《礼记·儒行》)

(55) 王曰:"皆叛矣。"(右尹子革)曰:"若亡于诸侯,以听大国之图君也。"王曰:"大福<u>不再</u>,只取辱焉。"然丹乃归于楚。(《左传·昭公》十三年)

(56) 子家子曰:"天禄<u>不再</u>。天若胙君,不过周公。以鲁足矣。失鲁而以千社为臣,谁与之立?且齐君无信,不如早之晋。"(《左传·昭公》三十二年)

先秦古汉语中的"不+再²"都是否定性动词短语,其句法分布的一个重要特点是,几乎都位于句子或分句末尾,呈现一种煞尾式分布。当然,由于受到"再"本义的制约,上古时期"不+再"所表达的基本语义,还不是动词化的"不复存在",而是"没有第二次"。

到了中古时期,一方面"不+再²"的使用受到特定表达方式的制约,由于副词化"再¹"广泛使用的感染(contagion),动词性的"再²"已经基本不能单用,另一方面是受汉语双音化趋势影响,所以,随着不断配合使用,"不+再²"开始渐趋凝固而趋向词汇化了。例如:

(57) 予日念兹,若陨深渊,汝惟克勤毋怠,以镇绥莘土之人,予言<u>不再</u>。(汉·黄宪《天禄阁外史》)

(58) 夫以天地长久,而人居其间,有白驹过隙之喻,年

齿一暮,荣华<u>不再</u>。(《三国志·吴志·孙和传》)

（59）年期奄冉而不久,托世飘迅而<u>不再</u>,智者履霜则知坚冰之必至,处始则悟生物之有终。(六朝·葛洪《抱朴子》)

（60）夫祸福无门,兴亡有数,天之所弃,人孰能匡。机来<u>不再</u>,图之宜早。(《梁书·袁昂子君正》)

到了宋元时期,在类推(analogy)机制的作用下,状态动词"不再²"就基本成形了。例如:

（61）李淑到河中府,谢上表曰:"长安日远,戴盆之望徒深;宣室夜阑,前席之期<u>不再</u>。"(宋·吴处厚《青箱杂记》)

（62）泓云:"或已贵,大福<u>不再</u>。或不称此地,反以为祸。"及监察御史源乾曜至,泓谓说曰:"此人贵与公等。试召之,方便授以此地。"(宋·吴曾《能改斋漫录》)

（63）本朝苏轼草《赐范纯仁诏》,亦曰:"蔽自朕志。"《赐文彦博诏》亦曰:"朕命<u>不再</u>。"至于历试诸艰,盖尧、舜事。(宋·周密《齐东野语》)

（64）奋其一鼓之雄,戡比垂亡之寇,良时<u>不再</u>,王其图之! 应俘获生口、牛羊、财物、器械,并给赐本国将士,用申赏劝。(《宋史·列传》卷四百八十七)

总之,虽然充当状语的"再¹"在先秦已完成了副词化[①],但是由于偏正短语"不+再"的逐渐凝固而趋于词汇化,位于句末充当谓语中心语的动词"再²",也就转向黏着化进而语素化(morphemization)了。与此同时,"不再"的语义表述也逐渐从"没有第二次"转向"已不复存在"了。

[①] 《古代汉语虚词词典》(商务印书馆 2001 年版)认为先秦时代,"再"已副词化。举例:a.再合诸侯,三个大夫。(《左传·昭公元年》)b.吾父再奸王命,王弗诛,惠孰大焉? (《左传·昭公十三年》)c.吾闻之言:"一姓不再兴。"今周其兴乎? (《国语·周语下》)d.秦赵战于河漳之上,再战而再胜秦。(《战国策·齐策一》)

3.2 优势型的四字格式。由于特定表达需要，上古中古时期"不再"的陈述对象基本上都是双音节的名词与指称性谓词，从而逐渐形成了"X不再"四字格式优势分布。再比如：

（65）鸾入夜而歌，凤入朝而舞，天胜之也，霜傅强枝，鸟以武生者少，雪封枯原，鸟以文死者多，雄交不一，雌交<u>不再</u>，冠鸟性勇，带鸟性仁，缨鸟性乐，鹈鸟不登山，鹤鸟不踏土诸条。（师旷《禽经》）

（66）紫宫凤奉，衮服是司，贤明其德，敏顺其词。恩猷<u>不再</u>，脆促成悲，黄墟永人，白日长辞。（《唐代墓志汇编续集·太宗尚服宗道墓志》）

当然，尽管四字格用法占有优势，但由于表达需要，中古时代也有少量非四字格用法。例如：

（67）鼓舞万物者，雷风乎！鼓舞万民者，号令乎！雷不一，<u>风不再</u>。（扬雄《法言》）

（68）惟天禄兮<u>不再</u>，背我信兮自违。逾陇堆兮渡漠，过桂车兮合黎。（王逸《九思·疾世》）

从另一个角度看，本来直接表达"不复存在"的状态动词"不再"，由于"不再¹"的影响，发展到近、现代，陈述用法的"X不再"都有点像后面省略或隐含了相关谓词的简洁式。例如：

（69）其或灯火荧堂之夜，尊心赏之间，吐嘉话于目前，想玉堂于天上，鸣意有时，<u>盛年不再</u>，良可叹也！（元·王恽《玉堂嘉话》）

（70）贪生怕死，不以父冤为重，岂是人类？倘果日延一日，<u>青春不再</u>，白发将来，纵学到老，谅难打得过这一百零八度木人，怎能有报仇之日？（《乾隆南巡记》14回）

（71）光阴迅速，<u>少壮不再</u>，若失了此时，不奋起精力往前去挣，老大来做一个浪荡游闲。（《东度记》84回）

（72）妾身家教极严，平日不能越雷池半步，今日有幸与两位将军得图良晤，贱妾不胜荣幸。但是<u>良宵不再</u>，我们今天须要痛饮一场，以酬素悃。（《汉代宫廷艳史》110回）

正是因为"不再[1]"的感染效应，使人觉得这一系列"X不再"后面，似乎省略或隐含"存在"等谓词，其实根本就没有；而这也正是导致"不再[2]"迄今为止不被认可的主要原因。

3.3　定型化的构式倾向。发展到现、当代汉语，陈述对象"X"+"不再"的"X不再"已逐渐呈现出四音组合的构式化倾向，其中的"X"几乎大多数都是双音节的体词。例如：

（73）<u>斯人不再</u>，逝者长已矣！龚澎很快从失父失夫的痛苦中挺立起来，用更紧张的工作来缓解那绵绵不绝的哀痛和悠悠长长的情思。（宗道一《才女外交家龚澎》）

（74）简单一句话，条件虽优，但我没有安全感，将手上的一张唯一的皇牌卖断，到有一天，时移世易，<u>潮流不再</u>，我立即变成他们集团内的一个等闲角色，眼巴巴地看着自己被后起之秀取代。（梁凤仪《风云变》）

（75）所有不幸中，最悲哀的不是年华老去，不是<u>娇容不再</u>，也不是失去丈夫或生活贫穷，而是生活中不再有任何人羡慕你，我这样想道。（奥尔罕·帕慕克《我的名字叫红》译文）

（76）当年威震足坛的华南虎广东宏远队，在中国足球职业化之初，得市场经济之先，创造的"宏远模式"独领风骚。但是本赛季表现却惨不忍睹，虎落平川，<u>雄风不再</u>。（新华社2001年6月《新闻报道》）

而且，这一四音节构式在使用中，还经常与另一个四音节的结构体配对或连用。例如：

（77）<u>逝者如斯</u>，<u>荣华不再</u>，惟有慨叹而已。内心的冲突，感觉的矛盾，理想和现实的反差，造成了他的忧郁。

（北库《读书》vol-202）

　　（78）第一怪：<u>游戏任意，规则不再</u>。歌词作为语言艺术，必须讲语法、文法和章法。名词动词，搭配合理；主语谓语，连接有序；比喻要贴切，夸张有效果。（北库2000年《人民日报》）

　　（79）美好年华也就如流水默默流逝。在经历了一番冷落寂寞之后，更是淡泊宁静，心如止水。<u>韶华已逝，风华不再</u>，既然"曾经沧海难为水"当然不愿委屈了自己。（宗道一《历尽沧桑王海容》）

　　（80）<u>春光不再，魅力依旧</u>。这些已经可以在中国新诗史上称为"经典"的名篇，总让我们想去寻求一个答案：它们的艺术魅力为什么能持久地保有？（北库1996年10月《人民日报》）

发展到现代，"X不再"的用法已基本定型，在所搜集的2000多条有效的现代汉语语料中，四音节的定型用法已占到了94%左右，可见，当前"X不再"的构式化倾向还是比较明显的。另外，从语体特征的角度看，"X不再"构式基本上都是用于较为正规的书面语的。

　　从"X不再"另一个演化视角观察，还可以发现：发展到当代汉语，尤其是在网络及各种新闻报道中，相应构式的句法构造已进一步成熟，可以直接充当句法成分定语了[①]。例如：

　　（81）《无名之辈》则放大了"无名"，这是一帮失去了

---

① 句法成分与句子成分的差异在于：前者是静态的后者是动态的；前者主要构成各种短语，后者主要组成各类句子；句法成分由于表达需要都可以转化为句子成分，但特定的句子成分一般不能转化为句法成分（参看张谊生，2013）。下面划线的成分，前为句法关系后为句子关系："这个家伙<u>太下流了</u>——这个家伙<u>太流氓了</u>""<u>二扇门</u>也没有开——<u>一次门</u>也没有开""<u>三家旅馆</u>跑下来——<u>三天旅馆</u>住下来"。

自己身份的人。<u>风光不再的商人</u>、迷茫的小贼、身体残疾的女孩,他们是现实生活中的失意者,也是观众自己,在找回自己的存在感。(《〈无名之辈〉票房冲5亿成国产喜剧片"黑马"》2018-11-30 中国报协网)

（82）欧洲媒体认为,音乐节<u>风光不再</u>的原因在于经济大环境的不确定性以及音乐节本身的同质化,在不同音乐节上总能见到某些相同的乐队,令观众们感到不满,这一现象在法国音乐节市场尤其明显。(《欧美音乐节:音乐不再是唯一》2019-08-15《中国文化报》)

尽管"X 不再"构式还是主谓结构,但是直接充当了定语,表明构式的演化已定型。再比如:

（83）当然,在<u>香港电影早已风光不再的当下</u>,还是能看出《使徒行者2》的创作野心,也即在传统警匪卧底片的基础上,尽可能地接轨于"007""碟中谍"式的特工动作。(《〈使徒行者2〉拷贝了港片经典创新却举步维艰》2019-08-09 人民网)

（84）但在<u>中国学派光彩不再的很长一段时间里</u>,国漫的画风要么走日系,要么走迪士尼风。《大鱼海棠》对吉卜力美学造型的借鉴自不必说,即便是眼下的《哪吒之魔童降世》,同样存在造型风格不统一的问题。(《从弑父者到叛逆的熊孩子你知道哪吒哭过几次吗?》2019-08-02《北京青年报》)

这两例"X 不再"构式不但充当定语,而且进入介词短语与介词框架之内。对此笔者曾作过专项研究,凡是能够充当这类静态句法成分,相应的构式已基本定型了(张谊生,2013)①。

---

① 而且,我们在网上还查到"晋江文学城"文学网,2013 年还连载了一部笔名"粥一粥"撰写的近现代小说《不再的往昔》,也从另一个方面表明"X 不再"一类表达方式与构式类型,确实已经定型了。

4. 结语和余论

4.1 综上所述,可以归纳为以下三点:首先,"不再[2]"与"不再[1]"性质、功用差异在于凝固式与跨层式、陈述性与限制性、定位化与多样化。其次,"不再[2]"的表达功用涉及结束与终结的含蓄说明、终止与放弃的无奈归纳、不舍与惋惜的语用情态。最后,"不+再"演化趋势包括,"再"的直陈说明功用滞留,"X 不再"从优势型四字格式到定型化的构式倾向。

4.2 就"再"的发展趋势来看,"再[1]"无疑主导了演化的主流方向,两千多年来,除了"再"的副词化之外,"再[1]"在演化的过程中,不但形成了大量的词汇化,构成了一系列单词,比如"再说、再见、再现、再造"等已有 30 多个;同时,"再"还获得了各具特色的进一步发展:比如"再说、再讲"都已趋向标记化,而且,"再说+VP"与"VP+再说"的"再说"功用完全不同,前者表递进关联,后者表默许情态;另外,"再 X 也 Y""再 X 不过""A 到/得不能再 A"等已趋向了构式化。然而,由于表达的需要与双音化的趋势,"再"的动词功用保留了下来,进而转向演化成了黏着语素"再[2]"。正是由于"再[1]"多项发展与高频使用的感染效应,导致迄今为止"再[2]"与"不再[2]"一直没能引起重视,更没有获得承认。

4.3 由于汉语基本上没有形态变化,句法结构的语法化虽然也都会不断地从一种结构关系朝另一种更虚化的结构演化,但由于形式滞后效应的存在,经常会出现表层形式不变、深层关系已经转变的情况。而且,由于新用法形成后,旧用法一般不会消亡,句法功能与结构关系会呈现出阶梯式乃至错落式的分布。所以,从"不再[2]"的表达方式与演化模式来看,汉语的谓词语在副词化与词汇化过程中,由于表达需要,经常会出现某些句法功能乃至表达方式的例外,从而导致归类的纠葛与纷争,而这正是汉语语法化研究中须要特别注意的;相关的语言现象,沈家煊(1994)、刘丹青(2005)、吴福祥(2005)、张谊生(2017)等,都曾从不同的角度作过分析与论证。从另一个角度观察,由于汉语各种同音乃至近音的词语之间,在运用的过程经常会出现互相感染乃至经常混用的情况①。所以,自然也不能排除"不再²"在使用与演化的过程中,完全没有受到动词短语"不在"这一用法的影响与感染;尽管笔者在具体的研究与调查中,还没有找到"不再²"受到"不在"影响的确切实证。

参考文献

陈　群　2015　"不再"和"再不"的异同比较《语文学刊》12 期。

兰碧仙　2017　据先秦出土文献论"再"的词性,《龙岩学院学报》2 期。

刘丹青　2005　汉语否定词形态句法类型的方言比较,日本:《中国语学》。

刘丹青　2008　重新分析的无标记化,《世界汉语教学》1 期。

吕晓佳　2015　"不再"的语法化历程及其残余表现,《河北广播电视大学学报》4 期。

潘慕婕　2001　"不再"和"再不",《汉语学报》3 期。

沈家煊　1994　"语法化"研究综观,《外语教学与研究》4 期。

吴福祥　2005　汉语语法化演变的几个类型学特征,《中国语文》6 期。

吴福祥　2013　关于语法演变的机制,《古汉语研究》3 期。

张谊生　2000　《现代汉语副词研究》,学林出版社;2014　《现代汉语副词研究》(修订版),商务印书馆。

张谊生　2013　句法层面的语序与句子层面的语序——兼论一价谓词带宾语与副词状语表程度,《语言研究》3 期。

张谊生　2016　试论语法化的动因和机制,《历史语言学研究(第十辑)》,商务印书馆。

---

① 譬如副词"重新"与"从新"、"越发"与"愈发"、"统共"与"通共",连词"以至"与"以致",短语"绝不"与"决不"等,在近、现代汉语中都已出现了程度不等的混用乃至中和的使用倾向。

张谊生　2017　《与汉语虚词相关的语法化现象研究》,学林出版社。

张　倩、陈月明　2013　"不再"与"再不",《现代语文》4 期。

郑　军　2005　"不再"和"再不"的语义考察,《绥化学院学报》5 期。

王晨峰　2015　"不再"与"再不"的辨析,《文学教育》2 期。

Li, Charles, N.　2000　*Beyond borrowing and interface: Contacted-induced morpho-syntactic change in Chinese*, Presented at the 9th international Chinese Linguistic Conference, Singapore.

Heine, Bernd, Ulrike Claudi, and Fruederike Uünnemeyer　1991　*Grammaticalization: A Conceptual Framework*, Chicago: The University of Chicago Press.

Hopper J. Paul & Elizabeth Closs Traugott　1993　*Grammaticalization*, Cambridge: Cambridge University Press.(《语法化学说》,外语教学与研究出版社,剑桥大学出版社 2001 年版)

第五章 从预设否定看副词/素"坐、浪、漫"的隐性否定功用

摘 要：预设否定副词/素"坐、浪、漫"的表义功用与性质特征涉及付出与获得、顺向与逆向、积极与消极。"坐、浪、漫"的分布选择与使用方式则涉及饰谓与内附、对举与配合、重复与叠加。"坐、浪、漫"的内在差异与演化趋势涉及语源与个性差异、转化为动词与成语、表达功用的羡余化与关联化。

关键词：隐性否定；词汇化；习语化；羡余化；关联化

0. 前 言

0.1 在当前通行的语文词典及语言学教材中,对动词"坐失、浪费"以及习语"坐收渔利、浪得虚名"等词语的相应解释,虽然都基本阐释了这些词语的语义与用法,但都没有明确说明其中的语素"坐、浪"都具有隐性的否定功用①。其实,"坐、浪"

---

① 当然也有例外,"百度"解释是:《成语大全》认为"浪死"的意思是"徒然死去;白白送死"。

都曾是古汉语中具有不同特色的预设否定（presupposition negation）副词，所以，"坐失、浪费"，相当于付出了特定代价但没有获得相应效益的"白白失去、白白花费"，而"坐收、浪得"则是获得一定效益但没付出过相应代价的"白白收到、白白得到"。此外，当前语文词典都已说明"漫道、漫说"也就是"别说、休说"，但也没提及语素"漫"的预设否定功用，所以也没能阐释清楚为什么"漫"可以直接表达否定①。至于"漫道、漫说"还具有的转折关联（adversative correlation）功能，迄今尚未受到过业界关注，当然还有待于进一步展开调查与探究②。

0.2　笔者（1994）（1996）（1999）（2011）曾经对古代、近代与现代的副词"白、空、干、瞎、徒、虚、枉"的预设否定功用及其叠加现象作过多方面的研究。本章准备将研究视角拓展到预设否定副词"坐、浪、漫"的隐性否定功能；依次从历时与共时相结合角度对副词/素"坐、浪、漫"及相关成分的表义功用与性质特征、分布选择与使用方式、内在差异与演化趋势展开研究，当然也会涉及与其他预设否定副词的配合与叠加的现象③。由于双音化的发展趋势，这三个曾经的预设否定副词及其相关成分发

---

① 《现代汉语词典》（第7版）和《现代汉语规范词典》（第3版）都认为"漫说、漫道"相于于"不说、别说"，而且还告知"漫说、漫道"具有"慢说、慢道"与"谩说、谩道"的变体，但没解释表否定的原因。

② 吕叔湘主编《现代汉语八百词》（商务印书馆1999年版）、张斌主编《现代汉语虚词词典》（商务印书馆2001年版）、侯学超主编《现代汉语虚词词典》（北京大学出版社1998年版）、朱景松主编的《现代汉语虚词词典》（语文出版社2007年版）曲阜师范大学编写组编《现代汉语常用虚词词典》（浙江教育出版社1992年版），均未收录关联副词"谩说""漫道"，表明这一因语篇功能强化而形成的新兴语法化现象，尚未被学界认可。

③ 根据笔者的研究，从古代汉语、近代汉语到现代汉语，相关的预设否定副词主要有"白、空、干、瞎、徒、虚、枉"与"坐、浪、漫"以及"唐、素"三大类、十二个；本章主要研究第二类。

展到现代,有相当一些已词汇化与习语化了,所以本章的研究对象,自然会涉及预设否定副词及其同形的副素两个方面。

0.3　本章例句主要引自北大语料库以及少数网络博客,全部例句均标明出处。

1. 表义功用与性质特征

1.0　本节从不同角度分析副词/素"坐、浪"和"漫"预设否定的特定性质与表达功效。

1.1　付出与获得。按照常规任何行为付出代价就会获得效益,但实际上付出代价不一定就会获得效益,而获得效益也不一定付出过代价。预设否定副词"坐、浪"在表达隐性否定时,都可以分别表示已经付出但没有获得结果,或业已获得效益但没有付出过代价。例如:

（1）及侯景之乱,肤脆骨柔,不堪行步,体羸气弱,不耐寒暑,<u>坐</u>死。仓猝者,往往而然。（北齐·颜子推《颜氏家训·涉务》）。

（2）其不逞之间,岂可限量。设使遂其虐志,诸君欲安<u>坐得</u>乎?（《宋书·文五王》）

（3）九有茫茫共尧日,<u>浪死</u>虚生亦非一。（前蜀·贯休《路难行》）

（4）<u>浪得</u>巧名儿,却不解,把郎心系。（明·汤显祖《紫箫记·巧合》）

上面的"坐死、浪死"都表示付出了生命的代价但并没效果;而"坐得、浪得"则表示收获了好处却没付出代价。可见,近代汉语副词"坐、浪"都可以表达隐性否定功用,但发展到现代汉语"坐、浪"大都已固化成词语素化了。比较而言,"坐V"表示付出代价没效果与获得好处没付代价两种情况与现象都很普遍，比如"坐失 X"与"坐得 X"，都很常见：

（5）当时，蒋介石为了稳住孙传芳，在北伐出师后于 8 月特地复电孙传芳，表明国民革命军并无进攻江西的意图，"如果有略取江西之意，则敝军已集中湘东，岂肯屯兵不进，<u>坐失</u>时机也"。（朱小平《蒋氏家族全传》）

（6）陈水扁的所作所为只是为了挑起统独的矛盾争端，然后他自己<u>坐得</u>渔利。（新华社 2002 年 8 月《新闻报道》）

"浪 V"由于"浪费"高频使用，大都表示付出代价没有效果，在搜集语料中占到 80%以上。当然由于习语"浪得虚名"的感染，也有一些表达得到好处而没付出代价的推用法。例如：

（7）我之所以能够获得少许美名，其势然也，如果说我是"<u>浪得</u>名"，也是并不冤枉的。话又说了回来，如果没有锡予先生，我能得到这一点点美名吗？（季羡林《回忆汤用彤先生》）

（8）当时直声震惊朝野，后之谈清代史事者引为一大掌故，读后益信名非<u>浪得</u>。李光地是深得康熙宠信的道学名臣，贪位之巧宦本心，推见隐微，刻深刺骨。（《读书》vol-039）

1.2 顺向与逆向。尽管都是预设否定，但发话人关注的基点可以有不同选择：顺向就是以行为发出者为否定基点，逆向就是以行为承受者为否定基点。先看顺向否定式。例如：

（9）今年必须私籴常平米五十万石，准备来年出粜，若价高本重，至时每斗只减十文，亦须，<u>坐失</u>五万余贯。（宋·苏轼《相度准备赈济第一状》）

（10）无功泽及人，而<u>浪度</u>岁月，晏然为天地间一蠹。

（《宋史·道学传一·程颐》）

反之,如果是以行为承受人作为否定的基点的,则是逆向推断相应结果的否定方式。例如:

（11）宜摄诸戍之兵,固守金墉,以待西师之救。金墉不下,晋必不敢越我而西,是我不战而<u>坐收</u>其弊也。（司马光《资治通鉴》卷117）

（12）谁想从朝不见影,到晚要阴凉,空教我立尽斜阳,临歧处<u>漫凝望</u>。（元谷子敬《城南柳》第四折）

发展到现代,虽然“坐、浪、漫”都已语素化,但否定顺向与逆向的倾向仍然存在。例如:

（13）他们认为,如不抓住这一良机,万一蒋经国突然有什么意外,台湾形势急转直下,势必<u>坐失</u>组党良机。另一原因是党外领袖有多人遭逮捕,形势更加险恶。（李松林《晚年蒋经国》）

（14）俘虏还说,我军从榆林城郊撤退以后,多一半溃散了,少一半跑到黄河边上,准备逃过黄河,所以,这个村子里驻的敌人<u>浪吃浪喝</u>,很大意。（杜鹏程《保卫延安》）

（15）西洋人的眼光里,中日战争无论谁败,实是两败俱伤。他们反可<u>坐收渔人之利</u>。所以他们不援助我们于未败之前。（当代/CWAC/AHB0018）

（16）四十九岁顶在头上的人了,为什么一直生活不及别人好过?你懒吗?<u>浪吃浪用</u>吗?还不是因为你太笨,脑子不灵巧,不会打算盘!?（高晓声《陈奂生包产》）

上面“坐吃”与“浪吃浪喝”都是顺向的否定,而“坐收、浪吃浪用”则是逆向的否定。

1.3　积极与消极。尽管同样是隐性的预设否定,但否定词直接修饰的“VP”却可以有积极、消极之分;所谓积极,就是指表示积极意义的"VP",所谓消极,就是指表示消极意义的"VP",积极意义的"VP"大多指业已取得的或与生俱有的各种有利的条件。试比较：

(17) <u>浪得巧名儿</u>,却不解,把郎心系。(明·汤显祖《紫箫记·巧合》)

(18) 九有茫茫共尧日,<u>浪死虚生</u>亦非一。(前蜀·贯休《路难行》)

(19) 我空学成七步才,<u>谩长</u>(zhǎng)<u>就六尺躯</u>。(元·无名氏《渔樵记》第一折)

(20) 千古英雄成底事,徒感慨,<u>谩悲凉</u>。(宋·李好古《江城子》)

发展到现代,"坐、浪、漫"表达消极倾向的现象更为普遍,"漫"则趋向逆向否定。例如：

(21) 全农皆兵,反而变成有名无实,训练不精。只要全兵皆农,不使军人<u>坐食饷粮</u>,安逸无事,就够了。这种全兵皆农制,在当时称之为府兵。(当代/CWAC/APT0080)

(22) 是很难预料的,如果我们一味追求尽可能考虑周全,当决不决,就会<u>坐失良机</u>,造成损失。(当代/CWAC/CMB0187)

(23) 这也很正常,但可悲的是,掉下水的偏偏没学过游泳,于是水中再学,<u>浪费了自己</u>,耗费了家庭,减缓了个人的发展。(当代/CWAC/AEE0003)

(24) 不记仇? 说哪里话来。刘少奇、彭德怀都与您重归旧好。<u>漫说厉慧良</u>! 他多次表示:我不过一个只知"嘣登仓、工尺上"的卖艺人。(魏子晨《厉慧良凭吊毛泽东》)

总之,预设否定副词/素"坐、浪、漫"也都可以表达各种预设隐性否定,与"白、空、干、瞎、徒、虚、枉"的表达方式与功用大致相同;只是发展到现代,除了"坐"以外,由于特定的语义特征与使用语境的制约,"浪、漫"的着眼点大多数都已趋向于逆向与消极了。

2. 分布选择与使用方式

2.0　本节主要描写与分析"坐 V、浪 V"和"漫 V"的各种不同分布与使用特点。

2.1　饰谓与内附。就分布选择而言,古代汉语中这三个副词主要充当谓语前状语。例如:

(25) 游禽暮知反,行人独未归。<u>坐销</u>芳草气,空度明月辉。(南朝齐·王融《和王友德之古意诗二首》)

(26) 古来几许<u>浪得</u>名,张颠老死不足数,我师此义不师古。(李白《草书歌行》)

(27) 李知损,少轻薄,利口无行。梁朝时,以牒刺篇咏出入于内臣之门,隶是<u>浪得虚誉</u>,时人目之为"李罗隐"。(《五代史补记·李知损》)

(28) 今年游寓独游秦,愁思看春不当春。上林苑里花徒发,细柳营前叶<u>漫新</u>①。(唐·杜审言《春日京中有怀》)

发展现代,有相当一些"坐 V"和"浪 V"短语也可以进入句法成分之内充当定语了。例如:

(29) 他们把两件不相干的事情混在一起,用心险恶地要把我们的企业都变成<u>坐吃山空</u>的官僚衙门。(吴晓波《激荡三十年——中国企业 1978~2008》)

---

① 百度·古诗句对"上林苑里花徒发,细柳营前叶漫新"的解释是:"上林苑中的花<u>白地开放</u>了,细柳营前的柳叶也<u>徒有新芽</u>",这就表明例句中的"漫"确实是与预设否定词"徒"对举的预设否定副词。

（30）这个从前的"小皇帝"，到了美国之后，忽然长大了，一下子改掉了<u>坐享其成的毛病</u>。（李开复《世界因你而不同》）

（31）在抗战初期，曾有支差过多、<u>浪费民力的现象</u>，这个毛病很快就得到了克服。（《世界的伟人　永远的小平》）

（32）作为一个导演、一个因拍了几部所谓的青春偶像剧而<u>浪得虚名的导演</u>，在演员脸上找不到清纯的眼神，实在是让我束手无策。（《中国北漂·艺人生存实录》）

显然，由于一系列"坐V、浪V"已演化成词，所以在一些特定的场合就可以直接充当定语。

2.2　对举与配合。在具体使用中，"坐、浪、漫+VP"经常会与其他同义或近义的预设否定副词"白、空、干、瞎、徒、虚、枉+VP"等相互配合，形成对举、共现的模式。例如：

（33）莫惊宠辱<u>空</u>忧喜，莫计恩仇<u>浪</u>苦辛。黄帝孔丘何处问，安知不是梦中身。（王维《疑梦》）

（34）<u>空</u>将闲岁月，尘埃<u>浪</u>销磨。（宋　梅尧臣《送正仲都官知睦州》）

（35）<u>空</u>烦左手持新蟹，<u>漫</u>绕东篱嗅落英。（苏轼《章质夫送酒不达》）

（36）绍翻身大叫一声，又吐血斗余而死。后人有诗曰：<u>空</u>招俊杰三千客，<u>漫</u>有英雄百万兵。（《三国演义》第三十二回）

就对举配合的使用频率来看，"空"置前比率较高，当然也有"坐、浪、漫"前置的。例如：

（37）<u>坐</u>令隐约不见收，<u>空</u>能乞钱助馈馏。（宋·王安石《哭梅圣俞》）

（38）平生<u>浪</u>有回天志,忧患<u>空</u>余避地身。(康有为《正月二日避地到星坡得》)

（39）<u>浪</u>抚一张琴,<u>虚</u>栽五株柳,<u>空</u>负头上巾,吾于尔何有。(李白《嘲王历阳不肯饮酒》)

（40）于家<u>谩</u>劬劳,为国<u>空</u>生受。(元·杨梓《霍光鬼谏》第三折)

反正,就古、近代汉语预设否定的表达方式来看,为了强调凸显,对举配合的方式很常见。

2.3　重复与叠加。现代汉语可以表达各种预设否定功能的副词/素,主要有"白、空、干、瞎、徒、虚、枉"与"坐、浪、漫"10个,这些词/素在现代汉语中都经常会重复叠加。例如:

（41）一位加油站的负责人告诉记者,"以往不是民营油企不愿意供油,而是没有进油的渠道,<u>白白坐视</u>商机的流失,而某些大型企业却是囤油待涨。这样不仅对行业不利,对消费者也无法交代。"(《谁将"有幸"成为第一个被告?》2008-08-01山西新闻网)

（42）在福州,"假日经济"的魅力也正日益展现。春节放假7天,对商家来说,更是黄金时机,但遗憾的是,有些商家却固守传统的经营观念,<u>白白坐失</u>商机。(《假日经济大有文章可做　节假商机大商家莫坐失》2000-02-15《福州日报》)

（43）果然是<u>白白浪得</u>一副不着一物的臭皮囊! 难道你以为老子跟你一样会把网络当成事业么?(《女人为难女人到底为哪般·跟帖》2006-05-30天涯社区)

（44）近年来,虽则处所政府也曾经组织上映,还请了一些剧团送戏到工地,可是农民工根本不领情,往往是一场演出只有几个人看,<u>白白浪花</u>钱,让组织者十分沮丧。

（《茶楼卫生管理制度让农民工快乐多一点》2010-07-06 美食资讯网）

就以最常用的"浪费"为例，由于语素"浪"的否定义已淡薄化，所以叠加很普遍①。例如：

（45）交流站那个江南区图书馆几乎从不开门，<u>白浪费</u>几十部电脑在里面；（当然）摆设也有开的时候，我去看过一次，但好像去的人不多，时间上也没有南宁图书馆的正规。（《南宁的图书馆设在哪儿好》2010-12-26 时空博客）

（46）中国男足要想回到亚洲一流，得靠比赛成绩来说话，那种"谁怕谁"的空话起不到任何作用。与其站着说话不腰疼，<u>空浪费</u>唾沫，还不如到比赛的时候，像韦迪说的那样多下地铲上几脚来得实在。（《多说空话不如多铲几脚》2010-02-05《成都日报》）

（47）谁知，那中等身材倏地回答，"身材不好所以穿什么都不好，既然怎么穿都不好，那就不如随便穿，省得<u>干浪费</u>时间和精力"。（《女人涅槃记》2010-09-04 百度文库）

（48）盲目的不合理的投资，只能是乱花钱，<u>瞎浪费</u>人力、物力。要知道，"弯道超车"的机会并非恒久存在，用心不专不精，资金没有用到该用的地方上，不仅完不成"弯道超车"的志向，还会导致进入直道后的冲刺乏力。（《"弯道超车"更要"科学驾驶"》2009-03-21《解放军报》）

总之，尽管"坐、浪、漫"特定的预设否定功用还在，但是发展到现代汉语，基本上都已经语素化了，所以，发话人为了强调

---

① 在调查的近代与现代语料中，叠加"浪费"的预设否定副词还有"空、干、瞎"等，本章只列举"白"。

与凸显,就会一再地重复、叠加使用。

3. 内在差异与演化趋势

3.0　本节主要探究与分辨"坐、浪、漫"的独特的内在差异及其不同的演化趋势。

3.1　语源与个性。"坐、浪、漫"三词由于本身都直接或间接地含有否定义素,比如"坐"的预设否定义源自"遇到事变没法去做",而"浪"的预设否定义源自"波浪起伏没有约束","漫"的预设否定义则源自"水流漫延没有际涯";所以,这些动词在充当状语的副词化中,其否定义素总会或多或少地沉淀于各副词语义成分和附加色彩之中。当然,由于虚化的理据与过程存在差异,各词的隐性否定也不可避免地会附带一些个性特征。例如:

(49)先王昧爽不显,坐以待旦。旁求俊彦,启迪后人,无越厥命以自覆。(《今文尚书》)

(50)汉魏不定其分,百官子弟不修经艺而务交游,未知莅事而坐享天禄,农工之业多废,或逐淫利而离其事,徒系名于太学,然不闻先王之风。(唐《通典》卷14)

(51)及十月,帝又病动,语士开云:"浪用之才外任,使我辛苦。"其月八日,敕驿追之才。帝以十日崩,之才十一日方到。(《北齐书》卷33)

(52)或复见忌于亲故,或亦遭谗于贵党,其欲致车右而动御席,语天下而辩治乱,焉可得哉! 漫言举贤,则斯人固未得矣。(《宋书·列传》卷82)

总体而言,决定这三个预设否定词演化轨迹与个性特征的语义基础主要在于:

单词	预设推断	否定内容	表义重点
坐	发生特定的情况必须采用相应的措施	措施的采用	消极性
浪	发生意外的情状更须受到相应的约束	情形的约束	放纵性
漫	发生特殊的情况也须遵循相应的规则	规则的遵循	任意性

正因为各词都具有特定的语义特征,所以,这些副词从古代到近代乃至现代的发展过程中,动词"坐 V、浪 V、漫 V"中的"坐、浪、漫",都逐渐成了否定性语素了。例如:

(53)赵信为单于谋曰:"汉兵既度幕,人马罢,匈奴可坐收虏耳。"乃悉远北其辎重,以精兵待幕北。(《资治通鉴·汉纪》十一)

(54)世隆屡征天光,天光不至,使椿自往邀之,曰:"高欢作乱,非王不能定,岂可坐视宗族夷灭邪!"(《资治通鉴·梁纪》十一)

(55)兄得千金以报尊大人,只说在京授馆,并不曾浪费分毫,尊大人必然相信。(冯梦龙《杜十娘怒沉百宝箱》)

(56)漫道帝城天样远,天易见,见君难。画堂新构近孤山,曲栏干,为谁安?(苏轼《江城子·孤山竹阁送述古》)

3.2 动词与成语。虽然"坐、浪、漫"的结合宽狭、用频高低还存在一定差异,但随着高频类推,发展到近、现代,"坐受、坐视、浪费、浪游、漫说、慢道"都是动词了。例如:

(57)臣以为盐商纳榷,为官粜盐,子父相承,坐受厚利,比之百姓,实则校优。(唐·韩愈《论变盐法事宜状》)

(58)院判道:"前日家兄也如此说,可惜小可浪游薄宦,到家兄衙里迟了,故此无及。这都是他两人数定,不必题了。"(凌濛初《初刻拍案惊奇》)

（59）猖狂女将出西天,扰扰兵戈乱有年。<u>漫道</u>萤光晴日下,敢撑螳臂帝车前。堪嗤后羿穿天箭,更笑防风过轶肩。（罗懋登《三宝太监西洋记》）

（60）薄媚黄头雀,便漫说缘由;急手还他窟,不得更勾留。（《敦煌变文集·燕子赋》）

而"坐吃山空、坐收渔利、坐享其成、浪得虚名、浪死虚生、漫语空言"都是成语了。例如:

（61）不止一日,计安觑着浑家道:"我下番无事,若不做些营生,恐<u>坐吃山空</u>,须得些个道业来相助方好。"（冯梦龙《警世通言》上）

（62）是龙为使而池,<u>坐享其成</u>,日为而星,不必用其力也,君又何忧而弗乐乎?（钟惺《夏商野史》）

（63）九有茫茫共尧日,<u>浪死虚生</u>亦非一。清净玄音竟不闻,花眼酒肠暗如漆。（贯休《杂曲歌辞·行路难五首》）

（64）王霸:"天下大乱,咱们凡夫俗子正是用武之时,试问:《铸剑之术》《治国之术》<u>漫语空言</u>,何用之有?"（赵鹏《恩怨情仇》）

3.3　退化与转化。在长期的不断使用中,由于双音节化的制约与类推,表示预设否定的"坐、浪"在各种不同的语境中否定功用都开始逐渐地有趋向淡薄化进而羡余化了。尤其是"坐失、浪费、浪用、漫聊"中的"坐、浪、漫",否定功用已经而且正在退化之中。例如:

（65）近几年时兴卖书号,不少出版社以几千上万元把书号卖给书商,<u>坐收渔利</u>,至于书商编什么文章、出什么书就撒手不管、听之任之了。（1993年8月《人民日报》）

（66）非这番找足前文,不成文章片段;并不是他消磨工夫,<u>浪费</u>笔墨。（《儿女英雄传》第十二回）

（67）"满而不溢"，指器物已满盈但不溢出，比喻有资财而不<u>浪</u>用，有才能而不自炫，善于节制守度。（《中国成语大辞典》条目）

（68）二女公子挽留浮舟睡于其侧，与她聊起父亲在世之事，以及数年来蛰居宇治山庄之情状，虽不完整，却也<u>漫</u>聊极多。（［日］紫式部《源氏物语》 林文月译）

再进一步发展，否定动词"漫说"与"漫道"在相应语篇中由于语境吸收，逐渐由否定动词转化为转折连词了；而且，在关联组合中还经常跟"就是、即使""连、纵"等配合。例如：

（69）10年前，以"辽化为中心建设新辽阳"的口号就在辽阳市叫响了，但这口号在很长一段时间内没能很好落实，<u>漫说</u>全市的步子不大，<u>就是</u>辽化所在的宏伟区也步履蹒跚。（1994年《报刊精选》05）

（70）<u>漫说</u>在人类社会中，<u>即便</u>是动物界不也是如此，为什么开屏美丽的孔雀好求偶，为什么强壮的公牛公鹿公羊公猴能够独占一群雌性——竞争。（魏润身《挠攘》）

（71）这里美丽的林木真是数不胜数，<u>漫说</u>葱茏林木是如何竞秀，<u>连</u>遍坡盛开的杜鹃，<u>也</u>不甘示弱地燃烧成一道道斑斓的风景。（1998年《人民日报》）

（72）叹村姑全不识个中利害，看不透这颠颠倒倒、倒倒颠颠的大千世界奥妙难猜。<u>漫道</u>是一颗头颅如草芥，<u>纵</u>豁上千百条性命，焉将这定案翻转来。（1993年1月《人民日报》）

总之，含有预设否定义素的"坐、浪、漫"与相关成分在不断发展演化中，除了词汇化与习语化，甚至还出现了淡薄化与羡余化，甚至还衍生出衔接功能，进而关联化了。

4. 结语与余论

4.1　综上所述,可以归纳如下:首先,就表义功用与性质特征而言,主要涉及付出与获得、顺向与逆向、积极与消极三个方面。其次,就分布选择与使用方式而言,大致涉及饰谓与内附、对举与配合、重复与叠加三个方面。最后,就内在差异与演化趋势而言,基本上涉及语源与个性、动词与成语、退化与转化三个方面。

4.2　通过对副词"坐、浪、漫"的预设隐性否定到词汇化、关联化研究,我们深深地感到:由于汉语独特的没有形态变化的类型学特点,所以,研究汉语各种语言现象及其发展与演化,既要突破印欧语语法的各种规则限制,深刻认识汉语发展演化的规律与特点,又要借鉴普通语言学的经典理论和研究方法;唯有如此,才能真正看清汉语表层结构后面的演化趋势与发展动因,才能揭示出汉语表达方式内在规律及其演化方式的相应机制。从以往教学与运用来看,由于学界一直没有把这些副词/素当作否定词处理,对其共性与个性又缺乏深入的了解,从而不可避免地在理解近代汉语文献和编写历史词语辞典时出现各种问题。所以,作为语言工作者,显然还有义务研究从一系列语素起源来帮助分析当前这类词语的否定功用。

参考文献

陈振宇、姜毅宁　2019　反预期与事实性——以"合理性"语句为例,《中国语文》3 期。

刘 烨　2009　预设否定副词"白"和"瞎"的比较研究,北京语言大学硕士学位论文。

陆方喆　2017　《现代汉语反预期标记研究》,中国社会科学出版社。

王志英　2012　副词"瞎"的预设否定功能及其成因,《语言教学与研究》1 期。

邵敬敏　1986　"不要白不要,要了白要"是悖论吗?,《汉语学习》5 期。

任瑚琏　2002　"白"类词是具有特定预设的副词,《西南民族学院学报》(哲学社会科学版)5 期。

袁毓林　2014　概念驱动和句法制导的语句构成和意义识解——以"白、白白(地)"句的语义解释为例,《中国语文》5 期。

张谊生　1994　"白"类副词的表义特征及其个性特点,《徐州师院学报》3 期。

张谊生　1996　现代汉语预设否定副词的表义特征,《世界汉语教学》2 期。

张谊生　1999　近代汉语预设否定副词探微,《古汉语研究》1 期。

张谊生　2011　预设否定副词叠加的方式与类别、动因与作用,《语言科学》5 期。

曾静涵、袁毓林　2017　汉语副词"干"的去范畴化——从名词到隐性否定副词的演变历程及其动因,《闽江学刊》6 期。

Goldberg　2006 *Constructions at Work*: *the Nature of Generalization in Language*, Oxford: Oxford University Press.(吴海波译《运作中的构式:语言概括的本质》,北京大学出版社 2014 年版)

Hopper, Paul, J & Traugott, Elizabeth C. 1993 *Grammaticalization*, Cambridge: Cambridge University Press.(《语法化学说》,外语教学与研究出版社,剑桥大学出版社 2001 年版)

第六章 评注性副词的语义积淀对反预期表达功效的制约与影响
——以"居然、竟然"与"硬是、愣是、就是、偏是"为例

摘 要：评注性副词最为本质的特征就在于其表述性,可以充当高层语。研究评注性副词表示"反预期"与"意外",应该坚持全面、动态的认识,关注其特定的语义积淀。评注性副词的"居然"与"竟然"的差异在于:"居然"更强调主观上的不认可,"竟然"更强调最终结果不接受。评注性副词"硬是、愣是、就是、偏是"表达主观评注功能时会体现出细微的个性化差异,"硬是"重在"坚决而又执拗","愣是"突出"全然不顾后果","就是"凸显"主观强调肯定","偏是"侧重"故意与众不同"。

关键词：评注性副词;反预期;语义积淀;表达功效

0. 前 言

0.1 长期以来,像"索性、反正、简直、也许、显然、难道、果然、居然、竟然"这一类词,一直都是被当作语气副词处理的。然而,如果深入考察的话,就会发现,充当状语和表示语气其实

并不是这些词的主要功能。虽然它们有时确实可以充当状语并表示各种语气与口气，但其基本功能大多数在于充当高谓语进行主观评注。严格地讲，这一类副词同典型的限制性副词在句法功能和表义功用等各方面都存在着本质的区别，似乎可以另立一类。不过，由于汉语副词内部本来就存在着相当的差异，而且，过细的分类有时并不利于对词类的认识和掌握，所以，姑且称之为评注性(evaluative)副词，反正，不适合称之为语气副词①。

0.2 本章主要从"反预期"与"意外"的角度研究与辨析一下语义积淀对汉语评注性副词表达功效的制约与影响。主要分为三个部分，首先，大致界定与说明一下评注性副词的性质与特征、类别与功用，着重介绍一下其中的一些反预期评注性副词的类别与功用；其次，通过对反预期评注性副词"居然"与"竟然"表达重点与倾向差异的辨析，揭示研究反预期评注性副词，应该关注其语义积淀与演化历程；最后，通过对"硬是、愣是、就是、偏是"这四个反预期评注性副词的分析，多角度辨析与探讨语义积淀对反预期评注功能的影响。

1. 评注性副词的性质与功用

1.1 分布与搭配。评注性副词的基本功用是对相关命题或述题进行各种主观性、情态化的评注，与典型副词相比，其特征是述谓性与灵活性。所谓述谓性，就是指同各种典型的副词总是在句中充当状语完全不同，评注性副词主要是充当

---

① 　张谊生：《现代汉语副词研究·评注性副词与限制性副词的区别》(修订本)，商务印书馆 2014 年版。

高谓语①。其高谓语功用大致表现从三个方面证明：A.可以后附语气词，B.可以受其他词语修饰，C.可以单独构成句子。例如：

（1）假若祥子想不起孔圣人是什么模样，那就应当像曹先生，不管孔圣人愿意不愿意。<u>其实呢</u>，曹先生并不怎么高明。

（2）那些衣裳显然很破旧，而且打了补丁，<u>同样显然</u>，那件被大哥撕破又被姐姐连缀起来的花布衫，也在这些衣裳之中。

（3）瞧！大裤裆胡同又迅速一百八十度大转弯儿了。<u>本来嘛</u>！姓刘的为什么不请在座的诸位，却单请一个驴财神？

（4）一个黑影渐近，南琥珀估计是指导员。<u>果然</u>。来的就是他。

所谓灵活性，就是指因为评注性副词在句中充当高谓语，所以其句法分布十分自由灵活，绝大多数双音节评注性副词都可以或者位于句中，或者位于句首，或者位于句末。例如：

（5）不管他视野是不是有点狭隘，他<u>反正</u>都是为了大家的利益，所以，自信心很强。

（6）<u>反正</u>，他让每月都来探望他一次的那个朋友，替组里每人都代买了一个钱包。

（7）这是到底怎么回事？周华想，又想：不关自己的事，<u>反正</u>。

（8）每天一清早就去遛鸟儿，他俩每天<u>至少</u>要走五六里路。

---

① 杨成凯：高谓语"是"的语序及篇章功能研究，《语法研究和探索（七）》，商务印书馆 1995 年版。

（9）<u>至少</u>，我们以前过分严肃了，需要有所调节，这个故事或正好承担这个任务。

（10）老范，我认为，你现在就应该可以评二级了——<u>至少</u>！

当然，这种灵活性也要受到两个方面的限制。首先是韵律节奏的限制：凡是单音节的评注性副词，如"并、也、就、都"一般都只能位于句中，其次是评注辖域的限制。

1.2　评注与辖域。就表达功用而言，评注性副词既不表示词汇意义，没有修饰功能；也不表示语法意义，没有限制功能；而是表示各种情态意义，表达主观评注功用。例如：

（11）现在看了先生的文章，再自己深省，<u>的确</u>，从事教育的人至少要有这些认识。

（12）别人我不论，若是自己曾经看过许多旧书，<u>是的确的</u>，为了教书，至今也还在看。

后句的"的确"可以进入了"是……的"强调格式，表明其高谓语评注功能是非常典型的。

根据调查，评注性副词的传信、评注功能主要有四个方面：断言与确定、释因与醒悟、推测与揣测、推断与总结。譬如，断言就是对客观事实的肯定与否定；强化肯定的有"确、诚、真、实、的确、确实"等副词，加强否定的有"决、绝、万、并、万万、千万、根本、压根儿"等，强调反问的有"岂、何不、何必、难道、究竟"等。例如：

（13）创造条件，引诱敌人犯错误，不仅有利于营救战友，而且<u>确实</u>可以打乱敌人的部署和行动。

（14）四叔一知道，就皱一皱眉，道："这不好，恐怕她是逃出来的。"她<u>诚然</u>是逃出来的，不多久，这推想就证实了。

（15）它的干呢，通常是丈把高，像是加以人工似的，一丈之内,绝无旁枝。

（16）她能够和张仪合作,可我却<u>万万</u>不能够和张仪合作。

（17）其实,我<u>岂</u>不知道这老头子是刽子手扮的!

（18）你太不讲礼貌了,<u>难道</u>还要老先生亲自来一趟吗?

不过,需要指出的是:由于受表达功效的制约,就像单音节评注性副词是受音节的制约,加强否定的评注性副词与单音节评注性副词,都只能充当状语而不能充当高层谓语。

就评注辖域来看,位于句首的评注性副词,大都是全幅评注,也就是对整个命题进行评注,只能位于句中的评注性副词,大都是半幅评注,也就是只对述题部分进行评注。例如:

（19）所以过了几天,掌柜又说我干不了这事,<u>幸亏</u>荐头的情面大,辞退不得,便改为专管温酒的一种无聊的职务了。

（20）我们楚国<u>幸亏</u>有三闾大夫,平常我们的国王也很听信三闾大夫的话。

（21）邢国夫人说:"<u>幸好</u>你还没有正式上任,就不必再另外寻住处了,我们家旧日的住所,谨用来迎接你。"

（22）又停了两天,连里全部考核完了。<u>幸好</u>,还有三个班也出现了不及格。我和李上进都松了一口气。

当然,位于句中的评注性副词,也可以是全幅评注,位于句首的,还没有发现半幅评注的。

1.3　传信与情态。传信表达主要有三类:A.对信息来源的交代;B.对事实真实性的态度;C.对事件确信程度的评价。所以,相当一些传信现象,都可以通过评注性副词来完成,其中比较常用的反预期评注性副词有"竟、偏、竟然、竟至、居然、偏偏、偏生"等。例如：

(23) 冰如<u>简直</u>梦想不到会有这一回风潮。迁去几具棺木<u>竟</u>至震荡全镇的心。

(24) 以中国古训中教人苟活的格言如此之多,而中国人<u>偏</u>多死亡,外族人<u>偏</u>多侵入,结果适得其反,可见我们蔑弃古训,是刻不容缓的了。

(25) 令人气愤的是,上百名围观者<u>竟然</u>无动于衷,被盗妇女也不见了踪影。

(26) 于是他下定决心办肉类联合加工厂,几年下来,<u>居然</u>梦想成真,像模像样了。

近年来的研究表明,现代汉语中最常用的一些单音节副词"也、又、再、还、才、都"等,在特定语境中,也可以用来表示各种反预期的评注。例如：

(27) 不知怎么搞的,现在男人<u>也</u>爱美了,还看不到别人身上的优点。

(28) 你去找他干什么? 他<u>又</u>不是医生,怎么能给你们看病呢?

(29) 如果我已经嫁人,还有了孩子,这事<u>再</u>有趣,我也不会让你来。

(30) 别吵了,别吵了,<u>还</u>研究生呢? 怎么会这么没有礼貌呢?

当然,由于各词的语义积淀、演化途径不同,反预期的功用与效果,也完全不同。譬如,发展到当代汉语,由于"也"的反预期功效,导致"X 也 Y"演化成当代流行构式①。例如：

(31) 男人也爱美/美女也愁嫁/君子也言利/和尚也花

---

① 张谊生:《当代汉语的流行构式研究》,上海三联书店 2020 年版。

心/草根也有才/古人也搞笑。

（32）国货也给力/唐装也潇洒/皮卡也时髦/风雨也有情/菜鸟也强悍/貂蝉也风流。

调查可知,评注性副词的传信功能中与反预期有关的主要是一系列表示主观意愿同客观事实相反、出乎意料或略感惊讶的情态评注性副词。当然,同样是反预期,到底是发话人的预期还是受话人的预期,这一点必须分清。另外还有一点值得关注的就是:同样是表达反预期,相同功用的评注性副词为什么存在一系列特定差异,这些细微差异应该怎样辨析? 总之,评注性副词在表达过程中,会体现各种主观情态,迄今为止,已有大量研究成果。

2. "居然"与"竟然"反预期的侧重

2.1 分布与位序。就句法分布而言,"居然"和"竟然"两个评注性副词,都是可以在谓语中心词前作状语,也可以在主语前作状语;当然,偶尔还可以单独使用。例如:

（33）这位50岁的老者还是位盲人,但是据调查表明,他居然是马来西亚足球比赛作弊活动最大的组织者。

（34）绕过瀑布后才能下水继续前行,而这位老艄公当年在渡载八路军时,居然船不上岸强渡而下,为黄河摆渡史留有惊人之举。

（35）经过几年的发展,现在刘庄豆腐竟然占据了亳州豆腐市场的"半壁江山"。

（36）一次她被前来观察的蒋介石看中,受到几天临时宠信,竟然飞龙入梦珠胎暗结,于是就生下了这个儿子。

很显然,在句中的"居然""竟然"都是半幅评注的,而句首的则基本上都是全幅评注的。

就连用与组配来看，从调查的语料可以发现，当一个句子的谓语有多个状语修饰的时候，"居然"和"竟然"基本上都位于其他状语、尤其是其他副词的前面的。例如：

（37）惟其如此，我们才能够理解，未必算得上什么优秀之作的《廊桥遗梦》，从小说到电影，<u>居然可以倾倒</u>那么多的读者和观众。

（38）这是他第一次为了挣钱而写作，<u>居然非常安详和堂皇</u>，丝毫不觉得对文学有什么亵渎之感，写得非常顺手。

（39）从施工到交付使用，<u>竟然没有</u>经过市建筑市场招投标，没有经过市建筑工程质量监控。

（40）这个能够支配着巨额资产的企业大亨在其偌大的个人思想的空间里<u>竟然几乎</u>容不下哪怕一点点享受欲。

这就表明作为评注性副词，"居然""竟然"的评注对象基本都要涉及整个的命题或述题。

2.2　表达与强调。现有辞书基本都认为"居然"主要表示"出乎意料""太不应该/不可能了"，"竟然"的表述也是有点"出乎意料"，"违反了一般常情、事理"。例如：

（41）磐安人惊诧了：昔日埋怨的穷山，<u>居然蕴藏</u>着如此巨大的财富！

（42）有一天，好友送我一盆小茶花，半尺高，<u>居然开了</u>一朵小小的鲜艳的红花，还有两个小花蕾。

（43）按照"小天鹅"的质量标准，生产线开开停停，<u>竟然 12 天没生产</u>出一台洗衣机。

（44）世界这么小，我从上海辗转到了延安，又来到晋东南，绕了几乎半个中国，现在<u>竟然</u>和这位"失踪"已久的老同学同在敌后这个穷乡僻壤的山沟沟里工作！

相同的两个副词,细究起来可以发现,确实存在着细微的差异,尤其是强调重点不同:"居然"更强调"实在不可能这样却这样了",而"竟然"更强调"发展到最后却这样了"。例如:

（45）然而,令人难以置信的是,这些鳗鱼的身上还带着中国江苏海安的串串水珠,经过迢迢千里的空运,其成活率<u>居然</u>高达还99.99%。

（46）当队友回了一个很刁的球时,他<u>居然</u>在瞬间之内把球拍换到了左手上,极潇洒地挡了回去。

（47）此事发生时,有上百人围观,但无一人上前相助,而歹徒<u>竟然</u>在众目睽睽之下逃之夭夭,被窃事主也悄悄溜走了。

（48）更有甚者,正当两国知识产权谈判进入关键时刻,美方主要谈判代表<u>竟然</u>不辞而别,单方面中断谈判并把达不成协议的责任强加给中方,从根本上违反了平等协商处理国家间事务的基本准则。

前两句换成"竟然",后两句换成"居然",虽然也不能算错,但表达效果就明显不妥了。

2.3　演化与发展。从历时用法来看,"居"的本义指"蹲着",引申为"居住、停留、占据、囤积"等意义,比如"居高临下、居安思危"。随着不断地演化发展,从词汇化进而到副词化。大致到了六朝,表示"出人意料"的情态副词"居然"已开始逐渐成形了。例如:

（49）精粗之分,<u>居然</u>殊矣。（六朝《抱朴子》）

（50）安石<u>居然</u>不可陵践其处,故乃胜也。（《世说新语·品藻》）

（51）然而损之有谦光稽古之善,崇之获矜能纳谏之讥。得失不侔,<u>居然</u>可辩。（《旧唐书》卷一三九）

（52）悬白金于当时,居然无以相尚。(《艺文类聚》)

由于"住、停"都隐含有"不为、不着力"之义,所以在"居然"的情况下却"VP"了,就含有出乎意外的主观感觉。"居然"就会逐渐衍生出反预期的情态义了。当然,演化初期,主观评注性还不够典型。从语法化的角度看,当时的"居+然"的"然"已后缀化了,"居然"的词汇化、副词化还在演化中。

"竟"的本义指"完毕、终止",引申出"终于、到底,最终"之义,如"毕竟,有志者、事竟成"等。近代早期大多是"竟"表"最终",副词"竟然"到明清成形,由于限定的"VP"大多数是不希望发生的结果,所以,就衍生出反预期的情态。例如:

（53）不想,桑榆暮景,竟然一病不起,服药无效,一命归西去了。(《七侠五义》十一回)

（54）他自恃武勇,竟然不放在心上,准备明日到台对敌。(《乾隆南巡记》十五回)

（55）近来苏州竟然没有能画的,所有求画的,都到我那里去。(《二十年目睹之怪现状》三十七回)

（56）你背叛了我,我本来就要复活,你为什么不能再忍一年,而竟然用火照我?(《情中幻》卷九)

从以上分析可以看出,"居然"和"竟然"的语义积淀完全不同;词汇化与副词化的时间和虚化路径也不完全相同,"居然"虚化要早一些,并且是因为语义的转移而形成的,而"竟然"的虚化稍微晚一些。两者由动词到单音节副词,再到加上后缀"然"进而双音化、评注化,在演化过程中形成了两词在句法分布及语义表达、尤其是评注重点的特定的差异。由此可见,在研究副词反预期评注功用时,还须要通过历时索源来作出合理的共时分析。

3. "硬是、愣是、就是、偏是"反预期的异同

3.1　分布搭配与共现配合。"硬是、愣是、就是、偏是"这四个"X 是"从近代发展到现、当代汉语,都已经从状中短语固化为一个评注性副词了,其中的"是"也都已转化为构词后缀了。至于句法分布,这四个"X 是"最典型的分布就是充当不同性质与功用的句子成分状语,修饰各种谓词,包括动词、形容词及其短语,当然,"X 是"除了修饰各种谓词,表示评注功能以外,还能够修饰小句,增强对整个命题的评注程度,表达说话人对事件命题的态度、观点和意见,而且,有时也可以在定语位置上充当句法成分的状语①。例如:

（57）譬如搬迁,就是一桩艰难的工作。这里有习惯势力作祟,还有的明明是对他有利的事却硬是不理解,一而再再而三地做工作,正面做不通,就从侧面动员。

（58）他妻子说,"我们刚刚坐下来吃晚饭,谁料到你偏是不识相,不迟不早地闯进来了。"

（59）葬梅岭就葬梅岭吧,可思维与常人就是不一样的陈叔陵,看中的却是早已下葬在梅岭的东晋名人谢安的墓地。

（60）咱这个地方有的是果子,要是上了果汁生产线,你想想那利润! 可几个副老总愣是一副不同意的样子,说是果汁眼下走俏,长远看是长线项目……

由于受到副词"X 是"所表达的情态义的需要与制约,能够

---

① 张谊生:句法层面的语序与句子层面的语序——兼论一价谓词带宾语与副词状语表程度,《语言研究》2013 年 3 期。

受"X 是"修饰的成分中,出现频率最高的大都是具有否定义的词语,包括"不/没有+谓词"构成的否定短语、含有否定义、否定语素的词组、结构甚至构式、小句等等。例如:

（61）1993 年政府公布了加息的消息,当时她手里的股票总是舍不得卖,比如深安达,28 元时有人劝她卖掉,她<u>愣是不听</u>,结果一路下调,掉到 16 元时,不得不忍痛割肉。

（62）梁叔是有名的倔头,有一回人家给连生哥提亲,姑娘是临县的,人好家也好,他嫌远<u>硬是不同意</u>。

（63）宋美龄说:"委员长情绪不正常,很烦。我也给他说了几遍,他<u>就是不回话</u>。我看他的意思是不想见你们。"

（64）天空白茫茫的一片,哪里有山峰的影子? 张召重等见他们说个不休,<u>偏是一句话也不懂</u>,陈家洛又两次站上马背瞭望,不知搞甚么鬼。

由于语义凸显和篇章表达的需要,在具体运用时经常出现与"X 是"共现使用的是副词、连词,主要表现在配合共现和紧邻连用两种情况。在同一语段中,"X 是"与相关副词、转折连词往往相隔共现;或者与相关副词、转折连词并列使用。例如:

（65）日本鬼子进村后,挨家挨户抓人,上至白发老妪,下到吃奶的婴儿。当时的乡长一再向鬼子解释,这些人都是老百姓,<u>可</u>鬼子<u>愣是不放过</u>,先是扫射,后掷手榴弹,发现喘气的,还要补上一枪。

（66）他们不但不鼓励我唱歌,反而压制我。成天让我看书,考大学。<u>可是</u>我对读书<u>就是不感兴趣</u>,感兴趣的依然是音乐。读高中时,有人说如果把眼睛蒙上听我唱歌,他会以为我是齐秦。

（67）譬如搬迁,就是一桩艰难的工作。这里有习惯势力作祟,还有的明明是对他有利的事<u>却硬是不理解</u>。一而再再而三地做工作,正面做不通,就从侧面动员。

（68）两位当事人一位是政府官员,一位是村干部,都是国家工作人员。按理说,这样的事件是不应该出现在这两个人身上的,<u>但是事实却偏是这样</u>。

可见,由于主观评注表达效果的影响,相应的表达往往会出现客观与主观的转折表达。

3.2　主观情态与表达功效。"X 是"都属于情态式判断的主观评注性副词,说话人在表示判断时,还表达了一种对所判断命题的知识、信仰的主观感受和反应,同时也表达了说话人对相关事件的承诺、愿望和评价。所以,说话人通过"X 是"在句中的表达,正是表达了对相关事件的一种主观感受与相关评价,是一种典型的反预期的情态表达功效。例如:

（69）1993 年全国掀起了房地产热、股票热、到沿海投资热。一些单位赚了钱,好些职工动了心,劝雷作海投资,<u>他硬是不为所动</u>。事隔不久,许多单位因大笔钱陷进去而叫苦不迭,而他们却没有损失 1 分钱。

（70）有好几次,车开到天津武清,<u>愣是不让上高速</u>。司机只好走辅路,在齐家务一堵就是一天,最少也得半天。半天的工夫,一车菜就能烂一半。

（71）他从前只想如何把书教好,从没想有一天会让他当校长。可是,任他如何委婉推脱,教育局的官员们<u>就是不肯松口</u>,李云经无奈,只好前往郭垅镇中学赴任了。

（72）本想秋高气爽,温度适宜,谁料今年<u>偏是连绵阴雨</u>,可陕送公司仍没有一个项目放松,没有一个项目不是抓紧这黄金季节赶进度,只把佳节当平常。

值得注意的是,"X 是"所在的句子,在信息传递过程中主要是体现了说话人的主观意识,基本上都是说话人对事件的主观认知、感情、感知的情感性表达。例如：

（73）但是，过去由于观念陈旧，忽视品牌战略，好端端的"闺女"<u>硬是"嫁"不出去</u>，一度竟成为搭配销售的滞销品。

（74）妈妈是武汉人，爸爸是哈尔滨人，两人都是北大的，coco 是遗腹子，没出生爸爸就去世了；妈妈是医生，9 岁一家移民到美国，妈妈很不容易，<u>愣是靠自己把 3 个孩子拉大</u>。

（75）这些人把青春，把健康，把财力精力都贴进去了，明知自己成不了大气候，明知这条路上成功率小得可怜，<u>就是不放弃追求</u>，文学梦<u>硬是醒不来</u>。

（76）喜欢党史研究的都知道，岁月流逝，已过去半个多世纪，找到彼时彼刻的亲历亲闻者谈何容易，果真如大海捞针般艰难。但钱先生<u>偏是有这般铁杵磨针的耐心细致</u>。

很显然，作为附缀式评注性副词，这四个"X 是"的主观情态性，还是很典型的。

3.3　表义倾向与评注侧重。同样表达反预期情态的"X 是"，由于各种语义积淀的影响，在表达主观评注功能时体现细微的个性化差异。"X 是"评注对象可以是话题，也可以是述题，还可以是整个命题，正因为"X 是"具有各自的评注侧重，具体适用度有差异。例如：

（77）大弟陈圣说，小姐姐在荣总医院住院，请假出去逛街，在护士室的黑板留言说："人生最大的事业不过放心而已。"<u>偏是（? 就是/愣是/硬是）</u>他为忽然"离开人间"的小姐姐打理后事："人生如梦，无奈！遗憾！"

（78）在这"天高皇帝远"的地方，采油工们<u>硬是（愣是/就是/偏是）不为其所动</u>，义正词严地说："油是国家的，一滴也不能随便放。"

（79）当时的乡长一再向鬼子解释，这些人都是老百姓，可鬼子愣是（硬是/就是/偏是）不放过，先是扫射，后掷手榴弹，发现喘气的，还要补上一枪。

（80）"好你个没心没肺的赵四海。你害俺一辈子还不够哇，你还指望着你儿子接你的班哪？不成。宝宝叫啥都可以，偏是（就是/？愣是/？硬是）这带'海'的名字俺不同意、不同意、不——同——意。""嗨嗨，你不懂的。"海子嘿嘿笑答，他不能向媳妇道出印度洋惊魂，生死一幕。"俺不懂，你懂，俺没你聪明……"

细究起来，就评注对象而言，例（77）句的"偏是"是评注话题，例（78）（79）两句的"硬是""愣是"也是评注述题的，而例（80）句"偏是"是评注整个命题的。不难发现：在表达反预期的评注功能时，"偏是""就是"均可以位于句首用于评注话题和整个命题，"愣是""硬是"则大多不太合适这样评注。换句话说，"X是"都可以在句中评注述题，但情态凸显各有侧重；用于评注话题和命题的"偏是"侧重超出接受范围的主观表达，"就是"侧重态度意愿的凸显；用于评注述题的"X是"则分别凸显方式、语气、态度和范围。

就形成来源看，"硬、偏、愣、就"在与附缀"是"凝固成词之前，本来都是各具特色的评注性副词。细究起来，各"X"的语义积淀与情态侧重各具特色："硬"是行为方式的积淀，"愣"是意愿态度的积淀，"偏"是范围偏离的积淀，"就"是强调情态的积淀。所以，四个"X是"的评注功效的差异在于："硬是"重在"坚决而又执拗"，"愣是"突出"全然不顾后果"，"就是"凸显"主观强调的口气"，"偏是"侧重"故意与众不同"。例如：

（81）为了拉动收视率，湖南卫视方面曾传出消息，

《宫》其实有三个结局，究竟播出哪个结局要到最后一刻才能揭晓……由于《宫》的收视率非常高，湖南卫视在《宫》临近结局的时候，将原本每天两集的播出方式硬是改成了一天播一集。

（82）老王平时非常珍惜那辆"金狮"牌自行车，每天都要仔细擦洗一遍，从来不外借。可没骑几年一辆接一辆地丢，心里甭提多别扭了。已经上班干采煤的儿子说到超市花六七百块买辆质量好的，他愣是不愿意，说："怕丢，能转圈就行！"

（83）拿到奖杯的穆雷不像平时那么阴郁冷酷……为自己的冷酷语气向大家致歉："可能你们会觉得难以置信，其实我多么想让你们从我的声音中听出我的兴奋，但是我的语气就是这么无聊。真的很抱歉，其实我真的很兴奋！"

（84）两位当事人一位是政府官员，一位是村干部，都是国家工作人员。按理说，这样的事件是不应该出现在这两个人身上的，但是事实却偏是这样。作为国家干部，这两位官员这样的官员真的能够为人民服务么？

由上面四例可以看出，都具有特定的反预期情态功能，表达的也都是说话人对相关事件的主观评注，但各句的"X是"仍然具有细微而重要的差异：例（81）"将播出方式硬是更改"，强调对行为方式的坚持，例（82）"愣是不愿意"侧重"父亲因害怕自行车被偷而拒绝儿子再买新车"的态度和意愿，例（83）"我的语气就是这么无聊"主要强调"穆雷只是语气冷酷，其实很兴奋"的现实情况，表达一种强烈的口气，例（84）"事实却偏是这样"则重在凸显了两位国家工作人员的所作所为偏离了"正道"的特定范围。

由此可见，由于"硬是、愣是、就是、偏是"语义积淀造成的语法化、主观化程度的高低,对副词的评注性功能的影响,使得这四个"X是"在表义倾向和语用功能方面表现出细微的语用差异,集中体现在评注效果的不同,评注对象的差异和连贯方式的细微差异性。这也就再次提醒我们,研究与分辨评注性副词的反预期功用,必须重视其不同的语义积淀。①

4. 结语与余论

4.1 综上所述,可归纳如下:首先,以往的词类研究,受传统印欧语法的影响,几乎都认为只有谓词才具有表述性,才可以充当谓语,其实,在现代汉语中,有些名词和部分副词也具有表述性,也可以充当谓语。现代汉语的评注性副词,最为本质的特征就在于它们的表述性,如果受制于"副词只能充当状语"的成说,对此视而不见,那么,要想真正揭示汉语副词的特点和规律,显然是不可能的。其实,高谓语在印欧语系诸语言中也是普遍存在的。比如 R.P.斯托克威尔在《句法理论基础》中分析英语的全句副词时,就曾经认为②:

She is obviously intelligent. = It is obvious that she is intelligent.

He is apparently stupid. = It appears that he is stupid.

He is probably right. = It is probable that he is right.

Admittedly, I might be wrong. = I admit that I might be wrong.

---

① 陈振宇、姜毅宁:反预期与事实性——以"合理性"语句为例,《中国语文》2019年3期。

② [美]斯托克威尔:《句法理论基础》,吕叔湘、黄国营译,沈家煊校,华中工学院出版社1986年版。

并且明确地指出："obviously, apparently, probably, admittedly 这些副词构成了对整个命题的表述,是命题的谓语"。看来,研究评注性副词的表达功用,应该具有全面、动态的认识。

4.2 "居然"与"竟然"句法功用上相差不大,但是,由于语义积淀与演化途径不同,在反预期的表达上,两词其实还是存在一定差别的:"居然"更加强调发话人认为"不应该、不希望这样,却还是这样了","竟然"更强调发话人认为"不可能、不会是这样最终却这样了",也就是说"居然"更强调主观上的不认可,"竟然"更强调最终结果的不接受。充分厘清了两词的细微差异,有利于对表面相似的反预期表达效果,具有更加精准的理解。

4.3 "硬是、愣是、就是、偏是"这四个"X 是",在分布搭配与共现配合上,主要表达反预期情态,具有强烈的主观性,表达说话人对关涉事件的态度、观点、评价等主观的自白。"X 是"既是反预期信息标记,又是焦点敏感算子,能够起到引入新信息、凸显焦点的作用。在语用差异和表义倾向上,由于语义积淀的影响同样表达反预期情态的"X 是",在表达主观评注功能时会体现出细微的个性化差异。"硬是"重在"坚决而又执拗","愣是"突出"全然不顾后果","就是"凸显"主观强调肯定","偏是"侧重"故意与众不同"。

参考文献

陈文雪 2016 谈"居然"和"竟然",《现代语文(学术综合版)》4 期。

丁雪妮 2005 意外义语气副词"幸亏"、"偏偏"、"竟然"比较研究,山东师范大学硕士学位论文。

范 伟 2009 "偏"和"偏偏"的情态类型及主观性差异,《南京师大学报(社会科学版)》5 期。

胡湘君 2016 "意外态"语气副词的对外汉语教育研究——以"竟然、居然、偏、偏偏"为例,广西民族大学硕士论文。

金娇娇　2018　基于 BIS 模型的"A(也)就算了,居然还 B"认知研究,四川外国语大学硕士论文。

毛诗琪　2018　留学生"居然""竟然"的习得偏误分析及对外汉语教学策略,湖南师范大学硕士论文。

刘梦羽　2018　语气副词"竟然""居然"的对外汉语教学研究,曲阜师范大学硕士论文。

罗树林　2007　"竟然"类语气副词的语用功能分析,广西师范大学硕士学位论文。

沈家煊　2001　语言的"主观性"和"主观化",《外语教学与研究》4 期。

孙　楠　2012　《现代汉语转折副词的反预期标记功能研究》,南京师范大学硕士学位论文。

王中兴　2016　"居然"的语义分析及篇章功能,上海师范大学硕士论文。

谢子文　2012　"竟然、居然"语法化研究,广西师范大学硕士论文。

许艳华　2013　试析"偏偏"和"偏",《现代语文》7 期。

张艳庆　2019　意外义语气副词"竟然""居然""偏偏""偏"在对外汉语教学中的研究,内蒙古师范大学硕士论文。

张谊生　2000　评注性副词功能琐议,《语法研究和探索(十)》,商务印书馆。

张谊生　2003　"副+是"的历时演化和共时变异——兼论"副+是"表达功用和分布范围,《语言科学》3 期。

张谊生　2011　当代流行构式"X 也 Y"研究,《当代修辞学》6 期。

张谊生、田家隆　2016　从"X 是"的反预期情态看语义积淀对副词主观评注功能的影响——以"硬是、愣是、就是、偏是"的个性差异为例,《语言研究集刊》1 期。

赵　芳　2013　评注性副词"居然"与"竟然"语用预设的差异,《唐山学院学报》3 期。

邹银环　2010　现代汉语副词"居然"的语法化历程探析,《绵阳师范学院学报》3 期。

F. Ungerer, H.-J. Schmid　2008 *An Introduction to Cognitive Linguistics*, Foreign Language and Research Press.(《认知语言学入门》,外语教学与研究出版社 2008 年版)

John Lyons. *Semantics*, Cambridge：Cambridge University Press. 1977.

Haspelmath, Martin　2003 The geometry of grammatical meaning：Semantic map and crass-linguistics comparison. In M.Tomsello(ed), *The New Psychology language* Vol.2, New York：Erlbaum.

Heine, Bernd, Ulrike Claudi, and Fruederike Uünnemeyer　1991 *Grammaticalization*：*A Conceptual Framework*, The University of Chicago Press.

Hopper J. Paul & Elizabeth Closs Traugott　1993 *Grammaticalization*, Cambridge University Press.(《语法化学说》,外语教学与研究出版社,剑桥大学出版社 2001 年版)

图书在版编目(CIP)数据

现代汉语副词求证 / 张谊生著. -- 上海 ： 上海三联
书店，2025. 1. -- ISBN 978-7-5426-8745-6

Ⅰ. H146.2

中国国家版本馆 CIP 数据核字第 2024RQ6786 号

现代汉语副词求证

著　　者 / 张谊生

责任编辑 / 杜　鹃
装帧设计 / 一本好书
监　　制 / 姚　军
责任校对 / 王凌霄

出版发行 / 上海三联书店

　　　　　(200041)中国上海市静安区威海路 755 号 30 楼
邮　　箱 / sdxsanlian@sina.com
联系电话 / 编辑部：021－22895517
　　　　　发行部：021－22895559
印　　刷 / 上海颛辉印刷厂有限公司

版　　次 / 2025 年 1 月第 1 版
印　　次 / 2025 年 1 月第 1 次印刷
开　　本 / 889mm×1194mm　1/32
字　　数 / 348 千字
印　　张 / 15.125
书　　号 / ISBN 978－7－5426－8745－6/H·150
定　　价 / 98.00 元

敬启读者,如发现本书有印装质量问题,请与印刷厂联系 021－56152633